日蓮と親鸞

中本征利

人文書院

まえがき

釈尊は宣言された。一切の苦悩から解放されたと。この言葉を中心として形成された教えを仏教といい、同様の境地に達した者を、仏という。では、仏とは何か？　仏は私の内に在るのか？　私の外で仏に会えるのか？　私も含めて世界全体が仏なのか？　私が仏なのか？　仏に成るのか？　救うのが仏か？　救われるのが仏か？　念じればいいのか？　何かを為すべきか？　なら何を？　努力すべきか？　何もしなくていいのか？　仏の成り方も色々あるらしい。

成道解脱か否かはともかく、浮世で静穏に過ごす方法はある。自分の箸で飯を食い、その飯の種がいささか人の役に立ち、加えてあまり争いの無いことだ。言うは易く行うは難い。人の持つパンは大きく、人そのものには飽きがくる。期待は幻滅に変わり、いさかいが生じる。

じゃあどうする？　こだわるな、忘れることだ。許す許さぬなどのおおげさなことではない。忘れてしまう。その為の根拠を釈尊は示された。腹が立つ、怒る、妬ましい、等々は所詮一時、そんなものは本来存在しないと。この理屈を縁起無我という。心の内にも外にも何事かは存在しない。それもそうだが、それはそれでまた心もとない。

人間はあつかましい。楽しみは味わいたく、苦しみは避けたい。前者はあらまほしく、後者はなきにこすはない。凡夫とはそんなもの。釈尊の原則を踏まえて、世俗をどう生きるかと、後続する者は色々考えた。灰身滅知、般若空、法身ビルシャナ仏、如来蔵、アーラヤ識、即身成仏、捨身供犠、他力の念仏、菩薩道、法華経の行者。みな魅力的な答えだ。どの一つに徹しても成道できそう。こう自由に考え自由に答をひねり出せるのが仏の教えのいいところ。広大、無辺、闊達。

苦の無存在、無我無常の境地と、娑婆の享楽は両立するのか？　ずうずうしいこの要求をかなえるべく解答を発見したのが、親鸞と日蓮だ。なぜかは本文に譲る。これほどの救済論、世界史上に無い。悪と争いを踏まえてのみ成道できると言うのだから。

一つの文化が救済論を提示できるか否かにより、その文化の世界性が決まる。この種の救済論は仏教を除けば、キリスト教と、寡聞にして無知ながら仄聞するかぎり今世間を騒がせているイスラム教しかあるまい。仏の救済論は日本仏教において極まる。これの意味するところを読者はよくよく勘考されよ。時に聞く、日本人は宗教心に乏しいと。この意見に同調する馬鹿もいる。愚の極み。派手な集会、パーフォーマンス、声高な誓願朗誦が、宗教心の証とは言えない。宗教的情操を計るものは日常の倫理。単純に言えば犯罪率の多寡。

私は法華・日蓮に一歩重心を置いて考察した。が、しかし、法然・親鸞を述べずに日蓮を語るは、ガリレオを無視してニュートンを論ずるようなものだ。

宗教は必要なのか？　必要だ。鰯の頭の信心でも無いよりまし。なぜ？　生があるから死がある、これは常識。死があるから生がある、これは逆説。私はいま暫くは生きたいが、千年も万年も生きたくない。生と死は相互に補完するパラドックス。彼岸があるから此岸がある。あの世が無ければこの世も無い。少なくともホモサピエンスにとっては。彼岸の存在は実証可能かと問えば、釈尊は笑うだろう。釈尊、親鸞、日蓮、三千世界の諸仏子よ、乾杯。

著　者

目次

日蓮と親鸞

第一章　時代と人

1

時代が人を産み、人が時代を作ります。いつの時代いつの世にもあてはまることですが、この事実は転換期と言われる時代にあっては一段と明瞭なものになります。日本の歴史の転換期をどこに取るかと考えてみた時、その一つを鎌倉時代としても多くの識者に異論はありますまい。厳密には保元・平治から治承・寿永、さらに承久を経て文永・弘安に到る約百数十年がその時期に相当します。西暦で言いますと一一五〇年から一二九〇年までの期間です。封建社会が誕生し、武士階級が認知され、彼らが政治社会と文化の荷い手になって行きます。武士社会は以後常に緩慢な下克上の運動を繰り返します。武士の登場をもって日本の社会は大衆化しました。この時期鎌倉仏教が出現します。鎌倉仏教は純日本産の民衆的な宗教です。仏教は我々日本人の基本的なエトスになります。

武士政権の出現と鎌倉仏教をもって日本人の精神構造の基本的なものが形成されます。二つの歴史現象は決して無関係に出現したのではありません。両者は密に絡みあいながら各々の自己を形作りました。私が今から書く著作は、以上の問題を鎌倉仏教の革新的特徴を最も明瞭に体現している二人の宗教人、日蓮と親鸞の思想から接近することを意図します。日蓮の思想は誤解されています。特に彼の思想に内在する弁証法的構造は無視されていると言ってもいい。親鸞の思想は極めて一面的にしか理解されていません。その最たるものが信仰の人間化とでもいうべき把握態度です。信仰の人間化は信仰の否定です。今まで鎌倉仏教あるいは日本仏教、さらに日蓮なり親鸞なりに言及した人々で二人を統合的に理解しえた人はいません。二人は個々ばらばらに考察されています。この態度を取る限りは日蓮をも親鸞をも真に理解することは不可能です。彼らは二者統合して考察されねばなりません。彼らを単に日本仏教の次元でのみ捉えては理解は極めて不充分なものになります。親鸞に関しての考察は彼の思想から出発する傾向が顕著でした。法然と親鸞によって弥陀一向と説かれ、この論理を親鸞がとことんまで突き詰めたために、以後の信仰理解はここから出発することとなり、それ以前の仏教思想は難行とか聖道とか非難され無視されました。日蓮に関しても同様です。彼も専唱題目と称して信仰を簡素化します。彼の教説の特徴は果敢な行動にあります。為にともすれば宗教的エトスは行動へと転換され、行動の依って立つ内面性への視座はおろそかになります。

　私は日蓮と親鸞の宗教思想を、仏教の開祖である釈迦の説く原点に遡行して捉え直したく思います。逆説めいた言い方をしますと、彼ら二人は新しい信仰の唱導者でありますが、一面信仰の破壊者でもありえます。このことはキリスト教におけるカトリックとプロテスタントを比較して見ればよく解かります。革新者とはあらゆる意味で破壊者です。ですから彼らによって抜かれた刃をもう一度元の鞘に納め、そのよって来る淵源である炉の中に入れ溶解し直して検討考察いたします。

2

　彼ら二人の信仰の特徴を非常に簡略化した形で表現してみます。親鸞の信仰を「悪人正機《あくにんしょうき》」、日蓮のそれを「折伏逆化《しゃくぶくぎゃっか》」と提示します。字面を見ただけでもえげつなくど迫力のある表題です。革新者破壊者にふさわしい印象を与える主題です。この主題の中に彼らの信仰態度の本質的なもののほとんどが埋め込まれています。

　悪人正機は歎異抄の一節にあり、悪人だから成仏する、善人は救済にはむしろ程遠い、と言います。親鸞は阿弥陀如来による成仏救済を求め続け、選択念仏《せんちゃくねんぶつ》・弥陀一向《みだいっこう》・他力本願と突き詰めた末に、自己を掘り下げそれを罪悪の塊として捉え、そこで救いの確信に到達します。この確信の証が「南無阿弥陀仏」の称名です。親鸞の自己と弥陀は罪悪感を媒介として直結し一体化します。

折伏逆化という主題に鼓舞されて、日蓮は題目「南無妙法蓮華経」の意義の理解とその実践を宣教します。宣教なんて生易しいものではありません。折伏とは読んで字の如く相手の意見判断をあたかも棘を折り砕くが如く破壊し、屈伏させることですから。この態度は必然的に相手の反発と抵抗を招きます。日蓮は、反発抵抗の中に相手つまり未信の者の業と罪悪が顕れ、また抵抗を受ける説法者自身の中にも同様の業が顕れ、この対立する関係そのもの（逆縁）に依って両者は救済されると確信します。折伏するものとされるものとの戦いの中に業と成道の顕現を見る、これが日蓮の救済論の核心です。

親鸞の悪人正機と日蓮の折伏逆化が与える印象は著しく異なります。一方は極めて内省的自虐的であり、他方は行動的攻撃的です。しかし両者は案外と言う以上によく似ており、本質においては同等です。自己を絶対悪と規定し自覚することは逆説的に爆発的な行動力を産み出します。事実は親鸞の後継者達が歴史において証明します。親鸞は如来等同と称して自己と弥陀を同一視するところまで行きつきます。自己の神格化です。日蓮の折伏逆化なる表題に込められた使命感と行動へのエネルギーは、佐渡流罪中、自己の存在意義を振り返った時得られる罪業感をばねとして出現します。法華経の法の実践者という自覚は、日蓮と釈迦の同等視を結果します。

彼らの後継者達の生き方には極めて激しく凄まじいものがあります。親鸞の信徒達は後に一向一揆の荷い手となり、戦国大名の手を焼かせます。彼らと闘い・彼らを殺し・彼らと妥協してやっと江戸幕府ができました。弥陀を信じることからどうしてこういうエネルギーが出てくるのかは以後の考察を待ちますが、開祖の親鸞の如く自分というものをとことん掘り下げて暴き出してしまえば残るところは、弥陀＝自己、の等式しかなく、ここに至ると浮世の権力など恐ろしくなくなります。一方日蓮の後継者達の方も凄まじい。日蓮の教義には濃厚な政治主義があります。彼らは世俗の権力に果敢に挑戦します。彼らは諫暁と称して時の為政者の政治を信仰の観点から堂々と批判します。鍋かぶりの上人と言われた日親はその代表です。それに法華一揆があり、江戸時代に入ると不受不施派の血塗られた歴史があります。

日本の仏教は決して日蓮と親鸞によってのみ意義あるものとされたのではありません。道元もいれば法然や一遍もいますし、鎌倉新仏教以外の宗派の存在意義も重要です。あくまで総体として仏教は日本人の気風の中に浸透し定着しました。ただそれらの中で日蓮と親鸞の思想が一番激しく歴史というものに反応しそれに影響してきました。二人によって形成された思想のたがを欠いては、日本の仏教も日本人のエトスも分解してしまいます。日蓮と親鸞は日本の思想史において何を発見し何を与えたのか？　私は答えます。親鸞は人間を発見し、日蓮は政治を発見した、と。

3

鎌倉時代は転換期です。この時期に基本的には神権政治であった律令制は解体し武家政治・封建制度が出現します。私は封建制度という言葉を否定的な意味では使用しません。封建制度は前代の制度と比較する限り、合理性と世俗性と実践性という際だった特徴を持ちます。保元平治の乱で荘園公領制院政という曖昧な制度は矛盾を露呈し、以後の内乱の中でこの曖昧でいいかげんなものは消滅し、現実とそれを支える力と理に基づく新たな制度としての武家政治が出現します。この間治承寿永の四年に渡る内乱があり、平氏が亡んで源氏が興り、源氏は北条氏に追放され、総決算としての承久の乱で律令制の最終形態である院政は壊滅し、新制度の法典たる貞永式目が成立します。北条氏の覇権も蒙古襲来を機として崩壊し始め、時代は更なる下克上の運動を展開して行きます。

時代の推移は人々の心情に深刻な影響を与えます。一つは力と現実の肯定です。武士あるいは武家政権は力と現実そのものです。同時に人々は無常観を抱きます。しかし皆が皆無常観に沈潜していたのではありません。無常とは常ならざる事、変化です。変化を直視し肯定した時人々はそこに変化の理を求めます。変易《へんにゃく》常なき世界を動かす理を求めます。慈円が愚管抄の中に追求し北条泰時が貞永式目に託したものはこの理です。古代王朝の栄華を言祝《ことほ》ぐ儀礼ともいえる和歌は新古今集においてその理をとことんまで突き詰め、自らの歴史的使命に終止符をうちます。

この状況を最も端的に示すものが、源氏物語と並んで日本文学史上の二大作品と言われる平家物語です。物語は治承・寿永の源平の争乱を中心としてただ事実のみを叙述します。作者は事実をもって状況を雄弁に語らしめます。主役は戦士修羅です。同時に作者はこの戦士修羅に対して限りない共感を物語の中に表出します。この、作者により付与えられ登場人物によって体現される共感とは、変易と迷妄の中に必死に理を追求せんとする心情です。修羅は転じて菩薩となります。作中にその代表を探せば、敦盛を討っておのれの業に目覚める熊谷直実であり、平氏の運命を自覚しつつも悲観に堕せず戦い、亡びの運命を甘受する新中納言知盛です。

4

このような時代、このような世界に親鸞と日蓮は生を享けました。親鸞は一一七三年、京都に下級公家日野氏の子として生まれます。比叡山に登り得度したのが九歳、ちょうど源平の争乱が勃発した時期にあたります。二十九歳で法然の門に入り六年後に越後流罪。時代は後鳥羽上皇の全盛期です。四十九歳の時、後鳥羽上皇が承久の変に敗れて隠岐に流されたことを、親鸞は関東の地で感慨と怨念を込めて聞きます。この間に彼の主著、教行信証の執筆を始め、六十歳前後京都帰還。北条時頼の執政期、蒙古襲来の十年前、一二六二年九十歳で死去。歎異抄は、彼の死後彼の弟子の一人が彼に仮託して書いたものだと言われています。親鸞は一世紀近くに渡る長い人生において、時代の激動を身をもって体験します。平氏の全盛期に生まれ、源平合戦の推移と平氏の滅亡、鎌倉開幕、源氏将軍家の断絶、院政の最期、式目の制定と執権政治の確立等々の事件を見つつ、また幾多の弾圧を蒙ります。法が絶え、無常極まりなき世界にあって、人は何を頼ってその生を全うし得るのかと親鸞は自問自答し続けます。

日蓮の生誕は承久の変の翌年、一二二二年です。自称漁民の子。鎌倉、京都遊学。一二六〇年、三十九歳で北条時頼に立正安国論を献呈。翌年伊豆流罪。許されて後も法華一乗を説いて他宗を排撃。五十歳佐渡流罪。佐渡滞在中に主著である開目抄と観心本尊抄が著わされます。許されて身延に隠棲。直後の一二七四年、蒙古襲来。一二八一年、第二回蒙古襲来。一年後六十一歳で死去。日蓮の生きた時代は、執権政治の全盛期から得宗専制に移行する時期にあたり、多くの陰謀内紛があり、加えて天変地異の激しい時代でした。極めつけが二回に渡る蒙古襲来です。彼、日蓮はこの時代状況に直面し、現実に為政者が対処するためには信仰はいかにあるべきかという立場から彼の宗教思想を展開します。

日蓮と親鸞、彼ら二人はかかる時代の流れの中にあって、その激流に翻弄されつつ、激流とそれに対処せざるをえない自己あるいはより一般的に人間の行為の意味理法を追求します。愚管抄や貞永式目が公然と表示し、平家物語が暗黙のうちに求めるものを、彼らは釈迦の教えを時代の中でどう生かしめるかという形で問い続け、親鸞は悪の容認をもって自己を聖へ純化し、日蓮は折伏という使命遂行の中で自己を聖へと投企します。結果として彼らが見出したものが弥陀であり本尊です。

彼らの思想形成は彼らが独自に為したものではありません。背後には釈迦以来の仏法の伝統があります。日蓮の背後には最澄があり、その延長上には天台智顗《ちぎ》の思想があります。智顗は、竜樹の中観思想と法華経を統合して、天台宗を創始しました。天台思想が目指すところは聖と俗の統合です。竜樹や法華経は小乗アビダルマを経て釈迦の直説と言われる原始仏教に連なり、さらにその向こうには古代インドのヴェーダやウパニシャッドが望見されます。親鸞は教義の基礎を法然から受け継ぎます。法然が依拠したのは唐の善導であり、この人物によって罪悪の自覚と容認という浄土教の基礎的情操が形成されました。善導の背後には道綽を経て曇鸞がいます。曇鸞は当時の俗信でしかなかった念仏を世親等の唯識思想と接合させ、それに論理的基盤を与えます。ここで浄土思想は、唯識や華厳あるいは如来蔵等の思想と複雑に混交します。浄土思想は浄土三部経に依拠します。これらの経典は紀元前後のインドにおける般若経典の成立に先導される大乗仏教の出現という一大思想運動の中に溶解して行きます。日蓮と親鸞は、釈迦以来の仏教の教えの推移を踏まえ、それと彼らが生きている現実の間に我が身を置くことによって、仏の教えである法を新たなるものにしました。換言すると、彼らの心身を介して、仏教は日本の国に定着し、蘇生され、創造されます。同時にそれは我々日本人が初めて形成した生きるための理であります。ここで私も振り返って釈迦以来の仏教の発展と変遷を考察し、それがこの日本の国に到り受け入れられた歴史と由縁を探ってみたく思います。

第二章　縁起無我から般若空へ

第一節　釈迦の教え

1

第一章では釈迦が説いた直説と言われる原始仏教から、部派仏教を経て、大乗仏教の原点である般若空《はんにゃくう》と竜樹の思想に至る所説を解説します。正直原始仏教がどのようなものであったか、釈迦が実際に何を言ったのか、精確には誰も解かりません。釈迦が何語で話したのかもよく解からない。現在の仏典の言語の中で一番釈迦が使ったであろう言葉に近いのはパーリ語です。インドとかお経の原典というと我々はすぐにサンスクリット語を思い出しますが、この言葉を釈迦が使ったということは絶対にない。また古代のインドには紙はありません。代用品のようなものはあったのですが、高価でかさばるために一般向きではありません。お経の文句は口承で伝えられます。この間幾多の変化を蒙ります。時代が変われば言葉も変わります。だから釈迦直伝の教え等というものは、後世の人が、書かれた経典が成立した時点から推測して構成してできたものでしかありません。

以上の前提でもって現在の時点から考えますと原始仏教の主題は以下の三つです。

十二縁起　　無常無我　　四諦八正道

2　十二縁起は、

老死―生―有―取―愛―受―触―六処―名色―識―行―無明

という、人間が必ず陥る運命因果の連鎖です。以下各項目に簡単な説明を加えます。

老・死は誰でも解かるはずです。病という項目を加えてもいい。たいていの人はいつまでも若くて健康で、死とは無縁でありたいと思うでしょう。平凡素朴に考えれば人間の欲望なんてそんなものです。お金とか権力とかいうものも欲しいには違いがありませんが、若さと健康に恵まれれば、それほどの魅力もありません。というより若さ健康を維持獲得するための手段であり、その結果が金銭と権力なのです。逆に考えると老と死は人間が一番避けたいもの、直面したくない苦そのものです。仏教はここから始まります。人間は苦に悩む、苦とは老死である、老死をめぐる苦悩からいかにすれば人間は逃れ得るのか、という疑問から仏教は始まります。答えは、苦は存在しない、存在すると思うのは人間の無知からくるものだ、です。そう言われてもすぐ苦は無くなりそうもないし、老いたくはないし、なによりも死は恐いし、死にたくはありません。言葉による結論だけではすっきりしない。釈迦はこの言葉によって明言した境地に到達したのでしょうが、後に続く者にはそうも参りません。そこで釈迦が我々に残した結論、苦の無存在、をいかに体験するかをめぐって今日に到るまで諸々の考察と実践が試みられてきました。

生は生まれること、生誕。この世に生まれて来なければ老死という苦悩もありません。

有は生存。生きていなければ苦悩はありません。そう言えばそうですが、だからと言って死んでしまえばそれで済むかと言うとそうもいかない。元々死ぬのが嫌だから生きる苦悩があるのですから。

取は執着。浮世の諸々の事に執着するからできるだけ生きたい、死にたくないと思いあくせくし苦悩が生じます。

愛は愛着渇愛、衝動と欲望。確かに執着と欲望が無くなれば、生死老病にこだわることなくいつ死んでもいいかもしれません。事実仏教ではこの二つを消滅させようともします。しかし執着と欲望があるから人生は楽しいのです。

十二項目の中で一番の難題です。ちなみに今日においては明治以来の文明開化の影響か、あるいはキリスト教の影響でしょうか、愛という言葉は肯定的に使われますが、仏教では正反対です。愛とは人間がそこに囚われる罠として避けるべきものとされます。事実その通りです。そうなのですが、しかし愛ほどいとおしいものもありません。

受は対象の印象を受けて生じた感覚。受により愛が触発されます。だから不要な感覚はなるべく受け取らないように自己を訓練することが望まれます。女性の肉体を見るから性欲が亢進するのだ、だから見るな、仮に見ても動揺するなと要請されます。このための技法がヨガとか禅定と言われるものです。仏教思想の中でこの技法は理論としては必ずしも本質的なものではありませんが、実践としては非常に重要視されます。

触《そく》は対象と感覚器官が接触すること。触は受の条件です。厳密に言えば、単に接触というより、接触して生じる事象そのものとでも言うべきもっとダイナミックな過程を触と言います。不要有害な受・触を避けるためには、集団で自らを危険な環境から隔離します。修行者の共同体であるサンガが形成され、厳しい戒律が制定されます。

六処《ろくしょ》は対象が感覚器官と接触する場。我々の理解では感覚器官としてしまいたいのですが、六処は触の延長として、対象と器官双方を巻き込んだ興奮過程そのものです。対象と器官を下手に二分して捉えると、仏教思想を誤解しかねません。

名色《みょうしき》はナーマルーパ、色は現象、名は名辞。従って名色は、認識作用において外界のものとして名辞を与えられ客観化されたものです。色は名を与えられることにより成立します。仏教ではこのような名を与えられて客観化されたものの実在性を認めません。名とは仮名《けみょう》つまり仮の名とされ、仮名により一時的に固定され分解された認識に囚われ安住することを迷妄の極致とします。

識《しき》は認識作用。名色がこの作用の客観面を指すのに対し、主観面を意味します。仏教では認識が成立して主観と客観の二面に分裂してしまうことを迷妄とします。従ってこの主客両面を統合する能所不二（為すことと為されることの一致）の境地を目指します。逆に言えば一切の安定した認識を否定することになりかねません。従って仏教にとって識とは極めて厄介な存在となります。この問題をめぐって仏教とヒンドゥー教、仏教内部でも中観派と唯識派が延々と議論を繰り広げました。

行《ぎょう》はサンカーラ、潜在的形成力。身口意《しんくい》の三面にわたる諸々の行為所業判断憶測欲望感覚情念怨念喜怒哀楽等、意識されるものもされないものも含めて、すべてが人間の運命と人格に影響を与えます。この影響力総体を行と言います。精神分析学の主要な概念として無意識的衝動がありますがそれに近いものです。無意識的潜在的なものからどんなものであるか解かりようがなく、だから人間個々人には如何ともすることができず、しかも自らが作り出すのであるから、自らが責任を負うべきものとされざるをえないという至極厄介なものです。これにどう対処するかで仏教各派の姿勢態度が異なります。受動的に対せば、そこには業という宿命論的な考えが生じます。行の性格の主要な一面は解からないことです。この無知無明に対し、それをあくまで知り抜こうとする主知的姿勢も出てきます。釈迦は基本的にはこの方向のようです。知るための場と方法をどうするかという問題も出現します。集団の密儀的な行為に没するのか、個人の思索に徹するのか、身体感覚の変容を介して体験するのか、世俗的行為の中に業無明の解消を求めるのか、師匠先輩に絶対服従し面受口伝の秘要を得ようとするのか等、いろいろの方法があり、試みられます。

無明《むみょう》。俗に無明の闇と言います。解からないことです。何がかと言えば、苦悩からどう脱却するのか解からないことです。無明は行の半面です。行がありそれに振り回されるから無明であり、無明だから行が生じます。両者は併せて一対で把握しなければなりません。行無明複合体とでもいうべき渦に、生死の苦悩も、愛執怨嫉の情念も、欲望も、感覚や認識等の諸作用も、すべて巻き込まれ歪曲されます。従って仏教の究極の目的は無明の闇と行の渦を何とかすることにあります。しかし無明無知が終局だとすればそこに救いはありません。要するに解かればいいんですから。

以上十二縁起の各項目を説明しました。各項目は連鎖します。無明・行があるから認識作用（識）が生じ、識故に客観的対象の像（名色）が出現し、それが感覚作用を興奮活性化させ（六処）、外界の対象と接触し（触）、その印象を受け入れ（受）、故に欲望が生じ（愛）、生存に伴う諸々の事件に執着しなくてはならなくなり（取）、だから生存することを重荷に感じ（有）、生まれたことにこだわり（生）、老死を厭うことになる（老死）、と因果の連鎖が形成されます。

逆に言えば、無明・行を無くせば識は消え、識がなければ外界の印象を形作ろうとすることもなく、従って感覚器官も興奮せず、外の世界と接触してその印象に影響されることなく、欲望なく執着なく、生存に汲々せず、老病死もなんのそのとなります。

もちろん先に挙げた十二の項目とその解説が、釈迦在世当時、このようにすっきりとした形で為されていたかどうかは疑問です。解釈は後になって仏典が結集《けつじゅう》され、釈迦の言説が整理され体系化されてから試みられたものです。しかしここで重要なことは、各項目が連鎖することです。苦悩は生存に負い、生存の苦痛は欲望により、欲望は感覚や認識という個人の主観から生じ、これら一切の作用は解からないある力によって為されるという一連の繫がりです。「苦悩―生存―欲望―意識―行・無明」の連鎖と要約できます。すべては連なります。そしてあらゆる個人の精神作用は最後には行・無明という渦の中にドボンです。ドボンするから繫がりが断てず、また繫がりがあるからドボンしなければならないのです。この繫がり・連鎖を縁起《えんぎ》と言います。縁によって起こるのです。だから縁起故に無明であり、無明であるから縁起せざるを得なくなります。縁起は釈迦在世の頃から説かれました。初期仏典といわれる阿含《あごん》経やパーリ語仏典の研究から確証されています。釈迦が説かれた最も大切な内容はこの縁起説です。この縁起の環からいかにして逃れるかという原則的な方法論が次に述べる無我説です。

3

無我《むが》は読んで字の如く、我が無い、ことです。ここで我《が》は単に「われ」すなわち現在の言葉でいう自我・エゴを指すのみならず、存在を構成する基本的要素一般です。従って無我説の意味は、我々の精神やそれを取り巻く世界の構造作用が特定の基本的な要素の存在に還元されることはない、そのように考えてはならないとなります。原子とか素粒子あるいは遺伝子、さらには本能、意識、感覚、そしてある種の形而上学的実体によって精神や世界を説明してはいけない、仮にそのような説明が許されるとしても、それはあくまで仮のものであって、我々はその種の説明に安住すべきではない、が釈迦の説教の根本とされる無我説の言わんとするところです。すべては縁起する、つまり相互に連なりあって影響を与えあい、然るが故に縁起の連鎖の各項目を為す事象要素には独立自存性はない、我はないとされます。そして万物が生々流転する無常の中に、釈迦は苦悩の原則的無存在の根拠を求めます。縁起するから無我であり、無我であるから縁起するのです。だから苦は存在しません。

4

無我説には前史があります。我はサンスクリット語ではアートマンと言います。インド思想史の原点であるヴェーダの世界にあっては、このアートマンはブラーフマンと並んで非常に重要な概念でした。前者は個人に内在する、後者は世界とか宇宙全体に遍満する、真実にして善なる実体とされます。仏教以前のインド古代史を少し振り返ってみましょう。

インド文明は紀元前二〇〇〇年くらいまで遡れます。モヘンジョダロとかハラッパ等の遺跡で確認されるインダス文明が最古のものであり、世界四代文明の一つです。この文明が突然亡び、前一〇〇〇年前後からアーリヤ民族のインド侵入が始まり、古代インドの社会と文明が形成されます。彼らの社会の伝統、儀式、世界観、神話、讃歌、詩、思想等を集大成したものがヴェーダと言われる文献で、現在でもインドの人の間では聖典視されます。

ヴェーダの主たる内容は祭式、神を祭る儀式です。祭式を通じて個人や集団の願望は天の神々に聞き届けられます。俗世の願いは神の世界に通じます。願いは健康、富裕、集団の安寧、豊作等極めて現世的です。ヴェーダ（といっても基本的なものだけで四種類あり、それに枝葉がついて総体としては膨大なものですが）にいろいろな注釈や補足がつけられます。その一つがウパニシャッドと言われる一種の哲学です。ウパニシャッドは、ヴェーダの内容を思索し、それをより精神的論理的なものにしました。帰結が梵我一如、梵はブラーフマン、我はアートマンです。ウパニシャッドは、宇宙には真実にして善なる実体であるブラーフマンが遍在しており、それは同時に我々個人の精神の中にも存在する、真の幸福は、この内なるブラーフマンであるアートマンを自ら発見し、その理法に従うことだ、と主張します。ヴェーダにおける祭式を通じての天との交流という儀式は、ウパニシャッドによって梵我一如なる主題へと哲学化されます。

ウパニシャッドの出現には背景があります。ヴェーダの内容は祭式の実施です。となると祭式の実施を通して天の意向をこの世界に伝え、またこの世界から天に向けて情報を発信し、両者間の交流を仲介する祭式執行者の影響力が強くなります。この専門家をバラモンといいます。祭式は変更しにくいものです。バラモンはインドアーリヤ人社会の特権階級になり、社会は固定化されます。支配者である二つの階級は、祭式宗教の専門家のバラモンと、武力を行使して実際に統治する階層クシャトリエに分かれます。残りが被統治階級であるヴァイシャと奴隷シュードラです。こうして出来たカースト制度は今日においても実質的には存在します。宗教の中で祭儀祭式を中心とする宗教が一番保守的です。この種の宗教はまず民族宗教であり、その目的は現世利益と決まっています。世界三大宗教といわれる仏教、キリスト教、イスラム教はすべてこの祭儀により固定された民族宗教の殻を断ち割って出現しました。

　バラモンが主催する宗教をバラモン教と言います。この宗教は古代インドの農村社会を中心に成立しました。しかし時代は統一に向かいます。ガンジス河中下流域を中心として分立した諸小国は、マガタ国を始めとする十二カ国に整理統合され、それも紀元三世紀の中頃にマガタ国のマウリヤ王朝により併呑され、全インドが統一されます。この歴史の進展の中で勢力を得てきたのが、実際の統治に関わるクシャトリエであり、都市の商工業者であるヴァイシャです。ウパニシャッドは、台頭しつつある知的に訓練されたクシャトリエ階級により形成されました。儀式による宗教より論理化された宗教の方が融通が利きます。統一への気運による視野の拡大、必然として伴う戦乱の苦しみ、都市文化の興隆と人間社会の複雑化等の新しい諸現象に対して、古い村落共同体社会に根ざすバラモン教は適合しなくなります。新しい時代には新しい精神文明が必要です。その一つがウパニシャッドですが、より広汎な運動としては宗教とか信仰のバラモンによる独占を打破する動きが出現します。運動の荷い手を沙門《しゃもん》と言います。釈迦はこの沙門といわれた一群の宗教家の一人です。簡潔に言いますと、バラモン教の内容を深めそれを継承する立場で出現したものがウパニシャッドであり、バラモン教を否定克服する立場で登場したのが沙門です。沙門の唱導するところは多種多様です。無神論あり、唯物論あり、不可知論あり、快楽主義あり、ヨガあり、苦行あり、魔術ありです。釈迦はまず、ウパニシャッドが説く、人間と宇宙に遍在する善なる実体としての梵あるいは我の存在を認めず、いろいろな実践修行の限界を悟って、これらの思想実践のいずれにも片寄ることなく捉われないことの中に、真の悟りつまり苦悩からの脱却（解脱）があるとします。人間や宇宙の存在、悟りの方法境地段階等を、固定した形で捉えることを否定し、単に否定するだけではなく否定そのものを思索しぬくことを唱導します。この態度を後世から見て無我説と言います。

ところでこの無我がややこしい。自己の中に固定して依拠する何かを認めないから、無我は内省であり、また虚無にも通じます。外の世界や運命にも同様の態度を要求しますから、無我は生々流転する無常世界への諦念であり、自己委託であり、さらには無常への自己同化、転じて運命の享受悦楽にもなります。自己内省は突詰めれば、自己認識を妨げる外界の影響を排除して、自己を透明にする作業ですから、内省の行きつく先は自己と外界の一致であり、転じて外への自己投企でもあります。固定されたものを思索により否定し、結果得られた観点印象をもさらに否定し、否定そのものも思索の対象とします。以上の作業全部が無我説の射程距離に入ります。正直悲観すべきか楽観してよいのか解からなくなります。あえて要約すれば、否定と思索の交互作用と、そこに生じる精神の運動そのものが無我説が要求する態度です。無我説を主張する限り、ヴェーダ・ウパニシャッドのアートマン実在説は否定されねばなりません。善であれ悪であれ何らかの実体を想定すると、精神の運動はそこで滞り乱れ、乱れは仮象幻影を作り出します。

釈迦はこのような無我説を唱導して自らは涅槃《ねはん》に入りました。解答があると確信できるようにも思えるが、無いかも知れない、解答はあっても無限大の数の解答かも知れない。なにやらものすごくでかいコンピューターでないと解けない複雑な方程式を残して、自らは解いたと称し、釈迦は去って行ったようにも思われます。以後に残された凡夫である我々は、この問題に二〇〇〇年以上に渡り対処し続けてきたのですが、極く一部の天才的な人のみが部分的解答を発見したのかも知れません。私個人は無我説に非常な魅力を感じます。捉えられたと言ってもいい。しかし中途半端に近づけばこちらが破壊されます。釈迦直説の中核は無我説、存在するように見えるものを基礎づける実体はありえないと考えること、です。

6

釈迦は紀元前五〇〇年前後、ガンジス河中流域のヒマラヤ山脈に近いルンビニーという地に、釈迦族の長の子として生まれました（降誕《ごうたん》）。出生には後になっていろいろ神話的な修飾がほどこされます。最たるものが、生まれるとすぐ、天上天下唯我独尊と言ったとか言わなかったとかいうお話です。出生の精確な年月日は解かりません。五〇〇年以前とも以後とも、もっと下ってアショカ王と同時代ですから三世紀である等々の諸説があります。孔子・キリスト・ムハンマッドに比べればその曖昧さはひどいものです。ここでは一応最有力学説に従い五〇〇年前後とします。出身階級はクシャトリエ。二十九歳の時、故あって後継者の地位を捨て沙門の中に入り（四門出遊）、多くの修行を経て三十五歳でブッダガヤーで悟ります（成道《じょうどう》）。はじめ釈迦は自らが到達した境地・教えを人々に説くことを嫌がりました。心境を簡単に言いますと、馬鹿に話しても無駄、です。そこへ梵天（バラモン教の偉い神様）が現れて釈迦の不心得を諭し、教えを民衆に説くべく要請します（梵天勧請《ぼんてんかんじょう》）。時代も国も異なり、どういう神様かは知りませんが、我々はこの神様に感謝しなければなりません。釈迦のわがままを放置し、彼をして宗教的自閉症に陥らしめていたら、仏教なるものはなく、従ってその影響を一番強く受けて形成された日本文化もすこぶる変わったものになり、だから私、中本という存在も無かったかも知れません。

釈迦は梵天の要請に従い、まずかつての修行仲間であった五人の沙門に説教します。この地をバーラナーシー（ベナレス）と言います。彼らはすぐ釈迦の教えを受け入れ弟子になります（初転法論《しょてんぼうりん》）。以後五十年近く説教と広布の活動を重ね、多くの弟子を育て、八十歳と少しの時、クシナーラーの地で死去します（入滅）。きのことか豚肉の食中毒が死因と言われます。これが涅槃経というお経に書いてある所伝です。降誕・成道・初転法論・入滅の四つの地は以後仏教徒の間で聖地とされます。キリスト教におけるエルサレム、イスラム教のメッカに相当します。

原始仏教のもう一つの重要な概念として四諦八正道《したいはちしょうどう》があります。四諦とは苦・集・滅・道の四つの真理です。苦諦は始めに話しました通り、人生は苦悩であることです。この苦悩は、いろいろな事象因縁の集積、つまり縁起により生じるというのが集諦《じったい》です。滅諦は、この苦悩を無くすことはできる、という展望結論であり、道諦はそのための方法です。四諦説はそれ以上を言いません。だから四諦が言うところは「苦悩の存在、その原因、それを解決する方法はある」という極めて一般的な内容だけです。道諦の具体的な方法が八正道の由ですが、この八つの正しい道なるものにはどう考えても具体的な内容はありません。皆無です。従ってここでは説明しません。釈迦は問題は解答可能という宣言と方程式のみを残して、後の解答の発見を後世の我々に委託しました。釈迦死去に際して側近くに仕えていたアーナンダという弟子が号泣した由ですが、気持ちは解かります。この四諦という考えは後に竜樹により再解釈されて四句分別となり、大乗仏教の重要な方法論になります。

第二節　小乗アビダルマ

1

釈迦入滅後弟子達は新たに出発します。彼らは集まって釈迦から聴いたこと教えられたことを照合整理し、これが釈迦生前の真なる教えであるというものができました。この作業を結集《けつじゅう》と言います。結集は二回行われます。釈迦入滅の後釈迦の教えを信奉する集団を仏教教団と呼びます。教団の運動は二つの方向に向かって進みます。一つは学術的方向です。こちらが先行します。もう一つが大衆運動的方向です。

前者は経典の編纂から始まります。釈迦の教えを集大成したものを経蔵（スートラ）と言います。原則的には経が一番尊重されます。ついで釈迦の直説たる経に以後の人達が注釈した説明が付されます。論蔵（アビダルマ）です。三番目が釈迦により定められ伝えられた戒律、律蔵（ヴィナーヤ）です。三つ併せて三蔵と言います。経として我々に伝えられたものは阿含経です。仏典すなわち釈迦が説いたというお経は沢山あります。しかしその殆どは釈迦直説ではありません。法華経にせよ、華厳経にせよ、無量寿経にせよ、すべて後世の人が釈迦に仮託したものです。釈迦の直説に一番近いのは漢訳仏典では阿含経であり、東南アジアやスリランカで尊重されているパーリ語経典です。

学術的方向は経の注釈である論の発展肥大です。釈迦は学者ではないので別段学会で発表するべく整然と体系化して語る必要を感じませんでした。彼はその強烈な人格的魅力、カリスマ性と深遠な形而上学的直観をもって、臨機応変に説法しました。ですから厳密に人間的思考のレベルで考えてみると、かなりな矛盾粗漏と曖昧さが発見されます。これでは人間的思考のレベル乃至それ以下の連中は困りますので、お経の文句の検討が開始されます。明らかに後世の創作と見られる部分は削除され、文句や言葉は論理的言語学的に整序されます。こんなことをすると何事も難しくとっつきにくいものになります。例えば身体とか人間という言葉を我々はごく素朴に使用しますが、これらを厳密に定義しだしますと、膨大な量の活字を必要とします。「一＋一＝二」です。しかし我々にとっては自明であるこの計算も数学者にかかれば、厳密な証明を必要とし、そうなると我々はとてもついて行けなくなります。お経に対する作業も同様です。かくしてアビダルマという膨大で難解な注釈の体系ができあがります。

アビダルマ・論蔵の発展と共に、解釈と見解の差が生じ、学派が出現します。学術的方向は、文人相軽ろんずの習いに従い、分裂に分裂を重ね、紀元前後頃には二十とか二十一とかの学派が誕生します。このような区々たる概念の相違に関して争いあう仏教を部派仏教と総称します。小乗仏教とも言われます。部派仏教の展開において多くの論書が作られました。これらの注釈書のうち日本仏教に一番なじみ深いのが倶舎《ぐしゃ》論という本です。西暦四—五世紀大乗仏教がほぼ形成された頃、世親という仏教思想家により書かれました。精確にはアビダルマコーシャ。この節ではその本の内容を中心として部派仏教の貢献、それも今の我々にとって必要な部分のみを説明します。

2

倶舎《ぐしゃ》論というよりアビダルマ全体による研究の中心は法（ダルマ）です。法は主客両面における存在の基本的要素です。第一章で説明した我《が》とほぼ同じです。本来釈迦の教えによると、この法なるものの自存性は否定さるべきでした。しかし全面否定していては、仏教徒同志の体験発表も、意見の交流もできません。現象そのものが把握できません。そこでこの法の存在を、仮のものとして一応認めておいて、法のあり方についての研究がされます。この前提のもとに、個人の精神とそれを取り巻く世界の現実の在り方から始まり、修行により到達する各段階の様相が、厳密に規定され描写されます。総じて五種類の形式に大別されます。

色　—外の世界の現象
心　—精神そのもの
心所　—精神の働き
心不相応行—精神作用ともいえず外の世界の現象ともいえない、関係とか状態とかのいわば抽象的様式を表現するもの
無為　—縁によって縛られていない存在のあり方

の五種類です。五位と言います。

五位の分類を踏まえて五蘊《ごうん》という具体的内容が出てきます。蘊は色受想行識。色は現象、識は認識判断等の主観的機能、残る三項はその中間に介在する心的現象です。五蘊でもって外の世界と内なる機能があい絡まって生じる主客間の事象を、一応分類整除できます。もっともここでの受行識は原始仏教時代のそれとは少し違う使われ方をしています。五蘊を基礎として、世俗的次元から修行の最高段階に到るまでの心と世界の関係様式が規定されます。そして修行、その基本的作業はヨガ禅定ですが、禅定の到達段階もきっちり定義されます。このようにしてすべての存在の様式は七十五に類別されます。先の五位と併せて五位七十五法と言います。七十五法の詳細は省略します。次のように理解して下さい。主観客観のあり方を、内容と形式の両面から言葉でもって規定したことです。規定したこと自体に意味があるのです。

ここで問題が生じます。法は存在の基本的要素でした。さてそれではこの法は実在なのか仮象なのか？　実在なら仏教の原則に反します。仏教である以上、すべては無我であり、縁起するものでなければなりません。仮象とすれば、

精神も、それによって把握されるべき現象もすべて幻となります。なによりも自己の依って立つ精神が幻影の類では居心地が悪い。修行の方法も一般化体系化できません。平凡な知性が逢着するありふれた矛盾です。ある意味では釈迦は、幻に生きよ、と言っています。言うことは立派ですが結構残酷です。そこで妥協が試みられます。法はあくまで実在ではないが、実質的には実在と同じように機能させるべく、新たな規定が行われます。あらゆる法は瞬間瞬間に生じ、瞬間瞬間に滅する。だから実在しない。この瞬間的な生滅を無限に繰り返して行くから、法は一見恒常的に存在つまり実在しているように見える、と論者は論じます。たとえばここにコップがあるとします。コップは変化しないように見えますが、コップを形成している諸々の法は瞬間的に生じ、瞬間的に滅しているのであると。刹那滅《せつなめつ》、刹那に生滅を繰り返すということです。さらに法の存在を確かなものとするために、法は未来から現在において生じ、過去へと滅し去って行くとされます。つまり法は生滅を繰り返すという点では仮象ですが、それは過去現在未来という三世において仮象なのであって、肝心の現在においては実在同様の存在であることになります。換言すると時間を客体視することにより、現在における原則的には仮象である法の存在と機能を確かなものにしました。同時に時間は機械的物理的な時間に固定化されます。これは解脱という仏教の課題に大変な影響を与えることになります。

3

かくして過去は現在の法が滅して行くいわば墓場かごみ箱になり、現在とは異質なものとして現在から切り離されます。反転して未来もそうなります。このようなただ来たり過ぎ行くだけのものとしての時間を、機械的時間と私は言いました。今そしてここという現在と、無縁で手の届かない無機的なものとして、時間はただ過ぎ行くだけのものとなります。大雑把に言って倶舎論が到達した時間概念はそういうところです。この時間論に従いますと縁起説の内容も変わります。縁起とは精神の諸局面が相互に関連しあい影響しあうことでした。逆に考えますとどんな局面に遭遇してもその局面は変更可能です。こう積極的に考えるから救いがあります。部派仏教の大勢は時間を機械的なものにすることにより、縁起つまり諸局面の生起連関を、過去から現在を経て未来に向かう直線上に引き伸ばしてしまい

ます（三世両重）。それによりますと十二縁起のうち

無明と行　　　　　は　過去の因
識・名色・六処・触・受　は　現在の果
愛と取　　　　　　は　現在の因
有・生・老死　　　は　未来の果

となります。これでは肝心かなめの無明と行は手の届かない過去へと押しやられますので、いかんともし難くなります。解脱するための最重要な課題は、無明行複合体にどう対処するかということです。この課題が消滅します。三世両重の図式に従いますと、せいぜい未来の幸せを求めて、現在の時点で、愛取という煩悩への執着を断ち切ることのみになり、その煩悩が何なのか、どうすればよいのかという積極的な問題意識は消滅します。過去は不変とされますから、それにより決定された現在に対しては、諦念をもって受動的に対処するしかありません。せいぜいこの世的な善行を積み、未来での果報を待つという態度しか運命から逃れるすべはありません。こうして縁起は過去から未来に向けて、一方的に生起する単純で平板な因果の糸になります。このような、つまり人間個々人から見てどうしようもない、ただ受動的にしか対処しえない事象の集積を業と言います。この見地から把握された縁起説が業感縁起《ごうかんえんぎ》です。たいていの人が理解する縁起・因果論とはこの種のものです。従って表面だけから見ますと仏教は陰鬱なものに見えてしまいます。

事態がここまでくると修行者はなんの為に修行するのか解からなくなります。ただ煩悩を消滅させることだけが目的となりますと、生きること自体が無意味になりかねません。実際部派仏教の修行者は、一切の欲望や感覚を断ち切ろうとしました。究極の果ては人間としての感受性の喪失であり、虚無主義でしかありません。このような境地を後の大乗仏教徒は批判して灰身滅知《けしんめっち》と言います。身を灰の如くにし知性をすべて焼き滅ぼすの意味です。釈迦も意地悪です。たいていの人は彼の言葉を文字通り受け取るとこうなります。部派仏教の修行者の修行態度にも問題があります。おのれのみ救われようとする態度です。これは宗教的情操の原則に反します。救済は皆と一緒でなければなりま

せん。このことについては後に詳しく触れるでしょう。

4

罪あれば功ありです。原始仏教に後続した部派仏教の存在意義は大きいのです。かなりな代償と引き換えに仏教学の体系の基礎は彼らの手で作られました。その一つが修行方法の確立です。少しばかり触れてみます。あたりまえのことを省きますと、修行法としては四念処《しねんじょ》と四善根が重要です。以下概略。

四念処　不浄観　—欲望消滅のために死体が腐乱解体する様子を観察
　数息観《すそく》　—心の動揺を抑えるための呼吸の調節
　別想念処—身・受・心・法が不浄・苦・無常・無我であると見切ること
　総想念処—別想念処と同じ作業を身受心法個々別々にではなく四者を総括して行うこと

四善根（これは先の修行の結果得られる境地体感です）
　煖《なん》　—なんとなく暖かくなる
　頂　—煖の感じが心身の両面において頂点に達した境地　自己が変わりつつあるという体感
　忍　—忍耐　もうすこし頑張りましょう
　世第一法—世俗的次元での最終的境地

四念処・四善根は修行の予備段階です。ここで一応世俗から離脱して本格的な修行の境地に入ります。その内容は禅定です。三昧《ざんまい》とか静慮《じょうりょ》とも言います。倶舎論はここで四つの色禅さらに四つの無色禅を挙げて、その境地を説明します。しかし禅の到達境地を客観的に記述すること自体不可能です。禅定には専門的に規定される八つの階梯があるとしておきます。禅定体験の頂点が非想非非想静慮という境地で別称滅尽定、ここに至った修行者を阿羅漢と言います。

四念処・四善根はしっかり覚えておいて下さい。仏教の修行はこれと禅定が基本です。大乗仏教は部派仏教を批判して登場しましたが、その最大の相違は世界観人間観に関しての違いであって、修行の基本的な部分は部派仏教から受け継ぎます。むしろそれを簡単なものにしました。戒律も同様です。ともかく小乗部派仏教において学と行と律の基礎は確立されました。律について言いますと部派仏教の修行者達は、釈迦の言う通り振舞い一切の煩悩を滅し尽くした境地を、一途に追求するプロ集団ですから、彼らを律する戒律は厳しいのです。小乗仏教徒はともかく釈迦の言った通りを実行しようとしたまじめ人間の集団です。

5

部派仏教由来で後の仏教観によく知られた考えを二、三紹介します。三界と五趣について。三界は欲界・色界・無色界。欲界は欲望により左右され動かされる世界、色界は欲望は去っても未だ外の世界の現象があると思いそれに囚われている境地、無色界はこの種の現象すら意識しなくなる境地です。欲界は五分されます。欲望発現のレベルで評価して下から地獄、畜生、修羅、人間、天界の五つを五趣と言います。さらに餓鬼という項目を畜生と修羅の間に加えて六趣六道とも言います。欲界の特徴は他の二界と違って、その中でぐるぐる廻り続けなければならないことです。前世の因果により人間界に生まれたり、畜生つまり物言えぬアニマルになったり、下手をすると地獄（それもいろいろあるそうですが）に墜ちたりします。運よく天界に生じても因果の定めでいずれはそこから出なければなりません。それ以上の段階への出口はあるのですが、凡夫である限りは欲に駆られて六道をぐるぐる廻るのが精一杯です。この運命の堂々巡りを六道輪廻《ろくどうりんね》と言います。このような悲観的で受動的な宿命観は、先に延べました業感縁起説の為せるわざです。法を実体視するから三界五趣と境地が固定されます。仏教にとって輪廻とか業という考えは本質的なものではありません。それを克服するために仏教が出現したのです。

　三界説で興味をひかれるのは、阿羅漢《あらかん》ないしそれに準じる境地の方が天界より上にあることです。天界とは神様の世界です。毘沙門天とか大黒天とか帝釈天とかいう神様ですが、これらは諸天とされてなお欲望に動かされる存在として、人間のすぐ上というあまり高からざる所に位置づけられます。部派仏教ではこうです。しかし大乗仏教になりますと阿羅漢的境地は二乗と言われて逆に軽蔑されます。

倶舎論は法を確定しました。その延長上に煩悩の分類と描出があります。人間の陥りやすい悩み迷いを九十八に整理分類して九十八髄眠とします。さらに基本的なものに大別して六煩悩とします。貪（貪欲）・瞋《じん》（怒り）・慢（高慢）・疑（疑い）・無明《むみょう》（無知）・見《けん》（まちがった見解）の六つです。六煩悩は解かりやすくて有益です。だけでなくこの分類は現代の心理学でも通用するほどモダンです。

第三節　般若経

1

原始仏教は大衆的実践的方向にも展開します。部派仏教は幾多の欠点それも致命的な欠点を持ちます。最たるものはこの仏教が一部の専門的修行者の独占物であることです。この事態には釈迦も責任があります。釈迦在世の頃から仏教は、出家つまり俗世を捨てた特殊な人々によって荷われてきました。無我の境地に達するための修行と思索は、在俗生活の片手間にはできません。為に出家した修行者は共同体を作り、周囲から自らを隔離して修行します。出家の正式構成員を比丘《びく》・比丘尼《びくに》、準構成員を沙弥《しゃみ》・沙弥尼《しゃみに》と呼びます。さらに女性には妊娠の有無を確認するための試行期間としてシキシャマーナと呼ばれる段階がありました。専門的修行者の団体をサンガ、漢語では僧伽、略して僧と言います。

仏の教えは専門家のみを魅きつけたのではありません。この世の苦悩から逃れたいのは俗人も同じです。始めのうち俗人は出家を経済的に援助することを通して救済に与《あずか》ろうとしましたが、それでは彼らの宗教的情熱や救済願望は満たされません。出家が釈迦の教えを忠実に実践しようとする傍ら、在俗者達は釈迦の人格そのものの直接具現を求めるようになります。お釈迦様をまぢかに見たい、実感したいと思います。その結果彼らは釈迦の遺骨（仏舎利《ぶっしゃり》）を埋めてその上に塔を建て、舎利と塔を釈迦の身体あるいは代理として崇拝します。仏塔崇拝や舎利信仰が始まります。ちなみに我が国のお寺、例えば清水寺や法隆寺には立派な五重塔があります。その基部には仏舎利が埋められています。

舎利崇拝の次に経巻崇拝が出現します。その頃にはお経も書かれるようになり、このお経が信仰崇拝の対象になります。アレクサンドロスの遠征はインドにギリシャ美術の影響をもたらしました。やがて仏像が制作され崇拝の対象となります。本来は仏教では仏像は作られません。特定の表象に宗教的情操を固定することは、縁起無我の教えと矛盾します。しかしお釈迦様を実感したいという一般大衆の欲求には勝てません。ガンダーラやマトゥーラは仏像制作の中心地になります。

他方釈迦のイメージが超越的になります。ルンビニーで生まれ、ブッダガヤーで悟りを開き、バーラナーシーで教えを説き始め、クシナーラで死去した釈迦は、僅々八十年という短い歴史の一点において存在したのみではなく、無限に近い過去に修行し成道してこの世に出現されたものとみなされるようになります。釈迦の過去にまつわる話が作られます。過去世において釈迦はどういう修行をしたから成道したとかいう類の話です。例えば釈迦は前世である仙人のために身を粉にして働いた云々です。このような釈迦の前世譚を本生譚《ほんじょうたん》と言います。この種のお話が言いたいことは、釈迦はものすごい修行したことと、想像できないくらいの大昔から成道していたことです。釈迦は常人とは違うと言いたいのです。成道する前の修行中の釈迦を釈迦菩薩と言い、これが大乗仏教で主役を演じる菩薩概念の起源です。そうなりますとものの順序として釈迦の修行を指導し、釈迦の解脱を認可した仏様が必要になります。釈迦以前の仏様も出現します。過去仏です。しかし釈迦は既にこの世にはいません。将来再現されるかどうかも解りません。そこで釈迦に代わって未来に救済者として出現するであろう仏様が必要になります。この期待を荷って登場したのが弥勒菩薩です。未来仏と言います。それでも大衆の救済願望はやみません。未来まで待てない、今現在活躍中の仏様が欲しい、となります。かくして現在他方仏が登場します。他方と言うのは、我々人間が住んでいるこの娑婆《しゃば》世界ではなくずっと遠い別の世界のことです。現在他方仏の中で一番ポピュラーになったのが西方浄土にまします阿弥陀如来です。

舎利仏塔経巻仏像等の崇拝という動向、釈迦の本生譚の成立、過去仏未来仏現在他方仏の出現などの諸現象は、なんらかの意味で視覚的にまた直接的な人格として釈迦に接したいという欲求のなせるところです。さらに在俗者は、自ら経文を唱え、理解し、知的な次元で釈迦との交流を図りたいと思うようになります。こうして正式な教団であるサンガの外にあって、経を読み、唱え、崇拝し、解説し、指導する人達が出現します。彼らをダルマバーナカ、漢訳して法師と言います。我が国では僧侶と法師はほぼ同じ意味で使用されていますが、本来は両者は対極に位置します。少なくとも商売仇には違いありません。在俗者は彼らを中心に新しい共同体を作ります。このような団体があるから新しい経典ができたのか、新種の経典の出現故に法師を中心とする団体ができたのかは解りませんが、ともかく両者すなわち新しい共同体と新種の経典はあい携えて発展します。この動向の中から今までの仏教とはまるっきり違うとしか思えない仏教が出現します。大乗仏教です。紀元前後から大乗仏教は姿を顕し、紀元後数世紀の間にその骨格を形成して今日に到ります。我々日本人が受容した仏教はこの大乗仏教です。大乗仏教を基礎づけた最初の体系的な経典が般若経です。そして般若経に書かれている内容に鋭い論理を付与し、大乗仏教に基軸を通した人物が竜の化身とも言われた竜樹（ナーガルジュナ）であります。

2

枕草子一一一段に「はるかなるもの」の一つとして「大般若経、御ず経ひとりしてはじむる日」とあります。般若経はこのようなうんざりするほどの膨大さの代名詞になるほどごっついものです。名前もいろいろあってややこしい。大品小品の般若経あり、放光・光讃・金剛・仁王という頭がつく般若経あり、八千誦《じゅ》・二万五千誦・十万誦なる般若経ありです。誦《じゅ》はサンスクリット語の詩句一行です。それが八千も二万五千も十万もあるのです。それに漢訳、チベット語訳、サンスクリット原本があり、相互に欠如し重なります。紀元前数世紀、釈迦入滅後一〇〇年から二〇〇年経って成立し始め、増補に増補を重ね西暦数世紀までその成立は続きます。つまり七～八〇〇年かけて作られ続けました。漢民族への仏教伝播開始は紀元前後ですから、般若経は作られつつ伝播したことになります。現在でもこのお経は発見され続けられています。なんのことはない全部読んだ人はいるはずがないという代物です。だから般若経というのは正しい言い方ではなく、般若経典群と言わなければ誤解を招きます。

膨大だからその量に比例して内容が豊富とは限りません。般若経にも同様のことが言えるようで、ともかく退屈なくらい繰り返しが多いのです。もともとお経は口承し、読み聞かせ、記憶するためにあるのですから繰り返しは避けられません。般若経の中心的主題は般若空です。繰り返しお経はそれを説きます。般若空の解説に際し主題を六波羅《ろくはら》蜜《みつ》と般若の智慧と菩薩思想の三つに分けます。三者は相互に関連します。

六波羅蜜は布施・持戒・忍辱《にんにく》・精進・禅定・智慧（般若）の六つの波羅蜜《はらみつ》（パーラミータ）のことで、仏教修行上の基本的な作業です。波羅蜜は意訳すれば到彼岸、解脱した境地である彼岸に到ること、その意味での自己完成のための度（作業）です。以下の通り。

布施―自己に属する財を他者に喜捨すること。必ずしも狭い意味の財産とは限りません。宗教上の体験洞察の類も布施の対象になります。

持戒―戒律を護ること。部派仏教に比べて大乗仏教では戒律は簡単になります。

忍辱―頑張ること。どちらかといえば守勢にあって苦難に耐えることです。

精進―やはり頑張ること。前者と違い攻勢的な意味あいがあります。

禅定―禅ないしヨガ。

智慧―智慧ですが単純に智慧とは言えません。信仰の本質を規定する智慧です。この種の智慧を得ること即解脱です。般若とも言いますがこの言葉を使うと意味が微妙以上に違ってきます。

波羅蜜の考えは原始仏教以来その萌芽はありました。縁起無我説自体が、行無明複合体を智慧でもって洞察することを要請します。釈迦の解脱は瞑想つまり禅定から得られました。戒律のない宗教などありません。第一回の結集《けつじゅう》ではウパーリという弟子の記憶に頼ってサンガの戒律が作成されます。だから初期の段階で仏教は少なくとも三つの波羅蜜を持っていたことになります。波羅蜜の数は次第に増えます。四だったり五だったりして般若経の出現をもって六としてほぼ完成します。華厳経では十波羅蜜になります。

戒定慧の三つに新たに加わったのは布施忍辱精進ですが、一番重要なのは布施です。後二者は一般的で漠然としています。頑張るとしか言いようがないし頑張るのは当然です。ヨガ師地論にも忍辱と精進については簡単にしか書いてありません。具体的行為としては布施が一番解かりやすいし行動の形も明確です。布施には財施《ざいせ》と法施《ほうせ》があります。後の方は法つまり宗教上の何かを人に与えることですが、これはなかなか難しい。単純なのは財施、財産の喜捨です。これが一番明確な行動です。明確という点では簡単な行為です。だから難しいことを考える閑のない俗人でも実行可能です。一方財産は大変貴重な物です。簡単に他人に譲りたくない物です。世の中の犯罪の大半以上は金銭がらみです。金銭財産は自己の肉体の延長です。だから布施という作業は、簡単という面と難しいという面の両面を持ちます。従って布施をする当事者、当然彼らは在俗の信者ですが、彼らはこの作業の遂行に際して両義的な試練にかけられます。布施という行為の中に、当事者の葛藤が再現されます。これは立派な修行です。修行とは無明の闇を少しでも解かろうとする作業です。無明の闇とは心の惑い、葛藤です。葛藤を解決するためにはそれを自覚する媒体が必要です。財施はこの媒体になりえます。

サンガの修行専従者の生活は在家の喜捨で支えられます。そうなると在家の信者も教団維持の重要なパートナーとしての自覚と発言力を持ちます。こうして布施という単純明白にして困難という二面性を持つ作業を介して、在俗生活はサンガの修行に連結しまたそれの代行にもなります。逆に財施という行為を教団から社会に開くと、慈善事業や勧進という社会的行為へ拡大変容できます。これも立派な修行です。

法施は信仰上の何かを与えること、単純に言えば説法です。大乗仏教では俗人も説法します。専門家の集団では説法が上意下達で閉鎖的関係になるのに対し、俗人の集団は説法するされるという並列的関係を形成します。説法における相互関係を通じて両者は向上します。俗人の法施は在俗生活へ教団を開き、説法共同体を作ります。これは菩薩なります。

行への重要な契機になります。

こう考えますと、忍辱精進という作業にも新たな意味づけが可能です。在俗生活を信仰に結び付けるに際し、どうしても生じるであろう葛藤や緊張に耐える力が必要とされます。布施行を介して教団と俗世は相互乗り入れが可能になります。

2

禅定《ぜんじょう》に類する修行は遺跡の研究によるとインダス文明の頃からありました。実質的な作業としてはヨガと言われるものとほぼ同じです。禅とか止観《しかん》とかヨガとか立場立場によっていろいろの名前で呼ばれますが、作業それ自体はあまり変わらず、ただその作業に付与される宗教的な意義が違うだけです。ヨガスートラという西暦三—四世紀頃にできた本の孫引きからヨガの内容を簡単に要約すると、ヨガの基本的な作業は以下の通りです。

坐法　定められた坐り方
調息　呼吸の制御統制
制感　感覚器官を対象から離す
総持《そうじ》　心を一個所に結合させる
静慮《じょうりょ》　念じる対象と観念の一致融合
三昧《ざんまい》　対象のみが輝いて心はからになる

六つの段階で具体的に理解できて医学的心理学的に説明可能なのは、最初の三段階、坐法・調息・制感までです。あとの作業はそれらを踏まえて出現する、いかに意識を自己の内界に集中させるかをめざしての高等テクニックで、経験の量・本人の素質・宗教的情操によって左右されます。坐法により、筋肉の緊張とそれを支配統制する神経の興奮をコントロールします。筋肉や末梢神経の緊張はその状態をインパルス（神経の興奮伝導）により中枢神経に伝達します。調息は呼吸筋のリズムを整えます。意義は坐法のそれと同じです。同時に呼吸の調節により血中の炭酸ガスと酸素の濃度やPHが変化します。PHの変化は即心臓の機能と意識の状態に影響を与えます。外界の感覚を剥奪すると、我々の意識は宙に浮いたような感じになり、独特の変容を蒙ります。なんなら静かな部屋を真っ暗にして一時間坐っていてごらんなさい。以上のように考えると、ヨガの基本的な作業は筋肉神経の緊張、血液循環、血液成分の内容、感覚の制御を通じて得られる身体の状態の変化により、意識の状態を支配統制することにあります。我々が通常囚われている身体像を放棄させ、それに代わる新しい何かを獲得させることにヨガの意味があります。ヨガや禅定を西欧の人は時々瞑想と翻訳します。瞑想では誤解を生じますが、しかし瞑想という作業にはなんらかの程度坐法とか調息制感が絡んでいます。従ってヨガ的なものはあらゆる宗教において（瞑想を賞揚しない宗教はありません）存在することになります。しかし古代インドに出現したヨガはこの種の技法をとことんまで発展させました。仏教あるいはヒンドゥー教とキリスト教の違いを極めて単純に言いますと、このヨガ禅定的な体系的作業の有無にあるとも言えるくらいです。ちなみにキリスト教においてヨガに代わるものとして発達した作業が秘蹟（サクラメント）です。

釈迦も禅定をしました。仏教はもとよりあらゆる宗教は、まず俗塵から自らを隔離しようとしますから、広義の意味でのヨガ的作業は必須です。こうしてヨガ禅定は六波羅蜜の重要な一項目となりました。ヨガや禅定をあまり狭く党派的に考えない方が宜しい。ヨガ禅定は方法です。この方法の周囲にいろいろな宗教的情操や形而上学的価値がまとわりつきます。例えば真言密教は象徴的解釈を通して大日如来との合一を求め、禅宗は如来蔵の考えによって心の中の真如の発見を目指し、中観は諸法無我の、天台は諸法実相の体験を志向するという具合です。ヨガが宗教を離れても構いません。よくヨガ体操というのを見かけますがこれもその類です。精神医学にも自立訓練法としてヨガの技法の一部は取り入れられています。ただ般若波羅蜜の重視に伴って禅定の意味も微妙に変化します。

持戒は戒律受持。戒律のない宗教はあり得ません。宗教だ信仰だという前に人間が作る共同体ではそれなりの規律が必要です。宗教教団はなんらかの意味でこの世の束縛から逃れたい連中、一種のアウトロー予備軍の集団でもあります。ローマ帝国は新興教団であるキリスト教に手を焼き亡びました。漢民族の王朝は何度も廃仏をしました。放っておいたら国家の方が危ないからです。仏教徒は自らを乞食《こつじき》と位置づけます。生産活動に従事せず、この世の常識とは異なる生き方をすると宣言します。だからこの種の集団では特に規律は必要です。戒律なき信仰は当事者の自己破滅に直結します。

仏教でも釈迦入滅後、教団維持のために戒律が集大成され制定されます。原始教団の戒律に一番近いものが波羅提《はらだい》木叉《もくしゃ》です。それによると、戒律には人間として決して許されない行為の禁止である止事戒と、教団維持のための施行細則たる作事戒があります。世俗の法体系でいう刑法と行政法に相当します。このような戒律の体系つまり律蔵が漢訳されて、四分律とか十誦律と言われます。各部派により内容は違います。小乗と貶称される部派仏教は、出家の教団ですから戒律は厳しくなります。大乗仏教の主役は在家つまり俗人です。教団の概念も異なりますし、厳しくしていたら生活ができません。そこで大乗仏教の最初の本格的経典である般若経は、主な戒律を十項目にまとめました。戒律を悪の禁止という立場からではなく、善の推奨という立場から表現します。不殺生・不偸盗《ちゅうとう》・不邪淫・不妄語・不両舌・不悪口・不綺語・不貪欲・不瞋恚《しんい》・不邪見の十善業です。

偸盗《ちゅうとう》は盗み、両舌は嘘言、綺語は綺麗で飾った誠意のない言葉のことです。後に狂言綺語という言葉ができました。小説戯曲などの文学作品を指します。これらは虚構つまり真実でないものですから、仏教では嘘の類として悪徳と見なします。為に源氏物語の作者紫式部は地獄へ堕ちたとか言われました。もっとも大乗仏教の経典はすべて文学作品とも言えるもので、狂言綺語もいいところなのですが。瞋恚《しんい》はきつい怒り、邪見は間違った形而上学的見解、あからさまに言えば属する教団宗派と異なる考え方です。こう並べますと、怒るな・欲ばるな・殺すな・犯すな・盗むな・嘘つくな、という項目に絞られます。つまり我々が社会生活を営む上で当然のことが要請されています。極めて常識的です。般若経はこうして戒律を以上十項目に絞り込み、これだけで宜しい、それだけは護りましょうと言います。簡潔ですが難しくもあります。簡潔だが難しいという点では先に話しました布施についてと同様です。逆に言いますと十善業の賞揚により社会生活は修行の中に包摂されます。あるいは社会生活が修行の中に食い込んだとも言えましょう。

十善業について附言すると、怒る・欲ばるは内心の動きです。だから外に現れた行為としては殺犯盗嘘の四つになります。このうち嘘はなんとかの始まりと言われるように悪行の前提となるので残りの三つに包含されます。結局禁止されるべき最大の行為は殺生、偸盗、女犯《にょぼん》の三つになります。つまるところ人間が統御すべき衝動は、所有欲であり、性欲であり、攻撃的感情となります。これはどんな宗教においても同じです。大乗仏教における戒律は、後に整理され大乗梵網《ぼんもう》戒としてまとめられます。奈良時代唐僧鑑真が来日して四分律等を伝え、平安時代初期最澄が入唐して大乗梵網戒を持ち帰りました。

3

布施・持戒・忍辱・精進・禅定と五つの波羅蜜を解説しました。最後が般若波羅蜜です。般若はサンスクリット語でプラジュニャー、完全なる認識です。この俗語形がハンニャーで、漢語に音訳されて般若となり、我々も「はんにゃ」と発音しています。あえて意訳すれば智慧となります。ところでこの智慧ですが普通の意味の智慧ではありません。通常我々個人が何かを認識しようとする時、認識という過程を外の世界に属するとみなされる客観的対象と、自己という主観に一応二分して捉えます。この態度を自他二分あるいは能所分別《のうしょぶんべつ》と言います。能は認識する主体の側の作用、所は認識される側のあり方です。このような通常の認識行為を仏教では分別智《ぶんべっち》と言います。能と所に分けて別けて知る、分別して知るという意味です。科学的認識はこの種の分別智を用います。分別することにより対象の一部を切り出し固定し認識を容易にします。こうもしないと知ることなぞできっこありません。普通の生活は科学者のそれも含めてそれでいいのです。しかし般若の智慧は能所分別を否定します。逆に能所不二つまり識る側の状況と識られる側のそれとが一致する境地を追求します。

縁起無我の教えは、あらゆる事象を固定して捉えないことを要請します。この要請と現象に振り回されて部派仏教は、存在の要素である法を事実上実体視するはめになり、法の煩瑣な分類整序に汲々とし、修行の目的は虚無主義に陥りました。般若経典に先導される大乗仏教はこの態度を小乗と称して非難します。僧院の部屋の中に坐ってただ漫然と能所不二と考えているだけではだめなのです。能所といっても所の方はすぐにはなんともなりません。能の方から変えなければなりません。そのためには能、おのれという主体、を変えて展開させる媒体を新たに設定し承認しなければなりません。この媒体が世俗生活です。世俗生活に入り、自己をそこにぶっつけて生じるもろもろの葛藤（煩《ぼん》悩《のう》・迷妄）を体験することの中に、新たな宗教的洞察を得ようとします。やみくもに世俗生活に入ったのでは、ミイラ取りがミイラになって、世俗の生活に沈殿し煩悩に振り廻されるのがおちです。だから世俗の生活を変えるべく、宗教上の理想に近づけるべく、世俗に対処しなければなりません。社会に入って、仏教の理法を宣伝し伝道することが課題になります。まず教えます。教えるという決断において自己変革の第一歩を設定します。教えることを通じて自分も教わることを目指します。教えることにより自分の認識体験を整理します。教えるに際して生じる自他の間の懸隔や対立の中に自己の問題も出現します。教える相手の中に自分を見ます。これを教え教えられる関係、あるいは救い救われる関係と言っておきましょう。自己を変えることにより社会を、社会を変えることにより自己を変えます。社会なり他人は自己にとって「所」つまり行為の対象です。救い救われる関係が最も具体的な意味での能所不二の境地になります。要約すると、具体的な対他関係の中に自己の洞察、つまり解脱の可能性を探ることが大乗仏教の説くところです。

何を社会の中で説くのでしょうか？　仏教では原則が無我の境地ですから、世俗に関する方向はありません。しかし無我説は自己変革を要求します。自己の固定した状態に囚われない境地を要求します。不断に社会の要請を受け入れ、それに自己を適合させ、それを荷い続けるべく自己を変化させねばなりません。同時に自己を流動化して安定させるべく社会に対処する必要が生じます。社会に対して、その固定した状態を常に変化流動させねばならなくなります。社会改革が要請されます。この理想を遂行し得る宗教者を菩薩と言います。菩薩は社会改革者であり、同時に自己変革を不断に志向する人格です。

以上が般若の智慧と言われるものです。要約すると、救い救われる関係を活動の場と為し、この対他関係の中で自己の煩悩を生起させ、それを自己の解脱の資糧とし、そして社会改革と自己変革の不断の作業の中に、自己の救済を求め続けることが般若の智慧です。般若の智慧は世俗を肯定しますから分別智《ぶんべつち》を含みます。自他を共に変えんとしますから分別智を否定します。お気づきと思いますが、この作業は一度煩悩の海に沈んで、再び浮上する過程です。般若の智慧は煩悩即菩提です。

六波羅蜜が出揃いました。六つはどう関係するのでしょうか？　布施の重視と簡素化された戒律により、世俗生活と修行は連接されます。般若の智慧はそれを包摂して成立します。世俗性と智慧を連結する装置が禅定です。世俗の次元で得られた自他同一・能所不二の体験を吟味し純化して、反省的に再体験せしめる手段が禅定です。禅定はあくまで自他能所の二分に囚われないことを目指します。ヨガ禅定により信仰上の智慧と世俗生活が相互交流します。従って般若は単なる智慧という意味を超えて、禅の体験を踏まえ、布施持戒によって導入される世俗性をも包含する、主体的実践的総合的な何か、智慧という平板な言葉では表現し尽くせないな何かなのです。

仏教における法という概念の両義性・曖昧さについて説明しておきます。部派仏教は法を存在の基本的要素としてこだわってはいけないもの、超克しなければいけないものと否定的に捉えました。逆に大乗仏教は法を宗教的体験・宗教的情操の最高のあり方として肯定的に見ます。華厳経のビルシャナ仏や法華経の釈迦如来などはこの意味での法の体現者として法身と呼ばれます。大乗では法の意味が一八〇度変わってしまいます。

4

般若経典で表現される第三の主題が菩薩道です。菩薩の概念にも変遷があります。まず釈迦の本生譚において成道以前の釈迦が修行中の身が菩薩として理解されました。本生譚自体が釈迦の超越化神格化の結果ですから、釈迦菩薩は歴史上の存在ではありません。次にお釈迦様だけではこころもとないのか手がまわりかねるのか、彼以外の菩薩が登場します。文殊菩薩とか普賢菩薩とか観世音菩薩とか言われる方々です。彼らを大菩薩と呼びます。この種の菩薩は凡夫の世話係です。智慧を授けたり、未来での成道救済を保証します。観世音菩薩、通称観音様は我々凡夫の日常生活のすみずみまで世話を焼きます。地蔵菩薩は地獄へ堕ちた者が受ける責苦を代って引き受けます。これが菩薩軍団の第二陣です。しかしただ世話を焼かれるだけでは凡夫も物足りません。いつまでも子供扱いはされたくないとなると、凡夫が菩薩になるのが一番です。そこで第三陣として登場するのが、だれでもの菩薩、といわれる連中です。これが正真正銘の菩薩、菩薩の真打。かくして菩薩概念が確立しました。

菩薩は解脱成道の資格は充分にあるが、自己の救済のみを求めず、それを断念ないし棚上げして、凡夫衆生の救済に専念する者と規定されます。上求菩提下化衆生《じょうぐぼだいげかしゅうじょう》です。こう言うとなにやらまず成道寸前まで行って、それから方向を変えて衆生救済に転じなければならないように聞こえますが、順序を逆さにして考えれば宜しい。まず衆生救済に努力する、この努力の中で自己を変革し成道解脱の道を求めるのです。気球が始めから上に揚がってそこから降りてくると考えるより、気球に自ら浮力をつけて揚がって行くと考えればいいのです。この浮力は衆生救済、つまるところ世俗内での自他の変革により得られます。菩薩という方々はたとえ成道まぢかとはいえ、この世で我々と一緒に悩んで下さるのですし、凡夫の経験があるから凡夫の世話もできます。だから結局は菩薩も凡夫と同じことをしていることになります。かくして、菩薩＝凡夫、という等式が成立します。あえていえば、菩薩は凡夫の可能性を持っている高い存在であり、凡夫は菩薩になる可能性も持ってはいるが、なおいささか低い所でもたもたしているやからということになります。可能性と現実性の違いです。だからだれでもの菩薩と言います。

菩薩概念の発達史について語りました。般若経ではこの真打の菩薩が初めて本格的な姿で登場します。常啼《じょうたい》菩薩です。この菩薩の履歴を概略します。

① 常啼は般若波羅蜜を切望している。
② 空中の声「東に旅をしなさい、そうすれば求めるところのものは得られるであろう」
③ 旅をしても何も得られない、常啼は激しく悩み号泣。
④ 空中に仏の姿「東の方に香城がある、そこにドンムカツという菩薩がいる、この菩薩を訪れて教えてもらいなさい」という声。
⑤ 常啼は三昧に入るも仏の姿は無く、さらに東へ旅。
⑥ ある町で常啼は自分の肉を売ってドンムカツ菩薩を供養しようとする。それを見た長者の娘が感激し、二人

共に旅して無事香城に到着。

⑦　二人は香城でドンムカツ菩薩に会い般若波羅蜜を得る。

常啼菩薩の意味の評価は読者にお任せします。

六波羅蜜、般若の智慧そして菩薩道について話しました。三つの主題は密に関連します。六波羅蜜の完成により修行体系の中に世俗性が導入され、修行の意味内容が部派仏教のそれとはがらりと変わります。智慧の意味は大きく変化し、般若の智慧として、世俗生活を場として展開する能所不二なる総合的主体的体験能力となります。般若の智慧の実践者が菩薩です。自らを狭い僧院に閉じ込めて抽象的な自己分析にふけるのではなく、社会という場での活動そのものを自己変革・成道の資糧とすることを菩薩道と言います。この修行の形態が大乗仏教の骨格であり、基礎は般若経典の出現により作られます。この宗教的態度に鋭い論理でもって彫刻し明確な形を与えたのが、竜樹です。

六波羅蜜は仏教の修行法の主軸です。が、そこには古代インドのバラモン教の影響が色濃く反映されています。バラモン教は祭儀を重視します。祭儀の中心は供犠、つまり個人や集団が大事にする物を神々に捧げる儀式です。一番大事なものは自分自身です。自分を祭壇に捧げて焼くのは困るので代理物を捧げます。時としてそれが人間であることもあります。祭儀供犠に参加し、集団催眠を経験し、参加者は自己の身体と意識の変容感を体験します。供犠を通じて参加者は自分の意志を天に伝えます。祭儀を個人的次元で行えば六波羅蜜です。六波羅蜜において、修行者は自らを供犠として自らに捧げつつ、自らの身体の変容感を体験します。六波羅蜜は俗世の体験を般若の智慧に変換する機関身体です。布施・持戒・忍辱・精進・禅定・智慧という一連の過程において布施は食料に、持戒はそれを取り入れる口に、忍辱と精進は内臓と筋肉に、禅定は外からの物質を自己の物とする新陳代謝に、智慧はその結果できる身体構成物質である蛋白質や核酸に相当します。持戒を外からの有害な刺激に対する免疫反応の如き物と見なしてもいい。六波羅蜜は外界と内界を媒介する器官です。別種の想像をすると、布施は供物、持戒は薪、忍辱と精進は点火と酸素供給、禅定は燃焼、智慧は燃焼の結果の産物です。法華経の薬王菩薩本事品で、薬王菩薩が我が身を焼いて焼身供養する話があります。こんなことはいろいろな形で古代インドでは行われていたのでしょう？ インドでは夫を亡くした妻は、自ら火の中に跳び込んで焼死して、夫の後を追うことが美徳とされました。サティーという風習です。以上のように考えると六波羅蜜は、エリートのエリートによるエリートのための修行法、だから、特殊専門化された行為、しかるが故に、閉鎖され外に開かれていない機構・方法論、という性格も持ちます。換言すると六波羅蜜はバラモン教や小乗仏教のしっぽを残しています。だから六波羅蜜と菩薩道は、同じ大乗仏教の主題と言いつつ、その根底では相反する意味を持ちあいます。般若経や華厳経の六波羅蜜的構造をどう払拭して行くかが、以後の大乗仏教の課題になります。この課題作業を完成したのが、浄土信仰の親鸞であり、法華信仰の日蓮です。この作業は日本という土壌を抜きにしてはありえないことを強調しておきます。

第四節　竜樹登場

1

高校の世界史の教科書でインド出身の仏教思想家と言うと、開祖の釈迦ついで竜樹が出てきます。あえてもう一人挙げればアショカ王です。それほど竜樹の仏教発展への寄与は大きいのです。日本でも仲の悪い浄土系と法華系が共に彼を自宗の祖と仰ぎます。竜樹は紀元二世紀頃、南インドのクリシュナー河の近くに生まれました。ナーガルジュナと言い、竜神の導きでアルジュナ樹の下で誕生したと伝承されています。竜樹は漢名です。若い頃は不羈奔放な生活を送ったようです。確かに彼の所説には伝法で極道っぽい印象があります。彼が書いたと言われる著作は沢山ありますが、彼に仮託されたものが多く安易に信用できません。彼の著作で重要なものは、中論《ちゅうろん》と十二門論《じゅうにもんろん》と大智度論《だいちどろん》です。このうち大智度論は般若経の解説注釈書の類で重要なのですが、彼の真筆ではないようです。残るは中論と十二門論です。後者は前者のための入門書なので、結局竜樹の思想を理解するには、中論を読むのが一番ということになります。この中論ですが、竜樹が書いた部分は誦《じゅ》つまり詩句だけでいたって簡潔です。詩句ですから簡潔すぎて後世の人が読んでも理解しにくく、後になって古代インドの専門家が注釈をつけました。本文である誦の部分と注釈である散文の部分を併せて中論と言います。

2

中論を解説します。すべてを逐一たどる必要はありません。内容が均一に重要でもありません。要点のみに触れ後はそこから導かれる結論を述べます。最も重要な部分は第一章の縁の考察（観因縁品《かんいんねんほん》）と第二章の去来の考察（観去来品《かんきょらいほん》）です。ここに竜樹の論理の進め方のエキスが凝縮されています。箇条書きにして解説します。

① 縁の考察

諸法（諸々の存在の基本的要素）はそれ自ら生じるでもなく、自らと異なる他より生じるでもなく、自と他の共同により生じるでもなく、自でもない他でもない存在から生じるということもない。

理由は？　もし自から生じれば、生じるという事象自体の中に「生」と「生じるもの」の二種の法が存在し、一つの法に二つの法があることになる。これは矛盾。また自より自が生じれば、この過程は無限に続き（無窮）これも矛盾。自が他より生じるとすれば、他は自があっての存在（相対的存在）であり、結局は自から生じるのと同様であり、先に述べた矛盾に帰着する。

では自と他の共同から生じるのか？　そうなら自と他という相異なるものが同時に存在しこれも矛盾。さらに自でもなく他でもないものから生じるとすれば、無因すなわち原因のない所から生じることになり、それでは修行の意味は無くなる。このような考えは仏の教えに反するから駄目だ。となります。

こうして最初の結論が証明されます。証明の帰結は、自と他の区別は無い、同一と差異の区別はない、かつ自は自みずからでは存在しえない、となります。結論は「存在するものは同一でもなく相違するものでもない（不一不異）」

です。同時に、生じる（生起）という事象も本来のものとしてはありえないとされ、生（起）が否定されたら不生（生じない）も同様の論理で否定されます。（衰）滅も同様の論理で否定されます。不生不滅《ふしょうふめつ》です。

② 去来の考察

「去ること」は「すでに去った」と「未だ去らない」と「去りつつある」の三つに分解されます。「すでに去った」には「去ること」は存在しません。「未だ去らない」にも「去ること」はありえません。では「未だ去らない」と「すでに去った」を離れて「去りつつある」はありうるのか？　ありえません。だから「去ること」はありえません。

もう一つの証明

「去る」とは「ある主体が去る」ことです。これは「去る主体が去る」と言い換えられます。であれば「去ること」が同時に二つ在ることになり、これは矛盾。

かくして「去ること」は否定されます。同様に「来ること」も否定されます。帰結は、去ることも来ることもありえない、不去不来です。

竜樹はこの帰結を「去るものは去らず」という逆説で表現します。以上が中論の論理の最も代表的で鮮明な部分です。論旨の繰り返しになりますが、重要な帰結が出てくるのでもう少し例を挙げます。

③ 貪りと貪る者の考察では

「貪る者」と「貪り」が同一なら両者の結合は存在しない。同一なるものは結合しないが故に。両者が別異であれば結合は存在しない。別異なるが故に。だから「貪る者」も「貪り」もありえない。

この証明は①の不一不異の証明と同じ論法です。

④ 燃えることと燃える物についての考察

「燃えること」が「燃える物」ならば両者は同一。なら「燃える物」がある限り永久に燃えることになる。これは矛盾。両者が別異なら「燃えること」はない。「燃える物」の所に「燃えること」が存在しないのだから。

これも同一と差異の矛盾を突いた論法です。この論理は燃焼のみに限られず、他の事象にもすべて応用可能です。受（感覚を受けること）と受者（感覚を受ける者）との間にも成立します。かくして事象の生起はすべて否定されます。

⑤　苦の考察

苦が自らの個人存在により作られるとすれば、あるいは他の個人存在により作られたり与えられたりすれば、作られ与えられる以前の個人存在とはいったい何者なのか？

さらに

自作の苦はありえない。自らが自らに苦を為し得ないが故に。他作の苦もありえない。苦を離れて苦はありえないが故に。

結局、苦は存在しません。結論は微妙ですがそれが修行のあり方に与える影響は重大です。

⑥　潜在的形成力（行）についての考察

赤ん坊の色（現象）は老人の色と同じか異なるか？　同一なら赤ん坊は赤ん坊のままでしかありえないし、異なれば赤ん坊は老人になれない。だから赤ん坊にせよ老人にせよその色は決定相《けつじょうそう》（決定されて変化不能な恒久的な様相）を持たない。

もう一つの証明

赤ん坊の色は相続（時間の推移の中で続く）するか？　もし相続すれば滅して後に相続するか、滅せずして相続するるか？　滅して後なら何もないのに何が相続するのか？　滅せずしてとならば同時に異なる存在が併存する。ともに矛盾。故に色は相続しない。つまり時間の推移の中で受け継がれて行かない。

この論法はむしろ万物の変化を否定します。かくして色は究極的存在ではなく、また時間の中で変化しうるものでもないことが証明されます。同様の論法で受想行識についても同じことが証明されます。つまり有相《うそう》（固定した様相）ではないとされます。それなら無相《むそう》かといいますと、竜樹は

無相は有相との相対的関係においてのみ存在しうる。だから無相は自前では存在しえない。

と言います。帰結は有相でもなく無相でもない、すべては空である、です。また変化を否定しておいて同時に、変化と不変を相対的関係で捉えれば不変の恒常性も否定されます。色の変化も不変も共に否定されれば、潜在的形成力である行の意味も従って無明の影響力も否定されます。

⑦　結合の考察

「見ること」と「見るもの」と「見られるもの」は合して見るのか合せずして見るのか？　三者合することはありえない。合しなければ見ることはできない。

かくして見るという事象は否定されます。またかく形式的に分解すれば「合すること」もありえなくなります。さらに

「異なる物」から離れては「異なる物」は存在しえない。なぜならばもしそうであれば「異なる」というだけで無限に存在するものが出現しうることになるから。

帰結は、合することもなく合しないこともない、合なく異なしです。

⑧　時についての考察

過去時により現在時と未来時があれば、過去時の中に後二者があることになり、すべてが過去時となる。以下現在時の中に云々、未来時の中に云々、と同様の論法を繰り返し得る。三者が別々の相にあればあい続くという相対的関係は成立しない。

帰結は、過去・現在・未来という時間の位相は決定的なものではない、です。この帰結は大乗仏教の世界観と修行論に決定的な刻印を押します。部派仏教が陥った機械的時間論を竜樹は否定します。法華経の解釈に重要な影響を及ぼします。法華経は本迹《ほんじゃく》二門の構造において、永遠の現在である久遠実成《くおんじつじょう》の本仏と、歴史上の人物である釈迦の同一性を主張します。このことは過去及び現在という時間の位相は同じであることを意味し、そこに救済論の鍵があります。竜樹による機械的時間論の破壊という作業がなければ法華経は出現しなかったでしょう。

⑨　第二十章　集合の考察

もし衆縁和合して（諸々の因縁がお互い和し合して）生じるとすれば、結果は和合の中に初めから有るのか無いのか？　前者の場合は和合の意味はないことになり、後者の場合無いものからどうして結果が生じるのか？　いずれも矛盾。

もう一つの証明

原因は結果に原因を与えて、後に滅して結果となるのかそうでないのか？　原因を与えて結果が生じるとするなら、二つの原因があることとなり、そうでないなら原因無くして結果が生じることになる。ともに矛盾。

衆縁和合による変化を否定します。なら不合（和合しないこと）があるのかといえば、十三章の「潜在的形成力についての考察」の最後と同じく、不合は和合を前提としてのみ有りえる相対的存在。だから不合は自前では存在できない、となり、帰結は、和合も不合もない、つまり因縁あって果報があるというわけでもなく、因縁なくして果報があるというわけでもない、となります。この帰結も重要です。「因縁があって果報がある」という立場を因中有果と言い、この立場に立てば修行は必要ありません。果報は始めからあるのですから。また「因縁の中に果報はない」つまり因中無果となりますと、これも修行の意味を否定してしまいます。修行という因は果報を産まないからです。竜樹は和合と不和合を共に否定します。ここから出てくる帰結は因行果徳すなわち「常に修行せよ怠るな。修行は結果である果報を産む。しかし怠ればそれは瞬時にして消える。永遠の行為の中にのみその時その時の果報がある」と言うべき態度の要請です。

⑩　涅槃《ねはん》についての考察

涅槃は有か無か？　そのどちらでもなく有と無の共同から出現成立するものでもなく、有と無と無関係にありうるものでもない。

五蘊についても同様のことが言える。

先に述べたのと同様の論理です。ここで私なりに竜樹の論法を復習あるいは演習してみます。以下のようになるはずです。

涅槃が有から生じるとすれば、これは涅槃の定義に反する。涅槃は一切のこの世的な制限を脱したあり方であるのだから。また無から涅槃が生じるならば、これもおかしい。無は有の存在を前提としてこそ意味があるのであって、涅槃が無から生じることは畢竟、有から生じることでしかない。これは先に否定されている。有と無から生じるとすれば、この両者が同時に存在することは矛盾である。有でもなく無でもない所から生じるならば原因無くして生じることになり、修行の意味は無くなる。

このように涅槃《ねはん》と五蘊《ごうん》という全く対極にある存在を、同じ論法で否定し等置して、同一であるとします。五蘊は色・受・想・行・識。第一項の色は外界の現象、第五項の識は判断一般です。残りの三項は色と識の中間段階です。五蘊は一切の心的そしてそれを取り巻きそれに映じる現象総体の基礎。だから五蘊と言えば世俗的生活感覚一般を意味します。従って竜樹が涅槃と五蘊の自存性を否定して、両者を等置することから来る結論は、煩悩即菩提・生死即涅槃です。

3

中論の内容を要約しました。竜樹の論理のほぼすべてがここに表されています。非常に面白い論理です。詭弁といってもよい論理ですが、決して詭弁と片付けるわけには参りません。私は詭弁的論法の鋭さを再認識させられました。では竜樹の論理は大乗仏教にとっていかなる影響をもたらしたでしょうか？　そのことについて考えてみます。表題を列挙すると以下の七項目になります。

八不、四句分別、一切法は空、涅槃＝輪廻、衆縁和合して名字あるのみ

形而上学及び神秘主義の否定、法身概念の成立

八不《はっぷ》は、不生不滅・不常不断・不去不来・不一不異の八つの不です。すべての事象は生起せず消滅せず、恒常的でもなく断絶しているわけでもない、去ることなく来ることなく、同一でもなく差異あることもない、という意味です。竜樹は一切の事象に、変化も、運動も、同一性も、差異性も、恒常性も拒否します。そのどれでもなくまたどれでも

あると彼は言います。帰結が次の四句分別です。四句の分別とは「因縁所生法　我説則是空　亦《やく》名為仮名《けみょう》　亦名中道義」なる詩句です。意味は、一切の事象は因縁の和合により出現する、私はそれをすべては空であると説いた、同時にすべての事象は姿形を持つがそれは単なる仮の形としての名辞でしかない、そして空でもなく仮名でもなくまたその両者であることの中に真実がある、です。仮名は「けみょう」と読みます。仮の名です。「名」は事象を区別するためには張られたレッテル。「仮」とは「仮設《けせつ》」すなわち「仮に設定する」という意味です。結局竜樹はこの世界の現象は、すべてでありすべてでないと言うのです。だから状況状況に応じ、当事者である個々人は世界に対し可能且妥当な状況を仮に設定して行けばよい。そして瞬時瞬時に設定された状況もまた真実なんだよ、ただ囚われなさんな、と言います。以上を彼は最終的に、衆縁和合して名字あるのみ、と表現します。

これが竜樹の言わんとする空の内容です。空は「から」です。同時に「から」ではない。空なる考えはすでに般若経典の中にありますがこれを論理的に整序したのが竜樹です。もう一度彼の論理を要約すると、すべては空、空は同時に仮、しかしそのどちらに囚われてもダメ、その真ん中が真実、しかしそこに留まってもいけない、空仮中空仮中という円環の運動に身を曝すことが肝要、となります。

こうして竜樹は部派仏教ではどうにもならなかった現実を救済します。俗世間の現実は真実なるもの、従って聖なる悟りの世界と関連を有するものとして是認されます。悟りの世界と俗なる世界は同一として等置されます。彼は空という否定的な方法概念を駆使し、一度そこにすべての事象を投げ込み、聖も俗もこなごなに打ち砕き、再びそれを蘇らせ再生させます。事象を空でもって刺し貫き解体して組み直します。としますと空は智慧です。もともと釈迦の教えは、無我という立場ですべての事柄を認識し直すこと、にありますから言ってみれば、現象を智でもって刺し貫くようなものです。竜樹はこの課題を荷うべく論理を尖鋭で明確で強靭なものにしました。結果が煩悩即涅槃です。

煩悩が救いの最高の境地である涅槃と同等だとされます。そういえば涅槃について私はなんにも言っていませんでした。涅槃《ねはん》（ニルヴァーナ）は釈迦がそうしたように、一切を無我であると認識しきって、すべての煩悩を断じ尽くすことに成功し、何物にも囚われなくなった、絶対的平安の境地です。たいていの凡人はそんなことはできないので、彼らの場合「涅槃に入る」が実際意味するのは死去することです。竜樹はこのような涅槃の否定的虚無的見解に抗して、新しく涅槃の意義を設定し直します。それが、涅槃＝煩悩、の等式です。煩悩則菩提《ぼんのうそくぼだい》、生死即涅槃、色即是空、とも表現されます。我々はともすると煩悩の側から涅槃を眺めがちです。しかし竜樹の所説を検討すると、現実を救済するための方法として涅槃がある、としか思えません。有でもなく無でもない、色でなく空でない、和合するでもなく和合しないでもない、因縁でもなく果報でもない何か、しかし必ず体験可能な何かの中に、我々が現に無自覚に生きている現実を一度投げ込み現実を生き返らせます。その時現実を固定し形骸化させていた一切の法は仮象とされ、過去現在未来という時間の障壁も取り除かれます。一切は流動化されます。

現実が救済行為の資糧として肯定されることにより、仏教は不毛な形而上学への惑溺から解放されます。神秘主義に堕することにも歯止めが効くようになります。竜樹の功績です。しかし竜樹の要請は苛烈です。彼が要求するところは人間としての限界状況の体験であり、英雄的行為です。現実の中ですべてに囚われず、変転流動に自分の身を任せ、状況状況に応じて課題を設定し、その成就に救済を感知すること、転変する現実との直面と決断を竜樹は要請します。口で言うのは簡単ですが、いざ実行となるとなかなかに難しい。できない、しませんとは言いません。しかしできれば優しく見守り支えてくれる後見者が欲しい、と思うのも人情です。竜樹は人間というものの可能性をぎりぎりまで開きました。開ききりパンパンに引き絞った弓はその状態を維持するために何かの支えを求めます。こうして般若空の体現者である法身としての人格神が要請されます。課題は次章で述べる華厳経の世界に引き継がれます。

4

竜樹の論理の使用法を検討します。彼の思考は概略三つの契機から成ります。要素への形式的分解、変化（運動）と不変（存在）の相互否定、帰謬法の三つです。代表として「去る者は去らず」の例を取ります。ここで「去る」という全体としての事象は「すでに去った」「未だ去っていない」「去りつつある」「去ること」という形式的要素へ強引に分解されます。分解した要素を再び形式的に組み合わせ、そこに矛盾を発見して、最初の「去る」という事象そのものを否定します。「去ること」と「去るもの」に関しても同じです。結合に関しても同様の論理です。「見るもの」「見ること」「見られるもの」に分解します。燃焼のところでは「燃えるもの」と「燃えること」という具合です。事象は生き物のようなもので、常に全体として変化しているのですが、それをいちいち断面でもって切り取り固定しておいて、その断面を組み合わせ矛盾である云々という手法です。「貪るもの」と「貪り」の関係も同じです。

それならこのように切り取られ固定された断面、例えば「去ること」とか「去りつつある」等々の、いわば要素とでも言える何かが、安定して恒久的に存在するのかと言えば、竜樹はそれも否定します。この論証の代表例が第一章の「縁の考察」です。ここでは同一であることは、存在相互が相違すること同様否定されます。また次に述べることは非常に重要なのですが、同一と差異の否定は生滅という変化運動を仮の前提として行われます。「生じる」という事象を仮に前提としてそれなら「自より生じるか、他からか、両者からか、いずれでもないのか？」つまり自他共離《じたぐうり》のいずれから生じると説明できるのかと問い詰めて、自他の分別《ぶんべつ》という矛盾を抉り出します。次にこの矛盾を根拠として、仮に前提としていた「生じること」も否定されます。赤ん坊と老人の色（現象）についても同様です。ここでは両者が何らかの点で関係する（具体的には赤ん坊が老人になる）という事実を踏まえて、同一と差異の矛盾を突き、転じて赤ん坊から老人への変化も否定します。

竜樹により形式的に分解されて切り取られた断面を一応存在とし、切り取られる以前の事象そのものを、これは事実として流動しますから運動とします。竜樹は存在と運動を常に対置し、一方でもって他方を否定します。それも相互に。ここで運動とは変化・動きまたより広く関係そのものとしておきます。竜樹の論理の手法の最大の特徴はここ、形式的要素（存在）への分解、そして運動と存在の相互否定にあります。この手法は一面循環論です。こうすれば大概のことは矛盾に帰着させることができます。この論法の一つの応用が相対的関係です。例えば有相と無相の関係は相対的関係、つまり相手あっての自分という関係、だからそれら独自では自存できないという論法です。こうなると相手の言うことにはなんらかの形でなんくせをつけて破壊できます。竜樹の論法は極めて破壊的です。用いる人格如何によっては危険です。事実彼の弟子で百論の著者提婆《だいば》はこの種の論理をむやみと駆使して人の恨みを買い殺されました。

最後に竜樹の論理で無視してはならない一点があります。彼は今まで述べた論法とは別個に、無因と無窮を徹底的に排除します。無因、原因が無いことは、許されないのです。原因がなければ修行する意味がなくなるからです。無窮、論理が永久に同じパターンを繰り返して現実に結びつかないことも同様です。ここに竜樹の仏教信仰者としての原点があります。彼の論理がすべての存在と事象を破壊し尽くしても、彼はそれでもなんらかの原因（解脱と涅槃の因となりうる）は否定しません。彼は存在を否定しましたが、それは固定されてどうしようもない様相としての存在でした。彼は変化を否定しますが、それはただ無為に過ぎ去るのみの変化でした。だから無因と無窮を激しく拒絶します。哲学的に思考できる人なら気付くことですが、存在と変化（運動）の関係は相互依存です。存在という不変の相があるから変化発展という事象がありえ、また変化運動があるから存在という不変の様相もありうるのです。だから一方を否定すれば他方も簡単に否定できます。竜樹が狙ったのは論理のこの切所《せっしょ》です。切所を断ち切ることにより事態は一気に流動化します。

以上のように考えますと、竜樹が求めたものは、存在と変化の背後にあって究極的には救いの拠り所になり、かつ固定されていないものとなります。これは釈迦本来の立場では縁起です。逆に彼が否定したものもはっきりします。それは固定した存在の相であり、ただ過ぎ去るものとしての機械的な時間の中での変化です。こうして彼は信仰が虚無主義に陥るのを救いました。では彼が我々に要求するものは何でしょうか？　それは固定され形骸化した事象を破壊することにより、事象の意味を蘇生させ、現実を主体的に自己の智慧で破砕して、そこに意味を見出す生き方であり、それらの行為を自らの中に荷いきるに際しての、自己と世界への信頼と決断です。ここで縁起の理法は人格とイコールになります。

竜樹の重要な貢献の一つは倶舎論における機械的時間論の否定です。倶舎論では三世両重と言い因果関係は過去から現在へ、現在から未来へと機械的に継受されるものとなりました。竜樹はこれを否定します。彼はまずこの種の時間を否定します。しかし自己と世界との関係自体は否定しません。このことは時間を自己という主体の方にたぐりよせることを意味します。竜樹により時間は単なる機械的なものではなく、主体そのものであり主体を生かす媒体へと変化します。この時間論は以後唯識や天台の思想において重要な主題になります。

　論理とはある意味ではすべて詭弁です。所詮は頭の中だけの操作です。この論理とも詭弁とも言えるものを駆使して、竜樹はすべての存在の束縛を打ち破ります。その結果、世界は意味あるとせられるも、無秩序としか見えない混沌として現れます。対処する人間個々人には、世界のすべてを肯定してそれを荷い切ろうとする決意、のみしかありません。また論理とは詭弁とは、極めて人間的で主体的な営為でもあります。詭弁を駆使することにより、竜樹は自己をこの詭弁を営為する主体として、ぎりぎりまで煮詰め純化し押し出します。ここで主体と世界は同等なものとして対置されます。こうして竜樹はあらゆる現象の背後にある縁起の理法を承認しそこに帰依します。中論《ちゅうろん》の最後は仏陀への稽首《けいしゅ》でもって結ばれます。しかし竜樹はそれ以上のことは言いません。彼の作業は既製の思考の破壊です。破壊すれば後から新しい創造的なものが出るとでもいう楽観性があります。これは見方によっては無責任です。後は野となれ山となれ、斬り捨て御免垂れ流しです。竜樹の考え方を受け継ぐ学派を中観派《ちゅうがんは》と言いますが、彼らが以後特に創造的な論理を発展させたとも思えません。竜樹によって一度開かれた自己と世界の関係には、統合が与えられなければなりません。この作業は華厳経以後の諸教派によって荷われます。

第三章　生ける仏陀を求めて――菩薩と法身

第一節　ビルシャナ仏、華厳経の世界

1

釈迦直伝の教えと言われる縁起無我説は、一切の存在現象に囚われることなくそれを縁起の智慧で破砕し、結果を主体的に引き受ける態度を要請します。要請に小乗アビダルマは答えきれず、法の実在を承認し虚無主義と宿命論に陥ります。小乗を否定し超克する動きが仏塔崇拝等の大衆信仰であり、またそれと密に関連しつつ出現した般若経典に代表される般若空という考え方でした。しかし般若経も竜樹の思想もまだ、生ける釈迦の現存を論理の中に組み込むという作業には到りません。この章で述べる華厳経は、大衆信仰と般若空を踏まえてそれらを統合し、そこに生きそこに存在する釈迦あるいは仏陀、を中心とする世界像と救済の論理を展開しようとします。ここに現れる新たな概念が法身《ほうしん》です。同時に般若経で既に出現した菩薩のイメージも変化します。

華厳経がいつ成立したのかは憶測の域を出ません。このお経はインド原産でサンスクリット語で書かれていますが、原典は極く一部を除いて現存しません。漢訳とチベット語訳があります。漢訳は仏駄跋陀羅《ぶつだばつだら》による六十巻本と実叉難陀《じっしゃなんだ》による八十巻本が代表的なもので、双方とも「大方広華厳経」と呼ばれます。最初の方の訳が五世紀の始めですから、それまでにインドで原典は成立していたのであろうと想像されます。華厳経の内容を検討すると、個々に独立し

た経典が集合されて出来上がったものらしく、成立は紀元一世紀頃まで遡ります。そこから下って四世紀頃までに華厳経が出来上がったのであろうというのが大体の目安です。お経特に大乗仏教の経典の成立とはそういうものです。大乗仏教自体が信仰を専門家の手から在俗信者に取り戻そうとする大衆運動であり、内容はおしなべて文学ですから、誰がいつ作ったというようなことがはっきりと解かるはずがありません。わが国でいえば平家物語や太平記の成立を云々するようなものです。ちなみに大乗仏典の中で先に述べた般若経、そしてこの華厳経、維摩経《ゆいまきょう》、さらに後で述べます浄土三部経（無量寿経・観無量寿経・阿弥陀経）及び法華経は、相前後しつつ紀元三世紀までには成立しています。これらを初期大乗経典と言います。中期大乗経典はそれ以後の成立に属し、如来蔵思想の経典と唯識学派の論書等がありります。涅槃経もこのグループに入ります。後期の経典は紀元七―八世紀に成立する密教の経典です。この辺でインド仏教は息切れし、仏教を荷い発展させる使命は中国そして、日本へ移ります。

2

華厳経の如来性起品の冒頭で、釈迦は悟りを開いた後、海印三昧という禅定に入り、全身から光を放って、ビルシャナ仏という広大無辺の仏であることを現わします。同時に光に照らされ貫かれた所に無数の国々が現われ、無数の菩薩諸神がおられる浄土が出現します。浄土を蓮華蔵世界と言います。冒頭のプロローグで既に華厳経の最も本質的な主題が語られます。仏陀如来の顕現すなわち世界の出現、が語られます。主題を、如来＝世界、の公式で表現することも可能です。華厳経は、成道した直後の釈迦の内観を、釈迦が語るあるいは示したものです。もっとも直接語るのは釈迦自身ではありません。文殊菩薩と普賢菩薩及び他の大菩薩衆です。説明に移る前に華厳経の二つの主題を簡潔に要約します。

ビルシャナ仏＝光明＝蓮華蔵世界、これらすべてをひっくるめて法身

如来性起＝入法界＝十地＝十波羅蜜、すべて一括して菩薩行

般若空は解脱と俗世の二つの境涯を生き、両者を結びつけつつ、生きる価値はそのどちらにもありどちらにもない

という体験と、その体験に基づく智慧のことです。般若空を一番よく体得した人は釈迦です。仏教徒としては立場上そう言わざるを得ません。彼以上の体験者が出現すれば仏教でなくなってしまうかもしれないからです。ここまでは歴史的次元のお話です。それに仏塔信仰や仏像信仰が結びつきます。かくして釈迦が般若空を体得する、体得した瞬間の視覚的映像のお話が出来上がります。これが華厳経の語る世界です。だからこのお経の内容は解脱した釈迦の内観であり体験告白です。その内容が大乗仏教である由縁は、当事者である釈迦の体験の開陳あるいは存在そのものが、単なる釈迦の言葉や肉体に留まらず、無限の光となって四方に遍満し、諸々の世界を開示し存在あらしめるところにあります。歴史的一人格でしかない釈迦は、解脱成道して世界の根源あるいは世界そのものとしての超歴史的存在に変容します。釈迦の肉体はビルシャナ仏という仏身として、その機能は光明として、開かれ作られた世界は蓮華蔵世界として展開されます。仏身は光明でありすべての世界です。蓮華蔵世界なる世界はビルシャナ仏の変容であり開示です。ビルシャナ仏は自ら光明に転じて世界を照らし意味あらしめます。すべての世界は仏であり、また仏の一部であり、仏に支えられた存在です。従って世界のすべての存在は、相互に異なりつつまた同一であり、無限に重なります。世界の中の個物は同時に普遍になります。一は一切、一切は一です。この一も一切も、仏あるいは仏の智慧であり、その間に差はありません。このような世界の在り方を、一即一切 and 一切即一、重々無尽と表現します。すべてが無限に尽きること無く重なり合います。華厳経が描こうとするところはかかるもの、すなわち六波羅蜜実践の主体としての衆生＝菩薩＝如来、という公式で表される何物かです。すべての世界は同時に釈迦という解脱成道した存在そのものです。これは般若経や竜樹の思想が把握しようとするものであり、大乗仏教が説かんとする極致です。

ビルシャナ仏にお目にかかりたければ奈良へ行って大仏様を拝見されれば宜しい。近鉄難波駅から急行で約三十分奈良駅下車徒歩三十分です。そこにおられる大仏様がビルシャナ仏です。台座は大きな金色の蓮華の台ですが、その一枚一枚の葉は各世界を表現します。多分世界で一番美しく大きな仏像でしょう。奈良時代の七四七年鋳造を始め、七五二年（天平勝宝四年）に完成し開眼供養が行われました。聖武天皇の御代です。その少し前日本で初めて黄金が出土しました。大仏様は全部銅製で表面は金箔で塗られています。大いなる大仏が全身から金色の光を発し、外の世界を蓮華蔵として照らし出す、そのように作られています。ビルシャナとはサンスクリット語でヴァイローチャナ、太陽という意味を表す言葉です。

3

華厳経の主題の第一は、ビルシャナ仏＝光明＝蓮華蔵世界、なる公式です。この公式の具体的な内容が、如来性起＝入法界＝十地＝十波羅蜜、です。如来性起は、如来になる可能性を持つ者が内観六波羅蜜を実践することにより、如来の性（本質）が生起する、つまり如来仏に成る、凡夫である我々人間が仏様に成ることです。如来に成れることそしてその成り方を華厳経は語ります。もっともあまり安易に成れると思わない方が宜しい。成り方の第一が十波羅蜜です。十ですから般若経のところで述べた六波羅蜜プラス四つです。六波羅蜜は、布施・持戒・忍辱・精進・禅定・智恵（般若）でした。この上に善巧方便《ぜんぎょうほうべん》・願・力・智の四つが加わります。重要なのは第七と第八の波羅蜜、善巧方便と願です。善巧方便とは巧みな手段、解脱と世俗の双方に渡って有効な生き方、方法です。般若の智慧の実際的なあり方です。簡略化して方便という言葉が使われます。願は、如来仏が衆生を救済しようという強い意志と慈愛、力はそのためのパワーです。ここで方便・願・力は一応仏から衆生に対して用いられるという方向で使用されていますが、これらは逆向きにつまり衆生から如来を目指しての方向へ転用可能です。でないと大乗仏教になりません。むしろ方便・願・力の三つの波羅蜜は人間と如来の交錯領域と見るべきでしょう。十波羅蜜最後の智慧は方便を踏まえた智慧ということになります。

六波羅蜜に加えられたプラス四つの意味は何でしょうか？　それは方便と願でもって、仏の衆生に対するあり方を具体的に強調したことにあります。仏は衆生救済のための具体的な手段と強い意志を持っていることの強調です。その分仏は超越的存在、偉くて手の届かない存在になります。六波羅蜜だけなら簡単ではありませんが、人間的次元でできそうです。布施から禅定までの五つは具体的であり、それを総合するあり方が般若の智慧という具合に取っておけばいいのですから。しかしさらにその先に六波羅蜜を超えた現実的手段となりますと、口でいうのは簡単ですが非常に難しい。竜樹の中論は、現実のすべてを肯定すること、それに囚われないこと、それを荷い切ること、それを解脱に結び付けることを要請しました。善巧方便はこの要請を再度確認した上で現実に実行することを求めます。この難しい課題を成就するために、新たなあるべき態度として、願つまり強い意志と慈愛が求められます。非常に高度な課題を設定しておいてそれを合理化するために精神力を要求する。このような要求は人間の域を越えます。人間を超えたはるか上から降りてくる何者かのみが果たし得ることになりかねません。

善巧方便は現実の課題に適切に対処してゆく能力です。もちろん解脱成道という原点を失うことなく。課題を一〇〇パーセント果たすために、当事者は事態事態に対して我が身を適応させ変化させねばなりません。変身変化する能力が要求されます。観世音菩薩が典型です。換言すると十波羅蜜の第七段階以上に到ろうと思いますと、魔術的能力のようなものが必要になります。事実諸々の経典では神通力という名の魔術的能力を云々します。超人的な能力を備え課題を遂行するべき存在が菩薩です。十波羅蜜の六段目で人間であることを卒業し、七段目以上からは人間を超えたしかし如来仏ではない何者かにならなければなりません。つまり七段目以上は菩薩たるべきものが為す修行、すなわち菩薩行として設定されています。十波羅蜜は菩薩をも加えた修行の体系です。換言すると華厳経では人間から菩薩を経て成道する過程が描かれました。ただしこの描出は形式的です。

般若空の課題を実践しようとすると通常の人間を超えた能力が要求されます。この課題を果たし得るのは如来だけと言うことになりかねません。修行のゴールは無限の高みに持ち上げられ、そこに既に悟り来った存在である如来仏が鎮座することになります。しかしそれだけでは困る。人間凡夫もそこに到りたい。波羅蜜《はらみつ》はそのための手段階梯です。架橋不可能に見えるこの溝を埋めるべくして現れたのが菩薩です。従って華厳経の菩薩観にはどこか無理があります。抽象的で空想的です。人間が菩薩に成るというより、如来が菩薩に成ってあるいは使って、人間を引き上げるという意味合いの方が強いのです。

次に菩薩の修行段階として十地説が説かれます。しかしその内容は全然具体的ではありません。一応列挙すると、歓喜地・離苦地・明地・焔地・難勝地・現前地・遠行地・不動地・善恵地・法雲地、となります。ここに掲げた名称により示される境地を体験することが求められます。しかしそのためにはどうするかの説明は全く無し。あえて言えば禅定を深めるということでしょうか。絵に描いた餅です。十地説は讃仏文学における釈迦の成道の過程の描写に由来すると言われます。文学ですからその内容は当然神話的です。六波羅蜜の体験にそれを超える神話的要請が付加されて十地説が出来上がりました。

大乗仏教の修行は、四念処《しねんじょ》・四善根と十地に要約されると考えてよいと私は思います。四念処・四善根は小乗アビダルマの修行段階です。もちろんそれ以外にもいろいろありますが、結局は漠然とした禅定の体験による記述で具体的ではありません。十地は大乗の菩薩の境地ですからさらに漠然とします。前者と異なるのは善巧方便という要請が入っただけ。あとはやはり禅定の境地の記載です。要するに大乗仏教の修行の体系は、部派仏教のそれに十地を加え、接木しただけのものです。十地が以後肥大して例えば十信・十行・十住・十回向等となります。ですから仏教の修行を実質的にまとめると、戒律という当たり前のことを除いて、四念処・四善根と布施を含む善巧方便、残りは禅定一般に絞り込まれます。

十地説は菩薩が修行する階梯、凡夫から如来にいたる段階として設定されました。この内容が有名無実であるとは先に述べた通りです。しかし一応菩薩が通過する段階となっていますので、それを前提として華厳経は凡夫と如来の境地を結び付けたとされます。すなわち、縁起＝空、輪廻＝成道、という等式を描出したことになります。しかしこれは単なる要請です。なによりも菩薩を通して人間が下から上って行くのか、如来が上から引き上げるのかが曖昧です。後者の方向が強調されれば、人間として為す修行は絵に描いた餅になります。十地の中で第七地からが菩薩の段階と言われますが、私の印象としては十地全体が人間離れしており、菩薩のみの修行階梯に見えます。少なくとも華厳経の論旨はそういう印象を抱かせます。

華厳経は凡夫から如来に到るためにたどる道程を十地として要請し設定しました。この階梯そのものではありませんが、凡夫から出発して菩薩修行をする人物が神話的表現でもって語られます。入法界品における善財童子の遍歴修行です。善財童子は文殊菩薩に教えられて法を説き菩薩として修行するために南方に旅立ちます。途中普賢菩薩に導かれながらいろいろな人と出会い、交流し、説法し、討論します。彼らは外道バラモンあり、諸神あり、国王長者あり、船乗り商人あり、婦人娼婦あり、少年少女あり、多種多様です。善財童子はこのような精神の遍歴を続けて五十一番目に弥勒菩薩、さらに普賢菩薩に出会ってそこで菩薩の法身を見せてもらいます。話はそこで終ります。五十三番目は最高の如来の境地ですから記述は意図して伏せられます。かくして童子は一時的にせよ法界に入りました。以上の善財童子の遍歴修行は菩薩行の具体的な描出です。十地説では抽象的形式的であったのがもう少し具体的になります。童子のストーリーは、華厳経如来性起品における釈迦成道の内観の開示を、逆に人間の側からの体験として語ります。

4

十波羅蜜と十地説そして善財童子の遍歴修行は同じこと、菩薩の取るべき道の描写です。同工異曲です。だから私は、十波羅蜜＝十地＝入法界（善財童子の遍歴修行）、という等式を建てて、それらを一括して菩薩行としました。この等式はもう一つの等式である、ビルシャナ仏＝光明＝蓮華蔵世界、の意味する内容の具体的実践の姿形です。前者は動、後者は静の関係にあります。我々は凡夫といえどもビルシャナ仏の光明に照らされて普遍的真理である法の分有に預かるのだから、充分に成道可能であり、そのための修行が十波羅蜜だよと言われます。こうなるとビルシャナ仏という存在は、極めて多様で多義的そして深甚微妙な意味を荷います。要約して提示するとビルシャナ仏は

- 真理である法の究極的存在、荷い手です。
- この仏は釈迦の修行の結果できあがったものです。
- しかしそれは限局された空間における存在ではありません。
- ビルシャナ仏は同時に真理を外の世界に開示し遍満させ、世界を照らし出しそこに浄土を出現させます。
- その結果すべての存在は仏の聖性を分有することにより、仏そのものとなります。
- 従って仏は凡夫人間が修行によりそこに到る目標です。換言すればビルシャナ仏とは凡夫人間の諸々の存在、

五蘊や煩悩も含めて、それらの集約です。仏は凡夫であり修行の結果でもあります。

このような歴史的次元においても空間的次元においても自己以外に向かって開示され且外の世界を集約する聖なる究極の存在を法身《ほうしん》と言います。法身は人格であり真理であり、それらが変容して世界に働きかける機能です。機能の荷い手として法を分有する存在が現実態としては菩薩であり可能態としては凡夫衆生すなわち人間です。華厳経は般若経典や竜樹の思想に代表される般若空の具体的実践を求めて、法身概念に行きつきまた菩薩の概念に何物かを付加しました。華厳経が求めるものは般若空の実践者としての具体的人格です。これが存在として受動的に捉えられると法身であり機能として能動的に捉えられれば菩薩です。

ビルシャナ仏すなわちヴァイローチャナの起源はいろいろ推定されています。ヴァイローチャナは太陽の意。華厳経では太陽の化身が万物の根源であり恵み本体とされます。しかしインドでは太陽はあり余っており必ずしもその過剰な陽光は歓迎されません。それなのになんで太陽がこのお経の中心になってしまったのかと疑問を投げかける専門家もいます。インド以外の地でインドの思想に影響を及ぼししかも太陽神を礼拝する地と言えばイランです。イランには遊牧民族が多いし、遊牧民は天空神を崇拝します。またイランはミトラ教の発生の土地であり、ミトラは太陽神です。ビルシャナ仏の起源をイランと推定することも可能です。大乗仏教の他の光明神、阿弥陀如来とか大日如来等もイラン由来かもしれません。

ここからは私の想像が勝ちますが、私は菩薩の概念もインド西方からの影響が強いのではないかと思います。菩薩は、現実に耐えて、為すべき課題としての現実を切り取り、現実に働きかけて行く者です。かかる行動の体現者としては戦士が一番ふさわしいあり方です。仏典ではありませんが古代インドの叙事詩マハーバーラタの中にバガヴァッドギーターがあります。原意は神の歌です。その中の英雄アルジュナは戦士として戦わなければならない運命を憂いつつもその運命をクリシュナ神の説得により甘受しおのれに課された責務を果たします。私の菩薩像はこのアルジュナと重なります。大乗仏教の興隆とバガヴァッドギーターの成立はほぼ同時代、紀元前後の数世紀動乱の時代です。マウリヤ王朝が衰亡してから紀元三世紀にグプタ王朝ができるまでの約四〇〇―五〇〇年間北インドは常に西北から異民族に侵入されていました。アレクサンドロス大王以来のギリシャ人やシャカ族や（お釈迦様の一族とは無関係です）イラン高原の遊牧民パルチアさらに中央アジアのクシャーナ等です。ギリシャ人と言いますとすぐ美術哲学を連想し文化的民族のように思われ事実そうですが、彼らは傭兵としてもプロでした。戦いに強く結構獰猛です。この連中が数世紀居座ります。シャカやクシャーナやパルチアは気の荒い遊牧民です。異民族間の戦いは同民族間のそれとは本質的に違います。絶滅するかされるかです。部族民族の興廃をかけて戦います。そういう殺戮と戦闘に明け暮れる時代に大乗仏教は興隆します。衆生凡夫といえどもこの過酷な世界を絶望することなく責務を全うして生き抜き現実を切り開いて行かなければなりません。小アルジュナのような人は沢山いたと思います。私が菩薩のイメージを戦士に重ね合わせる理由の一つはここにあります。

5

華厳経は般若空の論理の中に生ける釈迦の像を取り込みました。法身です。法身は縁起無我・般若空の体現者である釈迦の人格であり、真理としての法であり、釈迦の分身として世界における法の成就という機能を荷う菩薩凡夫であり、彼らが生きて作る世界そのものです。華厳経はかかる壮大な理論と世界観を打ち建てます。この考えによればすべては救済解脱にあずかり、世界の万物は調和します。しかし現実の世界はそうは行きません。調和してもいますが矛盾不調和もいっぱいあります。善も頑張りますが悪も跳梁します。この現実から、華厳経の説く境地に到達するにはどうすればよいのかとなると、このお経はてんと弱くなります。確かに菩薩行は説きます。般若経におけるよりはるかに多くの菩薩が出現し活躍します。しかし具体性がありません。ただ善巧方便を要請し、そのために強い意志と慈愛の精神を持てと言うだけです。これが華厳経の弱点です。重々無尽、一切即一、光明無限、慈悲広大云々と悟った後の世界には詳しいようですが、そこに到る道程となるとはなはだ頼りない。出てくる菩薩にしても絵に描いた餅で抽象的です。

なぜそうなのか？　華厳経の限界は六波羅蜜、精確にはその一項目であるヨガ禅定の殻を脱しえていないことです。

ヨガ禅定の体験の中でしか世界を見ることができません。ヨガ禅定は座ったままで意識変容を体験することです。すべての善巧方便・俗世の意味はこの狭いチャンネルを通してのみ意味ある体験とされます。禅定体験は外から見る限りブラックボックスです。俗人の生活を包摂する幅広い論理はここからは出てきません。

しかし華厳経が大乗仏教の偉大な一つの到達点であることには変わりありません。ここから後にいろいろな教派が出現します。華厳経的発想の内部から如来蔵《にょらいぞう》思想と唯識《ゆいしき》派が現れます。如来蔵思想は華厳経の最終的主題、つまりこの世界はすべて調和していることを強調します。すべての衆生には救済解脱に与《あずか》る可能性、如来になる潜在的素質があると説きます。この潜在的素質を、如来であることが可能性として蔵に保存されている、という意味で如来蔵と言います。唯識派は如来蔵思想によって残された迷妄の世界への対処を引き受けます。迷妄の根源を識にあるとして、この識をどう処理するかが唯識学派の課題になります。如来蔵と唯識の双方に共通する傾向は、華厳経の考え方において中心的位置を占めていたヨガ禅定という方法を保存し、重視していることです。

逆にヨガ禅定を否定乃至無視する方向も出現します。浄土三部経と法華経が目指す方向です。浄土思想は、人間と如来つまり俗世と成道の間に、罪という事象を介在させることによりその懸隔を埋めます。法華思想は両者の間に時・時間を介在させて、凡夫を如来たらしめようとします。この二つの方向においてはヨガ禅定の意味は著しく後退します。罪と時は六波羅蜜的体系に内封されていた仏教思想を社会化させて行く媒体です。

華厳経は中国に法華経より少し遅れて伝播しました。そこで華厳経は如来蔵や唯識の思想と複雑に交錯します。唐の時代に法蔵により中国風に集大成されて、華厳宗という宗派が出現します。華厳宗は中国では禅宗と関係を深めます。我国では奈良時代に経論が輸入され主として東大寺で研修されました。東大寺の大仏はこの記念碑とも言える存在です。

最後に華厳経について忘れてはいけないことがあります。それはビルシャナ仏の映像は為政者・帝王のイメージを表現していることです。インドにおける華厳経の形成はグプタ王朝の成立と軌を一にします。華厳宗の大成者法蔵は、時の権力者である則天武后に寵愛されました。中国史上最大の女傑と言われるこの女帝は、唐王朝を簒奪して周という新王朝を建てましたが、この大仕事を完成させるために自己を仏の再来として簒奪を正当化しました。法蔵はこれに一枚噛んでいます。同じ事は我が国でも行われます。先に奈良の大仏の話をしました。この件にも裏はあります。天武天皇の血統を維持するためと、皇室に次ぐ絶対的ナンバー2の位置を確保したい藤原氏の利害が絡まって、なにがなんでも天皇のイメージを絶対化しなければならなかったのです。そこでビルシャナ仏の建立と開眼供養を行い、主催者として聖武天皇は自らをビルシャナ仏に擬せしめました。

華厳経ではビルシャナ仏の全身像つまり視覚的映像は見られません。眼に入ってくるのはビルシャナ仏の分身分有である菩薩と宇宙の諸様相だけです。私としては少し騙された感じがしました。なおイメージという点においては華厳経のビルシャナ仏は、真言密教の大日如来、浄土教の阿弥陀仏の原型になります。

第二節　真如そして迷妄――如来蔵と唯識

1

如来蔵思想は華厳経如来生起品に大きく影響されて形成されます。如来性起は凡夫の中に如来の性情が生じることです。華厳経は万物の中に法身の分有を認めます。如来蔵思想はこの考えを衆生の側から捉えます。そうなると凡夫衆生はもともと救済解脱に与《あずか》る可能性を持っていることになります。この可能性を如来蔵と言います。具体的には、人間はその本質において清浄である、自性清浄《しょうじょう》と説きます。衆生と如来は可能性としては同一と見なされます。自性清浄で、如来と同一なる内なるものを、真如とも言います。如来蔵思想について言うべきことはこれで充分かもしれません。本来竜樹に始まる大乗仏教は迷悟不二、煩悩と涅槃の相互相即を説いたのであって、単純に悟りの可能性ばかりを云々したのではありません。しかし如来蔵思想ではどういうわけか迷妄の方を切り捨てたような諸説が展開されますので、それだけを取り上げれば至って平板な考えになりかねません。ただこの思想は常に次に述べる唯識思想と交錯して形成されました。あたかも迷いの方への対処は唯識学派に任せたかのような観があります。如来蔵思想の影響下にある経典は沢山あります。涅槃《ねはん》経と楞伽《りょうが》経、それに勝鬘《しょうまん》経、不増不減経、如来蔵経、論書としては大乗起信論に究竟《くきょう》一乗宝性論等です。

如来蔵思想の影響を一番受けたのが禅宗です。禅宗では心の中の真如を直接把握し自覚しようとします。心の中の何物かを言語や概念を介さずにつかめば即、悟り成道、仏を我が内に見る、とします。この態度が他の宗派に比べて顕著です。不立文字、直指心伝、見性成仏です。これは自性清浄、如来に成りうる潜在性を前提とするから可能なのです。あたかも袋の中のものを取り出すが如しです。禅宗は楞伽経を聖典とします。真言密教にもやはり同じことが言えるでしょう。救済の可能性を前提としなければ信仰も宗教も成り立たないのは事実です。その意味では信仰のエキスだけ煮つめたようなところが如来蔵思想にはあります。しかしそうであるだけにこの思想だけでは宗教活動が成り立ちません。従ってこの思想は大乗仏教のすべてに弥漫的に広がって存在します。華厳の性起思想、天台の本覚《ほんがく》法門、日蓮の久遠《くおん》本仏、禅の見性《けんしょう》成仏、真言の理事倶密、浄土思想の念仏往生等の諸々の主題はすべて、衆生の心の中の如来に成り得る可能性を表現します。さて我々が自性清浄にして本来如来と同じとなりますと聖と俗の関係はどうなりますのか？　信と大悲、衆生は仏を信じ、対して仏は慈悲を垂れ給うというところでしょうか？

2

唯識論は華厳経を起点としその影響を受けて、竜樹以後の中観派の所説を批判し乗り越えようとして展開されます。インドの大乗仏教は中観唯識の二大学派によって形成された理論を基軸とします。従って唯識は常に中観を意識します。この傾向は一〇〇〇年後のわが国の仏教界でも同様で、一応学説の輸入の完了した平安時代において、唯識の直系である法相宗と、中観の後継を自負する天台宗との間でいつも法論が戦わされました。竜樹の思想は偉大ですが大きな欠点もあります。最大のものは、竜樹の考えによれば、対象世界はまるで霧か幻の如く流動してしまいます。それに対処する自己の方もよほどしっかりと手綱を引き締めないと、これもまたどこかに雲散霧消しかねません。彼の思想は破邪顕正の破邪のみを強調し顕正の方は放置します。斬り捨て御免です。唯識派は竜樹の思想の垂れ流しの穴を塞いで、自己と対象世界の関係を安定させようと努力します。それも仏教思想の原点である無我説に背反しない範囲においてです。難題です。その点では唯識派は仏教の理論を一般人つまり平均的知性の持ち主の手中に取り返そうとしたとも言えます。それではこの学派はいかなる方法概念をもって中観のお尻にふたをしたのでしょうか？　主題は以下の三つです。

万法唯識　　アーラヤ識　　三性三身説

唯識思想は四世紀から七世紀にかけて形成されました。重要な論書には、初期のものとして解深密経やヨガ師地論があります。理論的な整備は、五世紀に出現した二人の論師、無着（アサンガー）と世親（ヴァスバンドゥー）によります。二人は兄弟です。兄の無着には摂大乗論《しょうだいじょうろん》という著作があり、弟の世親には唯識三十頌《じゅ》があります。だいたいこの頃までに唯識思想の骨格が作られました。以後は注釈解説さらに煩瑣な論理化等の作業が主となります。私は無着の摂大乗論の内容をベースにして唯識学の概要を話してみたく思います。

万法唯識、すべての法は識である、と言われます。ここで法は再び小乗アビダルマの使用法に戻ります。法という言葉は、存在の基本的要素とみなされるもの、という否定的な意味に用いられます。大乗仏教で使用されがちな真実の理法という意味は唯識学では後退します。法の概念の両義性は、結局部派仏教と大乗仏教の存在に対する捉え方の根本的相違にあるのだから仕方ありません。識はおおざっぱに言えばイメージ、感覚器官を介して我々が知覚し認識した内容及び認識作用そのものです。イメージ乃至心内の映像と解していいでしょう。従って唯識派は、すべての存在は心内の映像である、と主張します。客観的に存在するように見えても、それらは所詮は心が作り出した像に過ぎない、と言います。外部の世界の実在を否定します。それなら映像は心内だけでも実在するのかと言いますと、その辺の答えは曖昧です。しかし結局のところ、この学派は心内の映像の実在を承認します。少なくとも映像の意味の機能は認めます。唯識学は意味の機能を認めることで妥協しました。一定の意味を荷う心内の映像を彼らは影像《ようぞう》と称します。要約すると唯識派は、識は実在はしないが識の意味はある、と言います。

識は言うまでもなく十二縁起の中の識から来ています。唯識学派は、すべてが識、と言うことにより、すべての苦・迷妄は識に依る、と主張します。十二縁起のすべての項目を識一項に集約します。一切の惑・業・苦、すなわち老死も生存も愛着も怨念も無明も所業もすべてこの識のせいになります。以上の論理操作によって外界は徹底的に否定されます。しかし識が結果としては心内の現象であるとしても、なんらかのきっかけが外界にあるかもしれません。この推測は妥当です。なら外界を完全には否定できないのではないのか？　そこで唯識派は新たにアーラヤ識という概念を設定します。アーラヤ識は通常の識、つまり知覚認識内容の表現そのものを担当するのではなく、その印象（情報と言っても宜しいか？）を保持して、過去から現在を経て未来に伝える役割を荷います。それに対して通常の識、つまり虚であれ実であれ、映像を状況に応じて提供してくれる識は、転識《てんじき》と称されます。アーラヤ識は転識からなんらかの影響を受け、その印象を自らの中に保存します。このプロセスを薫習《くんじゅう》、アーラヤ識に保存された印象を習気《じっけ》と称します。アーラヤ識に薫習された習気は、状況に応じて形を現わし、現に機能する識である転識になります。この過程が現行です。アーラヤ識中の印象は与えられた時とは異なる時に発現します。異熟です。アーラヤ識の設定により、識に対する外部世界の影響力は一段と小さくなります。たいていの識はすでに内部のアーラヤ識に保存されている印象情報の発現であると言えば済みますから。それにアーラヤ識の機能は情報印象の保存ですから、そのあり方は安定しています。従って識の主体として仮に設定されたもの（通常我々が自我とか自己とか呼んでいるもの）も相対的ではありますが安定します。時間的にも空間的にも安定します。

アーラヤ識なる概念は現代の分子生物学の考えに似ています。遺伝子の役割は遺伝すべき情報の保持だけにあります。だからその存在は非常に安定しています。遺伝子の方で気楽に情報が組み替えられて人が簡単に猿になっては困りますから。遺伝子の情報が一定の状況により、ＤＮＡ—ＲＮＡ—蛋白質、という経路を経て細胞の各部位に伝えられ形質が発現し生体は機能します。遺伝子特にＤＮＡはヌクレオチッドという単位から成ります。この単位のさまざまな組み合わせにより無限に近い形質が発現します。私が言いたいことは現代生物学では、情報の保持＝生命、と言われていることです。こう考えますとアーラヤ識は即生命です。唯識派はアーラヤ識の設定により、識を極力内部化し、それを生命そのものと同一化しました。要約します、アーラヤ識は印象情報の総体であり、それ故に主体であり生命です。こう唯識派は言いました。あるいは言おうとしました。

3

以上が万法唯識とアーラヤ識の概略です。それではこの考え方は竜樹の思想といかなる関係にあるのでしょうか？竜樹の思想によれば、主も客もそれ自体は空、つかみどころなく、事態事態に応じて主客間の状況を仮設《けせつ》して行かねばなりません。一瞬一瞬が決断と緊張の連続です。しんどくてたまりません。自己を無我・空として放任するからです。その結果外界も放任されて漠然となります。この事態は能力のない者にとっては無秩序以外の何物でもありません。この世には能力の無い者の方が圧倒的に多いのです。そこで唯識派は一度外部の世界を徹底的に否定します。そしてすべてを識に集約します。さらにその識をアーラヤ識という、直接には機能しない形式的なもの、情報の組み合わせのようなものへ還元します。生命現象から生命の色や臭いのするものを消去し、極力形式的なものへ還元することにより内部の存在を保持し救いました。これは生命そのものです。この生命は転じて外に向かって機能を発現します。アーラヤ識という基盤により支えられた識を通じて、外界は再び描出され構成されます。こうして外部の客観的世界の存在は再び保証されます。唯識派では、この識を煮詰め純化した形式的なものを名字《めいじ》とも言います。アーラヤ識は名字の集合体です。単なる名称というくらいの意味に取って、論師達はこの名字を軽くあたかも幻の如く扱いつつ、実際には名字に重要な機能と役割を荷わせます。ちょっとしたペテンです。以上の論理操作の推移を図式化しますと

五蘊 ― 識（内容） ― 機能 ― 意味 ― 名字（形式）

の系列になります。この推移の過程で一切の現象は名字として形式化されます。すべては名字です、単なる名前言葉にすぎず、幻であり、記号でしかありません。しかし唯識派の思想ではアーラヤ識に薫習して習気を刻する最大のものはこの名字なのです。この結果生じた習気を名言習気《みょうごんじっけ》といい業の主役とされます。

竜樹の思想の危うい所を救ったのは名字です。唯識派はすべての現象を、名字という形式・記号へと還元してその作用を保証し、我々が認知せざるを得ない自他の世界がたとえかりそめと言えども在る、という事実を保証しました。私はこれをもって唯識派の論師達は竜樹の尻をぬぐったと言います。それだけに唯識派の学説はかなり曲線的で巧妙で複雑で解かりにくいのです。しかしその論理形成への努力と緻密さ巧妙さは仏教の教説の中ではずば抜けています。

唯識派は名字にすべてを託します。名字とは意味を荷う記号です。しかしその背後には意味、機能、その機能を荷う何物か、という外部世界へ向かっての系列が連なりそうですが、論師達はその系列は切り捨てます。あるいは曖昧にします。そうしないと議論は泥沼に陥ります。こういうかなり無理な操作を形式主義と言いますが、実質的にはそれで結構役に立ちます。こうして名字は大手を振って闊歩し出します。既に竜樹の段階で仮設《けせつ》という考え方がありました。その時その時の状況において、自己が世界に対して取る態度を仮に設定することです。唯識派はこの仮設という思考方法を受け継ぎ、仮に設定された名字という風に使用します。態度とか姿勢というようなものと違って、名字つまり記号言葉の類はそう簡単には変化しません。そのように社会で使用されています。こうして一度名字を承認しますとそれは安定した機能を発揮します。我々の日常で使用している言語の事実上の意義は肯定されます。こうなると、この学派の以後の作業は、名字（言語・記号）の厳密な定義とか相互関係などの考察分析に終始します。実際世親以後の唯識派の努力はそういうことに費やされました。世親の考えを中心としてまとめられた成唯識論《じょうゆいしきろん》はこのような語義概念の注釈の集大成です。

唯識派は名字つまり言語すなわち記号・イメージを重視します。この傾向は後世浄土思想に大きな影響を与えます。浄土思想は南北朝時代の曇鸞《どんらん》を通じて唯識派の影響を強く受けて成立しますが、その最大の結果はイメージの実在視です。浄土教では阿弥陀如来を念じることが重要視されます。善導は夢で弥陀に会い、源信は弥陀を映像として心中に描く方法で名を挙げ、親鸞は名字の意味を強調しました。南無阿弥陀仏という名号自体が、弥陀の映像そのものです。彼ら浄土教徒は、名号を介して弥陀浄土を心中に思い浮かべ、それを実在とみなして自己の救済を確信します。浄土思想唯識派の名字に対する態度は極めて両義的です。一方で幻の如く扱い、他方ではそこにすべてを託します。浄土思想は唯識の二つの態度の内後者を、かなり極端な形で引っ張り出します。

外の色界を切り離し、さらに転識を切り離してアーラヤ識が成立します。このアーラヤ識は純粋な名であり形です。すべてを入れて保持し、だからすべてを新たに生起せしめる形です。唯識派が識あるいは名字を扱う態度、また後年浄土教が名字に付与する意味等を総合しますと、アーラヤ識は法身として理解されている、という印象を持たざるを得ません。

4

識について語りました。ではこの識が解脱成道とどう結びつくかと言いますと、成道への道は識自体からは出てこないのです。摂大乗論によると、成道は能所不二つまり識という過程を構成する能と所、認識する主体の境地と認識される側の状態が一致しないといけないとされます。通常の意味での識を滅することを要請します。もう一つの解脱への方法としては三性説があります。三つの性とは、遍計所執性《へんげしょじゅうしょう》・依他起性《いたきしょう》・円成実性《えんじょうじっしょう》です。遍計所執とは、遍く計って生じる所に執着する傾向、依他起は、他のものに依存しあっている関係、円成実性は、一つに囚われずすべての在り方に滑らかに欠けることなく対処する態度、です。万物は相互に関係しあっているのだから一つのことに囚われないようにしよう、となります。これは結局竜樹のいう仮空中三諦と同じです。一切の事象は仮のもの、縁起の理によって相互に絡みあっている、だから空、しかし空に執着するのも無意味、仮と空の中間に真実がある、はたまた中を固定して捉えてもだめ、というのが竜樹の要請でした。これと唯識の三性説は実質的になんら変わりません。さんざんぱら識云々と言い、識を実在に近いところまで保証し、それを分析整序した挙句の果てに、救済論として言うべきことはたったこれだけかと言いたくなります。識あるいはアーラヤ識と成道解脱とはどう繋がるのか?

結論を言いますと繋がりません。アーラヤ識自体からは救済論は出てきません。救済論を目指す一つの解決方向はアーラヤ識の意味を変えてしまうことです。もともと唯識思想は華厳経からその一面を継受して出現しました。華厳思想の他の半面が、一切の衆生に如来になる可能性を認める如来蔵思想です。離婚した夫婦がまたくっつくようなものですがそういう現象が起こります。つまり識、迷妄の根拠であった識の本家本元であるアーラヤ識の機能を改変して、アーラヤ識は迷妄の根拠であると同時に解脱の由縁でもある、とします。これはかなりいんちきっぽい操作です。もう一つのやり方は転依《てんね》という考え方の導入です。しかしこれもあまりぱっとしません。というのは、どこでどうなるのかアーラヤ識が突然成道の方向に転じると言うのですから。突然変異あるいは晴天の霹靂もいいところです。さらに唯識派が説くところの成道へ到る道は聞薫習《もんくんじゅう》・お経の言葉を聞いてその印象がアーラヤ識に薫習されることです。これは論理ではありません。

そこで私なりに考えてみます。唯識は正式にはヨガ唯識と言います。だからこの学派はヨガの体験を非常に重んじます。ヨガ禅定に基づいて得られた体験を論理化したら、万法唯識だアーラヤ識だ三性説だということになったのです。ヨガとは意識の変容体験です。厳密に言いますと身体像の変化の結果得られる特殊な意識を体験することです。ヨガの実践は、外界からの刺激を遮断することにより、自己内への関心の集中を目指します。するとすべての映像は体の内部から発生しあるいはそのように感じられます。それらの感覚や映像は外界に結びつけられていないだけに尖鋭で流動的です。このような体験を重ねると、知覚認識の起源を別に外部世界に置く必要もなくなります。また身体内部からの刺激は単調で一定のリズムを持っています。生命とはリズムですから。この刺激や知覚は根源的なものとみなされ易いのです。人間の意識の根底には身体意識とでもいうべき独特の領域があります。身体意識と言うのか身体像と言うべきか、命名しがたいある種の下意識です。精神病や神経症と言われる人達の身体意識は歪んでいます。病気が良くなることはこの部分になんらかの変化が起こることであり、変化に際しては大きな精神的エネルギーを必要とします。身体に関する下意識とはそのようなものです。下意識が外に向かって開かれる時、そこで体験される知覚や認識はこの下意識に影響されます、あるいはそう感じられます。そういうわけですからヨガ禅定の実施においては、常に自己あるいは自己の身体内部から生じてくる、身体に関する下意識の出現変容を当事者はキャッチし続けます。私は私の専門領域からの知見も参考にして、ヨガ禅定の体験過程を必要最小限の範囲で想定しました。もしそうだとするとヨガ禅定の行者達は、自己の身体の内部に意識の変化運動を規定する強靭で柔軟な軸、のようなものを経験すると思います。それは先天的なものとして感じられやすいでしょう。このようなものを修行者達が既に述べましたような意味でアーラヤ識と命名しても決して不思議ではありません。

唯識派の所説におけるもう一つの救済論が三身説です。三身は仏の三種三様の身体、自性身、受用身、変化身の三つです。仏は自らの身体をこのように三種三様に変えて、状況状況に応じて救済力を発揮するとされます。仏の三身は下記の通りです。

自性身―華厳経の法身に相当します。それ自体が人格にして法そのものです。

変化身―仏が凡夫衆生の置かれた状況に応じて変化し救済に当たる現実機能のための身体です。

受用身―説法の集会に参加し、仏陀の国土と大乗法楽を享受する身体とされます。修行の成果としてこの身体を得ます。

普通唯識派の考えは小乗アビダルマのそれに近いのですが、三身説は極めて大乗的です。三身は如来の存在様式と考えても宜しいが、衆生のあり方と考えてもいいのです。そうしますとこの身体は社会に向かって開かれています。共同体に対して何かすること、共同体の中で何かをすることが、修行として必要とされているようです。かかる営為を通して人間は変化可能であると、仏の三身に託して言っているとも取れます。大乗仏教では当然ですが、唯識派の場合かかる活動とヨガへの没入とが、もう一つ結びつきません。

唯識派の所説をとことん煎じ詰めて行きますと、結局名字《めいじ》とヨガ禅定の二つに集約されます。少なくとも成道論救済論に関する限りはそうなります。小乗アビダルマの五蘊《ごうん》から出発して到達した地点が名字でした。唯識学は名字の実質的機能を承認します。機能としての名字をさらに形式化して、記号としての身体にまでもって行った結果が、アーラヤ識です。アーラヤ識をヨガによって醸成し変容させ、成道解脱に到ろうと、この派の行者達は努めます。こう考えると唯識思想と浄土思想との関連がますます深いものに思われてきます。浄土教では、映像とその純化され形式化された存在である名字（名号）を念じることを通して、その実在を確信し救済に与《あずか》ろうとします。唯識派の名字を自己内から外へ阿弥陀仏の映像を借りて投企し、それを念じて救済に与《あずか》ろうとします。もしヨガ唯識派の実践からヨガを抜いてしまえば、念仏行が成立すると考えても決して不合理ではありません。浄土教の聖典の一つである観無量寿経はヨガの本でもあります。そして浄土思想が自らの展開の過程で徐々にヨガ的側面を消去して行ったのも事実です。唯識派の実践であるヨガ的なものを強調する方向を取れば、禅や真言密教が出てきます。後者は象徴解釈により多様化された映像を用いて成道に到ろうとし、前者はヨガそのものに徹するために如来蔵思想を援用します。

唯識派における縁起論をアーラヤ縁起といいます。十二縁起とはかなり違います。すべてを識に集約還元し、それをヨガ実践により得られ予感される象徴的身体の中で、変容せしめるのですから。象徴的身体とは、名字であり、識（映像）の連なりであり、純粋な形であり、然るが故に機能を統合する身体です。ここでは従来の実践方法である六波羅蜜はヨガ禅定の実習に集約され煮詰められた観があります。唯識派の最大の特徴はこの点にあります。繰り返しますがその作業は、ヨガの中で名字を醸成すること、です。しかしヨガに閉じこもっている限りは、信仰は大衆化社会化されません。唯識派において典型的に現れたこの限界、それは従来の大乗も小乗も含めてそれまでの仏教の限界ですが、この限界を打破する二つの方向が出現します。次の二章で述べる浄土思想と法華思想です。


無着・世親以後唯識思想は実践性を失って次第に抽象化します。概念規定や字句注釈への努力が優先されます。この学派の貢献の一つは仏教の基礎学としての論理学と心理学を作ったことにあるでしょう。特に論理学への貢献には大きいものがあります。

世親の主著唯識三十誦《じゅ》は詩句だけからなるので、簡潔すぎて解かりにくく、後の人によって多くの注釈が為されました。それを初唐の頃インドに行った玄奘《げんじょう》が中国へ持ち帰り、護法の注釈を主として編纂し直して出来上がったものが成唯識論《じょうゆいしきろん》です。摂大乗論《しょうだいじょうろん》とは印象が相当に異なります。このようにしてできた成唯識論の内容を中心として、玄奘さらに彼の弟子である窺基《きき》により形成された宗派を法相《ほっそう》宗と言います。我国へは七世紀の後半道昭他により招来され、主として興福寺を中心に研鑽されました。成唯識論から出発しますので、法相宗は唯識本来の実践性を失い、良い意味でも悪い意味でも学問的であると言われます。しかし仏教の基礎学という性格故に日本仏教の一方の旗頭として今日に到ります。

唯識学以来、業に関しての所説が簡潔になりました。この派では業つまり成道にとって障りとなる事象を二大別します。所知障《しょちしょう》と煩悩障《ぼんのうしょう》です。後者はいわゆる煩悩、我々俗人が通常迷うところの煩悩による障害です。前者は知る（識る）ことによる障害です。誤れる認識の弊害は釈迦以来言われてきましたが、この派では特にそれを強調します。また唯識派・法相宗では五姓各別と言って、成道に到るための資格素質の有無を強調すると言われます。この点が大乗的でないと他宗から非難されてきました。もっとも私なりに本を読んでいますと、この派がそうえげつなく素質によって差別しているようには思えません。ただこの派はヨガの実習を重んじます。ヨガは技法ですからできる人とできない人の区別がどうしても生じます。仕方のないことです。かっこよく一切衆生悉有仏性《いっさいしゅじょうしつうぶっしょう》と言い切れないところが、この派の正直なところであり弱みです。

第四章　眼に見える仏様——浄土教の世界

第一節　弥陀の本願・凡夫の願い

1

浄土教は華厳経の描く世界の後を受け、ひたすら姿形が眼に見える如来に憧れ求め続けます。浄土思想を説明するためにはその聖典である浄土三部、無量寿経と観無量寿経そして阿弥陀経の、三つの経典の内容を理解することが必要です。およそ仏教で経と名のつくものはその甚深微妙な点をさしおきますと、理解は容易です。基本的に文学・お話ですから気楽に聴いて下さい。無量寿経の解説から始めます。

所は王舎城のギッシャクッセン山上。釈迦が諸々の菩薩衆生を前に説法しています。対話の相手は主として阿難（アーナンダ）、釈迦に近侍し聞法第一と言われたお弟子さんです。他に弥勒、観音、勢至菩薩、が時々相の手に入ります。釈迦は言います。昔々法蔵菩薩（ダルマカーラ）という方がいました。彼は当時既に成道していた世自在王如来（ローケシヴァララージャ）に会い、極楽浄土なる世界があることを知らされ見せてもらいます。極楽浄土の実在を知った法蔵菩薩は

修行して自らがそこに生れること、自分だけでなく一切の衆生が自分同様、この極楽浄土に往生できるべく、頑張ること

を世自在王如来に誓います。誓願は総計四十八箇条より成ります。誓願を成就すべく法蔵菩薩は長い期間修行し、自分自身は無限の光明と無限の寿命を得、また世自在王菩薩に誓った衆生救済の能力を獲得します。修行の成果として極楽浄土に往生したこの菩薩を、無量光仏あるいは無量寿仏もしくは阿弥陀如来と言います。如来の誓願の内容にはいろいろあります。浄土には一切の地獄餓鬼畜生といった不幸で劣悪な生き様は無いとか、浄土に生れた物はすべて神通力を持つとか、皆まじめに修行して菩提心を持つとか等です。中には傑作もあります。例えば浄土の住人の顔色はすべて金色である、皆同じ容貌で美醜の差がないとか、ひどいのになりますと厭悪女身《えんおにょしん》、女の体であることを嫌って免れるといった内容です。浄土に女がいてはいけません。正直艶気のない話です。このようにいろいろな誓願がありますが四十八の誓願中最も重要とされるものは第十八願、

たといわれ仏となるをえんとき、十方の衆生、至心に信楽して、わが国に生れんと欲して、乃至十念せん　もし生れずんば、正覚をとらじ　ただ五逆と正法を誹謗するものを除かん。

です。第十八願は浄土思想の中核中の中核ですので口語訳します。

私が極楽浄土に往生し如来となって成道解脱したとしても、この俗世の多くの生き物が誠実に私を信じて、浄土に生れたいと思い、しかも彼らのこの願いが一人でもかなわなかったならば、私は私自身の成道解脱を拒否する。ただし五逆の罪を犯した者と仏法誹謗者は例外である。

五逆は、父親を殺す、母親を殺す、阿羅漢（修行して解脱の境地に達した人）を殺す、仏を傷つけ血を流させる、そして僧団の和合を乱す事、の五つの重罪です。正法誹謗は正しい仏法、ここでは無量寿経の内容を誹謗中傷することです。五逆と謗法《ほうぼう》は、例外として阿弥陀如来の救済範囲から除外されます。この二つの例外的罪過の救済に、以後の浄土思想家がどう対処しどう理論を深化させたかが、浄土思想の発展を理解する鍵になります。第十八願の要点は、例外を除いて阿弥陀如来はすべての衆生を浄土に往生させ救済する、そのためには自分が最後の往生者になってもよい、という誓願です。他に重要な誓願としては、第十七願、すべての衆生仏が阿弥陀如来の名号を唱えるようになる、第十九願、すべての衆生が極楽往生を願うなら、彼らの臨終に際し、多くの菩薩と共にその者の所に行って自分の姿

を現前させる等です。十九願は弥陀来迎図《みだらいごうず》として描かれる情景です。
次に釈迦は阿難に極楽浄土という国土の情景を説明します。内容は案外という以上にこの世的でギンギラギンです。例えば極楽の建物樹木はすべて金銀宝石でできている、黄金の池には芳しい香りの甘露の水が流れている、美しい自然の音楽が奏でられている、非常に美味な食物が無限にあって皆これを味わい飽食する、そこの住人の顔は端正であるとかです。皆熱心に修行しているのは当然です。浄土の風景叙述において感じられる特徴は、自然と快楽です。自然《じねん》は「じねん」「けらく」と読み、現在我々が「しぜん」「かいらく」と読んでいる内容とは少し意味が違います。自然はおのずから、快楽《けらく》は抵抗なく本来の欲求が満たされ得る、の意味です。従って極楽浄土での生き方の基本はこの世的な欲望がごく自然に充足されることにあると言ってもよいでしょう。即物的でありマルクス流の言い方をすると、能力に応じて働き欲求に応じて消費することになります。もっとも働く方はあまり強調されません。浄土は社会福祉的生活環境です。次章の法華経の世界と比較して下さい。なお浄土の情景描写は世親の浄土論に極めて要領よくまとめられているのでその時叙述します。
次に釈迦は阿難に救済に与《あずか》る衆生の三つのランクを説明します。上中下の三輩《さんぱい》です。

上輩《じょうはい》──極楽往生を願い、出家者としての修行を行い、阿弥陀如来を念じる者。

中輩──極楽往生を願うが、出家者としての修行はせず、在俗者としての諸々の善行を行い、阿弥陀如来を念じる者。

下輩──極楽往生を願うが、出家者としての修行もせず、格別善行を為すでもなく、ただ阿弥陀如来を念じる者。

彼らはみな極楽往生をかなえられますが、往生の仕方は三者三様で微妙に異なります。三輩の内容は浄土思想の展開と共に少しずつ変化します。重要なのは下輩の内容と彼らが救済に与《あずか》る様式です。この点の変化が浄土思想発展の鍵になります。
浄土に往生した菩薩は、正法を宣べ、智慧に従い、我に執着することなく、煩悩により心が汚染されもせず、慈悲の心に富んで他者に利益《りやく》を施すこと多く、自己の心を柔軟に制御し得て、恨み怒り怠けの心が無くなります。菩薩達は禅定六波羅蜜を修し空・無相・無願の三昧《ざんまい》に達して、声聞縁覚《しょうもんえんがく》の境地よりはるかに進んだ心境にあります。人間としての理想状態に至ります。

声聞は、釈迦や如来の説法を聞いて解脱の境地に至らんとする者、縁覚は、独りで悟って解脱しようとする者です。両者の共通点は、自己の解脱のみを思って他者救済への関心が無いことです。声聞縁覚は、大乗仏教徒が旧来の部派仏教徒を小乗として非難して用いる時適用される用語です。無量寿経のこの段階では声聞縁覚の二者は救済から遠い距離にあります。声聞縁覚の救済をどうするかが大乗仏教の内容を知る重要なポイントです。

しかし現実の俗世間の衆生は三輩のところで述べられたような状態から著しく遠い立場にいます。この現実の描写が次の三毒五悪です。ありふれた叙述ですが一応述べます。

三毒段―金銭に執着し、怒りを心中に抱き、世間の愛欲に耽溺すること。

五悪段―淫らな欲望を欲しいままにし、盗み殺し嘘言悪口を言い怠けること。

ざっとこんなところです。現実はこうでもありまたそれほどでもないと私は思いますが、宗教活動・信仰行為の類にあっては、現実の悲惨さを強調しがちなのはやむを得ません。しかし無量寿経ではこの点すなわち世間の悲惨さと人間の劣悪さを格別に強調します。釈迦は一応衆生に六波羅蜜的な修行を要請します。しかし続けて、こういう修行はこの世では十日もすれば充分である、なんとなればこの世はあまりにも邪悪で、善行が無理なく行える状況ではないから、と言います。なにがなしここでの釈迦の説法には、現世での努力は放棄した方が賢明である、とでも言いたげな気分があります。さらに釈迦は続けて、

我が世を去りしのち、経道ようやく滅し、人民諂偽《てんぎ》にして、また衆悪をなさん

と言います。この個所の前後を含めて解説しますと、私はおまえ達衆生が救済されるべく、いろいろなことを教え諸々の修行法を説いてきた。しかし私がこの世から去った後には、おまえ達ろくでなしは、元に戻って旧悪をほしいままにするであろう、となります。釈迦は阿難に阿弥陀如来の礼拝を命じます。阿難は礼拝すると同時に釈迦に阿弥陀如来を今ここで見せて欲しいと願います。阿難の要望に答えて阿弥陀如来はその姿形を現します。如来の全身から

発する無限の光明に照らされて現れる宇宙は、釈迦が説法で述べた通りの浄土の世界でした。極楽浄土の存在を確信した衆生に対して最後に釈迦は、

それ、弥陀の名号を、聞くことをうるありて、歓喜踊躍《かんぎゆやく》し、乃至一念せん。まさに知るべし、この人、大利を得となす。すなわち、これ無上の功徳を具足するなり。

と宣言します。弥陀の名号を聞いてそれを念ぜよ。それが救済される一番確実な方途である。と釈迦は言います。説法を聞いて聴衆はみな正覚を得る、つまり成道します。ここで無量寿経上下二巻のお話は終わります。

2

以上が無量寿経の内容の概説です。特徴を要約します。

- 阿弥陀如来の救済への絶対的意志あるいは力が強調されます。
- その分救済に与《あずか》る衆生の努力はミニマムになります。
- 弥陀と衆生を結ぶものは、前者の慈悲と後者の信のみになります。慈悲と信は、双方の側での願あるいは本願と言ってもよいでしょう。弥陀は救うことを願い、衆生は救われることを願う関係に両者は置かれます。
- 現実に生きるこの世は極力救済から遠いもの、生きるに値しない無価値なものにされます。弥陀の浄土を目指す厭離穢土《おんりえど》・欣求浄土《ごんぐじょうど》が主題になります。
- この事情を反映してか浄土での生活風景は極めて即物的です。あらゆる欲求が無理なくほしいままに満たされるあり方が理想です。阿弥陀如来に無限の寿命や無限の光を帰属させることも即物性の現われです。
- 救済神である阿弥陀如来や、彼が住む極楽浄土の描写は非常にヴィジュアルで視覚的イメージに訴えるようにできています。華厳経もそうですが、ここで光つまり光明には魔術的な力があります。この点も法華経が描く世界とは対照的です。
- 阿弥陀如来の前身である法蔵菩薩の修行は、本来は衆生自身がするべきことです。大乗仏教はだれでもの菩薩

を説き、すべての衆生は修行によって成道可能であると言うのですから。しかし無量寿経の描く世界は、修行の努力を事実上法蔵菩薩に一任して、後はよろしくとなります。浄土思想は以後の発展の過程で易行《いぎょう》（簡単で容易な修行）と他力（自分ではない他者の絶対的救済力に頼ること）の考えを発展させますが、このことは無量寿経の中で既に顕かにされます。この経典は浄土の素晴らしさと弥陀の本願に頼ることを徹底的に強調します。

• 無量寿経は入涅槃《にゅうねはん》する予定の釈迦が、自らの寂滅後のことを、現在他の世界で活躍している阿弥陀如来に託す形の説法です。これは未だ歴史上の人格であることを脱しきれていない釈迦が、より力があるらしい救済者阿弥陀如来に、第一人者の地位を譲るという意味にも解せられます。社長が退いて代表権を会長に委譲するようなものです。以後浄土思想では釈迦より現在他方仏である阿弥陀如来が重視されます。

3

観無量寿経の内容は、無量寿経が浄土の素晴らしさを説くのに対し、逆に人間世界の悲惨さを語ります。やはり釈迦は王舎城外ギッシャクッセンで説法します。釈迦在世当時マガタ国というインド第一の強国がありました。この国のマウリヤ王朝がやがて古代インドを統一しますが、お話の舞台はそれよりもう少し前の時代です。そこにビンビサーラという王がいました。釈迦の友人で帰依者です。後継である王子アジャセは、釈迦の弟子であるダイバダッタと交友しその影響を受けます。ダイバダッタは仏教史上重要なキャラクターです。イスカリオテのユダかダイバダッタかと言うほどで、悪者裏切者背教者の典型とされます。ダイバダッタは釈迦の従兄弟であり、釈迦に帰依して一心に修行します。修行法をめぐって釈迦と対立し、釈迦を憎み殺害を企てます。釈迦が臨機応変で柔軟な説法を説いたのに対し、彼は厳格な教団規律を重視しました。

アジャセ王子の出生譚には事情がありますがここでは伏せます。後に善導の観経疏に出て参ります。アジャセはダイバダッタに唆されて、父王ビンビサーラの殺害を企てます。自ら手を下して殺すに耐えず、宮殿の密室に閉じ込めて食を断ちます。ビンビサーラ王の妃でありアジャセの母親であるイダイケ夫人は、密かに体に蜜を塗り装身具の中に飲み物を入れて王を訪問します。この食物で王は生き長らえます。事実を知ったアジャセは怒り、母親の殺害を試みます。大臣の強硬な反対に会ってアジャセは母親殺害を思い留まります。彼はイダイケを宮殿の一室に軟禁します。イダイケは悩乱し釈迦に救いを求め同時に釈迦を、

なんの罪ありてかこの悪子を産める？　世尊もまたなんの因縁ありてかダイバダッタと眷族たる？

と責めます。私がなんの罪故にこのような悪い子を産んだのでしょうか、また貴方釈尊もなんの因果でダイバダッタと縁があるのでしょうか、という意味ですが、ここには、あんたなんかを知らない方が良かった、という信仰への根本的懐疑も表明されています。単に不幸というのみならず、一切を信じられない絶望感の表明です。そしてイダイケは、

願わくば、世尊よ、我ために憂悩なき処を説きたまえ。我まさに（その処に）往生すべし。閻浮提《えんぶだい》（我々が生きるこの世界）の濁世《じょくせ》の世を願わざればなり。（中略）願わくば、我をして、清浄業処《しょうじょうごっしょ》を観ぜしめたまえ。

と哀願します。この願いは単なる願い要請の類を超えたトーンでもって響きます。私流に翻訳すると、説法するほどあんたが偉いのなら、今すぐこの苦悩から逃れる方法を教えてちょうだい、と釈迦に対して鼎の軽重を問い、責任を追及する意味合いをこの訴えは持ちます。脅しと言ってもいい。信者さんとはこういうものです。信仰し帰依して己の欲するところがかなえられない時、かえってそれまで抑えていた煩悩や憤怒の心が再現します。従ってこのくだりは、信仰におけるイダイケと釈迦両者の危機・クライシスを表現します。しかし経典自身はその事実に触れません。

釈迦はそこでまず自分の眉間の白毫《びゃくごう》から一条の光を出して、極楽浄土の世界を照らし出します。光景を見て浄土の実在を知ったイダイケは、浄土に往生する方法を教えて欲しいと要望します。釈迦は三福《さんぷく》を修することを説きます。三福は

①　父母に孝養をつくし、先輩長上に奉仕し、慈悲の心を持つ。
②　仏法僧の三宝に帰依し、五戒八戒を守り、行住坐臥のすべてにわたって戒律に定められたように振舞う。
③　菩提心《ぼだいしん》を起こし、因果の理法を深く信じ、大乗経典を讀誦《どくじゅ》し修行者をもてなす。

ことです。こうすれば浄土に行けると釈迦は言います。釈迦も人が悪い。三福は修行のすべてと言っていいくらいに難しいものです。修行のプロに要請すべき内容であり原則論です。原則論とは昔から順守不能と決まっています。釈迦もイダイケの態度にカチンときて苛めてやれと思ったのでしょう。案の定イダイケは反問します。

私は貴方釈尊の力によって極楽浄土を見て知りました。しかし貴方の滅後多くの衆生は濁悪不善《じょくあくふぜん》で、あらゆる苦悩に責めまくられるでしょう。彼らはどうやって阿弥陀如来の浄土を見ることができましょうか？

濁悪不善の衆生の中にはイダイケ本人も入ります。三福など難しいことは自分達にはとてもできない、どうしてくれる、と言います。釈迦は一歩退いた形で心を統一して、浄土を観想する十三の方法を説きます。以下にこの定禅十三法なる禅定を説明します。

①　日想観（初観）―西に向かって太陽を見、その像を目を閉じて想い浮かべます。日想観は浄土教の観法の代表的作業となります。元来、弥陀は無量光仏と言われますから初心者にとっては、弥陀＝太陽、の図式は理解し易いでしょう。大坂市内にある四天王寺の西門は極楽の東門に通じると言われました。寺は上町台地から大阪湾を見下ろす形になり海に沈む夕陽は絶景です。私も偶然某所でこの夕陽を見て素晴らしさにみとれたことがあります。平安時代以後の浄土信仰者は、浪速の海に沈む夕陽を見て極楽浄土の存在を信じました。歌人藤原家隆は老境に入り四天王寺の近くに住みそこで往生したと伝えられます。家隆塚という碑があります。浪速の海と言えば沈む夕陽とちぬが名物です。夕陽丘という名の駅と高校もあります

②　水想観（第二観）―まず清らかな水を思い浮かべ、次に透き通った氷を表象します。それが終わると瑠璃を念じます。さらにダイヤモンド等の諸々の宝石でできた旗・飾り・台・楼閣・楽器等を想像します。極楽浄土全体が宝石でできていると想像しなさいと要請します。

③　地想観（第三観）―極楽国を想像します。それ以上のことは書いてありません。イダイケは既に釈迦の力で極楽を見せてもらっていますので、具体的にはその情景を想像することになります。

④　樹想観（第四観）―宝樹つまり宝石でできた樹木が繁茂している情景の想像です。瑠璃・玻璃・珊瑚・瑪瑙・

緑真珠等の宝石からなる葉花枝等が繋って、枝が網のように連なりあっている景色を想像します。樹木の間には宝石でできた宮殿があります。ざっとこのような情景を思い浮かべることが要請されます。宝樹が繋っている場の広さは我々の想像を超えます。何百由旬と言います。一由旬は軍隊が一日に行く距離です。宮殿の数も五〇〇億です。

⑤功徳水の想い（第五観）—宝の池を想像します。清澄明徹な水で満たされた池が、すべて宝石でできている情景を想像して下さい。

⑥総の観想（第六観）—今まで想像し思い浮かべてきた情景、特に宝池・宝樹・極楽国土をまとめて想像します。

ここでまたイダイケの要望が入ります。彼女は言います。

釈尊よ、私は貴方の力で無量寿仏と二人の菩薩を見せて頂きました。貴方に観想の方法を教わったからです。しかし未来の衆生にはそれは不可能でしょう。彼らにもできそうな方法はありませんか？

女人とはものおじせずずうずうしいですね。ま、彼女によって我々は簡便に往生できる方法を学び得たのですから、イダイケ夫人に感謝しなければなりません。釈迦はこの要請に答えてより直接的な観法を伝授します。

⑦華座想（第七観）—蓮華でできた如来の座を想像します。一枚の蓮華の花弁に八四〇〇〇の葉脈がありその一つ一つから光が発し、総計八四〇〇〇の花弁の間にはダイヤモンドも足元にも及ばないという宝石が云々という具合です。花弁一枚の大きさは二五〇由旬を超えます。こういう光景を思い浮かべることが勧められます。

⑧像想（第八観）—今までの観法を前提として如来の姿形を直接想像します。仏如来は三十二相・八十随形好《ずいぎょうこう》（望ましい形と姿）と言われます。そのイメージに従って如来を想念します。

⑨あまねく一切色身を観るの想い（第九観　念仏三昧）—無量光仏の身相と光明を想像します。特に眉間の白毫《びゃくごう》から発する光が重要です。他には大海の如き眼とか全身の毛穴から出る光明などを想像します。

⑩観世音菩薩の真実の色身を観るの想い（第十観）—観世音菩薩について、如来に為したのと同様の観法を行い

ます。

⑪　勢至菩薩の色身を観るの想い（第十一観）―勢至菩薩について、如来に為したのと同様のことを行います。

⑫　無量寿仏の極楽世界を観るの想い（第十二観）―西方の極楽世界に生れて、蓮華の中で結跏趺坐《けっかふざ》している想像者自身を想像します。蓮華の花弁が開き閉じる光景を想像するよう言われます。

⑬　まじえて想う観（第十三観）―池の水の上に一丈六尺の仏像を安置している光景の想像です。

定善十三観の概略を話しました。これはヨガであり禅定です。ヨガ禅定は心を統一して無用な外的刺激を避け、心の中に一定のイメージを思い浮かべて、心の安定を得る方法です。観無量寿経に書かれている観法は、夕陽・水と氷・宝地・宝樹・極楽国土・蓮華の台座・仏身等のイメージを介し援用して最終的には、自分が浄土で安心して修行している像を想念する作業です。特定イメージへと方向づけられたヨガ禅定です。我が国で後に平安時代中期、源信により往生要集が著わされますが、重要な内容の一つは無量光仏（阿弥陀如来）を想念することです。原則は同じです。だがこの観法はなかなか難しい。ヨガ禅定ですから実施するには訓練が必要です。

そこで釈迦はこの定禅十三法を遂行できない衆生のために、もう少し日常生活に即した方法を説きます。お釈迦様も苦労なさいます。散心の凡夫が往生を得るための九種の法（九品）です。散心とはヨガ禅定に適したように心を統一できない状態です。釈迦は衆生の機根（成道するための資質）を九種に分類しそれぞれに応じた方法を推奨します。正直言いますとこの九種の分類は少し不整合です。要約します。

上品上生《じょうぼんじょうしょう》　上位五種のランクに属する衆生がしている、あるいは彼らに適した修行法は、回向発願心《えこうほつがんしん》、戒律受持、大乗経典読誦です。下に行く

上品中生　につれてまず経典読誦が、ついで戒律受持がなくなります。上位五

上品下生　種のランクに共通の傾向は、世俗的な意味で格別の悪行がないことと、少

中品上生　なくとも回向発願心、つまり浄土に往生したいという意欲があることです。

中品中生　ここに属する衆生には特別の悪行もありませんが、また特別の回向発願心もありません。臨終で善智

中品下生

識に会い法蔵菩薩の四十八願を聴くだけが仏縁です。

下品上生　諸々の悪行をした連中です。しかし大乗経典を誹謗はしません。臨終に臨んで善智識に遭遇し、大乗十二部経の経名を讃え、そして南無阿弥陀仏を称えさせられます。阿弥陀仏の名号を自己の意思に関わりなく口称したことが唯一の仏縁です。

下品中生　悪行が甚だしくなります。僧団や寺の物を盗むなどの悪事をします。しかも無反省です。こういう連中は一度は地獄の近くに行き、そこで善智識に会い阿弥陀如来の威力と徳を聴く機会を得ます。

下品下生《げぼんげしょう》　最悪最低の連中です。五逆十悪を犯します。五逆は殺父・殺母・殺阿羅漢《さつあらかん》・出仏身血《すいぶつしんけつ》・破和合僧《はわごうそう》という行為、十悪は邪淫・殺生・偸盗《ちゅうとう》・妄語・悪口・綺語《きご》・嘘言等、人倫を維持するためにはしてはいけないことです。こういう悪行を犯し反省の色もありません。この手合いでも救われるのでしょうか？　救われます。やはり善智識に出会って弥陀の教えを聞き、ここが肝心なところですが南無阿弥陀仏と称名する機会を得ます。

以上の説明で下品の三種類のランクの差が判然としません。悪行の相違は解かりますが、それに対する修行の差がはっきりしません。むしろ共通点が目立ちます。南無阿弥陀仏という称名、弥陀の名号を唱えることです。九種に分類しますが、肝心なのは下品の連中の修行というより救済方法です。上品に属する衆生は始めから救済される資質があるとみなされていますから。こう考えますと大乗経典読誦、戒律受持、回向発願心、善行という順番で消えて行き、最後に残る救済方法が弥陀の称名になります。

4

機根により九種の分類が為され、それぞれに応じた救済方法が釈迦により説かれました。帰結は、どんな悪行をした者でも弥陀の名号を唱えれば往生可能、です。この説法を聴いてイダイケ夫人は歓喜して無生法忍《むしょうほうにん》という境地に達します。観無量寿経のお話は終ります。

観無量寿経は、無量寿経に説かれた極楽浄土と阿弥陀如来の存在を前提として成り立ちます。しかし観無量寿経の方が心に訴えるものを持っています。単にありがたい如来様がおられるというだけでなく、人間はどうしても救いに与《あずか》らざるを得ないものという、せっぱ詰まった限界状況が描出されます。換言すればイダイケという女性の置かれた立場をてことして、人間が如来による救済の保証を、強引に引っ張り出していると言ってもいいのです。後世、浄土思想が発展する大きなきっかけを作ったのは唐の善導ですが、彼は彼の思想のすべてを観無量寿経から引き出しました。それを受け継いだのが法然さらに親鸞です。経の主題をスローガン風にまとめます。

- 浄土教における修行の出発点はヨガ禅定であり、そこから修行法が徐々に簡便化されて、終着点は称名に至ること。従って後世の浄土思想の発展の鍵は、称名という極めて単純な作業に救済論的意味付をするにあること。
- 不幸と出会って悪を犯さざるを得ない人間における悲劇性の強調。それを描く方法としてのドラマ性。
- 最低最悪な人間も救済に与り得ること。

人間の悪は父を殺そうとし、また母をも殺そうとするアジャセに体現されます。不幸の極は母親イダイケです。しかし彼女は単に不幸なだけではありません。彼女の心は帰依している釈迦への不信に満ちています。信じられないことが一番の不幸です。そして不信ほどの悪はありません。彼女は絶望しています。絶望とは処理しきれない怒りや不信感の表現です。イダイケは不幸と悪の相乗作用の中で二重三重に苦しみます。もう一つ忘れてならないのは、イダイケを相手とする釈迦自身も、説法者としての危機にあることです。釈迦はイダイケの要求に押されながら、徐々に修行の方法を変更します。これは経典における釈迦自身の考え方、価値観の変化と解釈してもいいでしょう。つまり釈迦もイダイケも、共に絡まりあいつつ相互に影響を与えあって、自己を変化させて行きます。後年使用される術語で言いますと機と教が相応して変化します。この視点は重要です。以後の浄土思想は、説法する側（教）とされる側（機）の距離を極力ミニマムにして行く方向を取ります。そこにこの思想の力の源泉があります。極点が親鸞です。

アジャセも単純に彼自身の意志で悪に及んだのではありません。いきさつがあります。悪事を為さざるを得ないいわく因縁があります。観無量寿経ではこの事情は伏せられます。アジャセとイダイケのお話の内容はむしろ涅槃《ねはん》経の方が詳しいのですが、後に善導がそこから引用し追加する形で、もう少し入り組んだドラマを構成します。そのことは浄土思想の大成者と言われる善導の思想と切り放せませんので後に説明します。

5

このお話は権力の摂理と親子間の葛藤をも表現します。アジャセは父王ビンビサーラを幽閉し殺害しようとしますが、こんなことは世界中掃いて捨てるほどあります。親子といえども権力の味は別です。そのために親兄弟を殺すなどはありふれた事例です。それに近いことを、浄土思想の最終的形成者である親鸞自身がするはめになります。権力の継承にまつわる相克は、同時に親子間の問題です。親が子を育てることは単に肉体的に保護育成するということでもなく、子供の自由な選択に将来を任すということでもありません。親は社会の代理者として、一定の社会的価値のシステムの中に子を位置づけます。そして自らはそのシステムから徐々に身を退きます。しかしこの社会的価値への取り組み方に関して、親子の間には常にギャップが生じます。両者は争います。両者は世代間葛藤に陥ります。親子の間に価値観の相違が無ければ、社会は進歩しないのですから、親子間の葛藤は必然です。この親子間葛藤が最も強烈に現れるのが、権力の継承という事態です。以上のような意味で観無量寿経は人間が必然として陥らざるを得ない悪を描きます。釈迦自身例外ではないことも暗黙の内に表現されます。ダイバダッタと釈迦は、単に従兄弟同志であるのみならず、教団経営において相対立する関係にもありましたから。また釈迦とイダイケとアジャセの関係は、出来の悪い子供をめぐって父親を非難する母親、とでもいうべき構図を為しています。この経の特徴は心理学的洞察に優れている点と表現のドラマ性にあります。要約すると観無量寿経は親子間葛藤と権力の摂理、それ故に悪に陥らざるを得ない人間の必然性と悲劇性を端的に描写します。最後の帰結が悪人救済の宣言です。悪人とは人間存在の共通項なのですから。

6

観無量寿経のもう一つの主題は修行方法の遷移、簡便化です。まず仏教の修行の原則が提示されます。三福です。ついでヨガ禅定が挙げられます。禅定はプロの修行法です。定禅十三観です。それから在俗信者でもできそうな方法が示されます。散心の凡夫のための九種の方法なるものです。これは大乗仏教徒一般の修行法です。まず経典読誦《どくじゅ》、これは少なくとも行為の形としてはヨガ禅定よりは簡単です。次に戒律受持、これも五戒が主たるものなら普通の人はまず犯しません。最後の回向発願心《えこうほつがんしん》は往生を願う心ですから、信仰の初歩の初歩、出発点です。これもない救われたいという自覚すらないやからが問題とされます。このお経の目的はこのやからを救済することにあります。その方法が称名・南無阿弥陀仏です。弥陀の名を唱える、称名によりいかなる悪人も救われる、これが観無量寿経の結論です。

以上のように仏教の修行法が、いわば発達史的に並べられとどのつまりで称名が推奨されます。忘れてならないことは修行の出発点がヨガ禅定にあることです。ヨガ禅定の詳細な説明の延長上に称名が位置づけられます。経典の内容はそのいきさつを充分説明しませんが、観無量寿経の意図はヨガ禅定から称名を引っ張り出すことにあります。ヨガ禅定と称名は一見して異なるように見えますが、重要な一点で重なります。それはイメージあるいは表象と言うべきものの重視です。ヨガ禅定の実践者は自己の身体の内部にある種のイメージを観じます。称名において、この身体意識と言ってもよいイメージは、外に投影され方向づけられ形式化された極致において「名《みょう》」という形で観じられます。名はイメージです。形式でありイメージそのものであり、また弥陀という特定のイメージです。

7

観無量寿経の内容のドラマ性はイダイケとアジャセの物語に集約されます。権力の摂理と親子間葛藤というテーマ自体が深刻で普遍的です。それが王族という特殊超越的階層において演じられているために、一見して我々の自己とは直接関係ないように見えます。しかも潜在的にはそのテーマが読者自身の問題として、予感されざるをえないような構成になっています。ギリシャ悲劇と比較してみましょう。ソフォクレス作の悲劇に「アガメムノン」があります。トロイを攻めたギリシャの連合軍の総司令官、アガメムノン王は長い戦争に勝利を得て故国に帰ります。捕虜として連れ帰ったのがトロイの王女カッサンドラで、女はアガメムノンの側室になります。嫉妬した王妃クリュタイムネストラは、臣下の愛人と共謀してアガメムノンを殺します。殺害者二人は王国を統治します。アガメムノンとクリュタイムネストラの子供であるオレステスは、姉のエレクトラに説得されて母親を殺します。我が子にまさに殺されんとする時、母親のクリュタイムネストラは自分の胸をはだけて、おまえはこの乳房を吸って大きくなったではないか、とオレステスに哀願し彼を非難します。母親殺しの罪を負ったオレステスは、復讐の女神ネメシスに追跡され続けます。

イダイケとアジャセの物語と少し違うところはありますが、王殺し・母親殺しという主題では「アガメムノン」は共通します。ギリシャ悲劇において人間の犯す最大の罪悪を描いたのはこの「アガメムノン」と父親を殺害し母親を妻にした「オイデプス王」です。ところでこのギリシャ悲劇は文学にして単なる文学ではありません。ギリシャの思想は人間中心主義と言われ、後世ヒューマニズムなる言葉の淵源となったほどですが、この人間なるものを神々の世界から地上に引き降ろす作業が悲劇文学です。つまり神々の世界から人間を独立分離せしめるために、人間を神々に背かせ、同時にそこに生じる苦痛を通じて神々に訴えさせるという作業が必要でした。換言すれば人間が人間であるためには、人間は神々に対して罪ある存在であらねばならなかったのです。従って悲劇とは神話が人間化する過程の産物です。この観点から考慮した時、現代の文学も含めてあらゆる文学は神々と人間を媒介するものであると言えます。

観無量寿経とギリシャ悲劇は似ています。大乗経典はおしなべて文学であると言いました。逆にギリシャ悲劇には、神々と人間を仲介するものとしての宗教的な何物かという性格が強いのです。イダイケとアジャセの物語をギリシャ悲劇と比較する時、そのドラマ性は顕著なものとして理解できます。観無量寿経はドラマそのものです。後に展開する浄土思想には常にこのドラマ性が顕著です。その代表が善導の観経疏《かんきょうそ》であり親鸞の和讃です。親鸞の教えが広まったのは和讃の大衆的文学性にあると言っても過言ではありません。そしてこの文学・ドラマの主題は常に罪悪です。罪悪あるいは罪悪感とは、ただ悪いことをしたという単線的なものではありません。それはそれをてことして人間が神や仏に救済を訴える、もうすこしえげつなく言いますと、ゆすり、たかり、おどすための何物か、ということになります。イダイケが釈迦に、どうしてくれる、と言って肉迫するくだりが観無量寿経の圧巻です。我罪なるが故に我ありです。この主題、罪悪をてことして如来の世界に参入する、態度が浄土思想の基本的な情操です。先に結論を言いましょう。この情操態度を突き詰めたのが親鸞です。そして彼が到達した結論は、私は罪人だから私であり、だから私は如来の申し子なのだ、ということです。ギリシャ悲劇は、人間を神々の支配から解放するために人間を罪なる者とします。浄土教においては、逆に人間は自身の罪悪でもって仏如来に訴え迫ります。方向こそ違え両者の主題は同一です。罪悪とは人間と神仏を結び付ける強力な何物かです。

もう少し観無量寿経とギリシャ悲劇を比較してみます。前者では罪悪は未遂です。王殺しも母親殺しも成就されていません。後者では「アガメムノン」「オイデプス王」の双方において罪過は完全に実行されます。だから文学なのかもしれません。大乗経典の方が甘いのかもしれません。また大乗仏教と当時のギリシャの来世観を比較しますと、後者の方がめちゃめちゃに暗い。死者は死者の国とかいう薄暗い土地で、救われることなく永久に暮らさなければならないようです。ギリシャ悲劇は紀元前六―五世紀にできました。観無量寿経あるいはその主な内容であるアジャセとイダイケのお話の成立は早くて紀元前後です。ギリシャ思想の影響下にこの逸話が作られたと仮定しても全然不思議ではないでしょう。

8　阿弥陀経は岩波文庫版で十一ページの小さなお経です。内容は極楽の讃嘆と称名による往生の勧めです。無量寿経と観無量寿経の簡単な要約というべきものです。浄土三部経の精確な成立年代はほとんど解かりません。解かっているのは、無量寿経と阿弥陀経が紀元一〇〇年頃クシャーナ朝治下の北西インドでできたのであろうという程度です。

華厳経や法華経よりは少し古いのかなというところです。また浄土教典は他の経典とあまり関係がないのも特徴の一つです。観無量寿経にあるはずのサンスクリット原典は一切発見されていません。そのためにこのお経の中国原産説が有力です。仮にそうであっても観無量寿経の思想的生産性は損なわれません。別にインド原産だから真実の経典であり他の国でできたのだから偽経であるとは言えません。法華経も華厳経もすべて後世のインド人が釈迦に仮託して作製しました。浄土という言葉自体がインドにはないそうです。極楽はあります。従って「浄土」は中国産ということになります。ここまで言わなくても浄土思想が実質的に漢民族において形成されたことは間違いありません。三国時代から南北朝時代にかけて、無量寿経と阿弥陀経が翻訳され、同時に観無量寿経が出現したものと想像されます。

第二節　光明と智慧——彼岸の観想

1

漢民族への仏教伝播は前漢末期から始まります。浄土三部経はその後数世紀の間に多くの人により翻訳されました。西本願寺出版の「浄土真宗聖典」では、無量寿経は三国時代に康僧鎧《こうそうがい》により、観無量寿経は南朝の宋の畺良耶舎《きょうりょうやしゃ》により、阿弥陀経は北朝の秦の鳩摩羅什《くまらじゅ》によって翻訳されたことになっています。異訳もあります。浄土三部経は魏晋南北朝の前半、ですから五世紀頃までに伝来され翻訳されまた作製されたと理解して下さい。そして浄土信仰は俗信という形で当時の中国社会に広がっていたものと想像されます。中国における浄土信仰には多くの系統があります。東晋の慧遠《えおん》に遡る白蓮社という念仏結社の流れ、曇鸞、道綽、善導流の系統、そして慈愍《じみん》流の系統等があります。天台智顗《ちぎ》の摩訶止観《まかしかん》の中に四種三昧として述べられている行法にも念仏という重要な一項目があります。これらの流れが相前後して我が国に伝来しますが、結局は日本浄土教の大成者である法然が、善導流の浄土信仰に強く影響されたために、現在では曇鸞—善導—法然親鸞という発展史上に、浄土思想を捉えるのがオーソドックスな態度となっています。私もその線に沿って考察します。

浄土思想の画期は曇鸞《どんらん》の登場です。曇鸞が生きた時代は五世紀から六世紀、中国北朝の北魏から東魏に渡る時代です。動乱の時代でした。僧侶である彼は大病を患い、道教の術者に相談に行きます。帰路ちょうどインドから渡来した菩提流支《ぼだいるし》に会います。菩提流支から世親の著述である浄土論の翻訳を紹介伝授されて、曇鸞の信仰は変わります。浄土論に対し、彼自ら注釈をほどこしたものが浄土論注です。従ってここでは世親と曇鸞の考えをセットとして考察します。この二つの本によってそれまで「拝めば助かる」式の俗信であった浄土信仰は、理論的支柱を得て強力な仏教思想として発展する基礎を獲得します。世親は唯識思想の大成者です。菩提流支は中国における最初の唯識経典の翻訳者の一人です。彼には華厳経の一部の翻訳もあります。ですから曇鸞の思想形成にとって唯識と華厳の影響は甚大です。まず浄土論の概略を述べ、ついでそれに対する曇鸞の解釈、つまり阿弥陀信仰のための解釈を説明します。

2

世親の浄土論は正式には無量寿経優婆提舎願生偈《がんしょうげ》と言います。優婆提舎《うばだいしゃ》はウパーデシャの音訳、経の論理的解説つまり無量寿経の注釈です。浄土論は通称です。本の主題は大きく二つ、五念門と三種の観察からなります。三種の観察は具体的にいえば二十九の荘厳功徳成就《しょうごんくどくじょうじゅ》を観察することです。荘厳功徳成就は、無量寿仏、つまり阿弥陀如来の浄土と如来自身、そして浄土に住む菩薩衆のすばらしさの叙述です。このすばらしい浄土をいかに観察し往生するか、往生の確信をつかむか、そのための指針入門としてこの本は書かれました。ともかく荘厳功徳成就二十九項目を叙述しますす。そうしないと話になりません。それほど重要な詩句であります。

荘厳国土功徳成就—浄土では、すばらしくありがたい有様が実現していること

① かの浄土の有り様を見させていただきますと、それは我々が住んでいるこの三界よりはるかに勝れております。

② どこまでいっても虚空のようでその世界には際限というものがありません。

③ すべての衆生は平等であるという貴い悟りの智慧と慈悲の心は、俗世間を出ようという正しい菩提心から生じます。
④ 浄い光明が満ちていることは、まるで鏡に太陽や月が反射しあって輝き渡るようであり、
⑤ そこにはあるゆる珍宝があり、そのすばらしさは喩えようもありません。
⑥ けがれのない光と焔は燃え上がり、世界を明るく浄く照らし出しています。
⑦ いろいろな宝石でできた草は、柔らかく左右に揺れながら生い茂ります。手に触れ身に触れるものが清らかで勝れていることは、あのカーチリンディカの花に優ります。
⑧ 千万種の宝の花々は池や川の流れや泉をあまねく覆っており、快いそよ風が花びらや葉を動かすと、それらは互いに絡まり交わりあって、光は周囲に輝き散ります。
⑨ 宮殿楼閣は広く限りなく十方に立ち並び、いろいろな樹からそれぞれ異なった色の光が発せられ、宝石でできた垣根がそれを取り囲みます。
⑩ 限りない量の宝物があり、それを覆う網は空中に広がります。いろいろな鈴が響きを起こして妙法の音を宣べて発します。
⑪ 天からは花と衣を雨のように降らし、無限の量の香料を降らせます。
⑫ 仏の智慧が明るく浄いことは太陽の如くであり、それは世界の愚かさ、暗闇、迷妄を取り除きます。
⑬ 仏の清らかな声は、深遠にして言葉で表現できないほど絶妙であり、十方に聞こえて悟りをもたらします。
⑭ 衆生はすべて平等という正しく貴い悟りに達した、仏の中の仏である阿弥陀如来は自らのみならず我々をも支えてくださいます。
⑮ 如来や菩薩達はこの正しい悟りから生まれます。
⑯ 浄土では皆が皆仏法の味わいを愛し楽しみ、禅定による三昧の境地を食物とし、
⑰ 永く心身の悩みを離れて、常に楽しみを享受します。

⑱　大乗的な善根により到達したこの浄土に不快な誇りは無く、また悟りの邪魔となる女という者も、道徳的能力欠如者も、自分の救済のみを求める小乗のやからもいません。
⑲　ここ浄土では衆生が願い求めるところのもの一切がかなえられます。
荘厳仏功徳成就―阿弥陀如来のすばらしくありがたい有様が実現していること。
①　無限大の宝物と言っても良いくらいに勝れた仏の中の仏である、阿弥陀如来が座っておられ、浄らかな蓮華でできた坐があります。
②　そのお顔からは一尋の光が出て、姿形は群を抜いて勝れておられます。
③　如来の言葉につくせない妙なる声は、貴く響いて十方に聞こえます。
④　地水火風虚空という世界の五大元素は、みな同一となり、
⑤　諸々の天神や不動の境地に達した人達は、清浄なる智慧の海から生まれます。
⑥　如来は須弥山の王のようであり、勝れて絶妙にしてこれに優るものはありません。
⑦　天界の神々や人間や菩薩達は、この如来を恭敬し取り巻いて讃嘆いたします。
⑧　如来の本願力を見せていただきそれを体験した者で、その体験が空しかったという者はありません。彼らは皆如来の功徳の大きな宝の海に浸って満足します。
荘厳菩薩功徳成就―浄土で修行する菩薩のすばらしくありがたい有様が実現していること。
①　浄土の菩薩はその身が不動のまま広く十方世界に現れ、世界の必要に応じ種々の巧妙な手段をもって衆生を教化し救済します。
②　菩薩は身を不動に保ったままおのれの一念によって時の前後を選ばず、衆生の中に立ち現れて彼らの苦悩を除去します。
③　菩薩は諸々の仏の説法の坐を照らし、仏如来の功徳を供養し恭敬し讃嘆します。
④　菩薩は仏法僧三宝のない所で、三宝の大いなる功徳を支え保ち広く知らしめて、それをすばらしいものにし

ます。

二十九項目の荘厳功徳成就は以上の通り。浄土、阿弥陀如来、菩薩の優れてありがたい有様の描出です。無量寿経に描かれた内容とだいたい同じですが、それ以上に解かりやすく描写されています。二十九の情景描写は浄土を観じるための方法です。だから非常に体系的に一定の規則でもって描かれます。

五念門を説明します。概略は以下の通り。

① 礼拝門《らいはい》—阿弥陀如来を礼拝—身業
② 讃嘆門《さんだん》—弥陀の名をその有する意味と光明をもって讃嘆、称名—口業
③ 作願門《さがん》—浄土に往生することを願う—意業
④ 観察門《かんざつ》—浄土の諸相の観察、二十九の荘厳功徳成就の内容の観察—智慧業
⑤ 回向門《えこう》—苦悩する他の衆生を見捨てず、自分の功徳を転じ与える—方便業

門は往生に至るための門、手段方法。礼拝は接足頂礼（仏あるいはそれに擬せられた者の足を自分の頭の上に乗せる）とか、五体投地（体を地面にたたきつける）等の、体を派手に使ったパーフォーマンスですので、身体を使っての作業という意味で身業と言われます。讃嘆は称名。作願は浄土往生へと一心を集中させるために、障害となる雑念を除去する作業です。意志を強く使用しますから意業と言い、また雑念を止めるので「止」と言います。観察は止と反対に積極的に往生解脱のためのイメージを思い浮かべる作業です。ヨガ禅定における止の対概念で通常「観」と言い、ここでは智慧業と言っています。ありがたくてもったいない浄土の世界を観じるのですから智慧の所産です。止と観を併せて言う「止観」はヨガ禅定と同じ。回向は自己の功徳を他者に振り向けること、現実の中に入って他者救済のために奮闘努力することを意味します。悟りを単なる悟りたらしめず、それを生ける現実と結び付ける作業ですので、巧妙な工夫と応用能力が要ります。方便業と称します。

3

二十九の荘厳功徳成就に対する曇鸞の解釈に移ります。最初の一七句はそれぞれ浄土という世界の特性を描写します。以下に簡略化して示します。数字は先に述べた文句の番号です。詳しい内容は重複するので略します。

①—清浄　②—量　③—性　④—相　⑤—種々事　⑥—妙色　⑦—身触　⑧—眼触　⑨—鼻触　⑩—智慧の浄力

⑪—弥陀の妙声　⑫—主である弥陀　⑬—弥陀の眷族　⑭—受用　⑮—無諸難　⑯—大義門　⑰—一切所求満足

「①—清浄」は①の文章は浄土が清浄であることを描写している、という意味です。性は性情・本質的特性、相は外に現れる形外観、種々事は浄土を荘厳なものにする舞台装置、触は身、眼、鼻という感覚器官に映じるところの印象、弥陀の眷族は弥陀に感化され救済されて浄土で修行する菩薩衆、受用は弥陀の仏力を彼ら眷族達が享受し使用することです。無諸難《むしょなん》はなにも心配の種は無い、大義門は大乗仏教の究極の目標である涅槃が実現する、一切所求満足《いっさいしょぐまんぞく》は浄土では求めるものはすべて満たされること、です。

さらに続きます。荘厳仏功徳成就の八項目に関しては

①—弥陀の座　②—弥陀の身業　③—弥陀の口業　④—弥陀の心業　⑤—弥陀に教化される衆生　⑥—指導者である弥陀　⑦—弥陀本人　⑧—不虚作住持

となります。不虚作住持《ふこさじゅうじ》は弥陀の本願による救済に例外はないこと、身業・口業・心業はそれぞれ身体・言葉・心でもって行う作業。

次は荘厳菩薩功徳成就です。

①—菩薩は空間に拘束されることなく、十方世界に応化して、衆生を救済する。

②—菩薩は時間に拘束されることなく、十方世界に応化して、衆生を救済する。

③—菩薩はすべての世界の如来の説法の集会に出席する。

④—菩薩の活動故に仏界でないところはない。

肝心なことは、菩薩はどんな時どんな所にあっても、身は不動、つまりその存在の統一性を失わず、同時に現実世

界の必要に応じて心身を適応変化させる（応化《おうげ》する）ことです。

最初の十七句で浄土世界を清浄なものと捉え、それをより具体的にその量つまり無限の量、その性情すなわち本質的特性、外観形相、浄土の舞台装置・構造体、浄土世界の妙なる色、感覚器官である身体と眼と鼻により受け取られる印象、そして浄土世界に光り輝く弥陀の智慧の浄力、弥陀が説法する妙なる声、弥陀そのもの、弥陀により教化救済された衆生、彼らが弥陀の本願力を受け取り使用する様子、その結果として浄土には一切の心配がないこと、浄土において涅槃が実現される有様、浄土ではすべての願望が満足されること、を順々に描写して行きます。浄土論の著者である世親の意図は、この順に浄土世界を観じなさい、念じなさい、にあります。まず浄土を量においては無限、性情としては往生を可能とする大慈悲と大上段に規定し、その外観、構造全体を想像させ、さらにそこで受け取る感覚的印象を述べることによりその世界に想像的に参入させ、そして浄土で発現されている智慧の光明力、弥陀の存在そのもの、弥陀の教化救済の様子と想像の連鎖をめまぐるしく、しかもかなり強制的に展開させて、そのイメージをより強固なものにまとめあげ、無諸難・大義門・一切所求満足と浄土の世界をもう一度一般的に規定し直して、イメージを強化し刻印し、荘厳国土功徳成就の十七句を終ります。十七句は浄土世界をやや客観的に描写しますが、イメージの配列故に想像されるものに積極的に参入できます。イメージの配列による想像の膨らみと連なりに、この十七句の魅力があります。

さらに次の荘厳仏功徳成就の八句では、まず弥陀の座という想像しやすい静的なイメージが導入され、やがて身体と言葉と心を使っての弥陀の作業、弥陀に教化される衆生つまり弥陀の力量、指導者である弥陀の有様、弥陀自身へと想像は誘導され、最後に嘘ではないこと、弥陀の本願は真実であることが強調されます。ここでもイメージの配列による想像の膨らみはありますが、それ以上に重要なことは、弥陀の行動という動きの描写です。この動き故に想像するものは想像される情景に参入しやすいし、またここで弥陀が為すことは、衆生の修行と同一です。換言すると、八句のイメージをたどることにより、想像する者は自らを弥陀と同一視できます。弥陀も元は法蔵菩薩という修行者でしたから。

荘厳菩薩功徳成就四句で強調されることは極めて単純です。菩薩たるもの時間空間さらに状況の聖俗を問わず、あらゆる世界に応化することが、四句の中で種々の角度から述べられます。応化という字句により意味されるものは現実における活動です。衆生が俗世でがんばることです。浄土世界のすばらしさを想像し、そこで修行する弥陀の行為に想像的に参入した想像者は、菩薩の行為において現実の課題に立ち帰らされます。ここで想像は事実とつながります。事実と結合しうるイメージほど強いものはありません。

以上のイメージの配列は世親によるものですが、詳細な解説を施したのは曇鸞ですから、観仏念仏の体系化理論化という作業は両者により為されたとしか言い様がありません。作業の鍵は、浄土世界のイメージつまり識の配列によって、浄土に想像的に参入せしめるところにあります。さらにもうすこしつっこんで考察すると、この二十九句は浄土を描写しつつ、同時に観法する側の内面の状況描写でもあります。換言すると二十九句は観法者想像者の為す能所不二の状況描写です。識の能動的側面と受動的側面の分裂を克服して、両者を統合的に把握することはヨガ唯識家の到達目標でした。浄土論で描かれるこの表象の世界は唯識思想の理想でもあります。

浄土論の内容はさらなる膨らみ、立体的構造を持ちます。私は二十九の荘厳功徳成就を解説しましたが、二十九句は五念門という五つの作業の内の観察門という一門でしかありません。五念門すなわち礼拝・讃嘆・作願・観察・方便の五門は、前三者をそれぞれ身口意《しんくい》の三業として基礎的過程とし、次に観察門を智慧を用いる本番と捉え、最後に方便門を、前四者が入門つまり浄土に入る門とされたのに対して出門、浄土から娑婆世界に出るための門である実践論と規定して、作業全体を立体化して完結させます。ところで智慧業とされた二十九句の中自体に、身口意の三業から智慧そして方便に至る過程、が存在します。五念門をより精密に集約したものが観察門です。従って観察門は五念門という作業全体の集約としての般若の智慧と理解することを可能にします。さらに五念門は修行者から弥陀に到る過程です。五念門を行う修行者の自己は観察門において弥陀と同一になります。五念門を修行者の外面とすると、その集約たる観察門は修行者の中の弥陀としての内面です。このように五念門と二十九句は内外広狭自他の関係において二重三重に相互に入り組みます。五念門は六波羅蜜の変法です。

4

浄土論・浄土論注は阿弥陀信仰の唯識学による体系化です。作願門を「止　シャマータ」観察門を「観　ビパシャーナ」と称することからも解かるように、作業全体はヨガ禅定を骨格として構成されます。無量寿経は浄土の描写を、観無量寿経はそこに至るための方法を叙述します。浄土論・浄土論注はそれを受けて信仰の方法に論理の骨格を与えます。曇鸞の浄土思想への最大の寄与は唯識思想による信仰方法の論理的体系化です。この点を曇鸞の言葉に即しつつもう少し考えてみましょう。

　曇鸞は、性＝本・積習の結果・聖種性・必然不改・果の中に因を説く、と定義します。本は本質、積習は修行を積み重ね学習すること、聖種性は聖なるものの本来的性質、必然不改は当然そうなるべきもので決して変わらないこと、「果の中に因を説く」は「因すなわち修行を積めば必ず果報を得る・救われる」を意味します。「本」から「果の中に因を説く」に至る五つの契機を総合して考えると、修行という意志的行為（作意）とその結果変化すること（生成）と当事者の存在そのものはイコールであると、鮮明に宣言されていることが解ります。この考え方は仏教の縁起無我説に本来内包されているものであり、また浄土教が信仰の対象とする法蔵菩薩（阿弥陀如来）のライフスタイルです。曇鸞は存在と生成と作意を統合します。

　浄土論注の中に、私は功徳から出現しました、功徳の恩を知っているから功徳を愛するのです、と阿弥陀如来が言う一節があります。功は努力の成果としての功績、徳は本来的に備わった良き特性です。従って功徳という概念は性について述べたのと同じく、「有ること」＝「成ること」＝「為すこと」、という意味を荷います。また功徳にはそれ以上の、仏の功徳に預かると言うように、他者に及ぼす機能も含意します。如来とは単純に初めから有るものでもなく、努力の結果でしかないものでもなく、その双方の機能と意義を兼ね備えたものです。この考え方を因行果徳と言います。ここから論理の必然として如来と衆生は、等しい、同じ、同等、平等、という発想が生じます。

　曇鸞はこうして、如来＝衆生、という等式を導き出そうとします。彼はそれを、寂滅平等《じゃくめつびょうどう》なるが故に平等法身《びょうどうほっしん》、平等法身なるが故に寂滅平等、と表現します。寂滅平等はすべてが等しくなることです。それを浄土論は荘厳仏功徳成就の第四句で、同地水火風　虚空無分別、すなわち、弥陀の力故に、地水火風及び虚空という世界を構成している五大元素は皆同じ、と言います。従ってこの詩句はすべての意識感覚に映じる像を仮象一般に解消することを意味し、そこでは如来そのものも例外ではありません。物質的存在と精神的存在の区別は人間悟性による分別でしかなく、無意味になります。すると平等なる法身から発する智慧も光明も衆生のそれと等しくなります。如来と衆生は光という物理的なものを介して影響を授受し会い智慧により相互に感応し合います。智慧＝光明、です。

　如来と衆生が等しければ、如来の作業、機能はそのまま衆生に及びます。ここから方便業の意義が出て来ます。平等とは個である統一された存在として、他者と対等であることです。平等である個が相互に影響を与え合うためには超越的存在としての法身を設定しなければなりません。同時に崇高な法身が崇高にしてありがたいものであるためには、その機能が凡夫衆生に及ばねばなりません。法身たるものは衆生と基本的に平等でなければ、尊敬に値するものではあり得ません。法身としての卓越した在り方を失わずに、娑婆世界に示現するためには衆生への手土産・サーヴィスが必要です。この作業が方便業です。法身と衆生が平等になると、逆に凡夫衆生も如来と同じく諸々の方便業を始めとする修行をして如来に成り得ます。要約すると、衆生は如来に成り得る、その証・手段が衆生救済のための方便業なのだ、となります。前述の命題は、寂滅平等＝平等法身＝菩薩業（方便業）、と書き換えられます。寂滅平等はそれほどの起爆力をもつ概念です。寂滅平等故に平等法身、故に智慧＝光明、故に菩薩業、と論理の糸は連なります。

　こう論じて来ると、仏の相好は衆生の心想、仏心即衆生心、は当然になります。世親や曇鸞は、阿弥陀如来の力と法蔵菩薩の願の相互作用の威力を強調します。法蔵菩薩は修行中ですから彼は衆生一般です。衆生と如来は等しい、と言っているわけです。

5

以上の考察を経て曇鸞は浄土観法と弥陀への帰依のための論理を、総相と別相・広略相入《こうりゃくそうにゅう》、と表現します。総相は荘厳国土功徳成就の第一句である荘厳清浄功徳成就であり、別相はそれ以下の十六句です。浄土が清浄であることを他の十六句の内容が説明するが、それらは同時に清浄一句に集約されると言います。さらに広く二十九句全体に広げて清浄を以下の二十八句が説明開陳し、広い説明である二十八句が統一表現である清浄一句に集約されると理解して、この関係を広略相入と言います。ただこの説明だけでは不充分ですので私がそれを補完する形で先述のように論理を考案しました。

このような考察の最終的結論が、曇鸞が浄土論注の冒頭で宣言している、仏の名号をもって経の体と為す、の一節です。仏は阿弥陀如来、名号は名前を呼ぶこと、南無阿弥陀仏の口唱、経は無量寿経です。言わんとすることは、阿弥陀如来の名を称えれば、無量寿経の世界に参入して往生できる、です。経の具体化したものが五念門・二十九荘厳功徳成就です。これらの営為内実はすべて弥陀名号に集約されるというのが曇鸞の結論です。結論と言いたいところですが、そこに至る論理はいささか弱いという印象は免れません。

弥陀の名とは何でしょうか？　衆生から見た「弥陀の私」つまり弥陀の第一人称です。弥陀＝普遍、私＝個とおけば、弥陀即衆生となり弥陀の名号を称えることは「私は私、私は弥陀」と言うのと同じことになります。南無阿弥陀仏は、私は私であり私は弥陀である、となります。弥陀の名は「私」の名です。弥陀の名を唱えることにより「私」は主体である自己を押し出し、弥陀を「私」の方に引き寄せ弥陀と等しくなります。しかしそのことをあえてくどく理解しようとすれば、経典や荘厳功徳成就で述べられた内容を云々しなければなりません。だから弥陀の名号をもって経全体を代表させます。曇鸞の考察の根底には、弥陀と衆生の同一視、因位の仏である法蔵菩薩を媒介とする同一視があります。名号は私であり、弥陀であり、私と弥陀を媒介するものです。寂滅平等を前提として名号の意義が顕れます。逆に名号を唱えることにより、寂滅平等は実体化されて平等なる法身としての「私である弥陀」が出現します。

6

曇鸞は時間に関して非常に興味あることを言います。「念」つまり念仏の念ですね、これは元来時間の単位ですが、曇鸞は念を弥陀への憶念すなわち、弥陀を心に映じ記憶して保ち続けること、と解釈します。ここで物理的時間は信仰者の主観へ変容されます。浄土思想は時間意識を超越消去して弥陀との直接の出会いを志向する信仰態度です。

曇鸞は信仰に難行と易行の区別を導入しました。弥陀の名号を経の体（全体・基幹）としてそれを称えれば宜しい、下品《げぼん》の者でも救われると言います。称名を信の要諦とするために、彼は世親の浄土論を注釈し唯識学に基づいて論理を形成しました。しかし如来と自己を同等とみなし、寂滅平等と言ってもそこからすぐには涅槃往生の境涯は出てきません。どうしてももう一つ人間の往生可能性を触媒の如く促進する何物かが必要になります。かくして本来平等であった如来は、解脱を助ける増上縁《ぞうじょうえん》、として徐々に超越化されます。増上縁とはさらに一層の力、努力です。同時に救済を求める凡夫はより悪しき悪人へと劣悪化されます。曇鸞は五逆の救済可能性は肯定しましたが、正法誹謗者（謗法《ほうぼう》者）・自ら救いを拒否する者の救済には懐疑的です。以後浄土思想はこの五逆と謗法の救済可能性をめぐって展開します。五逆謗法者の救済と弥陀の増上縁は相互に交錯し合いながらその意味を深化させて行きます。ここで浄土思想の展開は曇鸞の手を離れて次の世代にバトンタッチされます。道綽《どうしゃく》や善導の出番です。

浄土論浄土論注の内容は阿弥陀信仰を唯識学で論理的に整合化する作業です。と言うより唯識学は浄土思想を待って初めて本来目指す能所不二を実現したと言えます。名字《めいじ》へと煮詰められたアーラヤ識は自己の外部に「私である弥陀」として投企されることにより初めて法身たりえます。また弥陀は絶対的救済者であり、般若と方便双方にまたがって活動する存在ですから、阿弥陀信仰の根底には如来蔵思想があることも明瞭です。世親の唯識学について言いますと、彼の思想傾向はむしろ現実に機能する識つまり眼耳鼻舌身意《げんにびぜっしんい》といういわゆる転識《てんじき》を重要視します。その点では兄の無着以前の唯識思想とは一線を画します。従って二十九荘厳功徳成就のような精細な識展開の描写は彼の得意とするところです。その分本来は自己の内部に見つめるべきアーラヤ識は阿弥陀如来という形で外在化されます。さらに曇鸞という人はかなり法華経を引用しました中観的発想も随所に見られます。曇鸞の立場は諸種の信仰の中から浄土信仰が浮上してくる過渡期にあります。

第三節　罪悪と称名——末法濁悪《じょくあく》の凡夫

1

曇鸞の後に現れて浄土思想の展開に寄与した人物が道綽です。彼は南北朝時代末から唐の太宗の治世にかけて生きました。彼の晩年の弟子善導は則天武后の時代まで活躍します。道綽と善導の二人の師弟により浄土思想は全く新たな展開をします。あくが強いのは弟子の善導の方ですので、善導の寄与印象が目立ちます。我国では法然が偏依善導《へんねぜんどう》（ひたすらもっぱら善導一人に依る）と宣言したため、以後善導イコール浄土教の大成者というイメージが出来上がります。道綽と善導による浄土思想への寄与は二つ、罪悪と称名《しょうみょう》です。

道綽は安楽集という著作を残しています。ここまで来ますと浄土思想も自信を持ってきて、その態度は極めて論争的になります。曇鸞はひたすら世親の論理によりつつ、いかにして浄土教をまっとうな宗教的営為として認知させようかと努力しており、その態度はむしろ弁明的です。道綽では態度はがらりと変わり挑戦的です。彼はまず浄土教的営為、つまり弥陀の本願を信じることと、救済方法としての称名の絶対的卓越性を強調します。為に必要とされる前提が、末法濁悪《じょくあく》の時代とそこに生きる衆生、という主題です。末法濁悪とは従来の仏法の効果が著しく減退し、衆生が仏法を理解摂取しようとする態度は劣悪という意味です。末法は一つには、その時代の世相自体を意味しますが、同時に釈迦入滅後長い時間が経ち釈迦自身の影響力を直接蒙ることができないという仏教徒としての気分の表現でもあります。簡単に言えば、お釈迦様はもういない、我々は仏様にもう会えない、という嘆きであり見えない釈迦への憧憬の情です。もっとも末法意識など持とうと思えばいつでも持てるもので、特定の時代に限定されるわけでもありません。末法と言えば悲観的に聞こえますが、この気分はその実案外楽観的でもあります。要は新しい魅力的な仏を待ち望む心境です。キリスト教における終末観とメシア待望に似ています。しかしそれなりにその時代を特別とするための理屈は要ります。道綽は大集月蔵経というお経の内容を引用します。それによると釈迦入滅後を五〇〇年ごと

に五つの時代に別けます。すなわち

智慧堅固の五〇〇年　衆生は釈迦の教えをよく理解できている

禅定堅固の五〇〇年　理解する智慧の方はもう一つだが禅定には励んでいる

多聞《たもん》堅固の五〇〇年　衆生は説法を聞くだけ、その態度は受動的

造塔堅固の五〇〇年　仏法を受持する態度は仏寺仏塔等を作る行為だけ、その態度は内面性に乏しい

闘諍《とうじょう》堅固の五〇〇年　衆生は党派を作って争いいがみ合うのみの時代

です。そして道綽は自分が生きた時代が第五番目の闘諍堅固の時代に入ったと認識し、それを末法と自覚しました。まっとうな仏の教えなど全く通用しない時代であると彼は思いました。西暦六〇〇年前後のこの時代が、釈迦入滅後二〇〇〇年も経っているとは私には思えませんが、道綽はそう思いました。念のため言いますと、道綽が生きた時代は天台智顗《ちぎ》が天台宗を、吉蔵が三論宗を打ち建て、また玄奘《げんじょう》三蔵がインドから沢山の経典を持ち帰り、経典の翻訳が新しく大規模に始められた時代です。中国仏教の全盛期です。この時代が末法と言えるのかどうか？　当人の受け取り方によりましょう。

ともかく道綽によりますと、この時代の衆生は末法の世の中に生きているのだから機根劣悪です。仏教徒としての素質はお話にならないくらいに低い。だから今までのような難しくて回りくどい理論や修行は彼らには通じません。縁起無我だ、般若空だ、四句分別だ、アーラヤ識だ、能所不二だ、ヨガ禅定だ、菩薩行だ、なんてとてもできない。可能なのはただ弥陀の本願を信じて弥陀の名号を称えることだけだと道綽は言います。罪悪―信―弥陀の本願、という関係が出来上がります。自分が劣悪で罪なる存在でしかないと自覚するから、弥陀の本願を信じるしか救済に到る道はないと言います。図式化すると、

罪悪―罪悪の自覚―救済への願望―信じるしかない―弥陀の本願

となります。罪悪の自覚をばねとして本願への信が生じ、その信頼は必ずかなえられると道綽は言います。それはそれで結構なのですがこの図式はなにがなし、必要だから可能となる、とでも言うべき論旨になっています。しかし罪

なる人間がはたして彼岸での救済を必ず願望するでしょうか？　罪なるが故にさらに悪を重ねてんとして恥じず、のうのうとして生き長らえる、悪が悪のまま栄えるという事例はざらにあります。仏教から言えば外典になりますが、史記の盗跖《とうせき》などそのケースの最たるものです。また人間が罪悪を自覚して救済を望んだとして、阿弥陀様が必ずそれに答えてくれるでしょうか？　上に示した図式だけからではこの結論は出ません。

浄土思想は唯識思想を前提にします。浄土教は、衆生＝名号＝光明＝弥陀、という図式に従って称名の意義を把握します。名とは意味であり、またそれが形式である故にイメージとしての視覚的印象です。この名が弥陀の名号となりますと、名は個人の主体の集約として人間の側から弥陀に投げかけられ、両者を媒介するものになります。同時に弥陀の慈悲と機能の総合にもなります。だから以上のような等式が成立します。この等式の背後には浄土論の二十九荘厳功徳成就で描かれた識（イメージ）の展開の世界があります。このイメージに参入することにより、想像者は浄土を観照しその実在を確信するというのが浄土論の論旨でした。弥陀の名号を称えることにより、寂滅平等の理に従い弥陀の世界の意味と形姿が展開し、衆生はそこに没入します。それは衆生個々の内面の開示であり、自己投企であり、然るが故に弥陀の世界です。ここまでは曇鸞の所説です。

道綽は新たに教機時という考え方を導入します。彼は末法の時であり衆生の機根は低いから、それまでの高遠な真理ではなく単純に弥陀への信にすがるしかないのだと説きます。仏の教えは普遍的ではあるが、それが説かれる状況如何により変容可能であるというわけです。これは法の顕現としての歴史という過程を断ち割ることによって現れる、断面断面に訴えかけて行くという手法を可能にします。道綽はここまでです。さらなる論旨の展開は善導の観経疏の発起序で呈示されます。

道綽は禅定と智慧からなるオーソドックスな修行から称名という単純な作業のみを重視して修行を区別しました。前者を聖道門、後者を浄土門と言います。

2

善導の考えが特に道綽に比べて目立ち得るかと言うと疑問はあります。彼も基本的には、罪悪の自覚—称名—弥陀の本願への信、の論理に従います。しかし彼はこの論理を彼自身の霊的体験に基づく信仰告白と文学的表現により極めて迫力のあるものにしました。文学的あるいはドラマ的表現の最たるものが、彼の主著観経疏《かんきょうそ》の発起序のイダイケとアジャセの物語です。観無量寿経の注釈である観経疏で、経典の主題であるイダイケとアジャセの物語を善導は詳しく語ります。善導が語る物語の大綱は観無量寿経のそれと同じです。ただ冒頭にアジャセ生誕にまつわる因縁譚が附加されます。アジャセの父王ビンビサーラとイダイケとの間には子供が産まれません。占い師が王に、ある仙人が山の中にいます、その仙人はやがて死去して王の子供として生れ変わるでしょう、と言います。歓喜したビンビサーラ王は使いを仙人に送り、いつ死ぬのか、と尋ねます。仙人は三年後に死ぬと答えます。王は自分の後継者の必要性が優先すると言って、仙人に死期を早めるべく強要し、拒んだ彼を殺害します。死に際して仙人は、おまえの子供として生まれ変わっても、必ずおまえを殺してやる、と予言します。仙人の死の夜イダイケは妊娠します。占い師に尋ねると、生れた子供は王に必ず危害を加えるとのこと。悩んだ王は后と相談して、生誕直後のアジャセを王宮の高楼から下へ落とし殺そうとします。奇跡的にアジャセは手の小指を折っただけで助かります。後にダイバダッタがアジャセに父王殺害を勧める時の口実の一つがこのいきさつです。

善導が観無量寿経に付け加えた部分はこれだけです。彼は涅槃経からこのお話の詳細を知ったのでしょう。アジャセ誕生譚を附加することにより、アジャセとイダイケの物語は観無量寿経の内容よりぐんと深刻さを増します。善導が語るこのお話は権力の摂理とも言うべきものの描出です。アジャセは故なく父王を殺すのではありません。ちゃんとした理由があります。またビンビサーラも恣意的に仙人を殺したのではありません。王国を維持するという個人の感情を超えた責務に駆られたからです。父王も王子も権力の摂理、共同体を維持して生きて行かねばならない人間の責任故に、犯罪を犯さざるを得ないという主題が浮上します。人は罪無くして生きることはできません。キリスト教的な表現を用いますと原罪です。この主題を物語の冒頭に導入することにより状況は一気に緊迫します。善導はこうして人間の罪悪性を冒頭で断定し突き詰めます。罪なくして生存できないが故に人間存在は悲劇です。イダイケとアジャセの物語は人間を単なる個々人として捉えるのではなく、あくまで政治的社会的存在として把握します。だから人間は罪過であり悲劇であると言います。

このお話を置くことにより、それまで般若経や華厳経の中で語られていた理想的抽象的状況は一変し、政治権力という極めてリアルな状況が出現します。この状況を背景として人間の悪が語られ、またその救済が論じられます。権力社会という現実―人間に不可避な罪悪―新たな救済法の模索、という順序で善導の論旨は展開します。もしアジャセ誕生譚がなければこの順序は成立しません。だから善導はこのお話を、発起序つまり観無量寿経全体に語られるテーマの起爆剤として位置づけます。彼はそれを起化《きけ》の時と言います。かくして今まさに現実を載せて運ぶ因果の車である時が開始される、と善導は宣言します。イダイケとアジャセの物語を導火線として、それまでなんとなくぼんやりと丸めこまれていた個人と社会あるいは聖と俗は、豁然と罪悪と救済へ分別されます。浄土教特に善導が語ろうとする世界はそういうものです。リアルな人間の世界が展開され、時が流れ始めます。それを善導や道綽は末法の時としました。末法とは、それまでの調和が破綻し、現実が見えてきて、現実に直面せざるを得ない時のことです。だから末法の時はどこにでもありえますし、まただから悲観する必要もないのです。かかる意味での末法の状況を時、そこで見えてくる人間の現実を機、そして新しく模索される救済方法を教と、道綽や善導は規定します。浄土思想は彼らを介して時という契機を仏教に与えたと言ってもよいでしょう。しかし浄土思想はこの契機をそれ以上発展させ得ません。なぜか？　そこにはもう一つ足らないものがあります。それは人間が生きる政治的共同体、つまり国という概念です。この課題は法華思想、特に日蓮によって荷われて行きます。

3

善導により人間の罪悪は根源的で不可避なものとして把握されました。罪悪を強調するために彼は観無量寿経をかなり独断的恣意的に解釈します。代表的なのが三福の位置づけです。三福はイダイケの要請に従って釈迦が彼女に示した最初の修行法です。父母孝養・師長奉仕・不殺慈心、三帰受戒・衆戒具足・不犯威儀、発菩提心・深信因果・経典読誦の三種九つの修行法です。私は三福を大乗仏教徒として原則的な修行法とみなしましたが、善導はこれを強引に次の次の段階で釈迦が散心の（心乱れた）凡夫に与えた九品なる修行法の中に押し込み、九品を肥大させ、釈迦の意図はひたすらこの九品つまり散心の凡夫のためにあるとします。ですから釈迦が、三福なる原則論・定禅《じょうぜん》十三観がだめなら次に凡夫用、とした意図が崩され、釈迦は始めから凡夫のためだけに救済法を解いた、と解釈されます。イダイケとアジャセの物語の再解釈と、三福の善導流の位置づけを通して、善導は人間の罪悪を強調します。出てくる救済方法は、ひたすら弥陀の本願を信じて呼びたてまつること、称名です。論旨は道綽の場合と同様です。ただ善導の文章には迫力があります。次の文はよく引用されます。

　弟子某甲等生盲にして罪重障隔処深、願わくば仏の慈悲をもって摂受護念し指授し開悟せしめて、所観の境願わくば成就することを得しめたまえ、今たちまちに身命を捨てて、仰ぎて弥陀に属す。見と不見とこれみな仏恩の力なり（観経疏）。

道綽により罪悪観が強調され称名が勧奨されます。善導はこれを受けて修行方法を浄土教の立場から正行と雑行に再編します。

　正行《しょうぎょう》―浄土三部経の読誦《どくじゅ》　浄土と弥陀の思惟・憶念・観察・礼拝・口唱
　雑行《ぞうぎょう》―それ以外のすべての修行

それまで正当とされてきた、六波羅蜜も他の経典読誦も造塔造寺も仏法論理の探求もすべて雑行となります。善導はさらに正行を

　正業《しょうごう》―弥陀の名号の口唱（称名）
　助業《じょごう》―正行マイナス口唱

に分類します。口唱念仏以外の正行は口唱の単なる補助的地位に引き下げられます。元来、念仏という言葉は仏を念じるという意味で、単に口で称えるのみならず、弥陀の観想憶念という風により広く使用されてきましたが、善導あ

たりから念仏といえば口唱念仏を指すようになります。称名するか否かで極楽行きか地獄行きかが決まります。

仏教信仰において避けて通れないのが五逆と謗法《ほうぼう》の問題です。浄土思想は三部経以来いかにして機根劣悪な者を救うかという課題に没頭して来ました。機根劣悪な者（仏法摂受の素質の著しく悪い連中）の極北が五逆と謗法です。五逆は、殺父・殺母・殺阿羅漢・出仏身血・破和合僧という五つの大罪です。阿羅漢は修行により一定の段階に達した者です。仏から血を出させると言っても事実上は修行者を傷つけることです。最後の破和合僧は教団の秩序を破壊すること、謗法は正しい経典ここでは浄土三部経の誹謗です。五逆と謗法という大罪を犯した者は救いに与《あずか》れるのか否か、という問題が生じてきます。無量寿経では五逆も謗法もダメ、救済から除外されます。観無量寿経では五逆は宜しいなんとかしましょうとなります。この教えに従って道綽も五逆は救われるとしました。五逆の方が素人目に見ても救済に近そうなのです。謗法者は救済のための教えそのものを拒否するいわば確信犯です。善導は謗法者も救済されると言います。理由は、無量寿経で救済から除外されているのは、救済されると書くと犯罪を誘発するからさせないために除外しているだけ、という正直いささか苦しい言い訳です。この理屈を抑止門と言います。罪の発生を抑えるためというわけです。道綽にせよ善導にせよ、五逆と謗法が許される理由はもう一つ判然としません。これが日本仏教の課題になります。五逆の救済は親鸞の悪人正機《あくにんしょうき》の説により、謗法は日蓮の折伏逆化《しゃくぶくぎゃっか》の行により根本的に解決されます。

もう一つ大乗仏教の救済論にとって大切な問題は二乗《にじょう》です。乗は乗り物、成道解脱に至る乗り物・方法です。声《しょう》聞乗《もんじょう》・縁覚乗《えんがくじょう》・菩薩乗《ぼさつじょう》の三つあります。私は成道に至る三つの方法と言いましたが、実際は前二者は終点まで行きません。途中下車です。彼らは成道できないとされます。前二者は自分の救済だけ考えて、他人のことを考えないとみなされるからです。声聞は釈迦・如来の説法を聞いて成道しようとする連中、縁覚は如来の教えを聞くことなく自力で成道できると思っているやからです。歴史的には小乗と貶称された部派仏教を信奉している人達のことです。ともかく大乗仏教徒から見れば、彼らはよほど自己中心的に見えたのか、一生懸命修行をしているにもかかわらず、いやそれだからこそ、成道とか往生というゴールには最も遠い存在とされました。この二乗も善導は救われるとしました。その理由は、小乗の教えを聞いたから小乗になっただけ、大乗の教えを聞けば大乗になる、とのことです。

4

善導の観経疏の中に有名な二河白道の喩があります。彼の信仰告白でもあり、秀逸な文学的表現ともいえる一節です。旅人が賊や害獣に襲われます。旅人は必死に逃げます。途中大河にさしかかります。見ると右手の方では火が燃えさかっています。左手は氷でいっぱいです。どちらに行っても死は免れません。すぐ前に一本の細い道があります。そこしか対岸に渡る場所はありません。しかし非常に細いので右左から火や氷に襲われそうです。後ろからは賊と害獣が迫ります。向こう岸からは、思い切ってその道を渡って来い、こちらにくれば安心だぞ、という声が聞こえてきます。後では、渡るなこちらに留まれ、と叫んでいます。旅人は迷います。しかし意を決して小道を渡り、対岸の人達に迎えられて歓迎されます。

善導の意図は、ともかく信じてごらんなさい、理屈を言わず信じなさい、一見馬鹿げたように見えても信じなさい、信じて念仏してごらんなさい、往生できます、体験がすべてです、です。信による決断、それがこの極めて危険に見える河中の小道を渡る行為により描出されます。

善導は信念の人です。言い換えれば独断的な人です。観経疏の末尾には彼の霊的体験と信仰告白の証として、浄土から白いラクダに乗った使いが来るとか、浄土を見たとかいう話が載せられています。善導は、この霊的体験を、私は隠そうとは思いません、観経疏の末尾にあえて記載します、私の体験を聞く者を私は浄土に往生させたいと思います、これは私が為した功徳を皆さんに授与することです、と言い切ります。そして巻末に、同じく浄国に帰し、ともに仏道を成就せん、この義すでに証を請いて定めおわりぬ、一句一字加減すべからず、写さんと欲するものは、もっぱら経法のごとくすべし、と断言します。つまり私の行っていることは絶対正しい、この本（観経疏）は経典として読みなさい、と言います。なんのことはない善導自身既に弥陀如来になっています。似た人は似た人に魅かれるのでしょうか、偏依善導《へんねぜんどう》と言って善導を慕った法然にも独断的でシンプルなところがあります。

善導は文学的表現が非常に上手く、性質はカリスマ的です。人間は凡夫であることを徹底的に強調します。機根劣悪、善根薄小、罪悪深重、煩悩具足、常没五濁、生盲罪重、等等これでもかこれでもかと言葉を連ねます。善導はスローガン作りにたけています。煽動家の素質もあります。このようにして善導は師匠の道綽の後を受け、罪悪と称名を強調し、浄土教と言われているものの骨格を形成しました。善導の宗教的営為が口称念仏だけであったかというとそうでもありません。法事談という彼の著書の中に、道場を花や香料で飾り、皆が集団で仏座の周りを七編巡り歩き、弥陀を礼拝供養し、花を弥陀に捧げる、等の儀式が描写され推奨されています。しかし善導の功績は大きいのです。その最大のものは、観経疏発起序起化の時としてイダイケとアジャセの物語を置いたことです。ここから悪なる現実が時間と共に流出します。歴史の開始が設定されれば、後の論旨つまり罪悪と称名は自動的に出てきます。

第四節　光と闇

1

浄土思想は三つの段階を経て形成されます。まず浄土三部経の成立です。特に無量寿経により現在他方仏、つまり釈迦入滅後もどこかで活躍されているありがたい仏様の存在が要請されます。これは、お釈迦様はもういない、我々はお釈迦様にもう会えない、という民衆の嘆き渇望憧憬の情念に答えた結果です。浄土教は釈迦の代わりに阿弥陀仏を立てますが、華厳経や法華経では釈迦自身が現在仏として活躍します。また浄土といっても必ずしも弥陀の浄土だけとは限りません。阿閦《あしゅく》仏や弥勒菩薩の浄土もあり、この種の浄土への往生も一時期盛んに願望されました。しかしどういうわけか弥陀の西方浄土が一番ポピュラーになります。いずれにせよ阿弥陀仏は釈迦なき後に民衆が釈迦の代わりとして、しかももっと親密に（難しいことを言わず）今ここで活躍している仏様を渇望したことに答えて出現します。

浄土思想の次の画期は世親・曇鸞による浄土信仰の唯識思想による体系化です。彼らは無量寿経を注釈し、衆生＝名＝光・智慧＝弥陀、という等式を導出して、称名の宗教的営為としての価値を定めます。等式の背後には、意味と形式の統合としての識（イメージ）の展開があり、主体の自己投企としての弥陀の名号口唱があります。同時この論理操作によりヨガ禅定は観仏へ変容されます。

浄土思想の第三の転機は道綽と善導による罪悪と称名の強調です。この二つの契機は相互に関連します。罪なる存在であるが故に信じるしかないのです。というより人間は罪悪深重な凡夫であるから、口で弥陀の名を呼ばわるしかないのだ、という論旨です。罪なる存在であるが故に信じるしかないのです。かくして観仏から称名へと修行の重点は移動し、易行《いぎょう》としての口称念仏の地位が確立します。罪悪という契機は偶然出てきたものではありません。それは観無量寿経の注釈である観経疏発起序に、起化の時として設定されたイダイケとアジャセの物語に含意される、政治的社会的存在である人間の宿命としての罪悪、故なのです。従って世親・曇鸞の段階ではまだのんびりと（?）浄土を観想しておればよかった状況、そこには暗黙の内に浄土と娑婆の連続性という前提がありますが、は崩れ、悪を犯さざるを得ない時間の中で生きる人間の運命が、特に善導の口を通して語られます。罪悪の強調により浄土と娑婆の縁は断ち切られます。我々凡夫は泣いて叫んで彼岸浄土を求めなければならなくなります。かくして浄土教は弥陀への信（その証としての称名）を提唱します。

2

無量寿経と観無量寿経の描く世界は非常に対照的です。前者は浄土の素晴らしさを描き、後者は此の世の悲惨さを語ります。前者は光明を強調し、後者は罪悪に語りの重点を置きます。世親や曇鸞は無量寿経を中心に自己の思想を展開し、道綽と善導は観無量寿経により自らの所信を述べます。二つの世界は光と闇のように対照的です。では浄土思想全体としてはこの二つの契機をどう架橋するのでしょうか?

私は次のように考えます。曇鸞は世親の論旨に立脚しつつ弥陀浄土と衆生凡夫を同質で連続するものとして捉えました。衆生は浄土に憧れその素晴らしさをひたすら観想します。浄土観想を通じて衆生は弥陀の浄土に没入し自らを変容させます。換言すると弥陀と衆生を媒介するものは光明と智慧であり、両者は直接的に媒介されます。弥陀と衆生は原則的に平等で同質の存在です。

対して道綽・善導は観無量寿経により、曇鸞の方向とは逆に衆生の罪悪を強調し、弥陀との対立と相違をクローズアップします。彼らは、どうにもならないから弥陀にすがる他はない、と言います。しかしこの言葉は同時に、罪悪深重な凡夫の弥陀への嘆きを通してのねだり、おどしです。この主題は以後ずっと浄土思想展開の過程に潜在しつつそれに強く影響します。教機時論はこの主題の変容であり論理的に精緻化されたものです。衆生の機根の変化に応じて如来の側でもその説法、つまり如来のあり方そのものを変化させざるを得ないのです。ここで時が出現します。善導はそれを起化の時と表現します。

もし弥陀と衆生の関係が曇鸞の言うように平等同質であれば、弥陀は衆生のレベル以上では有り得ないかもしれません。だから弥陀をより高次の段階へ祭り上げておく作業が必要になります。そのためには衆生の方を貶めればいい。衆生の罪悪深重を強調するのはそのためです。罪悪の強調は同時に弥陀を衆生に繋ぎ止める手段です。弥陀が弥陀であるためには罪悪深重の悪人を救済できなければなりません。弥陀の超越化と衆生の劣悪化は相携えて進行します。

ですから浄土教の論理は

光—弥陀への憧憬—弥陀と衆生は同質平等—直接的媒介—救済方法としての観想

闇—罪の嘆きと脅し—弥陀と衆生の相違対立—逆説的媒介—救済方法としての称名

という相互に補完する二つの系列から成ります。

3

浄土思想全体を通じて感じられることですが、そこにはある種の受動性のようなものがあります。信仰への受動性、受け身の姿勢です。菩薩としての修行は法蔵菩薩に集約されてしまい、後の衆生は右へ習えでその恩恵を受けようとするばかりです。所詮は機根劣悪にして罪悪深重な凡夫にはそのくらいのことしか期待できないのかも知れませんが、私としては疑問が残ります。無量寿経では自然《じねん》と快楽《けらく》を強調します。浄土に行けば望みは思いのままです。描出されている浄土世界の内実も結構この世的でギンギラギンです。菩薩達も自然に快楽をもって、つまり意のままにして抵抗に会うことなく、修行している由ですが、修行とは抵抗に逆らいそれを克服して行うから意味があるのではないでしょうか？　換言すると浄土思想は、因を最小にして果を最大にします。また回向《えこう》とか還相《げんそう》とか言って此の世での行為の必要性は云々しますが、そのための方法論は呈示されません。三部経の構造自体が平面的です。無量寿経で浄土の素晴らしさを説き、観無量寿経で此の世の悲惨さを説きますが、両者には関連性があまりありません。法華経と比較した時はっきりします。法華経では、成道以後と以前の関係そのものに、語りと論旨の重点を置きます。ここから出てくるものが救済の媒体としての時間・大いなる時です。浄土三部経はそれに比べると構造が非立体的です。

　浄土真宗では浄土七祖と言って親鸞以前の浄土思想家を七人挙げます。竜樹・世親・曇鸞・道綽・善導・源信・法然の七人です。始めの二人はインド人、次の三人は漢民族、最後の二人が日本人です。私は大体この順序で説明してきました。源信と法然は後の章に譲ります。竜樹は省きました。彼が十住毘婆沙論《じゅうじゅうびばしゃろん》で浄土教に関して言っていることは、まっとうな修行ができない人のために簡便な方法を教えてあげよう、ということだけです。以上のような線で私は論述を進めて来ましたが、これはあくまで現在浄土教を享受している日本人からの視点に基づくものです。漢民族の世界には他にいろいろな浄土教の流れがありました。慧遠《えおん》や慈愍《じみん》の流れもあります。前者は白蓮社という宗教結社を作り、この名の団体はよく秘密結社として反乱や一揆や革命まがいの騒動を起こします。慈愍流の浄土家としては法照が有名です。彼は五台山で常行三昧《じょうぎょうざんまい》という行法を行い、それが叡山の円仁によって我が国に持ち帰られ、お山の念仏として定着しました。弥陀像の回りを念仏を称えて歩き廻ります。元祖踊念仏です。これが以後の日本の浄土教に与えた影響は小さくありません。一遍の時宗などは特にそうではないでしょうか？　親鸞にも影響したと言う人もいます。そして中国では善導の系譜より他の流派の浄土教の方が主流でした。

第五章　大いなる時——法華経との対話

第一節　仏とその弟子

1

浄土教は仏と衆生の懸隔を光明と罪悪という順逆の二相でもって媒介し、仏如来を今そしてここに実現しようとします。では法華経の説くところは何でしょうか？　それは、大いなる時の実現、法の伝道を使命として果たすことにより、過去を集約造形し、未来における成道救済が予言されることです。現在の行為故に過去がいかなるものであれ、それは善き因縁として過去の行為を意義づけます。逆に過去の因や縁によって現在の行為が成り立ちます。同時にこの行為、具体的には伝道のための使命故に、未来においてその当事者は救済されます。ここで過去現在未来という時間の位相は疎通します。それを私は、大いなる時、と名づけます。大いなる時は、法の顕現であり、法を荷う個々人の行動であり、法と個人が相互におのれを実現して行く過程媒体です。法華経の説くところはこの大いなる時の実現です。浄土教の世界では個人と仏は相対して直面しつつ、個人はひたすら仏の眼前に向かいます。幼児が母親の懐に抱かれようとして這い寄るように、始源への回帰を目指します。法華経の世界にあって個々人は逆に仏に対して背を向けます。仏に使命を委託され、その実現のために背中を蹴飛ばされ未来へ投げ出されます。未来へ自己を投企します。法華経を信じる者は仏の戦士になります。まず法華経に書かれていることを見てみましょう。経は計二十八巻から成ります。この節では各巻ごとにその要点と概略を説明します。

① 序品《じょほん》（不可思議なるものの始まり）

ある時釈迦は王舎城外の霊鷲山《りょうじゅせん》の上で多くの大衆を前に説法します。聴衆にはシャーリプトラ・マハーカーシャバ等の弟子達、弥勒・文殊・観音・薬王等の菩薩、それに神々・バラモン・王侯そして一般庶民から魔物変化の類に到るまでいろいろな連中がいます。釈迦は禅定に入ります。暫くして釈迦の眉間の白毫《びゃくごう》から一条の光が放たれ東方を照らします。照らされた所には多くの仏国土があり、多くの如来に指導された菩薩や衆生が一心に修行する姿があります。光景を見て不思議に思った弥勒菩薩が文殊菩薩にそのいわれを尋ねます。文殊菩薩は自分は過去世において同様な光景を見たしお前も見たはずだ、と言い、またその時からつまりずっと大昔から法華経が説かれてきたと説明します。文殊菩薩が言いたいことは、法華経は太古の昔から存在し説法されて来たこと、過去このお経となんらかの形で関係した者は今この場に居合わせていることです。すべての衆生は法華経を通じて過去から現在に到っているのです。序品のこの内容は後の見宝塔品《けんほうとうほん》から嘱累品《ぞくるいほん》にかけて釈迦がその本体である法身を顕すくだりの予兆です。

② 方便品《ほうべんほん》（方便は嘘か真かというお話）

禅定から出た釈迦は、如来の智慧は甚深微妙（非常に深くてその意味はありがたすぎて解からない）であると言います。それを聞いた弟子筆頭のシャーリプトラは是非教えて欲しいと要請します。釈迦は、おまえ達に解かるはずがない、如来相互の間でしか理解不可能、聞くとかえって不幸になる、愚かなお前たちが理解を拒否することもありうるから、とかいろいろ理由を付けて教えません。シャーリプトラと釈迦の間で要請と謝絶の往復が三回繰り返され、それでは話して進ぜよう、耳の穴をかっぽじってよっくお聞きなさい、となります。この時聴衆の内の五〇〇〇人が、彼らは既に悟りの境地に到達したと思い、それ以上の説法は不要として席を立ちます。

釈迦はそこでシャーリプトラに、

今から説く法は如来と如来の間でのみ理解可能なものである

しかし仏の意図は一大事因縁、法を説いて聴かせ悟らしめること、にあるのであるからこれを説く。

今の娑婆世界には煩悩と悪徳と邪見がはびこっているから、私は今まで最高の法を直接説くことを避けて、状況に応じて法の部分部分を方便として説いてきた。

しかし私釈迦の本意は法を菩薩のために説き聞かすことにある。

私の今までの説法をもって究極の真理と思い、既に最高の境地に達したと思われてははなはだ心外である。

だから今から説いて聴かせる故に一語一句おろそかにせず信じなさい、今まさにこの時がこの最高の法を説くべき時であると私は思う。

仏法とは本来平等なものであって、誰に説き誰に説かないというようなものではない。

平等な大乗の仏法を悟った私が、仏法でもってただ一部の者しか救済しないとしたら、私は慳貪《けんどん》（けちで貪欲）の罪を犯すことになる。

最高の法を聴く機会は優曇華《うどんげ》の花が咲くより少ない、ただ一念に信じて随順する者にのみ説法しよう。

シャーリプトラよ、おまえ達は既に方便としての教えを聞いている。この法を聴くための準備はできているはずだ。聞法《もんぽう》して自ら仏となりなさい、頑張れよ。

と言います。以上が妙法蓮華経方便品の内容の要約です。

　ここで大切な概念は方便です。この言葉は既に華厳経典のところで重要なものとして出てきました。般若経典や竜樹の思想においても聖・真如が俗・現実と関係するあり方として本質的な意味を持ちました。方便は妙法蓮華経のサンスクリット原典では巧妙な手段となっています。漢語である方便を分解して方と便に分けますと、二字共に外化つまり、内なるものを外において形あるものにする、という意味を持ちます。内なる真実が外に顕現され、一定の形態を取ったものが方便です。外に置かれるのですから、真実はその一部しか呈示できません。従って方便品の中で釈迦は過去の説法を、状況に応じて為され部分的真実を語ったもの、と語ります。具体的には、散文や詩句で語られた教理、釈迦や弟子達の過去世での出来事、仏が行った奇蹟のお話、比喩、そして論理による証明等々、あの手この手をもって種々の角度から釈迦は法を説いたと言います。六波羅蜜の実践を始めとし、舎利供養も造塔も仏像建立も仏画作製も献花も歌唱も仏の讃嘆も合掌礼拝も、すべて成道の手段になりうると説いたと釈迦は言います。このようなものが方便です。方便とは成道入涅槃という真実の世界に到る方法です。

方便品で方便という言葉はプラスとマイナスの両面の意味で使用されます。まずそれまで説かれてきた内容、修行の方法として推奨されてきたやり方は、所詮方便、つまり仮の手段だから本質的な意味を持たないとされます。一方この品の最後のところで釈迦は、

> 汝等は既に既にまたもろもろの仏・世の師の宜しきにしたがう方便のことを知り、またもろもろの疑惑なく心に大歓喜を生ぜよ、自らまさに仏となるべしと知れ。

と語ります。方便を真実と無関係として切って捨てるのではなく、真実に至る前提として尊重します。方便という語にまつわる二義性は重要です。般若経以来の大乗仏典である限り方便という概念を捨てることはできません。ある意味では法華経は方便を超えると言いながら、常に方便に立ち帰り方便の叙述に終始したとも言えます。では法華経が叙述する最大の方便とは何でしょうか？　それは因縁であり比喩であり使命です。三者は会い疎通します。これらの方便の集約が如来寿量品《にょらいじゅりょうほん》で説かれる久遠実成《くおんじつじょう》の仏です。

般若経では六波羅蜜が中心的主題として呈示されました。六波羅蜜は、布施・持戒・忍辱・精進・禅定・般若の六つの修行法から成ります。特に布施が重要です。布施という利他行・社会的行為が、禅定という自己への反省・内面への回帰と結びついた時、自己と他者（外部社会と内面世界）は統合され、両者は共に活性化されます。自己を生かすための方法としてのすべての外面的行為、そして内外全体が統合された状況が方便と呼ばれます。華厳経の世界はもう一度方便の意義を強調します。六波羅蜜の上にさらに方便波羅蜜を加重し、それをてこに菩薩行の階梯として四つの波羅蜜を加えて十波羅蜜としました。十波羅蜜の具現者がビルシャナ仏です。浄土教では浄土へ行った者（往相《おうそう》）は、必ずこの穢土である娑婆世界に帰ってきて（還相《げんそう》）、他人の往生に資することをしなければなりません。でないと絶対平等なる弥陀の慈悲に背くことになります。竜樹は仮空中三諦と言います。仮は俗世の事柄、空はその否定であり個別的現象に囚われないことです。しかし空だ空だとのみ言っておればすべてを拒否定する虚無主義に陥りま

す。為に竜樹は空は仮の中でのみ空たりうるとして中を唱導しました。換言すれば彼は仮という世俗的従って個別的事象の中にのみ空たりうる由縁を見出したわけです。仮は方便です。法華経もこの主題・問題意識を受け継ぎます。ではどのようにそれを取り上げているのでしょうか？　私はそれを因縁と比喩と使命だと言いました。以下の章で検討して行きましょう。

なお方便品の始めに、仏法は所詮仏と仏の間でしか理解できないのだ、その法とは法の相・性《しょう》・体・力・作《さ》・因・縁・果・報及び本末究竟《ほんまつくきょう》である、と謎めいたことを釈迦は言いますが、この一文は後に天台智顗《ちぎ》により十如是として概念化され、天台教学の重要な論拠である十界互具《じゅっかいごぐ》の思想となります。また私はこの節で最高の仏法とそれまで説かれた個別的な仏法という風に言ってきましたが、この二つは通常は一乗と三乗と呼ばれます。三乗《さんじょう》は三つの乗物、つまり声聞縁覚及び菩薩それぞれのための説法のことです。三つの説法修行の仕方に差を設けそれを容認するのが三乗方便という態度です。そして究極にはこのような差や区別があってはならない、存在しない、仏法は一つしかないというのが一乗真実という考え方です。声聞と縁覚は小乗的態度ですから、法華経で説く一乗も具体的には小乗仏教を否定します。法華経が説く一乗には非常に厳しいものがあり、小乗仏教のみならず他の経典の世界も否定されます。この不寛容なまでの排他主義を法華一乗と言います。であってなお法華経は方便（他の便法）を説かねばなりません。法華経は根本にかかる厳しいディレンマを抱えています。この亀裂はどう解決されるのでしょうか？

2

③　譬喩品《ひゆほん》（師弟の対決）

譬喩品で釈迦とシャーリプトラの対話が行われます。シャーリプトラは釈迦に疑念を表明します。彼は、釈迦がそれまで説いてきたことと現在説いていることとは違うではないか、と言います。それまでの教え、十二因縁とか四諦八正道とか六波羅蜜という教えと、これから説く最高の法なるものとはどこがどう違うのか？　釈迦は弟子達に嘘偽物を教えてきたのかと。シャーリプトラがそう言ったとあからさまには書いてありませんが、私が彼の意中を推し量るとそうなります。彼のこの疑念は釈迦の教説全体への懐疑に連なります。いくら修行しても貴方のようにはなれなかったではないか、という疑い不信であり釈迦への嫉妬羨望です。釈迦も反撃します。私は前世においてお前にいろいろ教え修行を指導したけれども、お前は忘れてしまったではないか、それを思い出させるために今こうして最高の法を説いているのだ、と。シャーリプトラは釈迦の説く新しい法の存在を聴いて、疑惑は一応解消されます。少なくともそう振舞います。ここで釈迦は彼を褒めて、彼が将来如来となって成道するであろうことを授記（予言）します。釈迦は最高の法が何たるかを解説するために喩え話をします。三車火宅の喩です。

昔ある所に長者がいました。長者とは大金持のことです。長者には三人の子供がいました。ある日家が火事になります。火は燃え盛り長者は家から脱出しますが、三人の子供は遊びに夢中で火事に気がつきません。父親である長者が呼んでも無視して遊んでいます。火は迫ります。長者は一計を案じて羊と鹿と牛の引く車の玩具を見せて、こちらに来ればもっと面白く遊べるよ、と誘います。車に魅せられた子供達は家から出ます。火事の危険から遠く離れた所で子供達は父親が見せた車の玩具を要求します。長者はそれに答えて立派な本当の車を与えます。

火宅は煩悩と迷妄が渦巻くが故に安心して住んでおれない娑婆世間です。この世界から抜け出るために釈迦は弟子達にいろいろ説きました。しかし彼らは幼稚で愚鈍でその真意を知ろうとしません。やむなく釈迦はとりあえずの応急処置・方便として解かり易い説法をしました。それが話の中の羊鹿牛のひく三車の玩具です。最後に子供達がもらった本当の立派な車が釈迦の言う最高の法・法華経です。しかしそれ以上に釈迦が言いたいのは現在の釈迦と弟子達の関係そのものが火宅であることです。

譬喩品で私が是が非でも注目したい一節があります。サンスクリット原典「正しい教えの白蓮」の口語訳では次のように語られます。

この経典を信奉する人は、かつて前世において如来達を見、
彼らに恭しく仕え、またこのような教えを聴いた人々である。
余の語った勝れた言葉を信ずる者達は、「余と汝を見た人」であり、

また余の教えに従う、すべての僧の群れとこれらすべての求法者たちを見た人である。

ここで私が注目せざるを得ない部分は「余と汝を見た」の表現です。信じる由縁は「何を聴いた」からよりも「聴かせる余と聴く汝の関係」の方にあります。つまり法の内容よりもそれを媒介とする両者の信頼関係が重要視されます。極端にいえば内容より信頼です。次に法とは「今ここで」説かれているものが優先されます。換言すると法の内容は状況状況によってそれを受け継ぐ者が主体的に判断して決定して行かなければなりません。さらに「説かれる法と説く人」の関係の問題が生じます。釈迦の言辞を素直にとれば、この二つは同一になります。説かれる法は、説く人また説かれる人の人格によって荷われ、変容するという含意があります。法により人は生かされるが、法も人により生かされます。人が腐れば法も腐ります。以上のように法華経のこの部分は経典が意味する重大で深刻なものを表現します。法と人の相補相即の関係、これは仏教本来のものですが、法華経はこの部分に徹底的に焦点をあて、その言わんとするところを開陳します。だから法華経は法を荷う者に対して極めて厳しい掟を課します。経典は譬喩品の最後で、

この経典を誹謗するものは地獄に墜ちる。だからみだりにこの経典を説くな。

この経典以外の他の経は求めるな。この経典を仏舎利の如く尊重せよ。

ただひたすらこの経典のみを信じよ。

と断言します。人と法の相互乗り入れ関係を承認し、それを教えの根本とする以上、法を荷う人のお尻の穴はきっちり閉めておかねばなりません。だから法華経の掟は厳しくなるのです。仏舎利《ぶっしゃり》は釈迦の遺骨です。釈迦の死後多くの在俗信者は舎利を釈迦として崇拝しました。さらに舎利の上に仏塔を建て塔を信仰の対象にしました。我々がお寺、仏寺と呼んで親しんでいるものです。法華経は仏舎利同様に経典を崇拝し信仰しなさいと言います。肉体としての釈迦の崇拝は、彼が述べた法への信仰に座を譲ります。法と人はここでも交錯します。法は人に荷われるが故に法であり、人は法を荷いそれに浸透されるが故に人でありうるという関係が生じます。法と人の間に生じる際どい関係を媒介する方便が、因縁であり比喩であり使命です。同時に三つの方便は時間の変容です。

法と人の関係についてもう少し考察します。人と人の間においてのみ法が出現しまた維持されるとすれば、人間相互間の教え教わる関係の連続によりすべてが形成されます。教え教わる関係は繰り返されます。同時に何が教えられ何を教わるのかの「何」は状況状況により異なります。同一の繰り返しとそこに生じる差異により時間が出現します。この「何」を決定するものは直面する状況に対して当事者が決断する何かです。状況に面しての課題遂行・使命です。時間の中における使命遂行という場において自己の塑像が為されます。塑像の内実が因縁です。因縁とは、かくかくしかじかであるからこうなる、の類の説明であり、それは過去に向かって形成されます。そして原点である人と人の関係そのもの、そこに生じる主体性そのものは概念的に表出できず、具象的に、比喩でもって描写されます。

以上の考察を踏まえて譬喩品の主題を再構成してみます。まずシャーリプトラと釈迦の間の懸隔、前者による後者への不信が取り挙げられます。教え教わる者の関係の危機です。対する釈迦の最後の切り札、殺し文句は「すべては俺とお前さんの間だよ、お互い信じられればいいじゃないか、それでどうかね」です。この信を維持するために未来への課題を設定し過去を造形します。しかしこの譬喩品の段階では未来も過去もまだ明確な形では現れません。ただ釈迦とシャーリプトラの間にある不信と信を、火宅と真実の車という比喩で表現します。

④ 信解品《しんげほん》（弟子達の反省）

この品でマハーカーシャパ以下四名の高弟が、シャーリプトラに釈迦が成道の予言をしたことを見て歓喜し、自分達にもその可能性があると思い彼らの側で一つの喩え話をします。長者窮子《ちょうじゃぐうじ》の喩です。

ある人に一人の息子がいました。この息子は幼い時ぐれて家出します。彼は各地を転々として他人に使われ落魄します。一方父親は事業に成功し、富み栄えて多くの田畑邸宅金銀財宝召使を持つ富豪になります。長者はある時大きな邸を作り財産を貯えて余生を過ごそうとします。その時既に成人に達した息子が父親の館とも知らずやってきます。長者は遠方から見て息子と気づきます。息子は父親である長者の勢威に圧倒され恐れを抱きます。心の中で、この人は王かも知れない、ぼやぼやしていたら捕えられ強制的に働かされるかも知れない、と思い逃げ出します。長者はこの様子を見て、二人の使用人にわざとみすぼらしい姿をさせて落魄した息子の所へ行かせ、一緒に長者のもとで働こうと話を持ちかけさせます。息子は長者の館で働くことになります。長者は初め息子に汚い身なりをさせて汚物の処理等に使用します。息子が陰日向なくまじめに働くのを見て、長者は息子に多くの俸給と家財を与え家の中への出入りを自由とします。息子は養子待遇になります。そして長者は死去するに際して今までの事情を打ち明け、息子と家人一同にこの息子が長者の本当の子であることを明かし、彼を自分の後継者と宣言します。

話の中の長者は釈迦、落魄した息子は弟子達です。貧窮し落魄した息子は長者の真意が解からずただ恐れおののくだけですので、長者は息子の境遇にふさわしい待遇の段階から始めて、徐々にグレイドアップします。初めの方の待遇が釈迦が弟子達に最初に説いた教え、そして最後に長者が自分の真実の後継者であることを明かした段階が、仏の最高の教え、今説いている法華経の教えです。マハーカーシャバ以下の四名は、私達はただ小さい仏法のみを求めて、それが貴方の方便を使っての便法だと知らず、私達自身が仏の子であることにも気がつきませんでした、私達は私達の心の内部の煩悩を滅してこの世の苦悩から逃れることのみを願い、悟りを求めて空しくないことは同時に仏の恩に報じることであると理解できず、仏法を他の衆生に知らせて彼らを救済することの必要性に気がつかなかったのです、と反省の言葉を述べます。

⑤　薬草《やくそう》喩品《ゆほん》（釈迦の宣言、私は完全な悟りを得た者である）

釈迦は自分と弟子衆生との関係に言及します。釈迦自身は、一切を知り、一切を見、完全な悟りを得た解放者、であると宣言します。弟子達は前の品で自らを幼稚で品性下劣と語ります。弟子達に対し釈迦は、衆生の欲望資質に従って教えを説く、と言います。この説き方が方便です。以上を釈迦は三草二木の比喩で語ります。

空には大きな雲が覆っておりやがてその雲から雨が降ります。下には密林がありいろいろな草木が繁茂しています。雨はこの草木のいずれかをえこひいきするわけではありません。密林には小さい草、中程度の草、大きい草また小さい木、大きい木等いろいろあります。種々の草木の上に雨は平等に降り注ぎます。草や樹木は雨を受け各々の分に従いその恩恵を受けて成長します。

小さい草は人と諸天、中程度の草は縁覚、大きい草は声聞です。小さい樹木の意味は判然としませんが、大きい樹木は間違いなく菩薩です。釈迦が言うところは、釈迦が説く教えは本来同一なのであるが人天・縁覚・声聞・菩薩それぞれの資質に従って異なる受け取り方をして修行するものだ、ということです。天とは神様のことです。

薬草喩品の三草二木の比喩で理解しうるのはここまでです。しかし衆生がその資質によって仏陀の教えを自己流に受け取っているだけでは困ります。縁覚や声聞がそのまま縁覚声聞ではいけません。それでは仏陀の能力はそこまでとなります。彼らが全員菩薩になれなくては仏陀とは言えません。しかしここではただ、仏陀の法は本来一つでありみな菩薩になれる、と宣言されているだけです。本来一つの、つまり唯一の教えであるから一乗、しかし受け取り方で差異が生じるから三乗というわけです。受け取り方が悪いのか、教え方に問題があるのか？ 仏陀の側での一乗が衆生においても一乗であるためにはどうすればよいのか？ これが法華経の抱える根本的な課題です。

⑥ 受記品《じゅきほん》

信解品でマハーカーシャパ以下四名が長者窮子の喩でもって自らの品性下劣なることを反省し、薬草喩品で釈迦は唯一最高の法の弘布者であると宣言します。この応答を踏まえて釈迦は、マハーカーシャパ以下の四名が未来には如来となることを授記します。もっとも話の筋はそうなのですが、なぜ彼らが授記されたのかはもう一つピンときません。しっかり反省したと見られたからなのでしょうか？ 譬喩品でのシャーリプトラのケースに準じたのでしょう。以下の品で続々と授記される者が出てきます。授記とは予言です。

⑦ 化城喩品《けじょうゆほん》（釈迦は言う、私と等しくなりなさい）

この品で釈迦の修行の由来来歴が釈迦の口から語られます。今つまり霊鷲山での説法の時点から遠く去ること幾千劫《ごう》の大昔、大通智勝仏《だいつうちしょうぶつ》という如来がいました。彼が成道した時神々の宮殿は光り輝き、天地は震動して花の雨が降り、諸天や諸々の修行者や菩薩達はこの如来のもとに集まりました。大通智勝仏は彼らのために四諦十二因縁を説きます。この仏に十六人の子供がいましたが、彼らも皆出家し、大通智勝仏に、我々も貴方と同じような智恵の所有者になりたい、そのための説法をお願いします、と要請します。大通智勝仏はさらに二万劫という時間が過ぎた後に、十六人の出家者のために新たな、妙法蓮華経・菩薩に教える法・仏に護念せらるるもの、と名づけられる法を説きます。大通智勝仏の説法により十六人は成道します。彼らは東西上下四方の諸世界で最高の法を説いて衆生を教化します。彼らには一人一人名前がついていますがここではポピュラーな名だけを挙げます。東方世界での説法者は阿閦《あしゅく》仏、西方世界は阿弥陀仏、そして大通智勝仏の十六番目の末子がこの娑婆《しゃば》世界での説法者である、釈迦牟尼仏です。

釈迦の説明は続きます。私が今霊鷲山《りょうじゅせん》で説法しているこの場所に出席している者は、かつて私が大通智勝仏のもとで悟りそこで教化した者なのだ、と釈迦は語ります。この宣言は、最高の法である妙法蓮華経を聴く者は常に私と共にいることになるのだ、という意味を持ちます。なんとならば、おまえ達は知らないであろうが以前私に説法を受け、そして今もこうして私のもとで聴衆として聴いているではないか、ということになりますから。従って釈迦入滅後も妙法蓮華経を聴く者には、必ず師匠である釈迦がどこかで随伴し彼によって護られていることになります。ここで釈迦は化城《けじょう》（幻の城）の喩話をします。

ある隊商が旅をします。彼らは珍宝が沢山ある土地を目指します。途中密林を通らなければなりません。密林は約一〇〇〇キロメートルの長さで道は険悪で苦労が耐えません。隊長は事情に通じていてこの密林を抜けたら目的地に到達できることを知っています。しかし他のものはへばり気力体力を失い旅の継続を放棄しようとします。様子を見た隊長は、これではいけない、この連中は旅の困難さを恐れて気力を失っている、なんとかしなければ旅は続けられない、と案じます。思案をめぐらせた隊長は、道の途上に自らの神通力で大きく立派な城を出現させます。皆に向かって、さあ皆さん恐れてはいけません、大きな城に着きましたよ、ここで休んで楽しんで下さい、体力を回復してください、それから旅を続けましょう、と言います。城で気力を回復した一行は再び元気に旅を継続します。振り返ると今までそびえていた城はありません。隊長は言います。あれは皆さんを元気づけるために私が神通力で作った幻の城です、と。一行は悪路難路を乗り切って目的地に到達し珍宝を手に入れます。

釈迦はこの話を引用して、彼が今まで語ってきた教えは資性下劣で臆病な衆生を恐れさせず元気づけ安心させるためのもので話の中の化城に相当する、これから説く最高の法が珍宝であると説明します。もちろん優れた指導者である隊長とへばりかけた一行は釈迦と弟子達です。譬喩が言わんするところは解かりますが、もう一つ趣旨がしっくりきません。少なくとも私にはしっくりきません。特に大通智勝仏から最高の法を釈迦はじめ十六人の出家者が授けられることと、幻の城のたとえ話との関係がすっきりしません。そこで私なりに化城喩品の内容を分解して再構成します。話の骨格は以下の要素から成ります。

大通智勝仏が十六人の出家者にそれまでとは違う最高の法を伝授する。

この法は十六人が師匠である大通智勝仏と等しくなりたいと願った結果である。

この法を釈迦も弟子達に説いて来ている。

大通智勝仏の説法と霊鷲山での釈迦の説法は同一である。

弟子達は知らない内に過去に法を説かれて現在に至っている。

以上の論旨から釈迦が弟子達に要請することは、私のようになれ、ということです。私も大通智勝仏のもとで修行してこうなったのだから、おまえ達もなれ、と釈迦は言います。大通智勝仏のもとで起こったことは今ここつまり霊鷲山においても起こっているのだぞ、と釈迦は言いたいのです。このことは後の如来寿量品等で実証されます。従って最高の法の伝授とは、最高の法を悟った如来と同一になることです。法とは如来との同一化に基づく成道であり、この事態は部分的にであれ全面的にであれ常に起こっています。だからそこに時間が生じます。如来との同一化にもとづく成道とは、人と人の間における意志感情疎通の完成です。すなわち俺とお前の間の障壁が完全に取り除かれることであり、このことは難しいとはいえいつでも起こり得る現象です。ここで法と人格と時間は相疎通しつつ一点に集約されます。だから如来と共にあることを悟り実感することが法の体得体現であり、逆に法を護り法に従う者は常に如来により随伴され守護されます。人格と法の関係を安定させる、つまり部分を全体へと止揚させる媒体が時間です。では化城とは何でしょうか？　一般的な理解では釈迦が初めに説いた小乗の教えということになります。しかし私は仏教においては眼に見えるものはすべて化城だと思うのです。大通智勝仏での状況も、釈迦が説いたブッダガヤーで悟って説いた初転法輪の内容も、また今ここで述べようとしていることも、さらに後の品で呈示される久遠実成の本仏の情景もすべては幻つまり一時的なものです。真実なるものは目に見えません。それは人と人の、あるいは人と仏の関係そのものです。それを悟ることが法の体得であり、この法の具体的な体得は時間を媒体として現出します。現出したものはすべて化城です。

3

⑧ 五百弟子受記品《ごびゃくでしじゅきほん》（師弟の和解）

プールナが釈迦にほめられます。彼は釈迦在世中の弟子で説法第一とされました。授記第一号のシャーリプトラは智慧第一、マハーカーシャパは神通力第一と言われます。プールナはシャーリプトラやマハーカーシャパ達が、彼らの過去の因縁が開示され、法を理解体得するための方便が語られ、未来における成道が予言されるのを見て驚嘆し釈迦の智慧を讃嘆し、今までの自分達の智慧や悟の境地がいかに浅くて愚かであったかと反省します。釈迦はプールナの過去の因縁を語り未来における成道を予言します。このことは今までの繰り返しですが、ここでは釈迦が語る因縁の内容に変化が見られます。釈迦はプールナはじめ弟子達の声聞縁覚的振舞いを、最高の法の変容・現世における顕現、として全面的に肯定します。私から見れば釈迦の弟子達への態度はより柔らかくなったように思われます。

方便を仏法を理解実践するための具体的手段として、常識的に捉えるのは皮相的な理解です。方便という言葉は重要で多用される割には説明が判然としません。方便は過去の因縁と未来の使命（その結果としての成道の予言）を連接し媒介する何物かです。過去かくかくしかじかであったから未来にはこうする・こうなる、と説明されます。過去の行為は具体的であるからどうしても部分的であり従って声聞縁覚的でしかありえません。しかし彼らは未来において必ず如来になる・大乗的悟を獲得します。最高の法は具体的に現れそして本来の最高の法そのものに帰還します。この事実を語るための手段は比喩しかありません。法華経の迹門《じゃくもん》では必ずと言ってよいほど各品で釈迦と弟子達が交互にこの種の比喩を語ります。比喩は最高の法が具体的に現れ機能していることの表現です。同時に釈迦と弟子達の関係のあり方の表現でもあります。従って法華経における方便は、過去具体的に行った修行、未来に為すべき課題使命、そして今機能している法の描出である比喩という三つの意味を持ちます。三者は相互に関連し疎通します。この品でも比喩が述べられます。プールナが語る繋珠《けいじゅ》の比喩です。

男がいました。男は友人の家で酔った時、友人はこの男のいざという時のために非常に高価な宝石を男の衣服の裏に縫い付けて出かけます。男は酔いから覚めて他国へ行きます。いろいろ努力し苦労しますが成果は得られません。彼はそのことにあまり不満は抱きません。友人が男の現況を知れば、なぜ衣服の裏の宝石に気付かなかったのか、と問うでしょう。

他国での苦労はそれまでの説法に基づく諸々の修行、衣服の裏に縫い込められた宝石は最高の法である妙法蓮華経です。最高の法は衣服の裏に隠されていてまだ日の目を見るに至りません。つまり何を為すべきかという使命はまだ呈示もされず自覚もされません。釈迦と弟子達の間で交換される喩話は両者の相互了解の意思表示・証明・確認です。比喩の交換を介して両者の関係は変化します。プールナに続いて五〇〇人の弟子達が一斉に授記されます。

⑨　授学《じゅがく》・無学人記品《むがくにんきほん》（さらなる和解）

ついで釈迦はアーナンダとラーフラに授記を与えます。アーナンダは釈迦に近侍して釈迦の説法を一番多く聞いた弟子、ラーフラは釈迦の長男です。彼らも彼らが釈迦と何らかの縁にあったこと、つまり多くの説法に接する機会があったとか、釈迦と俗縁にあったとかいう理由で（因縁で）成道が保証されます。かかる縁も成道のための方便でありうるのです。釈迦との縁がすべてです。無学とは学問が無いことではなく、反対にそれ以上学問修行する必要がない境地に達していることです。彼ら二人と同時に二〇〇〇人の弟子達が授記されます。

⑩　法師品《ほっしほん》（釈迦の分身として教えを説く者に与える教戒）

釈迦の説法はエスカレートします。最高の法の一句でも聞いたり、信じる心を少しだけでも起こした者には授記を与えると宣言します。法華経の受持・読誦《どくじゅ》・解説《げせつ》・書写が強く推奨され、信者の義務となります。さらにこの行為をする人は、

過去において仏を供養し、（成道という）大願を果たしたけれども、
衆生を憐憫するが故にこの娑婆世界に生れた者である。

と彼らの過去の因縁が語られ、さらに釈迦は彼らの未来での使命について

彼らは既に得た清浄の業（成道後のんびりとあの世で暮らせる宗教的年金生活者の境涯）を捨てて、私釈迦がこの世から消えた後に取り残される衆生を憐れんで、娑婆世界という悪世に生れ、この経典を宣布する使命を果たす行者なのである。

と述べます。法華経を尊重する者は衆生を憐れみ慈しむ者でなければなりません。お経を述べ伝える法師を尊重することは、法華経を尊重することと同様の供養になります。推奨要請があれば禁止罰則もあります。法華経や法師を非難したり迫害する者には堕地獄の運命が待っています。が、心配は不要です。救われる道は用意されています。釈迦は最後に法華経のありがたさと神秘性を強調して次のように言います。

私が説いてきた経典は多数にのぼる。既に説いたのと、今説いているのと、これから説くのといろいろある。しかしそれらすべての中で法華経は第一である。だから最も信じ難く悟り難いのだ。薬王よ、このお経は仏達の秘要の蔵なのだからみだりに人に授与したり説法してはいけない。昔から今に至るまでかつてこの経典が現れ説かれたことはないのだ。さらにこのことはいくら強調しても足りないと思うが、私が現在しているこの時においてさえも怨嫉《おんしつ》が多いのだ。まして私が涅槃に入り娑婆を去った後にはどうなると思うか。

薬王は薬王菩薩、この品での対告衆《たいこくしゅう》、釈迦の語りの聞き役です。怨嫉は怨念と嫉妬、法華経を信じて尊重する者に対して向けられる恨み羨望です。法華経が難信難解《なんしんなんげ》というのはその通りです。浄土三部経が内容をずばり直接に語るのに対し、法華経では何がありがたいのかという肝心なことは一切述べません。法華経を理解するためには語りの内容そのものよりも、むしろ語り述べられる形式の方が重要です。因縁と比喩と予言の関係とか、後に出てくる二所三会《にしょさんね》とか、迹門と本門の相互乗り入れとか、各品の配列の順序とかの叙述の形に内包される意味をどう把握するかが経典理解の鍵になります。法華経の本質は語りの形式の中に伏在します。だから釈迦や法華経の成立に関与した人達が難信難解、秘要の蔵というのにはちゃんとした理由があります。この点を後に日蓮は徹底的に追求します。

法師品では過去の因縁と未来の使命が強調され、両者は意味ある事項として結合されます。今までの叙述が過去の

因縁から将来の運命を予言したのに対して、ここでは未来の使命故に過去の因縁が語られ意味付けられ浄化されます。アクセントは過去から未来へ推移します。その故でしょうか、法師品以後の対告衆は、声聞つまり釈迦在世時の弟子達から、菩薩衆に変わります。釈迦が喩話を語ります。高原削水の喩です。

薬王よ、喉が乾いて水を渇望する人が高原を掘るとしよう。掘って行くうちに最初は白い乾いた土が出てくるであろう。しかしもう少し掘り進むと湿った土、さらには水分を含んだ泥が出てくるだろう。そうなると掘る人は水は間近いと思う。薬王よ、法華経を聴き読み尊重する人も同じで、そうすることによって最高の法の存在に気付くようになるのだ。

なんとなく悟りは近いぞと言われている感じです。さらに釈迦は如来の室衣坐の喩で修行者を励まします。法華経を説く者は、

如来の室に入る者であり、一切衆生に大慈悲心を抱く者である。
また如来の衣を着る者であり、すべての迫害に耐えて柔和忍辱《にゅうわにんにく》の心を持つものであり、
如来の座に坐す者であり、一切法は空であると悟る者である。

と言います。如来の室衣座は六波羅蜜の法華経版です。同時に法華経は六波羅蜜が暗示的にしか意味しなかったことを極めて明瞭に語ります。釈迦と衆生は基本的には同一です。最後に釈迦は、法華経の受持者は無理解な世間から悪口を言われ、棒や刀で打たれ激しい迫害を受けることは必至であるが、陰に陽に釈迦が法師達を守護するから頑張れよと励まします。ここに出てきた薬王菩薩は後の薬王菩薩本事品で主役を務める法華経護持者のモデルです。

4

⑪ 見宝塔品《けんほうとうほん》(大地から出現した宝塔のお話、法と人と時の集約)

この品から奇蹟・神秘的出来事の類がどんどん出現します。冒頭で突然大地から七宝の塔が湧き出ます。塔の高さは一〇〇〇km、横幅は四〇〇km。驚いている聴衆に天から、釈迦如来の語ることは絶対正しい、という声が聞こえて

きます。この現象を説明して釈迦は、

過去無量の大昔に多宝如来という仏がいた。彼は修行してもなかなか成道の境地に達しなかったが法華経を聴いて如来となった。彼は入涅槃に際し遺言して大きな塔を造り自分を供養すること、後の世に法華経を説く者がいたらこの塔と共に自分も再現して搭とわが身を見せ、それまで自分が教化してきた自分の分身である十方の諸仏を集めると誓ったと言います。

釈迦は眉間の白毫《びゃくごう》から一筋の光を放出して世界全体を照らし出します。そこに映じたものは何十億という仏が一心に修行に励んでいる姿でした。彼ら十方の諸仏は、これから釈迦如来の所に行き釈迦如来と多宝如来の二仏を供養しよう、と言って集まってきます。釈迦は六道に生きる者達、つまり諸天及び人間以下の連中をこの座に連なる者を除いて、一時視界から追放します。仏達だけ一部エリートの清浄な環境を整備します。そこに現出する世界は宝石や宝樹等で飾られた仏国です。釈迦は宝搭の戸を開けます。中に一人の如来が禅定の姿で座しています。この如来の招きに応じて釈迦は搭の中に入り多宝如来と同座します。ここで釈迦は、

ここに集まった十方世界の仏達は釈迦自身の分身である。

釈迦入滅後は仏法への迫害が盛んになり恐ろしい世の中になる。

釈迦なき後に法華経を信奉しようと思う者はここ仏の前でその旨誓願する。

と言います。釈迦と多宝如来は同一です。法華経を説くのも分身である諸仏を集めるのも同じ作業ですし、釈迦は多宝如来そのものである塔の中に入り同席します。如来の室衣坐を共有します。幾千万憶劫という時間は法華経宣布という現在の一点に集約されます。釈迦は単なる歴史上の一人物という次元を超えた存在であることを開示します。以上のことはこれまでの叙述で予感されていました。それをもっと鮮明に描出するのが如来寿量品です。見宝塔品の十方世界の諸仏は釈迦の分身です。由縁は彼らが法華経宣布という使命を遂行するからです。釈迦はさらに使命に挺身する者を募ります。彼らもまた釈迦の分身となります。法と人と時は集約され疎通します。この主題が法華経の秘要です。

⑫　提婆達多品《だいばだったほん》（信仰を否定する者も、女も成道できるというお話）

この品では本来成道できるはずのない者達、謗法者《ほうぼう》と女性の成仏の可能性が語られます。法華経が述べる仏の国に女はいません。無量寿経の描くところも同じです。世親の浄土論は、浄土とは女と道徳的無能者のいない所とまで言い切ります。正法誹謗者の代表が提婆達多《だいばだった》です。釈迦は自分と彼との過去の因縁話を語ります。

彼らは従兄弟同志で同信者です。前世において釈迦は王位を捨てて修行に励む者でした。正しい法を体得できるならば、教えてくれる人の奴隷となってもよいと釈迦は思います　その時一人の仙人が現れ法の伝授を約束します。釈迦は仙人に仕えて水を汲み薪を取り食を用意し身を布団代りにして奉仕し修行します。こうして釈迦は仙人から正しい法を教授されます。この仙人が今の世の提婆達多だと釈迦は言います。

過去、釈迦を指導し成道させた人物自身が成道できないなどありえるはずがありません。こうしてユダと並ぶ世界宗教史上の大極悪人提婆達多の救済も予言されます。この因縁話は重大な意味を含みます。提婆達多は、釈迦に背き、釈迦の殺害を謀り、無限地獄に墜ちたとされます。その彼でも釈迦と縁あるが故に未来の成道を予言されます。法華経の信奉者受持者と否定的な関係にあっても成道できるのです。修行説法のための新たな方法態度が発見されます。折伏逆化《しゃくぶくぎゃっか》です。説法する人はたとえその結果相手の憤激を惹起し、相手が法華経を誹謗する態度に出てもかまわない、相互間の矛盾葛藤の再現の過程が、両者の成道の前提になりえる、が折伏逆化の意味するところです。まことに正しくかつ困難な作業です。この主題は常不軽菩薩品《じょうふきょうぼさつほん》でより具体的に語られます。

女性の成道は簡単です。海の中から竜王の娘が現れ、私は法華経を文殊菩薩から聴きました、成道できるということです、その証明をここで行います、と宣言し一瞬のうちに女から男に変化し、菩薩行を行って南方の世界で説法している姿を聴衆に見せます。提婆達多の授記と竜女の成道に続いて三〇〇〇人の弟子達も授記されます。

提婆達多品は法華経の中で特殊な位置を占めます。サンスクリット原典である「正しい教えの白蓮」には現存するだけで三種の翻訳があります。通常我々は法華経と言いますと鳩摩羅什《くまらじゅ》訳による「妙法蓮華経」を指しますが、それより一〇〇年前竺法護《じくほうご》により「正法蓮華経」としても翻訳されています。前者には提婆達多品はありますが後者にはありません。当然後者の方が古い原典に基づいているとみなせますから、この品は後になって法華経に追加されたのだろうと推測されます。

⑬ 勧持品《かんじほん》（聴衆一同が法華経護持を宣言）

多くの菩薩が法華経を釈迦の滅後も奉持し読誦することを誓います。釈迦の伯母ガウタミー以下六〇〇〇人の女性そして最後に釈迦の妻であるヤショダラーの成道も予言されます。最後に皆いかなる迫害に会い、いかなる悪世に生きようとも、この経典を護り教えを広めると誓います。

⑭ 安楽行品《あんらくぎょうほん》（法華経修行者の基本的な心得）

釈迦は法華経受持者の四つの心得を語ります。

1 修行の妨げとなる者との交際を避ける。たとえば王侯、富豪、異教徒、外道、小乗仏教徒、賤民、遊芸人、婦女子、肉販売業者等。
教えに熱狂してはいけない。
若い男女に関心を持ってはいけない。
隠遁生活を重視しすぎたり瞑想にふけりすぎてはいけない。

2 一切は空であって言葉で説明しきれるものではないこと、一切の一異断常去来生滅は幻であることを認識する。

3 他の修行者を間違っていると非難し悪口を言い宗論をふっかけて口論しない。

4 柔和であってよく忍耐し慈悲の心を持って懈怠《けたい》しない。

忠告の内容は法華経が持つ戦闘的なイメージとだいぶ違います。修行者たる者の基本的心得と理解すべきなのでしょうか？

釈迦は髻《もとどり》の中の宝石の比喩で法華経の偉大さを喩えます。転輪聖王《てんりんじょうおう》は王中の王であり正義の王ですが、従わない者に対しては戦争も行います。戦闘に際して通常恩賞として与えられる物は金品土地財産等です。転輪聖王は髻の中に最も大切にしている宝石を持っています。非常な大功があった戦士にこれを与えます。法華経はこの髻の中に隠されている転輪聖王の宝石に相当するのだ、と釈迦は言います。最後に釈迦は髻の中の宝石に喩えられるべき最高の法・法華経を説くことを宣言し、教えを受ける者は次のような情景を夢の中で見るであろうと言います。

また夢むらく「国王となりて宮殿眷族　及び上妙の五欲を捨て　道場に行詣し　菩提樹の下に在りて　獅子の坐に処し　道を求むること七日を過ぎて　諸仏の智を得　無上道を成じ終りて　起ちて法輪を転じ　四衆のために法を説くこと　千万億劫を経　むろの妙法を説きて　無量の衆生を救い　後まさに涅槃に入ること　煙尽きて燈の燃ゆるが如し」と。もし後の悪世の中にて、この第一の法を説かば、この人は大利を得ること、上の諸の功徳の如くならん。

括弧の中で述べられることは釈迦の生涯そのものです。法華経を聴くものは釈迦と同様の人生を夢想して、そのように振る舞い大利を得て無上涅槃に入るのだと言います。法華経を聴く者は釈迦と同じに成ります。安楽行品の最も重要な主題です。この品は始め修行者としての基本的原則を述べ（釈迦自身も行ってきたことです）、次に髻の中の比喩で法華経の立派さを強調し、最後に、法華経受持者＝釈迦、と語ります。釈迦と弟子の修行者は法華経を語る聴く関係ですから、結局、修行者＝法華経＝釈迦、という関係になります。

⑮ 従地湧出品《じゅうじゆじゅっぽん》（大地から法華経弘通《ぐつう》の戦士達が突然出現するお話、再び師弟の対決）

従地湧出品の冒頭で多くの菩薩達が起立し、法華経の護持読誦書写供養を誓います。釈迦はそれを制し、この娑婆《しゃば》世界には既に六万のガンジス河の砂の数に等しい菩薩達がいる、彼らは私の滅後に法華経を護持し読誦し説法することになっている、と言います。釈迦の言葉が終るか終らないかのうちに大地が震裂し、地中から無量千万億の菩薩が同時に現れます。大地から湧き出た菩薩達は多宝如来と釈迦のもとへ行き、接足頂礼して二仏を讃嘆し恭敬します。この間四十小劫という長い時間が過ぎますが、その場に居合わせている者にとってはほんの半日のように感じられます。彼ら地湧《じゆ》（大地から湧き出た）の菩薩の中から上行・無辺行・浄行・安立行という四名の代表が釈迦に挨拶します。
聴衆の一人である弥勒菩薩は、今までこのような大菩薩が大地から湧き出て釈迦如来に合掌し供養する光景なぞ見たこともないと怪しく思います。弥勒は釈迦に、このような菩薩達はどこから来たのか、誰に従って発心し、如何なる仏法を称揚し、いずれの経を受持し、どんな修行をしたのかと質問します。釈迦は、無数劫の昔から彼らは修行してきている、彼らは皆私に従って修行をしたと答えます。弥勒以下の聴衆は釈迦の答えを聴き益々疑惑に駆られます。釈迦はブッダガヤーで成道してまだ四十年そこそこではないか、なんで短期間にこんな多数の菩薩を修行させることができるのかと疑います。弥勒は、この疑問に答えて下さい、でないと今まで貴方が言われたことも含めて信じられなくなります、と言います。弥勒が発するこの疑問でもって従地湧出品は終ります。
⑯　如来寿量品《にょらいじゅりょうほん》（師弟の対決と釈迦の自己開示、如来の寿命は無限である）
釈迦は、私を信じなさい、如来である私の真実の言葉を聴きなさい、と三度叫びます。対して聴衆は、わけを話して下さい、そうすれば貴方の語られたことを信じるでしょう、とやはり三度求めます。三度の応答は相互の懸隔の深さを示唆します。釈迦は自らの真実を語ります。

私は幾千万億劫以前に成道してこの方ずっと衆生を教化してきている。
つまり私の存在は久しくて永遠なのだ。
この間私はいろいろな形で説法を試みた。
時には燃燈仏以下の過去七仏となり。
時にはブッダガヤーで成道して法を説き。
いろいろな手段方便をもって修行させてきた。
私が涅槃に入ったからといって決して私が消滅したわけではない。
私にいつでも会えると思えば安心し気がゆるんで修行がおろそかになるだろう。
だから私は涅槃に入ってこの娑婆世界から身を隠しただけなのだ。

如来に恋慕し渇仰して善根を植えさせるために。
おまえ達が愚鈍で幼稚であるからそうせざるを得ないのだ。

と釈迦は語り、喩話をします。良医の喩です。

あるところに腕の良い医者がいます。子供達は数多く一〇〇人を超えます。医者がよそに出かけた時子供達は誤って毒を飲み苦しみもだえます。医者は帰ってきてこの事実を知り解毒のための薬を調合します。そして言います。この薬は色も香も味も良く飲めば苦しみ悩みは消えて治る、と。子供達のうち気持のしっかりしている者は薬を飲んで元気になりますが、毒が体内深くに達している者は薬の色香味すべてが気に入らず薬を飲みません。この様子を見た医者は、彼らは気持ちが転倒している、と思い一計を案じます。彼は、私は今病み衰えて既に死期が近づいている、良い薬を置いて行く、これを飲めば必ず病気は治るよ、と言って家を出ます。医者はよその土地から、父親は死んだ、と虚報を流します。報に接した病気の子供は、もし父親が生きていたら私達を憐れんで良い薬を調合してくれたであろうに、今は既に父親はいない、と孤独感にさいなまれ目覚めて父の薬を飲み回復します。子供の回復を知った医者は帰り再会します。

良医は釈迦自身、気が狂って薬を拒否する子供達は今釈迦の説法を聴いている弟子聴衆、薬は法華経です。最後に釈迦は聴衆に、

私は幾千万憶劫の昔から悟の境地に入って皆に説法している。
皆を教化するために、私はこの悟の境地に入ることなく、この世に教えを広めるのだ。
私は霊妙な力でもって、この世に現れて皆を指導する。
しかし彼らは愚かであり、私がそこにいても私の存在に気づくことはない。
私の肉体が完全に滅したと言えば、彼らは私の遺骨を供養するであろう。
彼らが私を渇望して、正しい心が生じた時、私は弟子達を集め、
この霊鷲山に姿を顕すのだ。皆私を見たいと渇望しなさい。

私の寿命は無限であり無限に続く。私は入滅しないで入滅したと見せるのだ。と宣言してこの品を締めくくります。釈迦は自己を無限の存在と言います。釈迦は自分が単なる歴史上の一人格ではなく、永遠の存在（久遠実成《くおんじつじょう》の本仏）であると自己開示します。釈迦は正しい法を説法するから無限の寿命を得ています。寿命＝説法、です。何かをすることと何かであることは同一です。この主題があらゆる個所に予示され呈示されていることも法華経の特徴です。

⑰　分別功徳品《ふんべつくどくほん》（法華経受持による基本的な功徳についての解説）

主題は括弧の中に長々と書いた通りです。主題の内実を一言で要約すると、法華経を受持する者は釈迦と同等の存在になりうること、です。修行者にとって経典の護持が最重要な使命となり、他のことたとえば僧侶への供養とか造寺造塔等はしないでも宜しいと、釈迦は言います。

⑱　随喜功徳品《ずいきくどくほん》（心から帰依することによる功徳についての解説）

初めて法華経を聴いて随喜した人が、その喜びを他の人に伝えさらに伝え、伝え伝えて五十番目の人が得る喜びと功徳は、ある人が世界中の人間が解脱するために施しをして得られる喜びよりもはるかに大きいのだと釈迦は言います。伝え伝えて五十番目の法華経聴受者にも、この大いなる喜悦を惹起せしめる効果を初随喜五十展転《しょずいきごじゅうてんでん》と言います。

法華経は、初めて傾聴する機会に出あっただけでかくのごとき偉大な効果があるのだと、その効果が強調されます。

⑲　法師功徳品《ほっしんくどくほん》（法華経受持者は神通力を得るというお話）

この教えを記憶し読誦し説法し書写する者は、つまり法華経を世間に流布宣伝する者は、感覚は浄化されて神通力を得、美しい完成された身体を獲得し、判断力は詩句の一片を聴いただけですべての意味を把握するほど鋭くなる、と述べられます。神通力はすべてを見通す眼、世界中のすべての声音を聞き分ける耳、すべての臭いを嗅ぎ分けられる鼻、すべての食物をおいしく味わえる舌等のことです。身体は瑠璃でできた如き体で美しく、鏡のように世界中のすべての出来ことを映し出します。総じて眼耳鼻舌身意《げんにびぜっしんい》の六根が浄化されます。六根清浄になります。

⑳　常不軽菩薩品《じょうふきょうぼさつほん》（法華の行者としての釈迦の自己開示、逆縁逆化《ぎゃくえんぎゃっか》）

ずっずっと昔の大昔、威音王如来《いおんおうにょらい》という仏様が四諦十二因縁六波羅蜜を悟って入滅します。以後二万億の同名の如来がこの世に現れ悟りを開き続けます。しかしこれらの如来も入滅した後の世界では、正しい法が消え失せ、高慢な修行者が増加します。この時常不軽（常に軽蔑された）という男が出現します。常不軽は会う人ごとに私は貴方を軽蔑しません、貴方は必ず如来になります、と言って廻ります。この言葉を聞いた多くの人は、馬鹿にした、偽りの予言をしている、と言って彼を非難攻撃します。悪口雑言は序の口、土塊や棒を投げつけられます。常不軽の命がいよいよ終ろうとする時、威音王如来が彼に法華経を説いて聴かせます。常不軽は六根清浄を得、千万億の二十倍の寿命を得て、法華経を宣揚し続けます。

ここまで語った後に大事な落ちが来ます。釈迦は、この常不軽こそ今の私なのだ、と言い、彼を迫害した連中は阿鼻地獄に墜ちた、と言います。ここまでなら法華経も釈迦の説法もありふれた並みのものです。しかしさらに落ちが来ます。ここのところが大事です。常不軽を迫害したやからは、如何なる縁であれ、如何なる契機であれ、また如何なる動機であれ、如来になれる、という常不軽の言葉に接したが故に、彼らもまた如来に会うことができた、と釈迦は語ります。如来に会って如来になれないでは如来の沽券にかかわります。彼ら常不軽を迫害したやからも如来になれるのです。でないと法華経が存在する意義はありません。法華経との否定的な出会いによっても、救済は可能であるということを逆化《ぎゃっか》あるいは逆縁《ぎゃくえん》と言います。常不軽菩薩品は、提婆達多品の問題意識である逆化という主題を引き継いで、その具体的な内容を呈示します。

㉑　如来神力品《にょらいじんりきほん》（法華経が唯一最高の法であることの証明）

文殊菩薩以下の聴衆は釈迦に法華経の護持宣布を誓います。それに応じて釈迦と多宝如来は天まで届く広く長い舌を出します。二つの舌から幾千万億という光が放たれ、その光の一つ一つから黄金色の肉体を持ち蓮華の座に坐った修行者が現れます。さらに二人の如来は咳をし指を弾いて大きな音を宇宙全体に響かせます。この神通力の発揮でもって釈迦は自分が語ったことと、これから語ることは真実であると皆に知らせます。釈迦はこの法華経が、如来の一切の法、如来の一切の神通力、如来の一切の秘要の蔵、如来の一切の甚深のこと、これらすべてがこの経典に述べ説かれている。と断言します。続けて釈迦は宣告します。

この経が読まれ、解説され、吟唱され、書写され、教えられ、思索される所には、すべて塔を建てて供養すること。なんとならば、そこは仏法修行の道場であり、そこですべての如来は、悟り、法を教え、涅槃に入った、と知るべきであるから。

㉒ 嘱累品《ぞくるいほん》（法華経護持の使命を委任するお話）

釈迦はあらためて法華経の護持宣布を委任し、菩薩以下の聴衆は誓約します。

6

㉓ 薬王菩薩本事品《やくおうぼさつほんじひん》（法華経受持者のモデルケース）

法華経の護持宣布の使命を遂行したモデルケースが語られます。主役が今ここ、霊鷲山で釈迦の説法を聞いている聴衆の一人、薬王菩薩です。薬王の因縁譚、過去世での来歴が釈迦により明かされます。昔々の大昔日月浄明徳《にちがつじょうみょうとく》如来《にょらい》という完全な悟りに到達した如来がおられました。如来の高弟の一人、一切衆生喜見菩薩《きけんぼさつ》は師匠の日月浄明徳如来から法華経を教えられます。喜見菩薩は師匠と経典に供養するために自らの体を燃やします。この焼身供養は供犠祭儀さらに六波羅蜜を暗示します。炎は一二〇〇年の間燃え続けます。喜見菩薩は生まれ変わってある国の王子となりますが、再び師匠である日月浄明徳如来を慕ってそのもとに行き、師匠から偉大なる法華経の護持宣布を委任されます。日月浄明徳如来は涅槃に入ります。喜見菩薩は師匠の葬儀をすませた後、今度は自らの肘を燃やして供養します。肘は七二〇〇〇年間燃え続けます。この喜見菩薩こそ、今聴衆の中にいる薬王菩薩である、と釈迦は告げます。最後のところで釈迦は恐ろしいことを皆に要求します。みな手や足の指を燃やして法華経のために供養しなさい、と。法華経護持はこのくらいの覚悟がないとダメだというお話です。

㉔ 妙音菩薩品《みょうおんぼさつほん》

東方世界から妙音菩薩が説法中の釈迦を表敬訪問します。釈迦は、彼を種々の身に姿を変えて法華経を説いて衆生を救済してきた者、と紹介します。

㉕　観世音菩薩普門品《かんぜおんぼさつふもんぼん》

わが国で一番ポピュラーな菩薩である観世音菩薩、通称観音様が紹介されます。観世音菩薩は十方世界のいたるところに様々に姿を変えて現れ、衆生の現世的な欲求願望をかなえ安心を授けます。あらゆる方向に顔を向けたこの仏の神通力は普門示現、一切色身三昧と言われます。観世音菩薩の神通力とありがたさが強調されます。

㉖　陀羅尼品《だらにほん》

薬王菩薩が法華経の説法者を護ることを誓います。そのための手段が陀羅尼です。陀羅尼にはいろいろな意味があります。経文暗記のキーワード、経文の意味の要諦を表す言語、ヨガ修行における精神統一の方法、ある特殊な目的を達成するための呪詞等の意義をこの言葉は荷います。陀羅尼はまた真言とも明《みょう》とも言われます。この陀羅尼を菩薩さらに諸天羅刹女《らせつにょ》達が次々に唱えて、法華経を宣布する行者達を迫害者から護ることを誓います。羅刹女の誓いが一番迫力があります。彼女達は言います。もし我らの呪文が破られて、法華経の行者を悩乱させる者がいれば、その者達の頭は七つに割れてばらばらになるであろうと。羅刹女とは女の鬼のことです。

㉗　妙荘厳王本事品《みょうしょうごんおうほんじひん》

二人の王子が外道のバラモンの教えに帰依している父王に神通力を示して、法華経を教え、王子達の師匠である如来のもとで彼らは出家します。父王は我が子である二人の王子が自らの師であると、釈迦の前で告白し釈迦に真珠の首飾りを贈ります。首飾りは多くの如来の座している塔に変化し、父王は釈迦により将来如来になると予言されます。そして最後に、彼ら三人は今ここで釈迦の説法を聴いている華徳・薬王・薬上菩薩であると、釈迦により明かされます。このパターン、現在の聴衆の過去が語られ、最後にそれが明かされて現在の人物へと開示されるというパターンは法華経の基本的な叙述形式です。本事はある人物の過去世の来歴すなわち因縁譚です。

㉘　普賢菩薩勧発品《ふげんぼさつかんぼっぽん》（普賢菩薩が法華経受持者の守護を誓約）

東方の宝威徳上王仏のもとから普賢菩薩が霊鷲山へやってきます。娑婆世界で法華経が説かれていると聞いたからです。彼はこの経典を護持宣布する者を、護り、鼓舞すると、釈迦に誓います。六本の牙を持つ象に乗って迫害者をこらしめると勇ましく誓います。末法の五百年の間も法華経の行者が安穏であると保証します。普賢菩薩は、釈迦入滅後の世界で、法華経護持の守護神になると誓約します。この品をもって法華経は終ります。

第二節　時間と方便

1

法華経の内容を個別的に検討しました。第二節ではそれを総括的に考察します。その前にもう一度法華経の内容を概括してみましょう。まず序品で釈迦の不可思議さ、超越的な何かが呈示されます。これは眉間の白毫から発する光が照らす理想世界の情景により描写されます。情景は弟子達の驚きと同時に釈迦への疑惑をも引き起こし、この主題は次の方便品に引き継がれます。

方便品《ほうべんぼん》の主題は、理想世界において実現されており、しかも今まで説かれることのなかった最高の法と、釈迦が現実に説いて来た方便としての法をめぐる、釈迦と弟子達のやりとりです。両者の間の懸隔と弟子達の釈迦に対する疑惑不信があります。同時に方便は単なる嘘でしかないのか、それとも真実に至る道程でありうるのか、という仏教における根本的な問が出現します。

譬喩品《ひゆほん》は以上の問題を前面に押し出します。釈迦の弟子中智慧第一と言われたシャーリプトラと、釈迦との息づまる対決が見所です。シャーリプトラは釈迦を疑います。対して釈迦は、最後は俺とお前の関係なんだよ、と切り返します。譬喩品の主題は疑と信です。両者の間の信頼関係があれば教えの内容は二の次でもいいではないか、極論すればそういう意味さえ感じさせる場面です。言葉を換えれば法と人の問題です。法は人が荷うが故に法であり得、人は法によって浸透されるが故に人であるという、法と人の相補相即性が譬喩品で呈示されます。故に法と人は相互の実現を期して第三の媒体である時間を成就させます。この法と人と時間が具体的に形姿を表したものが、因縁であり比喩であり使命です。譬喩品に内包され伏在する問題意識はこれです。この間の事情を示唆するのが三車火宅の比喩であり、ここで弟子達の境涯は火宅、燃えている家で表示されます。釈迦と弟子達の間の対立と懸隔が示唆されます。

信解品《しんげほん》で、釈迦と弟子達の間に一応の和解が成立します。マハーカーシャパは長者窮子の比喩でもって、自分達を資性下劣と規定します。弟子達の釈迦への降伏です。しかし和解もあくまで一応なのです。法華経特に迹門《じゃくもん》（序品から安楽行品までの十四巻）においては、弟子と釈迦の和解は徐々に為され、併行して双方の変容と開示が行われます。その極点で迹門は本門（残り後半の十四巻）に移行し、説法の相手は声聞《しょうもん》（釈迦在世の弟子）から菩薩に変わります。対告衆と釈迦自身のあり方は相互に絡みつつ変化します。両者は少しずつ歩み寄り、変化し、和解します。最初の第一段階での和解が信解品です。このように法華経の中の釈迦像は超越的なものとされていますが、よく読むとそこには修行者釈迦の苦悩やためらいも看取されます。同じことは観無量寿経においても言えました。法華経と観無量寿経の共通点は釈迦と弟子との対立と和解です。観無量寿経では和解は罪の許しにより、法華経では時の実現において和解が行われます。罪の許しは時間の再編です。

薬草喩品《やくそうゆほん》で、釈迦は第一の自己開示をします。一切を知り一切を見る完全な解放者であると自己を宣告し、だからこれから自分が語る最高の法は真実のすべてなのだと宣言します。万能なる法と受け取る側による差異（方便）を薬草の比喩で説明します。次の授記品《じゅきほん》でマハーカーシャパ以下四名の高弟が授記されます。和解は一段と進みます。

化城喩品《けじょうゆほん》で、釈迦の第二の自己開示が行われます。釈迦は、自分は無限に近い昔に大通智勝仏のもとで成道したものである、と言います。釈迦のみならず、今釈迦の説法を聴いている者達もそこに居合わせたと、告げられます。大通智勝仏の成道と、釈迦の現在における説法はイコールです。化城喩品では釈迦と弟子達の過去世の来歴（因縁）が明らかにされると共に、弟子達も釈迦のように成れることが、暗黙のうちに示されます。法と釈迦との同一化に基づく成道が予示されます。ただし凡夫である弟子達にとってはそのための時間、仮城の喩えを借りますと少なくとも一〇〇〇キロメートルを踏破するだけの時間が必要です。この品では法と人と時の密な関係が呈示されます。過去と現在はあい疎通し、如来はいつも修行者に随伴していることが示唆されます。以上を釈迦は化城の比喩を使って語ります。

五百弟子授記品《ごひゃくでしじゅきほん》でプールナが授記されます。プールナの過去の因縁はより肯定的に評価されます。因縁の掘下げと和解は併行します。釈迦の弟子達への態度は軟化します。プールナから釈迦に向かって語られますが、そこには長者窮子の比喩のような重苦しい自虐的な雰囲気はありません。繋珠の比喩はプールナから釈迦に向かって語られますが、そこには長者窮子の比喩のような重苦しい自虐的な雰囲気はありません。この品以後弟子達は集団単位で授記されます。授学無学人記品《じゅがくむがくにんきほん》で釈迦の俗縁者であるアーナンダとラーフラが授記されます。俗縁であるだけで他にこれといった功績らしきものはない二人の成道が予言されたということは、すべては釈迦との縁であり、今ここで最高の法である法華経の説法に与《あずか》るものは、すべて救済されうることを表します。

法師品《ほっしほん》は、方便品・譬喩品・化城喩品に続く重要な品です。対告衆の過去は清浄なものとされ、同時に彼らは将来法華経の受持・読誦・解説・書写という使命を付託されます。弟子の因縁と使命は肯定的に接合されます。釈迦の説法も過激になります。法華経宣布は重大な義務となり、使命遂行が鼓舞されると共に、命令に違反した者には堕地獄の運命が課せられます。対告衆は声聞から菩薩に代わります。こうして釈迦も弟子もその境涯を進展させます。如来の室と衣と坐の喩えは、如来＝修行者、を表します。語られる比喩は高原削水《さくすい》の比喩です。乾いた土を、清らかな水が出るまで掘ることは、法華経宣布という事業の困難さを暗示します。が成道もそう遠くないと予感されます。

2

法師品までの叙述で法華経が言わんとするところは大体述べられました。以下の品ではその内容が視覚的イメージで描写され奇蹟や神秘的現象が続々出現します。その第一が見宝塔品《けんほうとうほん》です。多宝如来が過去から出現し、釈迦は分身である十方の仏を連れて彼と同座します。如来の室衣坐が共有されます。過去の仏と現在の仏は同じであり、過去成道した者も現在説法修行している者も同一です。修行者は如来です。説法の内容と説法する人は時間を媒介として同一です。法と時と人は相互に相疎通します。釈迦の第三の自己開示です。

提婆達多品《だいばだったほん》は、極悪人と女性という本来成道できるはずのない者が成道しうる、それほどこのお経はありがたいのだ、と説きます。悪人成仏は逆化《ぎゃっか》という、法華経伝道・修行における最大の方法論を呈示します。勧持品で菩薩以下聴衆一同が法華経宣布を誓約し、最後に残った被救済者である女性が集団で授記されます。

安楽行品《あんらくぎょうほん》は、修行者が護るべき基本原則を述べ、もう一度、修行者＝法華経＝釈迦、という等式を確認します。これを表す比喩が転輪聖王の髻《もとどり》の中の宝石の喩えです。

従地湧出品《じゅうじゆじゅっほん》では、地湧の菩薩が出て法華経の護持宣布の使命遂行を誓約します。同時に再び弟子達の釈迦への疑惑が起こり、両者は対決状態に陥り、解決は次の如来寿量品《にょらいじゅりょうほん》に持ち越されます。釈迦は第四の自己開示を行います。自分は久遠実成の本仏であると宣言します。このことはそれまで随所で触れられ言われ予感されてきたのですが、釈迦はここで明瞭に宣言します。永遠の寿命を持つが故にその説法は真実であり、説法が真実である故に説法者は永遠であるとされます。釈迦は良医の比喩を語ります。従地湧出品と如来寿量品は二つで一つの関係にあります。次の分《ふん》別功徳品《べつくどくほん》は、修行者は釈迦と同じになりうることを、随喜功徳品《ずいきくどくほん》は初めて法華経に接することによる功徳を、法師功《ほっしく》徳品《どくほん》は、法華経宣布に従事する者は六根清浄になり神通力を得ること、を語ります。

常不軽菩薩品《じょうふきょうぼさつほん》では、法華経伝道は必ず迫害に会う、しかしそれ故に彼らは必ず救済されることが述べられます。釈迦が過去世において法華経の伝道者であったという因縁が語られ、第五の自己開示が行われます。この品の重要性は逆化という修行法をより具体的に提示した点にあります。常不軽菩薩は日蓮のモデルになります。

如来神力品《にょらいじんりきほん》では、第六の釈迦の自己開示が演出されます。釈迦は多宝如来と共に、偉大な肉体を示し、神通力で自分の説法の正しさを証明します。答えて聴衆一同は法華経宣布を釈迦に誓います。釈迦と弟子達の間に釈迦の肉体を抵当として契約が為されます。このくだりは、十字架の死―昇天―復活、というプロセスにおいて自らの肉体の死でもって、神の愛を証明せざるを得なかったキリストの事例を彷彿させます。これが最後の釈迦による自己開示です。法華経の構造は、徐々に釈迦の自己開示され、その因縁が深められていく段取りで成り立ちます。この品の最後で釈迦は、法華経が説かれる所＝釈迦の存在、という等式を提唱します。法は人なりです。

嘱累品《ぞくるいほん》では、あらためて法華経宣布の使命が一同に委任されます。薬王菩薩本事品《やくおうぼさつほんじほん》はこの菩薩の焼身供養を語って法華経宣布の厳しさを強調し、妙音菩薩品《みょうおんぼさつほん》と観世音菩薩普門品《かんぜおんぼさつふもんぼん》は、あらゆる所に現れて衆生を救済する二人の菩薩を紹介して修行者一同を励まし、陀羅尼品《だらにほん》は法華経宣布者守護の任務を多くの菩薩諸天羅刹達に宣誓させます。妙荘厳王本事品《みょうしょうごんおうほんじほん》で、もう一度法華経の行者の因縁が語られ、最後の第二十八巻の普賢菩薩勧発品《ふげんぼさつかんぼっぽん》は釈迦滅後の法華経宣布者守護の最高責任者として普賢菩薩を指名し経典を締めくくります。

3

法華経の主題は、最高の法と方便としての教えの、対立止揚です。最高の法は釈迦がこれから説こうとする教え、妙法蓮華経であり、方便としての教えは釈迦がそれまで説いて来た教えです。最高の法と方便の対立は同時に釈迦と弟子達の対立です。両者の間には疑惑と不信があります。対立葛藤は、法華経の叙述の展開において、徐々に埋められ解消されます。法華経の内容の展開は釈迦と弟子達の和解の進展でもあります。では最高の法の具体的内容は法華経の中で陳述されているのでしょうか？　されていないとも言えるし、されているとも言えます。ただそれは無量寿経に描かれる極楽浄土の世界のように具体的なものではありません。結論から言いますと、最高の法の内実は、俺とお前の関係そのもの、です。あるいは、釈迦との同一化を介しての成道、釈迦と同じになることです。これを法華経は繰り返し語ります。譬喩品で、化城喩品で、法師品で、見宝塔品で、安楽行品で、分別功徳品で、常不軽菩薩品で、釈迦と同一に成る、成りうること、を語り続けます。法華経は、釈迦と同一に成る、成りうること、を確認し保証し信じさせるための経典です。譬喩品で釈迦がシャーリプトラに、すべては俺とお前の間なんだよ、と迫るくだりがありますが、この、俺とお前の間、をすべてとして信じられるか否かが決定的な問題になります。この主題を内容として客体化すれば法となり、実践の課題として捉えると主体としての人となります。俺とお前の間、という主題は法であり人です。信を挟んで法と人は相互に媒介し疎通しあいます。人と法は本来同一ですが、この同一性を成就するためには、時間という第三の契機を必要とします。法と人は、時間を介して、徐々におのれを実現して行く関係にあります。法と人と時の相互媒介と疎通、あるいは法と人を実現させる媒体としての大いなる時、が法華経の説く主題です。

釈迦と弟子達の対立は、本来同一であるべき法と人の対立です。ここで法は既に完成された現実態である釈迦によって表され、人はこれから完成するところの可能態としての弟子達により代表されます。法と人、それを媒介する時という関係において、法華経は特に時の実現過程の描写に力点を置きます。この意図と企画において法華経は実に勝れた方法を駆使します。まず霊鷲山《りょうじゅせん》における説法という現在において、既に時間の位相は釈迦と弟子達の内面で変化します。釈迦と弟子達の和解は進展し、同時に釈迦と弟子達の因縁が開示されます。弟子達は声聞から菩薩に変化成長し、釈迦も始成正覚《しじょうしょうがく》の修行者から久遠実成《くおんじつじょう》の如来に発展します。同時に弟子達には明確な使命、法華経の護持宣布という使命が与えられます。釈迦にせよ弟子達にせよ、因縁という過去が明かされ、未来への展望が開けます。因縁と使命は相互に疎通しつつそれぞれを開きます。時間が展開されます。釈迦及び弟子達の内面の変化は同時に時間の生成です。過去への洞察が深まり未来への展望が開けた時、すなわち因縁と使命がそれぞれの自己を深化させ相互に疎通させあえた時、俺とお前の間は成就され、人は法により浸透され法は人によって具現され、成道という過程が実現します。法と人の関係を狭義の現在において捉える限り、それは最高のものとしか表現できません。あえて具体化すれば比喩による描写になります。法華経に比喩が多く、しかもそれが本質的な意味を荷うのはこの故です。逆に考えますと、この比喩を過去と未来という時間軸に沿って展開した時、先に述べた因縁と使命が出現します。従って因縁と比喩と使命という三つの契機は相疎通します。法と人と時、これらはある意味では不可視です。三者の相互実現が成道です。因縁と比喩と使命はその可視的顕現です。私はそれを方便、法華経において最も重大なものであり且伏在しているものとしての方便と呼びました。要約すると法華経の主題は、釈迦と同一になることであり、釈迦と弟子達の和解・自己開示・相互変容であり、この主題の変奏としての法と人と時の相互媒介であり、因縁と比喩と使命の展開です。

以上のことを端的に表すのが本迹《ほんじゃく》二門の構造です。序品から安楽行品までの十四巻の迹門は主として始成正覚の釈迦（歴史上の存在としての釈迦）を述べます。本門は従地涌出品《じゅうじゆじゅっぽん》から最終巻である普賢菩薩勧発品に至る後半の十四巻から成り、久遠実成の本仏（始原の昔から成道した歴史を超越する仏）である釈迦を語ります。そして迹門における（時間の生起の中での）釈迦と本門の（時間を超越した存在である）釈迦は同一である、というのが本迹二門の構造です。迹門の叙述は概念的理論的であり、本門のそれは表象的直感的です。叙述の方法の力点は概念から表象へ移行します。この事実を踏まえて考察すると、本迹二門の構造は法華経の本質をあますところなく描出します。本門のピークは従地涌出品・如来寿量品・分別功徳品の三品です。ここでもう一度釈迦と弟子達は対決し、その矛盾が露呈されます。それに対して釈迦は説法する自己を無限の存在として示し、また弟子達が釈迦と同一になることを、法華経宣布の使命の遂行により確認し保証します。霊鷲山での説法という現在の時点は、無限の過去と無限の未来へ開かれ、また過去と未来は説法している現在へ集約されます。この時間の集約と展開は釈迦という人格、それが説く法を介して成立します。正しい法を説くが故に人格は無限であり、人格が無限であるが故に法は真実です。そして法の正しさと人格の偉大さは、時間の展開、すなわち因縁の開示と使命の遂行により、成就します。法と人と時は相互に媒介しつつ自己を実現します。これが本迹二門の構造です。この構造は従地涌出品・如来寿量品・分別功徳品において最も明瞭な展開をしますが、同様の構造は法華経が語る比喩・たとえ話の使用を介して随所に見られます。

法華経は以上のような構造になっていますから、それを読むに際して叙述された内容のみを見ていては肝心なところを見落とします。内容以上に叙述の形式が重要です。だからこの経典は非常に解かりにくく、解説はさらに難しいのです。経典の受持・読誦・解説・書写は大変です。理解がないと尊重する気にはなれませんから。法華経理解のための重要度においては叙述の、内容より形式、と思って下さい。江戸時代の後期に大阪の町人で富永仲基という偉い学者がいました。彼の仏教理解は鋭いものですが、仲基は、法華経にはありがたいありがたいと何度も書いてあるが、さてどうありがたいのかは一切書いてない、と言いました。彼は、内容より形式、という点を看過しました。

なぜ富永仲基ほどの学者でも見逃したのかと言うと、法華経が語る最も肝要な主題は、俺とお前の間、であるからです。俺とお前の関係こそ、法華経が極力説こうとする標的です。これが展開すると、人と法と時となり、また、因縁と比喩と使命、になります。一方この状況があくまで狭く、俺とお前の間、に集約されますと、両者の間には厳しい掟・契約の証としての掟が介在することになります。

第三節　漢民族の仏教

1

お釈迦様の現存年代すらはっきりしないのがインドの歴史の特徴で困ること夥しいのですが、西暦前二世紀の後半前漢の武帝が現れるまでは、仏教が中国にやってくる心配はまず考えられません。インド中国間の交易ルートが確立されていないからです。インドと中国は隣国とはいえ地理的には非常に隔絶されています。両国の間には世界一の高峰ヒマラヤ山系があります。この大山脈を遠く迂回しなければなりません。インドから中国へ来るには海路を取らなければ次のような道をたどります。まずインド北部インダス川上流のガンダーラ地方を出発点として、そこから現在のアフガニスタンに出ます。ヒンヅークシー山脈を迂回して西トルキスタンを通り、パミール高原と天山山脈が接するあたりで山を越えてタリム盆地に出ます。この一帯を東トルキスタンと言います。タリム盆地はほとんど砂漠です。天山山脈の南側を通るか、チベット高原の北側を通って漢の入口敦煌に至ります。タリム盆地の西の入口カシュガルから東の出口敦煌までの距離は概算一五〇〇キロメートル、鹿児島から稚内まで歩くようなものです。敦煌からゴビ砂漠とチベット高原の北端の間に介在する河西回廊を通り、関中盆地の長安までがほぼ同じ距離。タリム盆地の中にはカシュガル・クチャ・ホータン・ヤルカンド・トルファン・ローラン等オアシス都市があります。仏教はこの経路を通って中国へやって来ました。道に沿っていろいろなオアシス国家があり、周辺には遊牧民族が出没するので、政治的には不安定です。安心して旅行はできません。漢の武帝は漢王朝の北辺を脅かしていた強力な遊牧民族匈奴《きょうど》を討ち、さらに西の方現在のサマルカンド辺りを支配していた大月氏《だいげっし》に張騫《ちょうけん》を送り通交を求めました。武帝はさらにタリム盆地のオアシス諸国家へ遠征し、匈奴の勢力を駆逐すると共にこの一帯を漢の領土としました。敦煌という郡が設置されたのはこの頃前二世紀の後半です。それより約一〇〇年前インドにはマウリヤ朝のアショカ王が出ます。彼によりインド亜大陸は統一されます。彼は熱心な仏教の保護奨励者です。インドのアショカ王と漢の武帝という二人の英邁な君主の出現が、仏教東漸の条件になったと言っても過言ではありません。

漢民族への仏教伝来は、前漢末期に王族が信仰したのが始まりであると記録にあります。後漢二代目の明帝の時西暦六七年に白馬寺が建立されます。中国における仏寺の第一号です。後漢の頃から仏教は徐々に漢民族に伝播します。漢民族の中で仏教信仰が盛んになるのは、後漢が亡び中国北部に異民族が侵入し、統一が敗れた五胡十六国とか魏晋南北朝といわれる動乱の時代です。後漢の滅亡（二二〇年）から隋王朝による統一（五八九年）までの約四〇〇年の間に漢民族の仏教は形成されます。漢民族のアイデンティティーが一番動揺した時期に中国仏教は確立します。皮肉なことに、中国が再び統一され本来の中国らしさが出てくると、逆に仏教は衰退します。インドにおいても同様です。バラモン教的傾向の少ないマウリヤ朝やクシャーナ朝の時代仏教は興隆し、バラモン教的傾向を濃厚に持つグプタ朝以後仏教は徐々に衰退します。

2

漢民族の仏教興隆のきっかけは渡来僧の活躍です。西域といわれる東西のトルキスタンや、ペルシャそして本場のインドから僧侶達がやってきて仏教を広めます。彼らの活躍で一番重要な事業は経典の翻訳です。中国仏教に大きく貢献した渡来僧は、仏図澄《ぶっとちょう》・鳩摩羅什《くまらじゅ》・菩提流支《ぼだいるし》・真諦《しんたい》・菩提達磨《ぼだいだるま》それに唐時代の善無畏《ぜんむい》と不空です。

仏図澄は四世紀の初頭洛陽にやってきます。当時洛陽は後趙という非漢民族の王朝の首都でした。皇帝は石勒《せきろく》という人で、当時の君主にもれず相当にむごい皇帝でした。彼らは漢民族には征服者として臨みます。中国北部には常に複数の王朝が乱立し、それらがまた南方の漢民族の王朝と対立しています。常に戦争状態です。非漢民族は狩猟や遊牧に従事しますから、農耕民族である漢人とは生活習慣も違い気も荒いのです。仏図澄は皇帝のもとで軍事顧問として仕えます。僧侶が軍事顧問というのも変な話ですが、当時渡来僧は学識がある上に、漢民族にはない知識の保持者ですから、君主にとっては貴重な存在でした。仏図澄は石勒に仕えて彼の要求に答えると共に、慈悲の心を君主に説いて、刑殺を極力緩和し酷くないよう求めました。無実の者を弁護して無罪を勝ち取ります。こういうことは家を出た、つまり俗世での出世を一応捨てた僧侶であるからできます。それまでの漢民族には出家という生活態度はありません。儒教の教えは基本的には修身斉家治国平天下です。彼らが願い求めるものは常に世俗の世界での成功です。こんな連中がへたに君主に諫言しますとかんぐられかねません。お互い腹に一物あって疑心暗鬼になります。ここに出家した僧侶の出番があります。彼らは権力の緩衝剤になります。

仏図澄と石勒の子石虎との関係についておもしろいエピソードがあります。石虎に仕えていた漢人官僚の一人が石虎に注意します。仏教は異民族の信仰であるからよくないと。石虎は、私は異民族出身の君主である、だからこそ仏教に帰依するのだと答えます。宗教と権力の微妙な関係を示唆する興味ある逸話です。仏教がなぜ五胡とか南北朝という動乱の時代の中国で受け入れられたか解かる気がします。仏教の興隆に貢献した君主は多かれ少なかれ非正統的な臭いのある人達です。

仏典の漢訳は後漢の安世行に始まります。訳経が本格的体系的になるのは、五世紀初頭長安にやって来た鳩摩羅什以後です。鳩摩羅什はタリム盆地のクチャ国の出身です。伝承によると彼はクチャ国の王女と亡命インド人貴族との間にできた子供です。カシミールや他の西方諸国に留学して大乗小乗の仏学を学びました。鳩摩羅什の名声を聞いた五胡の君主は彼を中国に召請しようとします。召請なんて生易しいものではありません。むりやり連行します。そのためには軍隊を派遣し遠征もします。途中の国で鳩摩羅什は強制的に滞留させられます。それだけならまだしも、ある君主は彼のような優秀な遺伝子を残したいと思ったのでしょう、彼を多くの女性達と一緒にしてむりやり監禁し強引に交接させます。そのために鳩摩羅什は自分は犯僧（女犯の戒律を破った破戒僧）という自意識を持ち続けました。彼の翻訳事業中最大のものは「妙法蓮華経」ですが、このお経のタイトルである白い蓮の花は泥の中に咲きます。泥という汚れの中にあってもその純白さを失わないから、煩悩即菩提の境涯を象徴することができるのです。なにがなし鳩摩羅什の生涯と心境を表しています。そういうすったもんだの末後秦の姚興《ようこう》が後涼を亡ぼして、滞留させられていた鳩摩羅什を長安に連れ帰ったのが西暦四〇一年、彼鳩摩羅什が五十歳を超えた頃です。当時の君主にあっては僧侶知識人の扱いは捕虜並みです。しかし長安で鳩摩羅什は姚興に非常に厚遇されます。大規模な翻訳場が設けられ、全国から秀才が集められ、作業は分担され、鳩摩羅什の指導のもとに翻訳が実施されます。彼が漢訳した代表的な経論としては法華経・中論・十誦律・阿弥陀経があります。彼は主として般若経系の経典と竜樹の思想に詳しかったと言われます。十誦律はインドの律蔵の代表の一つです。鳩摩羅什の訳業は仏典翻訳に画期を作りました。それまでの翻訳と違い彼はあくまで漢民族に解かるように達意に訳す、つまり意訳しました。竺法護による訳経「正法蓮華経」は原典に忠実すぎて非常に解かりにくいそうです。

訳経の第二期は六世紀、唯識系統の経論の翻訳です。六世紀初頭、菩提流支《ぼだいるし》が十地経論を、同世紀の中頃、真諦《しんたい》が摂大乗論・大乗起信論を翻訳して、唯識思想や如来蔵思想を中国に紹介します。華厳経の世界が漢民族に知られるのもこの頃です。

七世紀に入り中国が唐王朝により統一された当初、玄奘《げんじょう》三蔵はそれまでの仏典に飽き足らず、原典を求めてインドへ行きインド各地を廻って見聞を積むと同時に、膨大なサンスクリット原典を故国に持ち帰ります。インド旅行はあしかけ十七年。彼の旅行記大唐西域記をもとにして作られた伝奇的空想文学が西遊記です。玄奘が帰国した六四五年当時太宗李世民の治下で唐は繁栄していました。玄奘は太宗に手厚く迎えられます。玄奘は唯識系統の経論を求めてインドに行ったのですが、持ち帰ったものはそれ以外にも多く、以後太宗の後援のもとに大規模な訳業が開始されます。かなりのものが再訳されました。玄奘以前の漢訳仏典を旧訳、彼以後のものを新訳と言います。たとえば真諦訳の本は非常に解かりにくい由ですが、玄奘訳になると解かりやすいと言われます。

翻訳の第四期は八世紀、玄宗治下において盛行した密教経典の翻訳です。善無畏《ぜんむい》・金剛智・不空が陸路海路唐にやって来て大日経や金剛頂経を中心とした密教経典を翻訳します。だいたいこの辺で漢民族による仏典漢訳はほぼ終了します。我々日本人が受け継ぐのはこのような、つまり漢訳され中国化された仏典です。なお中国からインドへ渡った僧侶は三世紀の朱子行に始まり名前が知られている者だけで一七〇名余りです。その代表が五世紀の法顕《ほっけん》、七世紀の玄奘と義浄です。

漢民族はインド起源の思想である仏教と接触しそれを取り入れましたが、そこには次のような特徴があります。第一に彼らが受容した仏教は大乗仏教であり、大衆救済を説く、仏像を持った、視覚的イメージに訴え、だからかなりな程度呪術的である大乗仏教です。次に特に初期の時点で中国にやって来た渡来僧の多くは、インドというより西域すなわちペルシャや大月氏、あるいはタリム盆地のオアシス諸国家の出身者が多かったことです。原典のサンスクリット語と中国語は非常に異なります。文法と語彙は全く違います。インドと中国の生活習慣も違います。このような相違するところ大なる二つの言語間文化間に、それでなくても誤解されやすくて解かりにくい仏教思想の理解を橋渡しするのですから大変です。例えば般若《はんにゃ》とか涅槃《ねはん》という術語はサンスクリットあるいはそれに相当するインド諸語からの音訳です。音に忠実に訳してあります。対して法華経・中観・唯識・華厳等の言葉は意訳です。本来の言葉に含まれる語義に従って翻訳されています。仏陀・釈迦は音訳、これが意訳となると釈尊・世尊となります。唯識学の大成者ヴァスバンドゥーは意訳されて世親あるいは天親ですが、音訳は婆藪槃頭です。二つの音韻体系が全く異なるために音訳されると原語の音がほとんど解からなくなります。その漢字の音を我々日本人が日本流の発音で読むのですから原語からいよいよ遠いものになります。たとえば涅槃《ねはん》とNirwana（ニルヴァーナ）など正直言って同一の言葉とは思えません。しかし音訳なのです。知り合いの台湾の人が仏典の漢文を見て、これはインド語だと言いました。漢民族は誇り高い民族です。言い換えれば夜郎自大で尊大なのです。仏教が中国に伝わった時、彼らは既に高度の文明を所有していました。ですから仏典を一度翻訳しますと、後続する者は二度と原典を見ようとはしません。原典もどこかへ行ってしまいます。我々日本人が漢訳仏典を後生大事に尊重して今日に至っているのとは大違いです。ですから中国仏教はインド仏教と相当異なるものになりました。我々はこのような仏教を海の彼方から輸入したのです。そして中国仏教の形成は明らかに律令制度の確立と密に関係しています。この点では我が国も同じです。政治と仏教の関係を少し振り返ってみましょう。

3

漢民族の仏教受容は、三世紀初頭から六世紀末にかけての大動乱の時代に最も建設的に行われました。その成果が隋唐の仏教です。後漢は二二〇年に亡びますが、その五〇年前から目茶目茶でした。この辺の事情は三国志の中に詳しく書いてあります。黄巾の乱後地方には群雄が割拠しその果てが魏呉蜀三国の鼎立です。物語を読む側としては面白いのですが、住んで生活している人間にとっては地獄です。周辺の異民族は中国本土に移住します。どのくらい時代の様相がひどかったかと言いますと、後漢の最盛期の人口は三国時代には五分の一から十分の一に減少したことからも推測できます。三国は晋王朝により一応統一されますが、八王の乱という絵にも詩にもならない王朝内部の権力闘争の末に瓦解し、それを機として匈奴鮮卑《きょうどせんぴ》等の北方遊牧民族や羯氐羌《けつていきょう》というチベット系の民族が侵入します。漢民族の王朝は江南に逃亡しそこで晋宋斉梁陳の王朝が交代します。三国時代の呉と併せてこれを六朝と呼びます。北方の淮河以北では合計五つの民族が十六の国を建国しては亡びます。五胡十六国と言います。遊牧民族だから残虐というわけではありませんが、彼らの生活意識からして荒っぽいことは事実です。それに征服者という気持ちは否定できませんし、加えて農耕民族である漢人との文化摩擦は避けられません。君主の性格如何では猛烈なことが起こります。例えば前秦の軍隊が東晋の土地に侵入した時、兵士は槍の先に赤ん坊を突き刺して凱歌を挙げて突進しました。もっと後代のことですが五代の戦乱期に侵入してきた遊牧民族の君主は、華北の農民なんぞいらないから皆殺ししてしまえと言ったそうです。ジンギスカンが華北を占領した時、農民なぞ追っ払って農地はすべて牧場にしようと言い出し、宰相の耶律楚材が必死になって止めた話は有名です。四世紀から五世紀にかけての華北はこんな調子でした。五胡の一つ鮮卑族がやがて四三九年に華北を統一して魏王朝を建てます。以後南北に王朝が並立します。

南朝治下の淮河以南が平和であったかと言うととてもそうは言えません。三七〇年の間に七つの王朝が交代します。平均五十年の統治ですから、じいさんが皇帝になったら孫か早ければ子供の代には玉座を追われます。禅譲という偽善的な政権交代が行われます。建前としては賢明で有能な臣下に、帝王が進んでその地位を譲るというのが禅譲ですが、実態は違います。江南を本拠とする南朝では、君主の力は弱く、大貴族の力が強いという特徴がありました。帝王も含めて皆どんぐりの背比べです。だから政権基盤はいつも脆弱で、交代する候補には事を欠きません。有力者はここぞという時帝王に強要して禅譲を迫ります。禅譲が文字通り行われれば結構ですが、譲った側の一族は密かに全員殺害されます。後顧の憂いを絶つためです。こんなことの繰り返しが南朝の政治です。宋か斉の王朝の皇子は、後世生れてくるなら決して王族には生れてきたくないと言って、毒殺されました。禅譲の裏は関係者一同皆知っています。しかし表沙汰にはなりません。偽善の極致です。

三世紀から七世紀にかけてのいわゆる魏晋南北朝時代とは、ざっとこんな時代です。人心に影響を与えないはずがありません。儒教は急速に衰えます。北は戦乱と胡族出身の独裁君主の支配下にあります。漢民族の生活習慣を寄せ集めた儀礼の体系である儒教が、彼らの好みに適うはずがありません。変なことを言ったら殺されるのがおちです。南でもまっとうなことは言わないにこしたことはありません。偽善ほど恐ろしいものはありません。かくして漢民族の中核である士大夫階級の関心は急速に儒教を離れます。天下国家を論じるよりは、まず自分自身が安心して暮らして行ける生活と心の境地を求めます。陶淵明の「帰去来の辞」はこのような知識人の心境を表す代表的な作品です。


さあ帰ろうよ、故郷の田園が私を待っている。

そこには車や馬の喧燥もなにもない。立身出世のための礼儀作法などこりごりだ。

庭の東の隅に咲いている菊の花を取って、その美しさを賞味しよう。

南には山が悠然とそびえている。なんと堂々とした姿であることか。

西の空は赤々とした夕焼け、ねぐらを求めてかーかー烏が飛んでいる。

この情景の中に私が語りたく思い、また自然が私に語りかけてくる真意があるのだ。

私はもうそれを言葉で表現することはできない。そこには言語の入る余地はないのだ。

大意はそんなところです。末尾の、その中に真意あり弁ぜんと欲してすで既に言を忘れたり、の一節は仏教の、名相言説を超えた不可思議なる境地、と相通じるものがあります。

かくして多くの知識人、士大夫階層は儒教を離れ老荘思想に向かいます。老荘、老子や荘子により形成された考えによりますと、俗世間での礼儀とか仁義などの道徳や規矩作法の外に、人間の真実の境地があると言います。儒教が現実の価値規範を重要視するのに対し、老荘はこれを貶価します。隠逸、現実に背を向けて気楽な境地に遊ぶ態度を、勧めます。儒教から離れた知識人達はこの態度を賞賛し、いかに現実を否定して、そこに生じる苦痛を回避できる心境に到達するか、という議論にふけるようになります。清談です。現実否定という点では老荘思想は仏教に似ていますから、中国の知識人達はまずこの老荘思想でもって、仏教を理解しようとしました。老荘思想の仮面をかぶった仏教理解を格義仏教《かくぎぶっきょう》と言います。この点についいては深く触れませんが、仏教と老荘思想の違いの一番基本的な点だけには論及せざるを得ません。仏教では存在を認識論的に否定します。ですから一度否定した存在あるいは現実は形を変えて再び帰ってくることが可能です。反対に老荘は存在・現実を実在論的に否定します。ということは一度否定された現実の背後に、別のさらに良い現実を期待するわけです。仏教の考えによれば原則的には桃源郷は存在しません。老荘思想では桃源郷は存在します。老子が言ったという仁義の背後の大道とか、荘子が夢の中に見た胡蝶になった境地、はすべてこの種の桃源郷です。行き着く先が仙人の境地です。仏教では仙人は仏教修行者より下位にランクされます。結局老荘思想は仏教と手を切って道教に合流します。しかし知識人達が老荘思想に魅せられざるを得ない、個人の精神の安定を第一に考えざるを得ない状況を背景にして仏教が漢民族に受容されたのは事実です。

4

眼を北方に転じると、胡族が支配する君主独裁の政治があります。戦乱が絶えません。魏により華北が統一されたと言っても、魏は東西の魏に、さらに周と斉に分裂します。民族間の文化摩擦もあります。征服者である胡族もいざ統治するとなると、自分達が少数民族であり、文化的劣位にある事を嫌でも応でも自覚せざるを得ず、いきおい疑心暗鬼になります。この状況で仏教はどのように機能しうるでしょうか?

まず文化摩擦の緩衝剤として仏教は最適です。仏教は本来外来のものであり、その点で胡族の君主としては安心できます。仏教はその専門家を出家させます。出家者は世俗権力闘争の外に身を置きます。この点でも君主にとっては好ましい限りです。加えて僧侶は体系的に思考する訓練をされており、またその立場上外来の新知識に詳しいという利点があります。最後に君主とは所詮は孤独なものです。臣下の誰一人として全面的には信用できません。全面的に信用したら君主失格です。こういう時、仏僧の存在は最適です。いろいろな意味で君主の心の相談相手になりえます。この点では仏僧の存在は宦官《かんがん》のそれと似ています。事実魏や唐の王室では内道場と言い、君主専用の道場がありました。そこで僧侶は君主の私生活の中に深く食い込みました。我が国で言いますと弓削道鏡がいい例です。則天武后には薛懐義《せつかいぎ》という怪僧がいました。王室の中に食い込む僧侶の弊害は宦官のそれ以上でもありえたのです。

単に心の安寧を如来に委ねるというだけではありません。相手は帝王です。統治のためにはなんでも利用するのが君主の常です。僧侶を召し抱え、彼らを使って仏教を守護し興隆させます。仏法の現実の守護者は帝王です。如来に向けられる讃嘆は、容易に帝王に向け変えさせられます。僧侶にしても帝王のお蔭でその地位があるのであり、帝王を賛美する方がずっと得です。こうして帝王は現実を処理する権力のみならず、権威つまり支配するための正当な根拠をも仏教保護政策を通して手に入れます。人民を憐れみ慈悲を与えるという、公共の福祉云々は、統治の根拠を正当化するスローガンとしては最適です。仏教より一般に宗教が介在することによって、臣下と君主、また臣僚と人民の間にくさびや潤滑油を介在させ、帝王はその統治をより容易にします。かかるメカニズムは胡族の君主の支配する華北で最もうまく機能します。

中国の仏教が形成される過程において、国家権力が介入してそれを促進した最も大規模な事例は、北魏王朝治下の華北です。鳩摩羅什《くまらじゅ》により中国仏教の内実は充実します。彼の没後三十年足らずで、鳩摩羅什を保護した後趙は亡ぼされ、華北の地は鮮卑族の拓跋《たくばつ》氏により統一されます。その直後に太武帝による廃仏が断行されます。しかしこの廃仏政策は次代の皇帝達によりすぐ転換されます。仏教信仰は推奨され、僧侶は保護され、仏寺は増設され、仏学の研究は奨励されます。中国の仏教が飛躍的に発展したのは北魏以後です。その証拠象徴が雲崗《うんこう》や竜門の石仏です。断崖の壁面に巨大な仏像が掘ってあります。研究者の話では石仏の顔は歴代の北魏皇帝の顔に似ているそうです。北魏王朝は中国仏教史上もう一つ画期的なことをしています。僧侶僧団を国家的に統制する制度を作りました。僧侶僧団統制のための役所が設けられ、地方では国立の寺院建立が勧められる一方、それを監督する官吏が任命されます。さらに仏寺の経済的基盤として奉仕する、特殊賤民の集団が設置されます。宗教統制装置は後の王朝にも引き継がれて隋や唐ではもっと大規模に制度化されます。我国にも輸入され僧正僧都律師という僧官制度として定着します。

　歴代の皇帝の中、仏教の保護奨励政策で特筆大書されるのは則天武后です。通例に従って武后つまり武氏出身の后と書きましたが、彼女は中国史上唯一の女帝であり、短い期間ですが唐王朝を簒奪し、周という王朝を建てました。則天武后はこの簒奪を正当化するために仏教の保護奨励に血眼になります。彼女は病身の夫高宗を助けて全国に寺院を作ったその上に、自らが即位すると新たな国立の地方寺院として大雲寺を作り、漢民族のいわば国教ともいえる儒教道教より仏教を優先する儀礼を挙行しました。一番有名なのが大雲経という偽経作製です。このお経によれば則天武后が弥勒菩薩の生まれ変りとして、この世に下生《げしょう》すると予言されています。彼女の愛人の一人である薛懐義は僧侶として宮中に入り彼女の宗教政策に協力します。弥勒菩薩なら帝王として君臨してもおかしくありません。なお華厳宗の形成も則天武后に負うところ大です。華厳宗の大成者法蔵は希代の秀才で武后に寵愛され、その権勢によって華厳宗は栄えました。華厳経の中の仏陀、ビルシャナ仏は帝王のイメージにそっくりです。我国では奈良の大仏様がそうです。大仏は聖武天皇が全国統治を推進するために作りました。則天武后の事跡を奈良時代の為政者達は踏襲します。インドで華厳経ができた時からビルシャナ仏にはそういうイメージがありました。

　他に仏教奨励に熱心な皇帝としては南朝梁の武帝、彼は仏教中毒です。それから隋の文帝・煬帝父子、特に煬帝は天台宗の大成者智顗に傾倒します。唐の太宗李世民は玄奘のパトロン、彼の子高宗も熱心な仏教保護者でした。楊貴妃とのラブロマンスで有名な玄宗皇帝の時には密教が盛んになりました。ここに挙げた五人の皇帝達はなんらかの意味での簒奪によりその地位を手に入れています。唐王朝の仏教政策で忘れてはならないことは度牒《どちょう》、僧侶の資格の国家公認制度です。僧侶は一定の試験を受けてその資格を与えられます。同時にその素行は国家により管理、統制されます。

5

中国の仏教政策について書いてきました。しかし中国では仏教はあくまで外来の宗教であり異端です。本家は儒教と道教です。儒教道教と仏教は仲が悪いのです。儒教も道教も現実的幸福の価値を重視します。福（子孫が多い）禄（収入が多い）寿（寿命が長い）に加えて、家族内の秩序維持、世間的名声、立身出世の価値を高く評価します。仏教は反対です。漢民族は家の存続を至上命令としますから、出家により家を否定する仏教とは肌が合いません。そしていくら国家が仏教を保護奨励したとしても、国教は前漢の董仲舒《とうちゅうじょ》以来儒教です。科挙官僚を始めとして為政者の大半は常に仏教に対して白い眼を向けていました。唐王朝が安史の乱で傾きますと、中央権力の保護に頼っていた仏教は衰微します。禅宗とか浄土教とかの実践的なもののみが生き残ります。実践的と言えば聞こえは宜しいが、新しい理論の無い所にたいした発展は望めません。中国仏教は大体唐の前半でその限界に達します。代って仏教の影響を受け、その論理を吸収して自家薬篭中のものにした儒教が盛返します。儒教の興隆は科挙制度の発展と併行します。唐末から五代の時代にかけてこの機運が盛り上がり、北宋の程兄弟を経て南宋の朱子により大成される宋学がそれです。

儒教道教との関係においてまた国家政策との関係において、避けて通れない事件が廃仏です。小さいものはもっとあると思いますが、大事件だけで四回あります。四四六年北魏の太武帝、五七四年北周の武帝、八四五年唐の武宗、九五五年後周の世宗による廃仏、いわゆる三武一宗の難です。廃仏を断行している皇帝はすべて英邁な君主です。彼らが廃仏をする最大の理由は、仏寺僧侶が政治経済政策の障害となったからです。正式の僧侶のみならず非合法な出家が横行します。僧侶は兵役と納税は免ぜられますから、国家財政に響き、軍事力も衰えます。反対に寺院は土地の寄進により富み栄え、堕落します。そこで頭に来た皇帝が廃仏を行い、寺は没収するか破棄、仏像は溶かして転用、僧侶は兵隊にしたり帰農させます。背後では儒教や道教の支持者が応援します。

廃仏が行われるのは中国仏教が民衆のものにはなっていなかったからです。常に国家により統制されまた保護育成されてきて、それ以上の発展がなかったと言えます。国家の保護が失われればそれでおしまいです。保護者は一転して迫害者になります。その点では我国の仏教のあり方と比較すれば面白いでしょう。荘園制度の進展による寺院の土地集積（平安末期の時点で荘園の半分は寺院所有と推定されます）、寺院僧侶の横暴（僧兵といえば平安鎌倉時代の風物詩です）、私度僧《しどそう》の増加（むしろ勝手に出家した連中によって新しい仏教が作られました）等どれをとっても中国の皇帝を悩ませた問題には日本の為政者も手を焼いています。しかし我国では廃仏は一切行われていません。明治維新の時の事件なんか廃仏と言えるようなものではありません。この違いはどこから来るのでしょうか？　次のことだけは言えます。中国では王朝の交代ごとに中央集権制度が更新されます。常に権力は皇帝に集中します。ですから信仰とか宗教というものは中央の権力による支配統制から離脱できません。民衆の中に高度の宗教的情操が定着しにくい状況が続きます。我国では中央の権力はすみやかに地方に分散され、中央の権力自身が緩慢な下克上の運動を繰り返します。権力の分散下降運動は仏教のような存在にとっては好適な土壌です。仏教が外来の思想であることも理由の一つですが、仏教自身の思想的体質が権力の集中を拒否する傾向を持ちます。無我で、空で、四句分別で、円融三諦《えんゆうさんたい》で、いつもぐるぐる廻っているのが仏教ですから。荘園が発達すると、中国では皇帝が怒ってそれを没収してしまいます。日本では荘園はどんどん発展します。併行して中央権力は衰微しますが、荘園それ自身の中から武士が出、自営農民が出、商工業者が座を作って活躍します。彼らはそれぞれ自分達に合った信仰を求め、仏教の方もそのニーズに答えます。仏教が入ってきて土着したから権力が分散したのか、逆に権力が分散したから仏教が土着できたのか、そのどちらでもあるのでしょう。ともかく漢土の廃仏という事件は考えさせるものを持っています。念のため言いますとあの国では廃仏は五代でおしまいではないのです。以後もいろいろあったようです。太平天国の乱の時この勢力下にあった土地の寺院は全部破壊されました。考え様によっては共産主義も廃仏の一種かもしれません。

6

これまで中国仏教をとりまく状況、すなわち経典の輸入翻訳とか国家の政策について語ってきました。それでは漢民族が独自に仏教に貢献したものは何でしょうか？　彼らは主体的にどのように新しい仏教を形成して行ったのでしょうか？　通常中国仏教は理論としては、天台、三論、そして華厳の各宗派、実践面では浄土信仰と禅と言われます。三論宗は隋から初唐の頃に活躍した吉蔵により形成されました。三論は竜樹の中論と十二門論、それに竜樹の弟子提婆の百論という三つの中観思想の論書です。吉蔵は竜樹の思想の中から破邪顕正と空仮不二という主題を強調します。破邪つまり間違った考えを破れば、顕正すなわち正しい考えは自然に出現する、と吉蔵は言います。空仮不二は空と仮は二つではないつまり異なるものではないということです。この主題は竜樹の思想の中核です。私は竜樹の考えかたを、斬り捨て御免、と表現しましたが、吉蔵の三論宗もそれ以上ではありません。竜樹において見られるカリスマ性が減少する分、批判的にすぎ理屈っぽくなります。竜樹の思想は決断の思想です。理屈に流されず、瞬間瞬間に自己の態度を措定することが求められます。この迫力を欠くと理論は他者排撃のためにのみに終始することになります。三論宗は平凡な個人が悟りを得るための具体的な方法論を欠きます。

三論宗の対極に華厳宗があります。この宗派はもちろん華厳経の内容を中心として形成されました。華厳経の説くところは、六波羅蜜あるいは十波羅蜜の完成者としての、ビルシャナ仏の様相です。華厳経の得意とするのは完全なる者の描出です。しかし問題は完全な状態に至る道です。華厳経ではそこのところが弱くなります。弱くなるどころか全くありません。中国の華厳宗は法蔵により大成されます。彼の華厳経理解は華厳経本来のものより抽象的になっています。その主張するところは、一切即一・一即一切・重々無尽・融通無碍、です。つまりすべては相互に連なり合い、重なり合い、溶け合っているというのです。そのとおりには違いありません。しかし万物が調和しているだけなら信仰なんて要りません。この世の苦しさをなんとかしたいから信仰にすがるのです。その点では華厳宗は宇宙の調和を強調し過ぎ、その分矛盾の存在を看過しやすい体質を持ちます。三論が負け犬の遠吠えなら、華厳は絵に描いた餅です。両者とも実践に弱いのです。

天台宗は智顗《ちぎ》により大成されました。この教説は私が今書いている本にとって非常に重要なので、次の節で詳しく説明します。天台の思想は法華経と竜樹の総合です。竜樹の思想にどうしてもつきまとう、斬り捨て御免の部分、つまり破邪から顕正を導出できないギャップを、智顗は法華経でもって埋めます。法華経が徹底的に強調するのは方便です。これは般若経以来の大乗仏教における最も重大な主題ですが、法華経はそれを法と人と時の相互性の中で捉えます。法華経の法華経たる由縁はすべてを最高の法の顕現としての方便としたことにあります。すべてが方便、つまり手段過程でありまた法の本質なのです。これを智顗は竜樹の四句分別、仮空中三諦に当てはめます。竜樹の考えでは仮と空と中が相互に相通じるとはいうものの、具体的にどう通じるのかには触れられません。というよりそれ以上言及できません。智顗はその間を方便の一般的形態としての十如是《にょぜ》でもって充填し、結果として仮と空つまり、煩悩の世界と解脱の世界を結ぶ具体的なものとして、十界を設定します。智顗の思想がどのくらい時間性を評価したかまだ判然としないところもありますが、彼が時間意識が凝縮したような経典である法華経を自己の理論形成の支柱としたのは偶然ではありません。それ以上の叙述は次節に譲ります。三論の吉蔵、華厳の法蔵、天台の智顗、三人のうちで時代が一番早いのは智顗です。彼は南北朝時代の末期から隋帝国ができた当初に活躍しました。吉蔵はもう少し時代が下がって初唐の人です。吉蔵が若い頃智顗に教えを受けたという言い伝えもあります。法蔵はさらに時代が下って則天武后の時代の人です。いずれにせよ中国の理論仏教のチャンピオンとも言えるこの三人が、隋唐帝国つまり律令制度の完成されんとする時期に現れ活躍したことは私には偶然とは思えません。

浄土思想と漢民族の思考方式の関係ですが、私は諸家の意見をも考慮して、この思想は漢民族独自のものであるように思います。先に仏教には桃源郷はないが老荘思想にはある、と言いました。浄土とはこの桃源郷ではないでしょうか？　あくまで具体的実在を求めて行く現実主義はこの民族において特に顕著ですが、浄土とは単に心の中だけでなくあくまで実在としてイメージされているのです。禅宗について言いますと、禅定を専門とする一つの宗派ができたのは漢民族において始めてです。禅定ないしヨガは仏教の基本的修行法として釈迦の時代から連綿としてあります。それだけに坐禅はそれを取り巻く思想的環境によりいろいろと影響を受け変容されます。中国仏教はこの禅定というプロセスそれだけを取り出しました。禅定、言ってみれば直接の内省という極めて不安定な過程を、秩序づけるために禅宗は二つのことを強調します。徹底的な個人指導、師匠による認可制と師資相承の系譜の重視が一つ。他は悟りの世界を常に現実の世界に結びつけることです。禅宗は一切の神秘を廃します。現実と悟り、これは簡単に結合できるものではありません。そこで禅宗ではそのために逆説を使用します。師資相承と逆説の方法論化、そこに禅宗の特徴があります。これも漢民族のリアリズムの成果であると私は思います。

第四節　十界互具——天台智顗の思想

1

比叡山延暦寺と言えば、京都の北東にあって誰知らぬ者ない日本の仏教を代表するお寺です。このお寺の宗派が天台宗であることもよく知られています。天台宗からはいろいろな宗派が出ました。浄土宗、浄土真宗、時宗、曹洞宗そして日蓮宗、本家の天台宗を加えて日本の仏教の半分以上は叡山がらみです。それほど日本仏教に馴染み深い天台宗の大成者が天台大師智顗《ちぎ》です。彼は南北朝末期から隋代にかけて生きた人です。智顗は竜樹の中論と法華経の思想の上に、悟りの世界と俗世間の価値を統合する思想を打ち建てます。十界互具《じゅっかいごぐ》・教相判釈《きょうそうはんじゃく》がその中核概念です。同時に修行方法を具体的に体系化します。智顗は西暦五三八年、南朝梁の武帝に仕える陳氏の次男として現在の湖南省に生れました。七歳、ある寺で観世音菩薩普門品を聴き、仏道に魅かれ経文を読誦したと言われます。十歳、侯景の乱、十七歳、梁王朝滅亡、智顗一家は首都の建康を逃れて江南に難を避けます。翌年出家。五五六年、南朝最後の王朝である陳王朝が起こります。

智顗の求道の生涯で三つの特筆大書する出来事があります。最大の一つが南岳慧思との出会いです。天台宗二祖の慧思は、孤高・独学独習・忍辱の生涯をもって知られます。慧思は法華経安楽行品に基づく禅定で悟りを開きました。二十三歳、智顗は現在の河南省にある大蘇山で弟子達を指導していた慧思を訪ね教えを請います。慧思は智顗との出会いを霊鷲山で釈迦の説法を一緒に聞いていた仲と表現します。智顗は慧思について修行し、禅定体験を積み、法華う。

経の薬王菩薩の体験をきっかけとして悟ります。薬王菩薩がモデルですから相当に厳しく激しい体験だったのでしょう。

三十歳、慧思のもとを去った智顗は南朝の首都建康で講説し後輩を指導します。しかし三十八歳、修行者の生ぬるさに耐えられなくなり、智顗は弟子全員を破門し、自らは建康から遠い南方の天台山に隠棲し一人修行に励みます。法華経の修行者にはこういう激しい人が多いのです。南岳慧思、天台智顗、六祖湛然、最澄そして日蓮です。

智顗は現在の浙江省にある天台山で修行に入ります。この山の華頂峯での修行中彼は魔物を見る体験をします。魑魅魍魎や竜蛇が口から火を吐き、黒雲のように沸き上がり、雷のような大声で彼を威嚇し脅します。この体験を彼は切り抜けます。智顗はここに二、三年住みました。ちなみに我国の天台宗の開祖最澄が定めた規則によりますと、修行者は八年間は比叡山の山中に篭って、外界に出ることなく修行しなければなりません。やがて陳朝の高官毛喜が、智顗に後進の指導を再開して欲しいと要請します。智顗は山を下りて修禅寺を創建します。彼四十一歳の時のことです。以後は講説と教育と著述の生活です。智顗五十二歳、陳朝は北朝の隋に亡ぼされます。智顗は亡国の民として転々としますが、時の江南占領軍総司令官である晋王広（煬帝）に私淑され、旧陳朝支配下の宗教政策の諮問に与《あずか》ります。以後十年智顗の死まで二人の交友は続きます。五九七年、死去、享年六十歳。

智顗の生涯は五三八年から五九七年に及びます。この期間は、五胡十六国とか魏晋南北朝と呼ばれる戦乱の時代も収束に向かい、試行錯誤の経験の中から隋唐の律令体制が成立し、中国は再び安定と繁栄を謳歌する時代に入ろうとする時に当たります。四〇〇年の動乱の時代の中で、従来の漢民族は血統においても気風においても変化します。変化を代表するものの一つが仏教信仰です。智顗が生れた当時、真諦が海路江南に来て唯識系の経論の翻訳を始めます。智顗が活躍する頃にはインド仏教の経論の殆どが一応中国に伝来されていました。北朝では国家主導の仏教が、南朝では民間主体の貴族仏教がそれぞれの特色を生かして定着します。この時期に智顗は生れ生き活躍します。彼の事跡の一つは漢民族の仏教つまり、漢民族の思想により受容され変容された仏教の論理体系を作りあげたことです。彼の著作は沢山あります。法華文句、摩訶止観、法華玄義の三つが智顗の思想を代表するものとされ、法華三部と総称されます。ただこれらの本も彼が書いたというより、彼の講義を弟子達が筆記し後になって整理したものが多く、従って智顗の思想に弟子達の考えが混じります。この節では三つの著作のうち摩訶止観《まかしかん》と法華玄義《ほっけげんぎ》を解説しつつ智顗の思想の核心に迫りたく思います。

2

摩訶止観は五九四年夏、荊州玉泉寺で智顗が弟子達に講義した内容を、高弟章安が筆録したものです。摩訶はサンスクリットのマハー、大きい、偉大なを意味する言葉、止観は禅定とほぼ同義。智顗は摩訶止観を、大意・釈名・体相・摂法・偏円・方便・正観・果報・起教・旨帰の順序で講義します。最後の三項目は表題のみです。私はこの十項目の内、修行方法の具体的叙述である正観《しょうかん》すなわち正修止観《しょうしゅうしかん》の項を、それも観不思議《かんふしぎ》に焦点を絞り考察します。

摩訶止観の第七章正観（正しく止観を修す　正修止観）は修行の段階を、

陰界入《おんかいにゅう》　煩悩《ぼんのう》　病患《びょうげん》　業相《ごっそう》　魔事

禅定　諸見　増上慢　二乗《にじょう》　菩薩

の十項に分類整除します。さらに初項である陰界入を以下の十項に分けます。

観不思議　起慈悲心　善巧安心　破法遍　識通塞

修道品　対治助開　知次位　能安忍　無法愛

陰界入は倶舎論の五位七十五法です。陰《うん》（蘊）は色・受・想・行・識の五つの、自己が外界に接する時生じる内外両面にわたる基本的体験様式、入と界は五陰から生じる二次的な体験様式です。だから陰界入は自己と外界との関係のあり方すべてを意味します。摩訶止観はこの基本的体験様式を観察し、観察の結果生じるさらなる体験を観察し続けることを要請します。この段階がすむと、怒や貪欲等の煩悩が出現するから、それもよく観察し、修行の一過程として現れる心身の病気もじっくり見て適宜対処しなさい、やがて修行者の過去の業が、意識の内に登って来るから動揺することなく見つめなさいと。業とは過去の体験、体験に対する情緒的執着、そして人間関係のパターンと理解してもよろしいと思います。摩訶止観で説かれている基本的な作業は観察です。心とそれを取り巻く状況に関して出現するすべての事象の観察が要請されます。業の次は魔事です。諸々の魔物がいろいろな姿形をとって修行者を誘惑し恫喝脅迫します。この現象も体験し観察して克服しなさいと。魔事は現代の我々にとっては笑止かも知れませんが、当時の修行者が置かれた内的外的環境を考慮すると、知覚変容としてのこの種の体験は大いにありえました。魔を煩悩の行動化、そこへ誘惑するされる対象とみなしてもいいでしょう。魔事を克服したらもう一度禅定しなさいと智顗は言います。禅定は倶舎論に出てくるような古典的禅定です。ただ禅定に関して智顗は必ずしも肯定的な意味でのみ推奨しません。禅定を自己目的にしないことが強調されます。禅定に味着（好んで愛着）するなと、智顗は禅定の否定面の体験を勧めている観さえ見受けられます。その代表が第八・九段階の増上慢と二乗です。残念ながら増上慢以後の三つの階梯の記述はありません。禅定の次は諸見、諸々の悟りや仏法に関する見解です。こういういろいろな意見憶見は必ず出てくる、正しいにせよ間違っているにせよ必ず出てくるからそれらも体験して行け、と智顗は言います。以上陰界入から諸見までの七段階は必ず継起します。最初の陰界入を観察すれば煩悩が出、それを一応克服すれば病気になり、さらに業と魔事が、また禅定を経て諸見が、という一連の過程は最初の陰界入観察がもたらす自然の帰結です。自己観察により惹起される意識と体験の変化、矛盾と葛藤を観察すること、が修行のアルファでありオメガです。

正観の初項、陰界入観察の過程はさらに十段階を以て継起します。段階を踏んで説明します。

不思議の境地を観察する（観不思議《かんふしぎ》）

不思議は不可思議、消極的な言い方をすると思考の対象とならず論理的に把握しえない境地、積極的に言えば悟りと世俗の両面に渡り、そのどちらでもありどちらでもない境地です。この境地を見なさいと智顗は言います。それができれば修行は必要ないのですが智顗はあえて要請します。論点先取ですが、それができる、少なくとも論理的には可能だと彼は宣言します　なぜか？　十如是であり十界互具の故と智顗は考えます。

慈悲の心を起こす（起慈悲心《きじひしん》）

智顗は不思議の境地を観察すれば、自ずから慈悲の心は生じると言います。不思議の境地を観察することは聖と俗の両面を見て、それが相互に関連しあうことの体験です。聖俗両面の同等視は万象すべて平等の体験です。如来は衆生に対して平等だから如来たり得ます。自他平等なら他者を自己と等しく見れます。慈悲心が出現します。

善く巧みに心を安んじる（善巧安心《ぜんぎょうあんじん》）

心を安らかにするためには、法性＝無明、を体得すれば宜しいと。自ら修行して得たこの境地を他者に教えることが強調されます。

すべての法を破る（破法遍《はほうへん》）

法は聖俗双方の世界の現象の基礎となる存在です。この法がそれ自身としては自存し得ないことを体得しなさいと智顗は言います。これも悟りの結果として到達できる境地で、始めからできれば苦労はしません。修行の過程で諸々の現象に遭遇するからそれに惑わされるな、と一応取っておきます。修行の障害となる法を智顗は、

見仮《けんか》　修行する上で生じる宗教的世界観・信仰観・修行の方法論をめぐっての間違った意見判断

思仮《しか》　煩悩そのものによって生じる誤った感覚感情あるいは価値観

に大別します。実際どうするかというと四句分別の論理を適用して、それ自身が自存しえないことを観察して知るという以上は言いません。ここでは特に四句分別の機械的適用が目立ちます。嫌になってうんざりするくらいです。逆に考えると四句分別の実際的運用の機会として修行の場があるとも言えましょう。結論は先に決まっています。

障害を取り除く方法を知る（識通塞《しきつうそく》）

修行の道を塞ぐものを破壊して道を開通させることの意ですが、実際どうするのかは書いてありません。

道品を適宜応用する（修道品《しゅうどうほん》）

道品は倶舎論等でいう具体的な、小乗と貶称された部派仏教由来の修行法です。もしそれまでの修行法（観不思議・起慈悲心・善巧安心・破法遍・識通塞）でうまくいかない場合、この道品という手段を試みよとなります。もと

もと狭い意味での修行法はたいがい部派仏教のものです。大乗仏教はスローガンばかり声高で、また現実との接触を勧めるために、体系的な修行法は部派仏教から借りてくる以外にありません。だから智顗はもし今までのがだめならと言って、一つの選択の如き言い方をしますが、道品の方が修行の基礎的過程なのです。

助道を用いて問題に対処する（対治助道《たいちじょどう》）

対治助道は道品と同じく、それまでの行法でぱっとした効果が得られなければ、これを用いなさいとして勧められます。実体はほぼ六波羅蜜です。それ以外の助道として、数息観・不浄観・慈悲喜捨の禅定・因縁観・念仏観等があります。いろいろしてみなさいと言うわけです。

次位を知る（知次位《ちじい》）

次位は修行の次の段階。それを知って一段一段着実に修行をしましょう、常に上がありますよ、自分はもう最高の境地に達したなどと自惚れないように、という忠告です。

よく安忍する（能安忍《のうあんにん》）

いろいろな障害に対して堪え忍び心を安定させることです。

法愛を断ち切る（無法愛《むほうあい》）

自らが到達した境地に愛着してはいけません。その境地から出て社会のために何か役立つことをしなさいと要請します。

以上が正修止観の中の陰界入《おんかいにゅう》十項の概説です。まず不思議な境地を観察します、そうすればそこから自然と慈悲の心は生じます。自らは法を理解し、説法する人を信じ、また他人に教えて、修行の過程に幅と安定を与えるべく努めます。途上で生じる諸々の障害は四句分別の論理で破砕し、妨害を排除して修行の道筋を開通させます。それでももう一つということならば三十七道品や六波羅蜜を適宜使用し、修行の到達段階を確認しておごることなく、よく忍耐して修行の結果到達した境地に埋没依存しないように、と智顗は言います。以上止観の作業と過程の概要を記述しました。そこで気付かされることは、本来到達すべき目標が修行の過程手段にもなっていることです。最たるものが正修止観全体の冒頭に位置する観不思議です。不思議、つまり成道解脱と世俗生活の両面を同時に見かつ体験できれば、なんでそれ以上の修行が必要でしょうか？　しかしあえて冒頭に最終目標が設定されます。ということは始めから可能性目標が示されていて、後の修行はそれを確認しより明確なものとするだけなのです。途中で繰り返し出現する障害は本質ではなく二次的で些末なものなのです。始めは理で悟り、後はそれを現実化するだけです。智顗の教法では理（論理的に悟ること）の意味が非常に大きいのです。私が観不思議に焦点をあて検討するというのはその故です。観不思議が修行全体の起爆剤であり全過程であり成果帰結です。肝要なことはこの過程は必ず継起することであり、継起の可能性は初項観不思議にすべて伏在していること、修行の目的と過程が常に相補相即することです。成道救済は始めから実現されていて気付かれないだけなのです。ではこの救済の原則的可能性を保証するものは何でしょうか？　それが十界互具の論理です。その説明に移る前に智顗が竜樹から継承した重要な方法論である四句分別についてもう一度その概略を説明します。

3

竜樹の中論の核心は縁の考察と去来の考察です。縁の考察で彼は、

　諸法は自から生じない、他からも生じない、自と他の共同からも生じない、自でもない他でもないなにものからも生じない。

と言います。この結果「生じる」についての恒常的な意見判断はありえない、すなわち、

　生じるでもなく、生じないでもなく、生じ且生じないでもなく、生じることも生じないことも共にないということでもない。

だから反転してそのいずれでもありうる、生・不生・亦《やく》生亦不生・非生非不生、と彼は主張します。この論法を竜樹は他のすべての事象に適用し一般化し、最終的公式として、

　因縁所生法　我説即是空　亦名為仮名《やくみょういけみょう》　亦名中道義

すなわち、

一切の事象は因縁の和合によって出現する、

私はそれらがすべて空であると説く。

同時にすべての事象は形姿を持つが、それは単なる仮の姿形としての名辞でしかない。

空でもなく、この仮名でもない、その両者であることの中に真実がある。

と言います。この論法が四句分別です。事象の素朴な存在をそのまま認める立場が因縁所生法です。因縁により生起し流動するすべてをそのまま是認します。しかしそれはあくまで因により縁により生起流動し本体はありません。だから我説即是空、私はそれを空と言い切ります。がもう一度反転してよく見ると何かであることは否定できず、それは私達に対して一定の作用を持ちます。だから亦名為仮名、私はそれを名辞により施設《せせつ》された仮の名として認知します。真実は仮でもなく、空でもなく、且その両者であり、両者の間にあります。亦名中道義です。

縁の考察から出てくる以上の論理を、時間的に継起する事象に適用すると、去来の考察の帰結である、去るものは去らず、になります。これは、一切の運動はありえない、とも、一切は運動状態でしかありえない、とも言っているのです。智顗はこの論理を四運の了達として例えば、

貪欲（むさぼる）は、未貪欲（いまだむさぼらない）と、欲貪欲（目下むさぼりつつある）と、正貪欲（むさぼることそのもの）と、貪欲已（すでにむさぼった）の四つの事象より成るが、貪欲はそのいずれでもなくそのいずれでもある。

と主張します。結果として貪欲・不貪欲・亦貪欲亦不貪欲・非貪欲非不貪欲となり、貪欲は存在と非在の間を転変します。ですから四運の了達も四句分別に合流します。智顗が以上のように四句分別を使用すると、適用された対象はすべて空中分解して流動的状態に置かれます。竜樹にせよ智顗にせよこの論理が適用される対象の適否に関しては一切無関心です。適用は無差別機械的です。

4

観不思議において観察されるべき不思議な境地が十界互具、一念三千の体験です。十界互具は、聖と俗のすべてに渡る境地が一つの境地に含まれること、一念三千も同義で、一つの感情や体験の中に他のすべての感情や体験が反映され現実化されることです。まず十界、十如是、三世間の三つの術語の解説から始めます。十界は正式には十法界、人間が経験する心及び心が働きかける状況すべての可能性です。具体的には次のような段階があります。

地獄・餓鬼・畜生　修羅・人間・天界　縁覚・声聞　菩薩・仏界
（三途）　（三善）　（二乗）

最初の三つは三途《さんず》、次の三つを三善、併せて六道《ろくどう》とか六趣と言います。修羅は朝から晩まで闘争に明け暮れる連中、天界は前世の果報により、人間的欲求が充足され尽くすことのできる境地です。あくまで人間的な、です。だから天界も永続せず、歓喜快楽安心に満ちた境地も衰えます。天人五衰です。縁覚は独りで法を悟ろうとする者、声聞は如来の教えを聴いただけで悟りえると思う者です。以上の十の法界は現代の我々から見れば心内の現象としか見れませんが、古代の人はこの世界の実在を信じました。念のために言うと、主観か客観かはともかくとして地獄餓鬼畜生修羅という心的体験は存在します。欲望の遂行に際して羨望と敵意が亢進し、欲望それ自体の成就に支障をきたし、欲望自体が変質し、さらに欲望の担体である身体そのものも変容解体されて行くに従い、上記の境地は出現します。十法界の内容は仏教が始まった時から存在しました。仏教に限らず人智の及ぶ所どこにでもある発想です。上を見れば修行により到達する階梯があり、下を見れば人間としての自覚矜持を失い頽落する過程があります。

三世間を説明します。

五陰《ごうん》世間　五陰は色受想行識　自己が外界に対して持つ印象と受ける影響の総称
衆生《しゅうじょう》世間　人間衆生という個体レベルで経験する世界
国土世間　国土つまり人間衆生を取り巻く客観的環境

十如是《じゅうにょぜ》は、十法界が人間が経験する境地の実質的内容であるのに対して、人間の心のあり方の形式範疇です。以下の通り。

相　様相・現象・あり方
性　本性・本質
体　主質・存在・構造
力　能力・エネルギー
作　機能・働き
因　原因となる主たる業
縁　補助的な業
果　因を克服して得られたもの
報　因の酬いとして得られたもの
本末究竟《くきょう》　相から報に到るすべてが通じ合うこと

十如是は人間の心のあり方、存在を観察し体験する形式範疇です。相は人間の心のなまの様相、概念的に把握される以前のあり方、四句分別でいえば「生」「因縁所生法」の段階です。性《しょう》は相の集約であり、相において無限に広がった様相を一点に集約し、概念的に把握したもの、四句分別で言えば「不生」「我説即是空」です。体・力・作は一度性に集約されたものが現実に復帰して現実を再構成した結果、四句分別は「亦生亦不生」「亦名為仮名」と表します。因と縁は相・性・体・力・作を自覚した時生じる可能性、果と報はその現実化です。生・不生・亦生亦不生を包括します。本末究竟《くきょう》は相から報までのすべてが疎通するあり方として「非生非不生」「亦名中道義」に相当します。このように十如是を四句分別で了解することができます。あるいは相というなまの現象そのものを、四句分別の論法で掘下げて開くと十如是が出現します。

十如是を法華経において約することもできます。相は釈迦の過去から現在に到る生存のあり方、性は釈迦の本質つまり久遠実成の本仏、体は釈迦が如来神力品で示した実像、力・作は釈迦が弟子達を授記する力・作業、因縁は再び元に戻って反省的に把握された過去の生き方（因縁という時既にそこでは釈迦の教えつまり性というフィルターで濾過されています）、果と報は授記つまり成道が予言されること、そして法華経全体が本末究竟《くきょう》です。釈迦と同様に弟子の境涯も法華経で十如是に約せます。人間の存在は四句分別でも法華経でもどちらでも約せるのです。法華経は四句分別の具体的現実的展開です。しかし法華経の方が四句分別より優れている点があります。そしてこの点が圧倒的ですべてです。四句分別が適用された世界ではすべてがぐるぐる廻るだけで、どこへ行き何を為せば成道できるかという具体的なものはありません。対して法華経では「俺とお前」という実存と、その変容である「因縁」と「使命」が与えられます。換言すると法華経は時間を媒介として、変容する世界を具象化し意味づけます。十如是は法華経という方法論でもって約された（開き深め掘り下げられた）人間存在の諸相です。この時十如是は成道という明確な方向性を持つ階梯になります。

6

十法界十如是三世間を説明しました。では智顗はそれらをどのように組み合わせて新たな救済論を構築したのでしょうか？　彼は十法界と十如是を次のように組み合わせます。前者は三途・三善・二乗・菩薩仏の四類に大別され再編成されます。以下の表になります。

	相	性	体	力	作	因	縁	果	報	本末究竟
三途	苦	定悪聚	砕石色心	刀登	十不善	有漏の悪業	愛取	悪習果	三悪趣	痴

二乗	三善	菩薩仏
涅槃	楽	縁因
解脱	定善聚	了因
五分	升出色心	正因
無繋	楽受	四弘
道品	五戒十善	六度万行
無漏の慧行	白業	智慧荘厳
行行	善愛取	福徳荘厳
四果	善習果	三菩提
non	人天の有	大涅槃
non	仮名について初後の相知る	?

十法界を四類にまとめ、それぞれの如是を記載するとそこに一定の傾向があることに気づかされます。三途・二乗・三善・菩薩仏の順に見て下さい。私は意図して二乗と三善の順番をひっくり返しました。三途は地獄餓鬼畜生の世界ですから、本能がむき出しのまま表出される体験世界です。それを逆に否定し尽くした虚無の境涯が二乗です。この空しい境涯をもう一度否定して生活や生存の意味を復権させる試みが三善と言われる人間中心の世界のあり方です。これら三つの境涯を統合して体験することが菩薩道であると理解されます。二乗は大乗仏教では否定され極端に低い地位に置かれました。この論理からすれば二乗と三善の順番を入れ替えて三善をより成道近くに置く方が自然です。なおこの一覧表で二乗には果はありません。大乗仏教から見れば当然の結果です。従って本末究竟も成立しません。だから私はその覧は「non」と表記しました。菩薩の本末究竟は仏界そのものです。不可視ですから「?」で表記しました。四類の各如是について具体的に見てみます。

相を取ります。苦・涅槃・楽・縁因です。三途の世界の様相は苦です。人間存在の様相としての否定的側面です。欲望が露に表出され、それに伴う挫折と外傷の交錯する境涯です。釈迦は人間のあり方の原点をここに見て説法を始めます。それを智顗は地獄餓鬼畜生という三途の世界で表現します。四句分別で言うと生・因縁所生法に相当します。これを否定して逃れますと涅槃の境地に至ります。しかしここでの涅槃は小乗的涅槃であり、現実と接触することにより生じる一切の欲望を否定する境地、灰《け》身《しん》滅《めっ》知《ち》です。この境地は四句分別で言えば不生・我説即是空に相当します。

これもたまりませんのでこの境地を経てもう一度現実に戻った時得られる立場が楽です。現実を肯定して柔らかくより生き生きと生活できるという感じの境地です。四句分別の亦生亦不生・亦名為仮名です。しかしこの境地もそれだけでは自存し得ません。他の境地への憐れみ・関心、他の境地があって初めてこの境地があり支えられているという理解、この境地と他の境地を原則的に等しいと考えられる視野の拡がりが必要です。こうしてすべてを総合し得た立場が縁因です。現実の諸々のしがらみつまり縁の中に成道の可能性を探ること、逆に考えると現実を可能態としての成道と捉える立場です。四句分別の非生非不生・亦名中道義です。

力という如是について同様の考察を行ってみます。四類に開くと刀登《とうど》・無繋《むげ》・楽受《らくじゅ》・四弘《しぐ》となります。三途の世界では何事を為すにも刀を登るような苦しい作業になり、衝突摩擦は茶飯事です。これを否定すると、何物にも繋がれ縛られない無繋の立場になります。経験してみれば解かりますが全く拘束のない立場なんてつまりません。ある種の地獄です。そこで再び現実に帰れば楽受、つまり以前より円滑に苦労なく成就できる立場になります。感情や行動にまとまりが出現します。がしかし自分のことばかり考えていては、所詮は小乗の無繋であり、人天の世界の楽でしかなく、つまらない儚いものです。だから最後の境地は四弘、四弘誓願になります。四弘誓願は菩薩が衆生救済のために我が身を省みないことを誓った四つの誓いです。作の十不善・道品・五戒十善・六度万行あるいは縁の愛取・行行・善愛取・福徳荘厳の系列についても同様のことが言えます。総じて四つの類のすべての如是に四句分別の論理が適用され各々の類従って十の法界（人間存在のあり方）は自らの中に閉じこもることなく、自らが自らを否定し超出して、その内実を相互に関連させ合い疎通し合います。

十の法界を四類に大別し各々を十個の如是で分解し、それに四句分別の論理を適用すると四類の境涯世界は疎通します。各類の中の法界は似たようなものですから結局十の法界はすべて疎通し関連し移行します。こうして十の法界が十の法界と疎通するので、その様相の数は十の十倍で百、それに十の如是が積算されて千、さらに三つの世間が乗じられて総計三千の境地が出現します。重要なことは、この三千の法界あるいは境地は、すべてがすべてと疎通し合うことです。だから現在いかなる境地にあろうともそれは他のあらゆる境地に成りえます。どんな事態になろうと悲観する必要はなく楽観してもいいのです。もっともそれは両刃の剣であり、地獄から菩薩仏の世界へ上昇する方向もある反面、逆に仏界から畜生や地獄の世界へ転落することもあり得ます。すべては各個人の主体性と決断にかかっており、一瞬の油断がアウトともなりかねません。だから決断に方向を与えてそれを安定させる媒体が必要です。それが法華経受持の使命です。この使命を全うするという方向は地獄修羅の世界から菩薩仏の世界へ上昇する方向です。過去を開示し現在を集約し未来を志向する時間が開けます。竜樹の思想では、まだ主体が各時点時点で判断し決断しなければならなかった作業は、法華経を介して鮮明簡潔になります。行為は時間に沿い統合されます。十如是の根底に法華経を置くことにより智顗が唱導する十界互具、一念三千の洞察は成道の方向を獲得します。これが智顗の説く観不思議です。

十の法界が関連し重畳し疎通し移行しあってできる諸々の境涯を観察すればそれがそのまま成道に到る、というのが観不思議です。こう考えると正修止観という修行の体系全体は、最初の観不思議で既に成就されていることになります。始めがすべてです。後の作業はその反復補完補修でしかありません。最初に提示されたことをあの手この手で繰り返し反復補強して体験を拡げ、うまく行かなければ迂回して他の方法を試み、諸々の立場から振り返り吟味検討し積み上げ磨き上げて修行を完成します。しかし修行の肝心な部分は始めの段階で終了しています。智顗の唱導するところは可能態としての成道の発見です。人間は本来とっくに救済されています。修行はそれを発見し自覚し確認することでしかありません。附言すると、観不思議における観察は決して一人で孤立して観察し洞察する作業ではありません。師匠と共にサンガという修行者の共同体において、つまり人と人の関係を介して自己を観察します。

観不思議という（名称としては論理を超越する）作業を智顗は十界互具の論理で解説しました。観察の対象は十界十如是の交錯する無限の世界です。この世界は同時に単なる観察の対象ではなく感情の動きや環境との相互作用をも含みます。従って十界互具の論理は、衆生＝如来、の可能性を示します。同時に十如是の根底に法華経を置くことによりこの動きに成道への方向性も与えます。智顗に依れば、自己観察＝成道、です。成道は人間である限り始めから約束されているのです。まずそれを理でもって、十界互具の論理でもって洞察することが重要だとされます。

もう一度正修止観《しょうしゅうしかん》を全体として眺めてみましょう。観不思議《かんふしぎ》という作業により心の内外のすべての現象は体験され得ます。この体験は陰界入《おんかいにゅう》全体、つまり観不思議から起慈悲心を経て無法愛に到る体験に広がり、やがて単なる観察という静的体験を離れて感情と行為が生じ、それに伴う障害も出現します。陰界入の体験はさらに煩悩《ぼんのう》・病《びょう》患《げん》・業相《ごっそう》・魔事を経て菩薩に至る体験に広がり得ます。つまり観不思議、それを取り巻く陰界入、さらにそれを取り巻く正修止観と、二重三重に同質の体験が異なる角度と位相を持って為されるように、智顗の体系は出来ています。修行の展望は合理的で緻密なるのみならず立体的で重層的です。観不思議において論理的に伏在する可能性を、正修止観全体へ拡げて実際に体験すべく了導します。理論と事実が合流します。

理の重視は益をもたらす一方マイナス面も持ちます。ごまかし、いいかげんな妥協に走り易いと言うことです。戒律の護持は本来厳しいものです。女性と二人で部屋の中にいた（別になにもしなくても）だけで女犯《にょぼん》の罪に問われます。しかし理を重視し四句分別の論法を適用しますと、そういう個々の具体的なことをあげつらうのは事の戒であって、もっと高等な理の戒律はそれを心の中で誡めればそれでよいということになります。仏教修行の第一歩は四念処であり、その第一段階は不浄観です。本来なら墓場へ行って死体の腐乱して行く有り様をじっくりと観察して、身の不浄と心の無常を体で実感してもらわないといけないのですが、それも事の修行であり、より高等な理の修行はそれを観念の中でいわば象徴的に為せば良いとなりますと、極めて安易なものになりかねません。古い修行の過酷ではあるが真摯な側面が剥ぎ取られてしまいます。理の重視はそういうまやかし・妥協・いいかげんさをも結果します。インド仏教を継承した中国仏教にはこの傾向があります。我国の奈良平安時代の仏教は中国仏教の直輸入でしたから弊害はすぐ出現しました。それを反省し否定して出現した鎌倉仏教の祖師達は、いずれもかかる安易さにもの足らず、もっと真剣な修行を求めました。しかし彼らは古代インド的な方向へ復帰するのではなく、異なる方向を選びます。

7

法華玄義も摩訶止観と同じ頃、智顗の死の数年前に講説されています。本番は五重玄義です。五重玄義はある主題を、釈名・弁体・明宗・論用・判教、の五つの形式で述べることです。ある主題とは「妙法蓮華経」です。釈名《しゃくみょう》は主題の字義の分析と解釈です。論述の中核は釈名です。法華玄義の七割は釈名つまり言葉の解釈に終始します。しかし釈名という作業は決して字義の解釈の次元に留まりません。結果として他の四つの玄義の領域に進出し重なります。ですから私は釈名すなわち、妙法蓮華経の名玄義―字義に含まれる玄妙な意味の理解―を中心として解説します。具体的には、「妙法蓮華経」を妙・法・蓮華・経の四つに分け特に、妙に焦点をあてます。

法の釈名は十如是につきます。これに関しては既に摩訶止観の所で述べたので説明しません。存在の諸相である法を、智顗は十如是で整理統合簡約しました。妙法蓮華経の五重玄義において法はその主語になります。法は妙であり蓮華であると智顗は言いたいのです。妙と蓮華は述語になります。最後の経でもって再び反転して主語になります。そうでないと法華経の精神に反します。ですから智顗が特に論述したい内容の焦点は摩訶止観で為された法の理解つまり、十如是と十法界からなる十界互具を踏まえて、法が妙であり蓮華であることの証明です。

妙玄義には迹門の妙と本門の妙があります。妙は、有無の判断思慮を超えたもの、従って言葉で規定し得ないもの、です。迹門の十妙から説明します。智顗は妙を叙述する名を十個挙げます。名は規定する概念くらいに考えて下さい。

妙＝境妙　智妙　行妙　位妙　三宝妙　感応妙　神通妙　説法妙　眷族妙　利益妙

順序は一定の意味の連鎖を形成します。境を観察すれば智を生じ、智慧故に修行という手段が得られ、境智行の三つがそろえば清浄なる境地である位に到る。位は三法という秘密の蔵の中にあり、ここに居ることにより仏と衆生（修行者）の間に感応が起こる。仏は神通力でもって衆生を驚かし、説法で目覚めさせ、衆生は仏の法の眷族（身内）となって利益を蒙る、とされます。

境は如来と衆生の境地です。心のあり方でありまたそれを取り巻く状況です。摩訶止観で言う十如是十法界に相当します。これは摩訶止観で説く観不思議の境地です。摩訶止観が観不思議から出発して、しかもそれがすべてである如く、法華玄義でもこの境妙（境地を妙不思議と観察体験すること）から出発して、それがすべてになります。

智妙つまり、智の形で現れた妙、について智顗は諸種の典籍から引っ張り出して二〇の智慧のあり方を叙述します。

智慧は修行の段階ごとに獲得される智慧です。

行妙は諸々の修行、戒律護持・聞法・思惟・禅定等従来の代表的な修行法は大体記載されています。境と智と行が一体となって機能・成就するという点が肝要です。

境智行の三つができますとそれなりの位に入ります。位は修行による到達段階です。位が進むと修行者は三宝という立場に置かれます。三宝は、如来の境地、それを観照して生じる智慧、智慧を補助する万行、と定義されます。修行している者がそれによって得られる智慧を介して如来の真実に触れる体験をすることができます。この三つは仏と法と僧（修行者の共同体）と解してもよいでしょう。

三宝の中に入ると如来と衆生の間に感応が起こります。感じ応じる関係です。衆生が修行によりその機（機《き》根《こん》）つまり資質を成熟させると、仏の慈悲を感じられるようになるのか、それとも仏が衆生の努力に動かされるのか、いずれにせよ両者の間に反応が起こります。機の重視は智顗の思想に大きな特徴を付与します。教判《きょうはん》思想です。

如来と衆生が三宝の中に入り、相互に感応すると、如来の神通力を衆生は実感します。そして衆生は如来の説法を聴きます。あるいは回向《えこう》し方向を転じて他の衆生に自ら説法します。如来も衆生も既に身内、同志です。この境涯に至るまでに利益を得るのは当然です。

以上が五重玄義の中の迹門の妙の釈名です。境妙が法華玄義の中心です。摩訶止観の観不思議に相当します。後者で言われることと同様のことが、前者に対しても当てはまります。観不思議という考え方の中に、聖俗自他の両面を同時に観察体験しうる、論理が内包されていました。その論理の鍵は、十の法界と十の如是が四句分別と法華経を介して成立する、十界互具でした。妙の釈名も同じです。妙の第一である境妙自身の中に、聖俗自他両面にわたる境地という意味があります。この境地の拡がりを観察し体験することがすべてです。後はその可能性が展開するだけです。観不思議に発する正修止観では、その可能性の展開が修行者の行う修行という立場から叙述されますが、境妙から出発する妙の釈名では、修行者が体験する境涯という視点から論じられます。

十妙も正修止観と同じく立体的重層的構造を持ちます。境・智・行は必然として連なります。到達した結果が位です。ここで三宝妙という集合的超越的体験が得られ、その現れが神通力の獲得であり、如来という聖なる存在との交流です。同時にこの体験は説法を通じて衆生が他の衆生に還元可能になります。だから衆生は如来の眷族つまり如来と等しい存在です。これらの体験を総じて利益《りやく》と言います。境すなわち一個人の内外の状況を観察することは、このように他者とのまたそれ故に聖なるものとの交流へ、展開するという立体的構造を十妙という思考法は持ちます。ここでなによりも大切なことは、説法という対他関係が可能であるが故に、衆生は三宝妙という共同体体験を介して、感応神通という如来との交流に入りうることです。

このような作業は現代の我々から見れば、単なる言語記号の操作に過ぎないように見えます。しかし智顗は観不思議で、あるイメージなり観念内容なりを思い浮かべ、それに相当する状況を想起観察することは、同時にそのイメージの広がりを惹起し、また新たな心の運動さらには実際の行動を引き起こすと言います。つまり一定の名辞や表象はそれが表示する実体をも有することになります。この実体化を保証するものは何でしょうか？　十如是、十界互具であり四句分別であり、法華経が内包する因縁譬喩使命という系列で展開する時間性です。だから彼が釈名といって名辞ばかりを操作しても、それはそれで心の内外の状況に実体的に影響を与えます。

迹《じゃく》門の十妙の記載の特徴は徹底して智顗自身による考察です。迹門と言いつつ法華経の記載は殆どありません。それは迹門が、弟子修行者がこの世界つまり人間としての次元で行う修行とその結果の叙述であるからです。だから叙述は智顗の経験と思索で為すことが可能です。迹門の十妙は人間から如来の方向に向けての精神の運動の叙述です。対して本門の十妙では論拠は殆どが法華経からの引用です。解説されていることは成道した如来に関することであり、俗世間の人間衆生のあり方からはかけ離れます。法華経二十八品を前後それぞれ十四品ずつに分け、前半を迹門と言い、現在説法している歴史上の存在としての釈迦及び弟子達を叙述し、後半十四品の本門は永遠の昔に成道し、以来今に至るまで説法教化し続けている久遠実成の本仏である釈迦と弟子達を叙述します。法華経の構造は歴史的次元の物語が、一転して時を超えた永遠の実在の叙述に転変するようにできています。智顗は法が妙である最後の根拠を法華経の本門の記述に求めます。釈迦がずっと以前に菩薩として修行し（本因）、成道し、今でも不断に説法教化をし続け（本果）、この娑婆《しゃば》世界で（本国土）、多くの衆生の機縁に応じて（本感応）、神通力を示し（本神通）、説法し（本説法）、衆生を身内と思い（本眷族）、自らをも他者をも涅槃に入らせ（本涅槃）、自らも衆生もその寿命は永遠であり（本寿命）、皆に大きな利益をもたらす存在である（本利益）、が本門の十妙の大意です。

迹門と本門の論旨の間には明らかにギャップがあります。迹門の論理はそれだけで完結し得るようになっています。ではなぜ本門の十妙を持って来る必要があるのでしょうか？　智顗は熱心な法華経の信者ですから、最後の証明は経証（経典に書かれている教えによる証明）になります。ここに我々現代人と智顗達との置かれた状況の差があります。彼ら例えば智顗にせよ、最澄にせよ、日蓮にせよ、彼らは単純に法華経を聖典つまり釈迦が直接説いた経典とみなせばよかったのです。しかし我々としてはそうは行きません。法華経が釈迦入滅後、少なくとも五〇〇年経って出来たことは常識です。また法華経といっても我々が普通読むものは、五世紀の初頭に鳩摩羅什が漢訳したものです。翻訳されたものを聖典視するのもおかしいでしょう。ですから課題は我々の方においてはるかに重いのです。近代合理主義の洗礼をくぐってなおこの経典の中に救済への契機、俗世を肯定し超越させてくれる何かを、見つけなければならないのですから。

では迹門と本門の十妙はどう関係し合うのでしょうか？　前者において衆生は如来に成ります。しかし成りっぱなしでは如来の如来たる由縁はありません。後者つまり本門の十妙で如来は説法します。この俗なる娑婆世間で。永遠の仏は再びこの世に降りて活動します。説法伝道を使命として。だから如来なのです。如来の具体的な行動を描写したものが本門の十妙です。本門で如来は再び衆生になります。より高次元の衆生、法華経の行者として活動します。迹門の妙が「如来に成る」ことなら、本門のそれは「如来であり」、如来が再び「衆生に成る」ことです。如来に成る・如来である・衆生に成るという三つの契機は永遠に連動します。そこに時間が開示されます。三者を一致させ、関連させ、転換させる営為が説法です。説法される者は説法する者になります。説法するされるという相互関係により、時間は賦活され未来に向かって開けます。時間の中で行者の説法は行われます。迹門の十妙だけなら仏になってそこで終りです。時間は止まります。同時に仏は仏でなくなります。本門があって初めて、時間は過去から現在を経て未来へと疎通し開示します。如来衆生間の運動変化を媒介するものが行者の説法であり時間です。時間を生きることにより個人は無限へと連なります、衆生は救われます。この時間の化身であり時間を生きる範例が、法華経の行者、法華経を説法する行者です。説法により如来と衆生は一致します。同時に時間が生じます。時間の中でのみ説法は行われ得ます。迹門・本門の二妙の論述でもって、法すなわち如来が妙であること、つまり永遠と変易を媒介し、衆生を如来へ、如来を衆生へ、連動させるものであることが述べられます。

8

中国仏教の大きな特徴は機の重視です。機は機根、衆生の解脱への素質です。機が一番明瞭に現れるのは、法華玄義釈名迹門、十妙の感応妙《かんのうみょう》です。ここで如来と衆生は相互に反応します。如来の慈悲と衆生の発菩提心《ほつぼだいしん》は感じ合い反応し合います。機という概念は智顗の思想に重大な影響を与えます。機により如来と衆生が反応し合うという前提があるから、仏界から地獄までの十法界が相互に関連し移行疎通し合えるのです。すなわち十界互具という考え方の下敷きには機があります。機は変化します。機は、機会・チャンス・ばねの意味を含みますから、それが不変では話になりません。衆生の機、機根つまり成道への資質は変化します。変化の可能性を漢土の思想家達の多くは肯定的に捉えます。機根は悪い方向に堕落するのではなくて、良い方向に向上するとみなします。衆生の機根は修行により向上します。機の成熟成長という前提に立って、智顗が提唱した考えが教判思想です。

教判思想は智顗独自のものではありません。彼以前からあります。周知の如く漢民族への仏教伝播は、約六〇〇年の長期間に渡って為されます。経典はその時の事情や、当事者の関心のあり方に従ってもたらされたもので、そこに一定の統一性があったとは言えません。有体に言えばばらばらに伝来したのです。受け取る側としてはこの経典群に一定の秩序を与えねばなりません。そこで中国の仏教徒は、それを彼らがみなし、推定した釈迦の説法の順序に従って、配列しました。この作業が教判、教相判釈《きょうそうはんじゃく》です。教相判釈を一番組織的に行ったのが智顗です。彼の教判を五時八経と言います。五時八経は結論です。それよりこの結論を出すに至る方法論が重要です。それが化儀《けぎ》の四経と化《け》法《ほう》の四経なる考え方です。以下参照。

化儀の四経

頓経　聴けば読めば一瞬にして悟れる。

漸経《ざんきょう》　聴けば読めばだんだんと悟れる。

秘密経　悟りのからくりは秘密、当事者の資質と縁によるのみ。

不定経　頓あり漸あり秘密ありで悟りに至る道程は一定しない。

化法の四経

蔵経　経論律の三蔵由来の蔵という言葉で表される立場。部派仏教的立場で一切の欲望の否定と現実回避の傾向が強い。否定的意味での空に執着し担空（単なる空）を志向する。

通経　次に述べる別経円経と、先に述べた蔵経に共通する立場を説く。

別経　蔵経の立場を否定して、空と共に仮（現実の仮現）を認める立場。

円経　別経はなお空と仮を別々に設定していると批判し、空と仮を統合し、相互に関連させて法を説く。竜樹の仮空中を受け、それを十界互具でもってより具体的に宣言した智顗独自の立場。「仮空中三諦円融して婉然たり」と彼自らが表現している立場を円経とする。

化儀化法の各四経はあくまで理念型（Idealtypus）であり、現実の経典を直接指すものではありません。智顗は蔵通別円《ぞうつうべつえん》の四経は釈迦の成道説法の順番である、釈迦は衆生の機根の成熟に合わせてこの順に説法したのだと主張します。蔵通別円の化法の四経は、教え自身の進化発達に従って配列されています。頓漸秘密不定の化儀の四経は、むしろ衆生の資質そのものに相応した分類です。この衆生の悟りへの資質、機根を根拠として智顗は教相判釈を行います。衆生の内面への洞察と、それに相応する経典の発達進化が対応し合います。換言すると観心（自己観察）と教相（教え・経典のあり方）は統合されます。これが智顗の方法論の核心です。彼は自己の内面を観察し、その体験に基づいて経典の内容を受け止め、経典の教えに導かれて自己観察を深めます。直接に師事し、声に出して教えてもらうべき師匠なく、いわば独学で思想を深めようとする偉大な思想家に特徴的なやり方です。インドと中国、そして日本と遠く離れますと、思索者はどうしてもこうせざるをえなくなります。法華系の思想家にはこの独学的傾向の強い人が多いようです。従って智顗の場合、経典の理解と自己観察は車の両輪の如く相互に支え合います。彼の学説のこの特徴を後世の人は教観双美と称しました。

以上述べた二種の四経を組み合わせて、智顗は五時の教判を行います。五時は五つの時、具体的には釈迦が成道して以来、衆生の機根に応じていろいろの説法を試みながら、その教説を発展させて行った、という前提で教説発展を五段階、華厳時・鹿苑時《ろくおんじ》・方等時《ほうどうじ》・般若時・法華涅槃時に分けて経典を配列します。

華厳時は釈迦が成道直後の体験と洞察を語った時です。内容はあまりに高等深遠で聴く方はちんぷんかんぷんでした。法の原点そのものを釈迦は説きました。具体的な経典としては華厳経が挙げられます。鹿苑時の経は鹿野苑《ろくやおん》で釈迦が弟子達に説いた教えです。華厳時の体験で懲りた釈迦は、もっと具体的に解かり易くシンプルに説きます。小乗仏教で説かれる内容です。阿含経《あごん》がその経典に相応します。教えは具体的です。逆に言えばそれだけに「事」つまり個々の戒律や教示にこだわり、自己のみの救済を求めようとします。その結果は、ただひたすら自己の欲望の消滅を願うのみで、他者への関心が減退します。方等は四方に広く衆生救済を願う立場、維摩経等に説かれるように現実への回帰と他者救済を重視します。しかし修行本来の目的である自己観察が軽視され、阿含経とは逆の方向に極端であるという欠点を持ちます。鹿苑時と方等時の内容方向を総合し、自己観察と他者救済の双方の立場に立とうとするのが般若時の態度です。そして、こうすれば絶対救われる、という万人救済の方法論を展開するのが法華涅槃時《ほっけねはんじ》の立場であると、智顗は主張します。法華経はそれまでのすべての教えを総合した最高の教えです。智顗は釈迦の教説の頂点を為すものとして法華経を位置づけます。以上の五時という順番はあくまで智顗の推定想像であり、現実に起こったことではありません。

智顗は観心をもって教相を判断思慮し、教相の理解をもって観心の体験を掘り下げます。こうして修行の方法の独立、厳密に言えば師資相承（師匠が弟子に man to man で教授すること）からの独立が可能になります。また修行者が釈迦と同一化することに合理的な根拠を与えます。なにも仏教発生の地であるインドまで行って、誰か師匠に直接指導してもらわなくとも、自己観察を深め、それを経典の理解と関連させれば、成道は可能になります。同時に経典を一字一句訓古注釈して理解するのではなく、自己の体験に即して、読み取り、読み替えて行く、態度を暗黙の内に承認し可能にします。本来法華経は釈迦の分身である菩薩に釈迦滅後の使命を委託する、という内容を主題とします。法華経のストーリーの中で、釈迦は自己とその教説を変容させて行きます。観心と教判を同時に行う修行者は即釈迦です。あらゆる修行者は釈迦になれるのです。この可能性を智顗は教相判釈という作業により理論的に確立しました。観心と教判を同時に行う智顗の像は、法華経の釈迦の像と一致します。暗黙裡に智顗は自己を釈迦に重ねます。彼がこの作業を為し得た根底には、十如是を方法とする十界互具があります。その背後には四句分別という方法論があります。だから観心可能であり教判可能です。しかし観心を単なる観心に留めず、教判を単なる教判に留めないで、両者を統合するものは法華経に内在する時間性、時間意識です。教相判釈の意義は単に経典の順序を整理推定するということのみに留まりません。

これまでの考察から出てくる重大な帰結が二つあります。二乗作仏《にじょうさぶつ》と発心の評価です。二乗は声聞《しょうもん》と縁覚《えんがく》という二種の修行者のことで、彼らは自分の悟りのみを求める者として特に維摩経等の方等系の経典により厳しく攻撃されました。彼らは決して成道しない、成道への可能性を一切欠き、あたかも炒られた種が決して発芽しないようなものだ、等と散々非難されました。五逆十悪の極悪人よりもっと悪い連中であるとされます。人の弟子などにはなりたくないものです。釈迦在世中営々として修行に努力し、釈迦の衣鉢を後世に伝えた直弟子達、シャーリプトラやマハーカーシャパも、大乗仏教の急進主義者にかかっては盗賊や殺人犯よりたちが悪いとされてしまいました。大乗仏教の思想の発展と共に、この二乗をどう救済するかという問題が浮上します。二乗を救済できなければ大乗仏教はその存在意義を失って自己崩壊します。二乗作仏は大乗仏教が抱える最大の矛盾です。浄土思想はこの問題に充分な解答を与えたとは言えません。根本的な解答の可能性を与えたのが智顗です。

発心の重視も解かり易いと思います。一度発心すると少なくとも智顗の教説による限り、悟りは論理的に自明とされるプロセスに従って生起しますし独学も可能ですから。

9

智顗が仏教思想の発展に為した寄与は十界互具《じゅっかいごぐ》と教相判釈《きょうそうはんじゃく》です。十界互具の論理の背景には、四句分別と法華経の時間論を根底にした十如是があります。十界互具により衆生の救済への可能性を保証すると共に、修行を介して成道に至る過程が論理的に自明なものになります。法華経の時間論のもう一つの適用が教相判釈です。また智顗の思想の背後には、名辞の実体化、真如＝方便、釈迦如来＝修行者、という二つの主題が伏在します。これも法華経の時間論と密な関係を持ちます。ここで改めて智顗が意識してまた意識せずして用いた論理そのものを考察してみましょう。

四句分別は、有（素朴なままの実在）を一度空であると否定します。そして空というフィルターを通して有を整序統合し仮名《けみょう》として復活させます。仮名は、実在にして実在でなく、空の主体により主体にとって統御可能なもの、として設定されます。有・空・仮の三者を包括する所に真なるものがあるとしてこれを中と呼びます。空という方法的否定を介して自己をも含む世界全体は実在と仮象の間を転変します。

四句分別が、単に空間に対してではなく、時間をも含むより広い全体に適用された時、法華経的世界が出現します。法華経は、過去の業という素朴で無反省な生存のあり方は、現在の時点で反省の対象とされることにより未来への使命を獲得する、と説きます。過去は有、他者との対立を通して自己を反省する現在の作業は空で、未来の使命を自覚することは仮、過去現在未来の三者が相疎通することは中です。

四句分別と法華経の論理は基本的には同一です。二つの点で後者は前者に勝ります。法華経の論理は、説法対話の共同体と時間意識、を背景に持ちます。説法共同体の中で、説法者は自ら如来であり、同時に凡夫である、という二重の体験をします。この体験が時間を産み、この体験は時間の中でのみ可能です。共同体が時間を要請し時間を作ります。逆に共同体は時間の経過の中でのみ形成されます。この時自己は過去現在未来の三時において具体的像を示し獲得します。時間の中で自己は具体的に統合されます。

四句分別と法華経の論理により十界互具の世界が出現します。現象の観察は同時に感情や行為を惹起し観念は実在に転化されます。現象を観察し語ること、つまり名辞の呼称は自己の内外全体の運動に連なります。観念が実在を形成し理想は現実になります。

法華経の論理が名辞の実在を保証します。過去は因縁としての像、現在は比喩としての像、未来は使命という像です。これらの像は自己の具体性の顕現であり、共同体形成という集合体験へ向けての自己の統合です。こうして名辞は実在化します。換言すれば名辞《めいじ》は時間の展開の中で実体になります。

法華経が語る釈迦や弟子達の体験の歴史的実現が、智顗の教相判釈です。智顗は歴史のある時点に身を置いて、釈迦の教説全体を過去から現在を経て未来に向けて、再解釈し再構成します。同時に自己の観心《かんじん》を深めます。智顗の教判にあって観心する智顗は釈迦自身であり、教説の整序は自己の掘り下げであり釈迦の思想の展開です。智顗は知ってか知らずか釈迦と自己を同一化します。観心しつつ、仏の教えを咀嚼して新たなものにすることは、法華経の中の釈迦自身の行為そのものです。教相を判釈する智顗は法華経の釈迦と同一です。

空は自己をも含めた実在の否定です。否定することにより、混沌とした無秩序な現象は、影像《ようぞう》として抽象化されその実在は無化されます。否定された実在は、仮名として、自己という主体にとって統御可能で整序されたものとし、還帰します。空は、人間という主体が、世界に対して生きるために、世界を主体の方向に引き付け、主体を世界に押し出すための媒体です。空はその本質において論理です。人間は論理を駆使することにより主体たり得ます。空とは、人間という主体が自己を維持するために為す、方法としての否定です。この論旨は、般若経典において、信仰の主体を大衆が取り戻す手段として、智慧と行動の総合として提唱されました。それを論理として厳密なものにしたのが竜樹の四句分別です。四句分別を法華経に組み込み、再構成して、法華経を実践した時、智顗の教相判釈が出現します。ここで智顗は新しい仏法の創造者として、仏法の歴史の中心に自己を位置付けます。理の一念三千の実践者として彼はカリスマになります。

第六章　大和の仏——仏教伝来

第一節　国の成り立ち

1

仏教の正式な日本への伝来は西暦五五二年、百済の聖明王が欽明天皇の御代、仏像を献じた時とされています。もちろんそれ以前大陸から渡来した帰化人により仏教は私的に信仰されていました。ただ倭王武が中国南朝宋の皇帝に上奏して倭国の支配権の承認を請うより、以前から仏教が盛んに伝来していたとは考えられません。本家の中国においてもその頃やっと仏教が根づき始めた時です。本家も頼りない状態でした。また日本の側でも仏教を受け入れる条件は熟していません。仏教、一般に高等宗教が根づくためには、国家が統一されている、されつつあるという前提が必要です。西暦五〇〇年以前の日本にはそのどちらの条件もありません。従って西暦五〇〇年に至るまでを仏教以前と見て大過ないと思います。この節では仏教渡来以前の日本の状況について考えてみます。これはなぜ日本に最も着実に仏教が定着し、そこから新しい仏教が出現したのかという問への予備的な考察になります。

わが国の政治体制の特質は三つあります。第一の特徴は異民族支配の歴史がゼロということです。世界史において希有の現象です。お隣の朝鮮半島は侵略される一方で正式な独立国家となったのは前大戦以後です。漢民族は五胡十六国、五代十国、さらに遼・金・元・清と、歴史の半分以上の期間異民族に支配されました。日本とよく似た位置にある英国などはケルト系の原住民の上に、ローマ・アングロサクソン・ノルマンと侵略に継ぐ侵略を受け、最後にフレンチノルマンの征服により統一されました。中近東など征服と隷従の歴史の繰り返しです。ドイツ・フランス・イタリアも例外ではありません。ロシアは長い間蒙古民族の支配を受け「ロシア人の皮を剥ぐと蒙古人が出てくる」と言われるほどです。アメリカなどは北も南も先住民の征服というより、大量虐殺で成り立った国ばかりです。アフリカ大陸はつい最近までヨーロッパ諸国の植民地でした。それ以上例を挙げるのも無駄でしょう。日本は例外中の例外です。幸運な例外です。

2

異民族による征服がなかったことと密に関連しますが、日本の歴史の第二の特徴は厳密な意味での中央集権制度の欠如です。少なくともその時期は極めて短期間です。中央集権制度が一番発達したのはオリエント諸国と中国です。これらの国では異民族による征服統治は恒常的です。征服と集権性は相互に関係します。征服するから、また征服を免れるために、統治は強制的集権的になります。この点で日本と似ているのは西欧です。ここでは異民族統治の経験はありますが、それほど長期間でも過酷でもありません。だから日本と西欧では分権的な封建制度（feudalism）が発達します。日本が本当に中央集権制を発展させるのは明治になってからですが、それも西欧列強の圧力を排して民族として生き残るためでした。それ以前の歴史で日本が中央集権制をとったのは、大宝律令とか大仏建立に代表される奈良時代をピークとする時代です。この時期も極めて短く平安時代に入ると権力はどんどん下位へ地方へ拡散します。既に律令制以前あるいはその形成期において、大王《おおきみ》の権力は臣下の代表である大臣《おおおみ》や大連《おおむらじ》により掣肘《せいちゅう》されており、共同統治が実態でした。また天皇の権力は大兄《おおえ》（皇太子）により代行されることもよくありました。律令制になっても天皇の権力は、中国の唐や隋の皇帝のそれに比べてより強く臣下に制約されます。律令制の最高合議機関である、大臣や納言の太政官会議で判断された政策を、天皇が裁可するのが当時の政治の現実でした。律令制において真に皇帝（独裁者という意味で）らしい皇帝はただ一人天武天皇だけでしょう。彼の死後彼のような帝王は出現していません。

持統天皇は非常に有能な専制君主ですが、彼女が女帝であること自体が、すでに極めて日本的なのです。奈良時代には六代の天皇が即位します。うち四代三人は女性です。淳仁天皇は実質的には天皇とは言えませんし、聖武天皇にしても妻の光明皇后で持っていたという印象は否めません。平安時代以後は権力は摂関家に、また引退した天皇である院に、さらに彼らの用心棒である武家に、武家の内部でも将軍から執権に管領に老中にと日本の権力のあり方は常に下へ下へ移動します。江戸時代末期に時代の展開を荷ったのは武士とはいえ、生活程度から言えば決して上流階級とは言えない人達でした。平安時代に独裁者はいません。当時の政治の構造からしてそういう存在はありえません。藤原道長を独裁者と言えばナンセンスです。平清盛や源頼朝等は物語の印象からして独裁者のように見えます。実態はそれとは程遠いのです。自ら意図して独裁者に成ろうとした人物が二人います。足利義満と織田信長ですが二人ともろくな死に方をしていません。徳川家康などは最も非独裁者的性格の人物です。

明治維新まで日本には真実の中央集権制度は無く、また独裁者も事実上出現していません。この事実の裏とも言える政治上の現象が合議制です。律令制以前は大王《おおきみ》をシンボルとして大臣《おおおみ》と大連《おおむらじ》により領導される豪族達の合議がすべてを決定しました。武家政治が出現する以前においても、つまり未だ律令制が形式的に存在していた時でも政治はすべて合議制で決められました。鎌倉幕府はこの事実を法制化します。評定衆という制度です。この制度は次の時代にも事実上存続します。戦国時代にせよ江戸時代にせよ大名の家政は家老の合議制で決められます。幕府では老中がこの役割を荷います。鎌倉幕府の評定衆は貞永式目により根拠づけられます。評定衆の合議制を別の角度から見ると一種の共和制です。日本の政治は合議制（あるいは貴族共和制）によって特徴づけられます。

3

第三の特徴はフェミニズムです。日本神話で一番偉い神様は天照大神です。世界を天上から支配し五穀豊穣という生活にとって最も重要な事象を管理する最高責任者はこの女神です。こんなことって他の世界の神話にあったでしょうか？　少なくとも私は知りません。ギリシャ・北欧神話にはありません。エジプトやメソポタミアの神々も男性的です。ユダヤに至ってはあんな恐ろしい神様が女性とはとても思えません。私が知る唯一の例は漢民族の女媧《じょか》神ですが、彼女は人間を作ったとはいえ、世界の運航を支配するほど偉くはありません。大いなる女神が世界の最高神であるというのは、マイナーな例は他にもあるのでしょうが、日本だけです。

古事記の上巻を読みますと、この世は天照大神と須佐之男命《すさのおのみこと》の共同統治になっています。神話の中の現象はそのまま魏志倭人伝に出てくる卑弥呼《ひみこ》と彼女の男弟による共同統治そのものです。男女によるこの共同統治体制を姫彦制と言います。姫は女性に対する美称、彦は猿田彦とか山幸彦の彦で現在でも男性の名称に使用されます。なによりも我が国は女帝の多い国です。特に古代に多い。推古・皇極・斉明・持統・元明・元正そして孝謙・称徳総計八代、六人おられます。これも外国では珍しい話です。特に白鳳時代から奈良時代の終りまでほとんど女帝です。聖武天皇は実質的には光明皇后により輔佐されていたようなものですからこの時代はすべて女性が最高執政者であったことになります。この時代は律令制の草創期です。要約すると、律令制形成という国家創生期においてその治世はほとんどが女帝でした。国家創生期における特徴が偶然であるはずがありません。他国の例をみてもその民族の草創期には案外女性が活躍します。ユダヤ民族におけるデボラや、ケルト民族を指導してローマに反抗したブディッカ等です。しかしいくら頑張ってもすぐそばにはエジプトとかアッシリアとかローマがありますから女性の統治は長続きしません。いい例が韓国です。朝鮮半島が三国に分裂していた昔、わが国で言えば聖徳太子より少し後の頃三国の一つに新羅という国がありました。当時の新羅の国王は真徳という女王でしたが国が乱れます。新羅の宗主国を自任する唐朝の皇帝から「お前の国は女なんかを王にしているから国が乱れるのだ」という叱責が入り、やむなく新羅は王を男性に換えました。

平安時代には女帝はいません。代わりに摂関家という天皇の正室をコンスタントに出す家が出現します。そして天皇は妻とその実家の掣肘を常に受けることになります。平安時代の政治は事実上天皇家と藤原家の共同統治ですが、後者が依って立つ正当性は「天皇の正室を出し得る家」という資格です。言ってみればこれも男女の共同統治です。平安時代四〇〇年の間に中流以上の貴族は藤原氏か王族出身者のいずれかになりました。ということは少なくとも明治になるまで名目上では皇室と藤原氏が日本の政治を支配していたことになります。藤原氏は天皇家と正式に婚姻関係を結び得る資格を持つ家としてその地位を確立しました。この立場は藤原氏以前に既に蘇我氏が試みています。だから日本の政治は卑弥呼以来の姫彦制の延長にあると言えましょう。なお後で触れますが天皇家と藤原氏が台頭し、日本の伝統的政治勢力になり得た一つの大きな契機として、仏教が介在します。簡単にいえば日本の仏教興隆という作業を介して両氏は台頭したと言えるのです。

日本の政治の特徴の一つは宦官という存在がないことです。宦官《かんがん》とは男子の性的機能を喪失させられて皇帝の後宮の管理に使用される者のことです。宦官の存在は、後宮の女性の厳重な管理、ですから女性への不信あるいは蔑視家畜視を意味します。日本には宦官はいません。日本の政治支配者の閨房《けいぼう》への出入りは少なくとも中国の王朝などに比べるとずっと楽でした。万葉時代なんかおおらかなものですし、平安時代の後宮でもスキャンダルには事欠きません。それでいて厳しく罰せられるということもない。武士の時代になるとさすがに厳しくなりますが、それでも鎌倉室町の頃は緩いもので、厳しくなるのは江戸時代の大奥制度くらいからでしょう。閨房の管理が緩いということは暗黙の内に女性の権利をどこかで肯定しているのではありませんか。

異民族統治が無かったこと、厳密な意味での中央集権制の欠如、そしてフェミニズム云々、これらの事柄はやはり最初の異民族統治の問題に返ってきます。異民族により支配されなかったから、強力な政治権力も必要でなく、むやみと男性がいばることもなかったのです。なぜ異民族に支配されなかったかと言えば大陸との間に海という障壁があったからです。完全に孤立するわけでもなく、かといっていつでも出入り自由というほどには開放的でもないくらいに、国の位置を保持してくれる海のお蔭です。傍に強力な海洋民族がいなかったことも幸いしています。イギリスは日本と同じ立場にありながらすぐ隣にノルマン人という冒険ずきの民族がいたので日本とは異なる歴史を持つことになりました。日本では他の海洋民族が強力になる前にこちらがパワーを貯えて倭寇《わこう》となって海外に進出します。

要約すると異民族支配の経験もなく、そう過酷な権力を必要とすることもなく、男女相和しのんびりとしていてどこかルーズでもある（反面外圧があれば騒がしいまでに反応しやすい）日本という国に、これもまた茫漠としてどことなくつかみ所のない仏教が祖国を追い出された形でやって参りました。公式には西暦五五二年欽明天皇の御代、仏様は日本の地に草鞋をぬがれました。インドに釈迦が現れて仏法を説いてから五五二年まで約一〇〇〇年以上経過しています。その間釈迦の教えはパミールやヒンズークシューの高山高原を超え、タクラマカン砂漠を横切り、黄河や長江を下り、東シナ海と玄界灘の荒波を乗り切って日本にやってきました。なにかそう考えただけで因縁めいた気分になりますが、果たして我々大和の民と仏教は意気投合するのでしょうか？　私の本の以後の叙述はこの主題で貫かれます。

第二節　国家と仏教

1

西暦五五二年百済の聖明王が、金銅一体の仏像等を欽明天皇に献じ礼拝を勧めます。仏教伝来の第一歩です。百済の王様もただでこんなことをしたのではありません。百済は外交軍事における倭国の援助を期待してこの行為に及んだのです。朝鮮半島の情勢は複雑でした。半島には高句麗・百済・新羅の三国が鼎立し各国はその生存と覇権をかけて争っていました。当時一番強かったのは高句麗、ついで百済です。日本海に面した位置にある新羅は辺境の地にあって、中国の先進文化から一番遠く土地はやせた後進地域でした。高句麗と百済が死闘を繰り返す中、漁夫の利を得て新羅は百済の地を高句麗と共に略取します。百済は首都を遷します。これが六世紀前半の概況です。百済王は勢力挽回のため、海を超えた倭国に援助を請い、見返りとして我国に当時の先進的な技術や知識をもたらしました。例えば書経詩経等の五経とか易医学薬学あるいは雅楽等々です。金銅の仏像一体もその一環でした。私がこんなことをくどくど言いますのは、わが国の仏教伝来、定着発展等すべての過程において仏教のあり方は、政治の状況と密接に関連しているからです。伝来の当初から我国の仏教はこのように運命づけられていました。宗教とはそんなもので別に我国の仏教に限られているのでもないのですが。

我が国の状勢も次第に危機的になります。五世紀の応神仁徳朝の独裁者雄略天皇による略統一以後王統は乱れ、六世紀前半の継体天皇の即位まで内乱状態が続きます。継体天皇が即位した後も九州に盤井《いわい》の乱が起こり、半島の勢力も干渉します。乱の結果如何では日本の版図は変わったものになっていたかもしれません。総じて半島も日本列島も政治的に流動的状況にありました。さらに半島の後方には中華大陸があります。大陸内部も戦乱に明け暮れていましたが、徐々に北朝が優位に立ち、大陸は統一に向かって進みます。日本への仏教伝来から三十七年後、大陸は隋という強力な王朝により統一されその圧力は半島から日本に及びます。朝鮮半島の三国にせよ、日本列島の倭国にせよ、この情勢下にあって新しい国家体制を創造しなければなりません。仏教が日本にやって来たのはそういう時代です。ちなみに日本は他国によって仏教崇拝を強制されてはいません。半島の三国はすべて中国の王朝の圧力で信仰を強いられています。

仏像が百済から贈られてきて崇拝を勧められたからといって、おいそれと欽明天皇がそうしたのではありません。天皇つまり大王の力はそれを臣下に強制できるほど強くはない。天皇は群臣に礼拝の可否を問います。崇仏派の蘇我氏と排仏派の物部氏が対立します。天皇はやむなく蘇我稲目に仏像を与えます。稲目そして子供の馬子により日本の仏教信仰の基礎が作られました。蘇我氏は自宅を改造して寺を作り仏像を安置します。日本における仏寺の第一号法興寺です。後に発展して元興寺となり、さらに移転され現在では奈良市中にあります。世界文化遺産です。馬子は司馬達等の娘善信尼他三人の女性を出家させます。彼らは百済へ行って受戒します。だから日本における出家の最初は尼さんです。この点も天照大神や卑弥呼の伝統を継承して極めて日本的です。尼さんは巫女さんとみなされました。この間蘇我氏と物部氏の間でごたごたがあります。結局五八七年蘇我馬子と物部守屋の間で戦が起こり、守屋は敗死し廃仏派の勢力は大きく後退します。ちなみに歴代の天皇で最初の仏教帰依者は用明天皇です。聖徳太子のお父さんです。以後崇峻天皇の短い治世を経て推古天皇が即位し、大臣《おおおみ》馬子と摂政聖徳太子による仏教興隆を目指した政治の時代に入ります。

蘇我氏も物部氏も個人的恣意的判断で仏教への態度を決めたのではありません。背後には政治があります。蘇我氏は仏教を受容した方が日本のためもちろん自分の氏族のためになると思ったのですし、物部氏は同様の根拠から逆の判断をしました。当時の政治は大王を第一人者とする豪族連合です。第一人者とは多くの中のトップであっても、多数に超越した存在ではありません。多くの者を率いる代表が大臣《おおおみ》と大連《おおむらじ》です。大臣は代々天皇家とほぼ同格の豪族の家から出ます。しかし雄略天皇の独裁そして、継体天皇即位に際しての内戦等において、奈良盆地出身の伝統的な氏族である葛城氏や平群氏は没落します。代わって天皇家直属の隷民、伴部《ともべ》の指導者大伴氏や物部氏が大連として勢力を持ちます。大伴氏は半島政策に失敗して失脚し、仏教伝来当時は軍事氏族である物部氏が大連職を独占しました。そして新たに台頭し大臣職に就いたのが蘇我氏です。蘇我氏の出自は明らかではありません。葛城氏の支族と言われますが、一説によると蘇我氏はそう遠くない以前朝鮮半島から渡来したとも言われます。蘇我氏は渡来系の氏族を支配し、彼らの持つ先進的な知識技術を掌握し、新進の経済官僚として大王の財政や経済政策に強く関与します。蘇我氏は多分新たな土地開発により富を貯えた豪族なのでしょう。その点では天皇家と同格の臣《おみ》系氏族に属します。蘇我氏が大臣職を独占します。だから仏教伝来当時、朝廷では新興氏族の蘇我氏と古い氏族である物部氏が対立していました。古い氏族は当然旧来の日本の神々の信仰を重視します。物部氏の氏神は奈良県天理市にある石上神社です。神社は同時に武器倉でした。逆に新興氏族としては守旧派に対抗するためにも、新しい神々である仏教を信仰する方が有利です。加えて仏教信仰にはそれに伴う多くの知識技術があります。仏教信仰は大王の朝廷における新旧の氏族の抗争に利用されます。争いは蘇我氏の勝利でもって終わります。

推古朝は大臣蘇我氏と大王家の勢力が均衡を保った時期です。聖徳太子と蘇我馬子はうまくやっていました。馬子と太子と推古女帝は濃厚な血縁関係で結ばれています。これは蘇我氏の政策です。代々の蘇我氏の族長はその娘を大王家の正室として嫁がせます。大王家といっても推古天皇の世代で実質的には三代目なのです。推古天皇は継体天皇の孫になります。崇峻・用明・敏達の各天皇も同様です。彼らの祖父継体天皇は実質的には新しい王朝の創始者です。前王朝最後の天皇である武烈天皇と、継体天皇は従兄弟のさらに従兄弟のもう一つ従兄弟というくらいの関係でしかありません。それが仮に真実であるとしてもこんな関係は現代では赤の他人です。馬子も韓子から数えて三代、大王家も蘇我氏も新米同志、この間に失脚あるいは滅亡させられた大伴・物部の両氏は前王朝特に独裁者雄略天皇の時に台頭した氏族です。意図したか、でなかったかはともかく、どこかで大王家と蘇我氏が暗黙の内に了解しあって、両氏を衰亡させたと考えても不思議ではありません。少なくともその方が大王家と蘇我氏の利害に合致します。だから両家は盛んに通婚しました。このやり口は大化の改新・壬申の乱以後の天皇家と藤原氏の関係にあっても繰り返されます。この時そこに介在するものが仏教信仰です。仏教を信仰することは古い神々の地位を下げ、これらの神々の伝承に自らの権威の由来を置く古い氏族の勢力を削ぎ、さらに新進の知識技術を掌握することを意味します。日本で初めて組織的に仏教信仰を推奨したのは、まず蘇我馬子ついで聖徳太子です。馬子が大和国飛鳥の地に法興寺を建て、太子が斑鳩の地に法隆寺を建立しました。二つのお寺は「仏法興隆」の二字を分けあっています。

2

推古天皇の次の舒明《じょめい》天皇は百済寺を建立します。現役の天皇が建てた寺院の第一号です。しかしこの段階では寺はまだ天皇家の氏寺として私的なものでした。正式な国家の予算で建てられたのではありません。大化の改新で蘇我氏の本宗家は亡びます。天智天皇の時に川原寺と崇福寺が建立されます。壬申の乱の勝者である天武天皇になると仏教政策は鮮明になります。父親舒明天皇が建てた百済寺は大官大寺と名を変えて国立になります。彼は皇后（持統天皇）が重病にかかった時薬師寺を建立します。初めて国家予算で建てられたお寺つまり官寺です。天皇の葬式に僧侶が参加したのはこの天皇の時からです。天武天皇の時代になって仏教は国家により完全に認知され尊崇されることになります。以後仏教は国家に一途に保護され管理されます。僧綱制、つまり僧侶集団を管理し取り締まるための専門機関が設置されます。七〇一年に僧尼令が作られます。僧侶達を取り締まる法律です。全国の寺に仁王経や金光明経の読経が指示命令されます。これらの経典は国家を守護するためのお経として護国の経典と言われ特に重要視されます。七四一年全国に国分寺・国分尼寺建立の勅が出されます。しかし奈良時代の仏教政策の圧巻はやはり七五二年の東大寺大仏の開眼供養です。

藤原氏の動きも重要です。この氏族の始祖である藤原鎌足は、早くから現在の京都市山科区の領地に山階《やましな》寺を建てました。多くの氏族が造った氏寺の一つです。鎌足は長男を出家させて定慧と名乗らせ幼い時に唐に留学させます。どういう理由があったのかは知りませんが大変なことです。裏をあまり穿鑿しなければ鎌足の仏教信仰への情熱の発露でしょう。定慧は帰国してすぐ死去します。入唐に際して幼い定慧の保護世話を委託された、道昭という僧が、日本へ法相宗を持ち帰った第一号です。道昭は法興寺を新来の法相宗の研鑽機関にします。鎌足及び彼の子孫はこの因縁で法相宗の興隆を手厚く援助します。七一〇年平城遷都とともに、鎌足の次男不比等は、山階寺を都に移して興福寺と改称します。七三七年鎌足の孫であり不比等の娘である光明皇后が法興寺の法相宗を興福寺に移します。こうして藤原氏は三代にわたり法相宗を保護し、同時に蘇我氏滅亡後外護者を失った法興寺の保護者となりますが、このことは藤原氏が蘇我氏の立場、すなわち日本仏教の創始者という地位を継承したあるいはそう見せたことを意味します。このこ保護する宗派の眼のつけどころも適切です。法相宗は唯識学の中国的継承者であり仏教の基礎学に相当します。仏教を勉強するためには避けて通れない部門です。ここのところを藤原氏は抑えました。

以上の過程つまり推古朝から奈良時代前半までの歴史を概観すると、国家の形成と仏教の興隆はほぼ併行していることが解かります。推古天皇の死後、それまでの仏教信仰の二大推進者であった、蘇我氏と上宮王家《しょうぐうおうけ》（聖徳太子の家系）は対立関係に入り後者は亡びます。代わって蘇我氏に対抗するのが大王家自身です。舒明天皇（天智・天武天皇の父親）が百済寺を建てたことは天皇家が公式に仏教外護者としてデビューしたことを意味します。新しい信仰の保護推進者となり臣下の豪族達を支配するに際し、ヘゲモニーをどちらが取るかで蘇我氏と大王家は対立します。現在、つまり皇統一二五代といわれる平成の御代から見れば天皇家は相当の伝統を持つ存在のように見えますが、当時七世紀前半の時点では天皇家は蘇我氏と同じく新米の家系です。似たりよったりというところです。ですから馬子にせよ、大化のクーデターで殺された入鹿にせよ、彼らは天皇家と同格という意識を持っていたとしか考えられません。仏教の保護者となるということは非常に多義的で深い意味を持ちます。こうして蘇我氏と天皇家は仏教外護者の地位をめぐって対立関係に陥り、六四五年、大極殿で蘇我入鹿は中大兄（天智天皇）と中臣（藤原）鎌足の陰謀により殺されます。クーデターの後に改新政府が真っ先に宣言したことの一つが、仏教保護政策の継承と推進です。この場合「継承」とは蘇我氏が行った事の継承です。蘇我氏がしてきた仏教信仰推進と天皇家との通婚による、自己の家系の特殊化という事跡は藤原氏に継承されます。

日本の律令制の最盛期は天武持統朝です。この期に仏教に対する国家政策の基本が作られました。特記すべきことは記紀、古事記と日本書紀の成立です。政府の重要な政策です。当然記紀の内容は作成者である当時の政府に有利なものになります。二、三気がついた点を挙げます。主神である天照大神のイメージが独特です。女性であって天空神というのも少ないでしょう。この神様は本来、五穀豊穣の守護神つまり農耕神です。他の国の神話でも農耕神には女神が多いのですが、しかし彼らが天空の支配者になるということは滅多にありません。本来単なる農耕神であったものを無理に格上げしたという推測が成り立ちます。この作業に打ってつけの存在が華厳経のビルシャナ仏です。古事記冒頭の天地開闢や天岩戸のくだりは、華厳経のプロローグを連想させます。天孫降臨の描写は菩薩か弥陀の来迎のイメージに似ます。天地開闢《かいびゃく》、天岩戸そして天孫降臨といえば古事記上巻のストーリーの主軸です。これと神武東征を除けば、あとは逸話の寄せ集めという性格を古事記は持っています。記紀の内容で為政者にとって一番重要な、権力の正統性を根拠づける形而上学の部分は、仏教思想により合理化され潤色されています。記紀の制作に一番熱心だったのは天武朝の皇族と藤原不比等です。

3

藤原氏の仏教政策で見逃してはならない人物が不比等の娘、光明皇后です。彼女は不比等と橘三千代の間に生まれました。三千代は文武天皇の乳母、功績により橘氏の姓を下賜されています。王族の妻であった三千代は不比等と結ばれ光明子を産みます。この娘を天武の皇太子である後の聖武天皇の室として入れます。ちなみに聖武天皇の母親は同じく不比等の娘である宮子です。このことにも橘三千代の画策があったのかも知れません。聖武の母親宮子の称号を皇后に準じるものにするか否かで、聖武と政府首班である左大臣長屋王が対立します。聖武と光明子の間に生れた皇太子が幼くして死去するとクーデターが起こり長屋王は粛清されます。陰謀の主導者は不比等の子供である武智麿以下の四人の兄弟です。暫くして聖武と光明子の娘である阿倍《あへ》内親王が皇太子になります。後の孝謙天皇です。女帝の多い日本でも次期帝王である皇太子が女性であることは初めての事件です。光明子は正式に皇后になります。聖武天皇には安積《あさか》親王という他の女性が産んだ皇子がいましたがこの皇子は急死します。これら一連の事件を見てくると、藤原氏がいかに皇室との婚姻政策に浮き身をやつしてきたかが解かります。婚姻政策とは、娘を帝王の正室として入れ、できた子供を次期帝王とすることです。帝王を産み得る、正式な配偶者を出す、特殊な家柄であることを藤原氏は追求し続けます。

光明皇后は非常にしっかりした女性です。対して夫の聖武天皇は神経質な、有体に言えばやや病的な精神の持ち主のようです。聖武天皇は七三七年藤原四兄弟が疫病で全員死去し、七四〇年藤原広嗣の乱が起こってからは、半病人みたいなものでクーデターを恐れてあちこちの宮殿を転々として、肝心の平城京に居ることはあまりありません。政治を事実上主導したのは妻である光明皇后です。政府の首班は橘諸兄ついで藤原仲麻呂です。前者は彼女の異父兄弟であり後者は甥です。天平時代の仏教政策の最もきらびやかな部分は、すべてこの女性の主導によるものです。全国に国分寺・国分尼寺を建てること、東大寺大仏殿の建立、悲田院や施薬院の建設等の社会福祉政策、さらには鑑真の招聘と唐招提寺の建立など、すべて彼女の意向によるものと思われます。私の推測ですが、民間で説教し政府ににらまれていた行基を、大僧正にして大仏建立に協力させたのも彼女の意向でしょう。社会福祉と公共投資という点で行基と光明皇后の事跡は似ています。

藤原氏は橘三千代と光明子母子を尖兵として宮廷内部に送り込み、彼らを介して主権者の私生活と内面に関与し、相談諮問に与《あずか》り影響力を行使します。二人によって天皇家はマインドコントロールされたようなものです。このやり口は鎌足の時に始まり（彼は天智天皇の愛人を妻として下賜されます。一説によれば長男を出家させて入唐させたのはこの子が彼自身の子供ではないからであるとさえ言われています）また平安時代にはその方法論が摂関政治として確立しました。

コントロールされる方にもされざるを得ない事情があります。天武天皇は壬申の乱で兄天智の子を討って政権を取りました。革命簒奪です。天智天皇の大化のクーデターも非合法です。天智天武兄弟は舒明天皇と皇極天皇の間の子供です。二人の天皇は蘇我氏と血縁関係にありません。母方は息長《おきなが》氏という聞きなれない氏族です。だから天智や天武は蘇我氏と対立しました。これは今から見て脚色されたものの見方で、実際のところは独立した氏族間の抗争であったとも思われます。別に蘇我氏を亡ぼさなくてはならない正当な理由はないのです。蘇我氏が主権者・帝王になっても不思議ではない。大化改新自体に革命簒奪の臭いがあります。そして壬申の乱。天武天皇の政権は二度のクーデターと内乱で成立します。父祖の継体天皇まで遡ってもせいぜい六代一〇〇年、しかもその間に非合法的な権力奪取が二回ときては、誰でもおいそれとその正統性を認める気持ちにはなれません。天武の次が持統です。持統天皇は、直系つまり天武と持統の間にできた草壁皇子の子孫に、政権を保持させようとします。これにも無理があります。天武の皇子は草壁だけではありません。草壁の直系を確実に天皇とするためには、天武系の他の皇子の家系を抹殺すれば一番安全です。そう意図したか否かは知りませんが、結果としてはそうなりました。天武系の最後の天皇である称徳天皇（孝謙天皇は二度即位）の死後、天武の家系はほぼ断絶します。大津皇子の死、長屋王の粛清、橘奈良麻呂事件、淳仁天皇の廃位等々、事件の度にこの家系は痩せ細って行きました。

権力の継承は直系相続の方が合理的なのでしょう。しかし天武天皇以後の後継者達がそのために苦慮したのは事実です。政権授受に伴う無理は当然うしろめたさと罪悪感と被害感を生じさせます。このメンタリティーの中に藤原氏は入って行きます。権力者の私的空間を独占すると共にその葛藤を癒します。その手段が閨房の独占と宗教政策です。前者にあって相手を共犯者として受容し、転じて後者を介して癒しと贖罪と正統意識を与えます。光明子が悩める半病人である聖武にしたことはこういうことでしょう。もっとも宗教の政治的意義は決してこれだけに留まるのではありませんが。また主権者の立場からしても、その正室を出す特殊な位置にあるが、決して主権者そのものになろうとはしない、ナンバー2の家柄の存在は権力の継承に極めて好都合です。このような地位を藤原氏はゆっくりと確立しました。藤原氏自身の出自も曖昧です。中臣氏とされていますが本当かどうかは解かりません。大化以前には権力の頂点とは無関係な立場にあったことは間違いありません。また古代最大の内乱といわれる壬申の乱に藤原氏は全然活躍していません。功績無しです。功績のあった氏族はその後ぱっとしないのに、藤原氏だけが内乱の成果を享受して栄えます。自身出自に不安を持たざるを得ない天皇家にとっては自らの権力掌握とその正統性保持のためのパートナーとして藤原氏が最適であったのは事実です。新参者同志の天皇家と藤原氏は共同で新しい政権を作ります。そのための両者間の共同事業の一つが仏教信仰（律令制形成のための重要な一環としての）の推進です。藤原氏のやり方はかつて蘇我氏がしたのと同じ方法です。藤原氏は蘇我氏の立場の継承者です。

4

仏教政策に関しては、聖徳太子の三経義疏、僧尼令と僧綱制、大仏建立の三つを採り上げます。三経義疏の三経は法華経と維摩経と勝鬘《しょうまん》経です。維摩経は世俗生活における悟りの可能性を説き、勝鬘経は如来蔵つまり人間の心の中には浄楽我常という成道への可能性があることを説きます。法華経は聖俗両世界の為す弁証法的関係を解説します。三つの経典の組合せは極めてうまくできています。仏法をいささか楽観的にこの娑婆世界に実現しよう、できるよといった風なメッセージがあります。聖徳太子といえば十七条の憲法、同時にその第一項、和をもって尊しとせよ、が想起されます。和は明らかに竜樹の中論の、因縁和合して仮名《けみよう》のみ、の和合です。和合してできた仮名が現実である、それを尊重しよう、というのが三経義疏を考慮した場合の理解になります。和合はその論理構造からして、作り変える・作り変え得る、という意味をも含みます。単に、仲良く、だけではありません。仲良くすること、現実を尊重すること、現実を作り変えること、等の多くの意味がそこから出てきますが、いずれにせよこれらの意味は政治の公理として最適です。聖徳太子はいまだ無知蒙昧でおのれの氏族の利害しか念頭にない豪族達を仲良くさせ、政治の置かれた現実を知らしめ、その現実を変化させねばならなかったのですから。

僧尼令は僧侶を取り締まる法律です。大宝律令と同年七〇一年に制定されます。僧綱制は僧侶を統制する専門の役人に関する制度です。僧正僧都律師の三つの役職があります。この二つが僧尼に関する法律の基本です。これらの制度によりますと、僧侶は指定された寺院の中でのみ活動を許されます。国家の許可なく勝手に民間で説法してはいけない。説法のみならず占いの類も禁止、みだりに罪福を説くなかれです。もっともこんなことはすぐ破られます。僧侶はひたすら国家のために祈りなさい、がこの制度の基本方針です。読むべきお経としては国家鎮護を説いているといわれる仁王経とか金光明経が推奨されます。それに法華経が加わります。僧侶の勤めはまず読経です。極端に言えば意味が解からなくても読めればいいのです。僧侶になるには、一定の国家試験にパスして正式の資格である度牒《どちょう》をもらう必要があります。パスする人数の枠は決まっています。勝手に出家すると、それは私度僧と言われ法律違反になります。僧侶は免税なので彼らが増えると国家は税収減になります。こちらの方もどんどん破られて行きます。国家の干渉が強いせいかこの時代のお寺は諸宗兼学です。国家統制がゆるむ平安時代に入って、一つの寺院には一つの宗派という習慣ができました。僧侶や寺院を管理統制するお役所は治部省玄蕃寮です。玄蕃寮《げんば》は外国人を管理する部局です。仏教は最初蕃神、外国の神様と言われました。その風習はずっと残ります。僧綱制について補足すると、唐では僧綱に任命されるのは俗人でしたが、日本では僧侶です。日本の方が僧侶の自治を認めています。

東大寺の大仏建立の開眼供養が七五二年です。事は七四一年の全国に国分寺・国分尼寺を建てるという詔勅に遡ります。七四〇年に藤原広嗣の乱が起こります。この事件で聖武天皇は病気になってしまいます。国分寺建立は光明皇后の発案です。広嗣は彼女の甥、一族から反逆者を出したという負い目もあります。動揺する人心を安定させねばなりません。加えて夫聖武に自信を取り戻させなければなりません。こうして七四一年の詔勅が出されました。七四三年に墾田永世私有法が制定されます。自力で開墾した田地は永久にその者の所有とするという内容の法律です。本来律令制は土地の私有を認めません。しかしそんなことは長く続きません。人間とは自分が働いて得た者は自分の所有として自分で使いたいものです。人間の自然の情はそのようにできています。広嗣の乱の背景にはこの種の不満があります。これ以上人心の不満を鬱積させるのは良くない、政治を安定させ体制を護るためには人民の欲求を是認しなければならない、現実との妥協はやむを得ない、と政府は判断します。ここで行基という僧侶が登場します。彼は以前から仏法を説きながら、人民の現世的幸福に資するために色々な社会事業をしてきました。代表的なものが土木事業です。僧侶は知識人、先進的な知識技術の所有者です。土木技術・計算・会計・記帳等の技術において一般の水準より高いレベルにあります。彼は仏の教えは人民が現世において幸福になることであると説いて、相互扶助を勧め、さらに橋梁の建設や灌漑などの土木事業を推進します。政府に頼まれもしないのに公共事業や社会福祉政策をしました。しかし政府にとっては民間で僧侶が勝手に民衆を組織指導して、イデオロギーを吹き込むことは一種の反逆行為です。度々禁令が出て行基の活動は弾圧されます。我々はともすると彼の活動は貧乏な民衆への救済行為くらいに考えてしまいますが、彼の活動を実質的に支えたのは社会の富裕層です。この階層は土地私有を一番望んでいる連中です。彼らの協力と管理のもとに、人民大衆は行基の指導に組織的に従ったのです。行基の下には私度僧（非合法な出家）がたくさんいましたが、これは脱税のための方便でもあります。七四三年の墾田永世私有法は、行基のような行動を是認するという意味を持ちます。七四五年彼は大僧正に任じられ、大仏建立に弟子達と共に協力します。このような意味において全国の百姓《ひゃくせい》（すべての姓を有する者）の協力を大仏建立は期待しました。大仏建立に到る一連の政策は、その頃全国にみなぎっていた土地私有の願望に答え、社会の富裕層の不満をなだめ彼らと妥協することで、政治と社会に安定を回復しようという意図に基づいて行われました。

大仏建立はその事業自体が当時の技術力の総結集です。結集された技術は再び民間に還元されます。建築運搬等に携わる人達には収入が確保されます。経済学で言う有効需要の創出です。こういう経済効果もあったと推測されます。

奈良の大仏様は華厳経のビルシャナ仏です。華厳経は万物の調和を強調します。世界の一物一片すべてにお互いの存在が反映されており、かかる全体がビルシャナ仏の顕現であると説きます。荒っぽく言えば、みんな仏同志だ仲良くしよう、という主旨になります。華厳経のこの主張に聖武天皇は共鳴します。ですから大仏建立は、不安定な人心といえども本来協調できる、せねばならないという為政者の理想と要請の表明でもあります。さらに天皇がこの事業の指導者になることにより、天皇自らがビルシャナ仏を演じます。民衆もそのように彼を見ることを期待されます。大仏建立は天皇の権威を高め超越化させます。大仏建立は二重三重に政治的行為であり、当時の政治の主軸を為す事業でした。

5

仏教と政治の関係を考察するためには道鏡事件が良い事例です。弓削道鏡は河内国出身の僧侶で山林に入って修行し霊力を鍛えました。彼は法相唯識学を修めたそうです。道鏡は称徳天皇の看病禅師として彼女の側近くに仕えます。ここから事件は始まります。看病禅師は天皇他の高貴な方々の健康管理が役目です。僧侶には医学の知識もあります。当時は現代医学のように心身の区別は曖昧です。むしろたいていの疾患を心の側から見る傾向が支配的です。説法・読経・禅定・加持祈禱・念仏等の作業には心理療法的効果があります。道鏡は称徳天皇の看病禅師として急速に信任され寵愛されます。位は登り登って太政大臣、僧侶ですので太政禅師と称されます。さらに準天皇ともいうべき法王になります。道鏡があまりに寵愛されるのを見た淳仁天皇が、上皇である称徳に苦言して怒りを買い天皇位を追われます。権勢の中央にいた藤原仲麻呂が叛逆したのも、道鏡に対する女帝の寵愛の激しさ故でした。仲麻呂事件を機に上皇であった称徳は復位します。女帝は決して暗愚な人ではありません。しかし女帝の帝王として置かれた位置は問題です。悲惨空虚です。天武天皇の直系をもって任じる聖武天皇の時に政権継承に際しての矛盾は蓄積されていました。称徳天皇はその矛盾の体現者であり犠牲者でありスケープゴートです。聖武と光明子との間に産まれた皇子は幼児のまま死去します。他の女性と聖武との間に男児がいるにもかかわらず、この皇子をさしおいて称徳は皇太子に立てられます。女子が皇太子になることは前代未聞の出来事です。女帝は難しい役目です。理想としては彼女達は独身を望まれます。権力が権力であり得るためには、その権力を自らが望み自らが信頼する者に譲り得ることが必要です。称徳天皇にはこの可能性は禁じられていました。

彼女は七四九年、父聖武の退位の後を受けて即位し孝謙天皇となります。実質的な権力は母親である光明皇后と皇后の信頼あつい藤原仲麻呂が握ります。七五八年、淳仁天皇即位、孝讓天皇は退位し上皇になります。七六〇年、光明皇后死去、七六四年、仲麻呂の反乱を討伐、淳仁天皇の廃位、女帝復位。以上の経過を見ると女帝は母親の光明皇后が死去して初めて政治の実権を手中に収め得たことが解かります。淳仁天皇の即位には仲麻呂と光明皇后の意向が強く働いていました。ここで大胆な想像をします。淳仁の擁立は藤原氏による政権簒奪の一環であったのかもしれません。単に他の皇族を担ぐというに留まらず、例えば仲麻呂自身が淳仁の次に即位して新しい王朝をたてるとか。

道鏡が表舞台に登場するのは皇后の死以後です。七六二年上皇であった女帝が保良宮で病気になった時、彼は女帝の看病治療を行ったと史書に記載があります。七六五年、道鏡は太政大臣禅師、翌年法王になります。七六九年、宇佐八幡宮の神託事件。道鏡が次の天皇になるべし、という八幡神の神託です。迷った女帝は和気清麻呂を派遣して神託の真偽をうかがわせます。清麻呂の報告は、道鏡即位の神託は無し。翌七七〇年、女帝死去、五十三歳。道鏡は失脚し下野国に流されます。

以上のように概括すると、仲麻呂から道鏡の時代への推移において権力の簒奪、という主題が見え隠れします。こう考えてはどうでしょうか？　藤原氏は不比等以後、橘三千代と光明皇后でもって皇室をマインドコントロールしました。究極の標的が後嗣なき帝王である称徳女帝です。仲麻呂の乱の鎮圧でこの企ては失敗します。逆に女帝の側からかかる意図に対抗するためには道鏡という存在が必要でした。そして今度は逆の側から皇統はゆすぶられます。道鏡が女帝にしたことは第一に看病と治療、つまり権力者の緊張し動揺しやすい心身の看護管理。さらに造寺造塔と仏教儀礼や行事の演出。その意味は大仏建立と同じで、帝王の統治の理想化と帝王の存在の超越化です。政治の最も際どく枢要で隠微な、部分に道鏡は関与し、関与せざるを得ませんでした。女帝に後嗣がないということが道鏡という存在を必要ならしめた最大の理由です。政権は暴力という手段を除外すると、委譲の方法は二つです。合理的理由と血統です。称徳女帝が道鏡を政権維持のために不可欠のパートナーとみなし、それ故に彼を後継者として希望しても不思議ではないでしょう。特に彼女が自己の置かれた位置を自覚した時、自分に後嗣がないこと、父祖以来の権力継承の矛盾の行詰りとスケープゴート的な立場、権力の継承の媒体としての宗教政策、等々を自覚した時、彼女の意識の中に、道鏡に王位を譲ってなにが悪い、という気持ちが出てきたとしても不思議ではありません。権力をとことん分解してそれを法にまで還元した時、この法の受持者が権力を受け継ぐ者であってもおかしくはない。このような尖鋭で濃密で隠微な関係にあった、女帝と道鏡の間に、いわゆる男女の関係があったとしても不思議ではありません。男女の間に仁義はありません。権力とは法の授受をもって最良としますが、血統を介しての方がより安穏です。道鏡事件は、我が国が仏教という異国の宗教を取り入れ土着させる過程における、諸々の意味や契機を集約しています。

私は今まで主として、国家と仏教の関係についてばかり叙述してきました。ではこの間どんな内容の教えが我が国に入ってきたのでしょうか？　説明というより宗派と名前を列挙するに留めます。南都六宗、三論、成実《じょうじつ》、倶舎《ぐしゃ》、華厳、法相そして律の六つの宗派です。律宗は鑑真によって七五四年招来されました。僧侶がサンガの共同体を維持するために必要な戒律の維持と解釈を専門とするのが律宗です。成実宗は倶舎宗の付属的位置にあるとされています。

欽明天皇の御代から馬子と聖徳太子の時代、大化の改新と壬申の乱を経て、天平時代の仏教の興隆と約二〇〇年近くの過程を概観すると、仏教の定着は政治と密接な関係にあることを強調せざるを得ません。我が国の律令制という政治体制が確立するための媒体（そのすべてとは言いませんが）が仏教です。必然としてこの時代の僧侶は国家に統制される半面国家の政治に容喙します。この関係が退廃しその矛盾を露呈したのが道鏡事件でした。次代の仏教はこの状況をどのように乗り越えて行くのでしょうか？

第三節　武士道・菩薩道

1

奈良仏教は国家仏教であり輸入された学術仏教でした。仏教は以後変容します。理論の中から実践を模索し、個人救済を焦点にすえた、民衆仏教を目指します。道鏡事件は奈良仏教の行詰りを意味しました。国家が仏教に直接関与した時当然生じるべき副作用がこの事件です。仏教であるからこの事件が生じた、生じ易かったとも言えます。仏教の特徴は目に見えるという意味での明示的な理論がないことです。すべては無であり空であり円転滑脱として捉えどころがありません。ですから仏教全体を統括する機関が仏教自体の中から現れません。キリスト教や儒教ですと教説が何を言っているか明示できますので、中央管理センターが作り易いのです。儒教は早々に国教化しましたし、キリスト教の発展はカトリック教会という統制機関の形成と併行します。教会は自らを地上における神の国と自認します。こういう場合国家はその管理センターのトップと機構そのものを掌握すればよい。仏教ではそうは行きません。国家が仏教に介入しようとすると、為政者個人が僧侶個人に近づく必要があります。ミイラ取りがミイラになります。

道鏡事件以後の為政者特に光仁桓武朝はこの事件に懲りて、仏教を政治から遠ざけ国家の依って立つ理論の重心を仏教から儒教に移します。都を奈良から遷し仏教寺院の政治への影響を避けます。律令制度が弛緩し解体するにつれ、国家による寺院への給付はなくなります。奈良時代の寺院の経費はすべて税金で賄われました。平安時代の寺院は独立採算制です。この状況の中、平安仏教が誕生します。平安仏教は最澄と空海によりその基礎が築かれました。二人の宗教者が山林修行者出身であることは強調しておかなければなりません。最澄も空海も正規の僧侶です。国家試験に合格し国家により度牒を支給された僧侶です。しかし彼ら二人は寺院での研修にあき足らず、最澄は比叡山、空海は四国の山中で、禁止されていた山林修行を行います。山林修行にはいろいろな意味があります。この種の修行はヨガと苦行と密教呪法を総合したような行です。何よりも個人の救いを追求する実践仏教です。そして山林修行者は基本的には制度外の存在です。奈良仏教が制度に拘束されて理論学習に専念したのに対して、これらの修行者には個人の救済を求める民間布教者という性格が濃厚です。最澄と空海はこの経験を経て、遣唐使に随伴して唐に渡り、最澄は天台宗を空海は真言密教を学んで帰国します。山林修行者出身の僧侶がやがて政府に好遇されるのは時代の変化によります。当時の政府にはこのような民間布教者的傾向を持つ僧侶を歓迎する気分がありました。最澄は比叡山延暦寺を空海は高野山金剛峰寺と京都の教王護国寺（東寺）を根拠地として活躍します。

2

奈良時代から平安時代への推移において重要なことは、政治権力の基盤である土地制度の変化です。大雑把に言うと公地公民制に基づく土地の国有は、墾田荘園という土地私有制に変化します。律令制度の最盛期においてさえ土地私有への願望は強烈でした。政府はこの願望に押され徐々に私有を容認します。永世私有法が一つの画期です。平安時代の初期に税制も負名制《ふみょうせい》へ転換します。負名制は、耕地をすべて墾田の所有者の名《みょう》において整理し、名の所有者が納税の責任を負う制度です。事実上の私有が全面的に承認されました。個人の力で持てるだけの土地を持っても構わない、所有に応じて収める物を収めればそれで結構と言います。それまで政府は土地と人民を直接支配しようとしました。負名制により政府が目指したのは納税の能力のある人民の掌握だけです。他は知ったことではありません。能力のない連中は名の担当者である田堵《たと》名主《みょうしゅ》のもとに逃げ込み雇われて保護を受けます。政府は土地に対してのみ課税しました。

土地私有を容認された名主達にとって次の問題は、手に入れた名田《みょうでん》にかかる税金をいかに逃れ軽くするかです。一番有効な方法は、土地を中央の有力者か大寺院に名目上寄進して保護を受けることです。その結果成立した制度が荘園制です。荘園がほぼ完全な形で歴史に現れるのは、十一世紀後半以後の寄進地系荘園の成立を待たねばなりません。事態が単純に一直線に進行したのではありません。墾田や荘園を寄進される有力者は同時に政府の高官であり、彼らが寄進される根拠は政府における地位にありますから、いたずらに政府を弱体化する企てを容認はできません。一方政府での地位を保つためには、私的な収入つまり土地私有による収入が必要です。ディレンマは地方の土地所有者にしても同様です。この矛盾を克服しなければならないので、事態は堂々巡り一進一退を重ねて少しずつ進みます。

公地公民から荘園制への変遷に併行して社会も変化します。第一が家族制度の変化です。奈良時代までは氏族制度が強く残っていました。土地私有の発展につれ、蓄積された私有財産を維持し継承する単位としての家族、という新たな機構が出現します。氏族が解体され家族が誕生します。「家」が出現します。家の出現という現象はまず、天皇家のような最上位の階層から始まり、貴族層に武士階級にそして庶民一般へと及びます。氏族は原始的共同体であり、核家族的単位を超えたグループの長が耕作納税治安等の行為を集団で保証します。逆にいうとこの共同体を前提としてのみ公地公民制は存在しえたのです。家は親子という直系親族を中心とし、それにせいぜい未婚の傍系親族を加えて構成される単位です。氏族から家族への社会集団の変遷は人間関係の個人主義化です。

土地制度の変化に対応して政治の在り方も変わります。富の源泉である土地の掌握が権力の基礎です。土地の実質的所有者は田堵と呼ばれる地方の有力者です。彼らは何らかの手段で中央の権門と提携して土地の私有を護ろうとします。政府による課税を忌避します。そのために中央の権力者に土地の支配権や富の一部を委任譲渡します。こうして中央の権門から地方の有力農民に至る、富と権力の分配のヒエラルヒーが成立します。土地支配の権力は、中央から地方に向かって、なだらかな勾配を為して分散されます。さらに中央の権門は、政府の代表という側面と私有地の保護者という側面を持つので、政治上の態度は一貫しません。前者として墾田荘園を制約するかと思えば、後者として墾田や荘園の発展を保護奨励する対応も見せます。中央政府の施策は首尾一貫性を欠き、展望を失いその場的な対応に終始します。その結果国家は政治的視野を自らの（都に住む高々一〇〇名内外の貴族とその縁者の）生活を維持することのみに限定します。王朝時代の貴族政治は、軍事外交殖産という政治的行為の主軸であるべき営為は行いません。彼らの政治は伝統墨守と儀式の演出のみです。だから社会は全国的規模で柔らかな無政府状態でした。

3

最澄は天台宗を空海は真言密教をわが国に持ち帰りました。二つの宗派に共通することは実践の追求です。実践とは悩める個々の衆生の救済です。ただ天台宗、天台智顗の教説は、理を重視するために観念的乃至思弁的になります。対して真言密教の体系は極めて具体的です。ですから平安時代の前半は密教全盛になります。密教の実践はヨガと象徴解釈です。象徴解釈はこの世の個々の事物に顕現する宇宙の真理を読み解く技術です。密教はそれを自らの体系の内に完備していると言います。読み解いた真理にヨガ実践を介して没入することにより、個人は成道する、生きたまま仏になれると主張します。即身成仏です。これを実践する僧侶は相当の修行をしなければなりません。修行のできない俗人は専門家に願望成就を依頼します。修行者は生き仏であり万能ですから。願望はどうしてもこの世的になります。福禄寿の類です。雨乞い、病気平癒、男児（状況によっては女児）の誕生等も代表的願望です。国家鎮護・怨敵退散等、国家的規模の調伏呪法も政府により盛大に行われます。加持祈禱《かじきとう》という聖なる力で俗世の欲望を達成する呪術が盛行します。

平安仏教の個人救済は密教呪法から始まります。なんとなく低次元の観がありますが、人間の宗教的情操など潜在的可能性はともかくとして最初はそんなものです。まずおのれが救われたい、できればあの世ではなくこの世で、しかも難しい修行と理屈ぬきで、となるとやはりこんなところに落ちつきます。

従って最澄より空海の教説の方に人気が集まりました。加持祈禱は即効的で即物的です。受益者はお布施をはずみます。加持祈禱の相手は権門貴族である方が儲かります。寺院も収入無しではやって行けません。貧者の一灯より富者の万灯です。最澄の弟子後継者達は苦慮します。彼らの中から円仁や円珍が出て唐に行き、空海の呪法よりももっと立派なものを持ち帰ります。こうして最澄没後数十年にして、比叡山延暦寺では本来の天台法華の教えは建前となり、密教が全盛になりました。空海の密教を根拠地である東寺にちなんで東密、叡山のそれを天台宗の密教という意味で台密と言います。密教呪法は僧侶のみではなく、修験者という加持祈禱のプロも行います。当時上は国家自身から下は一般庶民に至るまですべてこの種の呪法に頼りました。

4

九三八年、空也が都に現れ口称念仏を説き、「南無阿弥陀仏」と弥陀の称号を唱えるだけで往生できると説法します。以後都を中心に念仏往生、浄土教といわれる信仰が盛んになります。念仏の盛行は平安時代後半の宗教界の特徴ですが、勢いは衰えることなく鎌倉時代には法然や親鸞等の天才を輩出します。九三八年という年は時代の転換点です。この年に平将門、藤原純朝の乱が勃発します。争乱は地方の有力者が自らの力に目覚め、中央政府に対して自己主張を開始したことを意味します。土地制度の矛盾の爆発です。また御霊信仰が盛んになりました。御霊信仰はこの世に恨みを残して死んだ人の怨霊をなだめる行事です。これに京都という日本で初めての大都市生活に伴う諸々の障害、特に疫病流行への恐れが加わります。怨霊の主は掃いて捨てるほどいますが、最たる者は九〇一年右大臣の地位を追われて大宰府に流された菅原道真です。九三八年前後彼の死をめぐりいろいろな事件が起こり、風評が拡まり、そして怨霊慰撫の運動が盛んになります。九四七年、彼を祭る北野神社が作られました。平安時代も中期に入ると、土地支配、政治上の権力闘争、都市の日常生活において矛盾は大きくなり、都で暮らす住民は深刻な不安に曝されるようになります。家の成立により貴族階層の生活は個人主義化するとともに、都市生活者独特の孤立感、根無し草的感懐も強くなります。

この状況を背景として空也の口称念仏は都内外で爆発的に流行します。九七四年、慶滋保胤《よししげのやすたね》が勧学会《かんがくえ》を作ります。念仏信仰の研究会です。菅原道真失脚以後、文人学者の政界への進出は阻止されました。家の成立と併行して家格が固定し始め、勉強しても学者の政界での地位昇進は望めません。保胤のような時と志を得ない文人達は、現世の出世を断念し来世の救いを願望するようになります。知識人のこの動向も平安浄土教の発展にとって重大な因子です。九八四年、彼らのブレイン源信により往生要集が著わされ How-to 極楽往生が解説されます。往生要集は平安浄土教のバイブルでありマニュアルです。

院政時代には念仏はその量を競います。何万回念仏をした、仏像を何個作った、どのくらい大きなお寺を建立したとかを競う風潮が支配的になります。白河法皇以下の院政の主達が建立した六勝寺、三十三間堂の千体の仏像、良忍の融通念仏、四天王寺の念仏等はその例です。念仏往生の盛行は貴族も庶民も巻き込みます。鎌倉時代の浄土思想に比べると、平安浄土教は集団的夢幻的陶酔的で現世逃避的です。密教の影響が強く、その分個の自覚に乏しいと言えます。平安浄土教は必ずしも空也の系列ばかりではありません。天台宗の開祖智顗の教説の中に四種三昧《ししゅざんまい》がありますが、その一つは念仏行です。唐から密教呪法を伝え台密の基礎を築いた円仁は五台山で盛んだった法照以来の常行三昧《じょうぎょうざんまい》を持ち帰り、これが叡山に定着してお山の念仏になります。源信は念仏往生を大乗仏教の教理でもって基礎づけようとしましたが、一方ではこの常行三昧の影響を受けています。親鸞にも同様のことが言えます。

密教から念仏へ、が平安仏教の推移の概略です。密教と念仏はえらい違うように見えますが内実は似ています。本質的には同じです。特に平安時代の念仏にはこのことがあてはまります。曇鸞の浄土論注により世親の唯識思想と土俗的な浄土信仰が接合されました。一方唯識思想の変容が真言密教であるとも言えます。淵源において密教と念仏は近い関係にあります。念仏の基本は観仏、阿弥陀如来の像を観想することです。念仏の「念」はこのイメージを頑張って保持する作業です。弥陀の全体象を想い浮かべることができない時の、便法として口称念仏が勧められます。「南無阿弥陀仏」を繰り返し唱えることにより精神を集中し、それを軸にして弥陀のイメージを体験しようとします。真言密教の二大契機であるヨガと象徴解釈のうち象徴を阿弥陀仏へと対象化し、ヨガ実修を観仏さらに口称念仏へと焦点化すると浄土教が成立します。密教と念仏は近親関係にあります。空也の出自が良い証拠になります。彼は口称念仏を唱導する以前は修験者でした。

密教はその本質において芸術的、美的宗教です。密教は宇宙の真理の顕現を宇宙の個々の事物そのものの中に見ます。従って個々の事物はなんらかの意味で聖なる存在であり、その認知は我々の感覚にあっては美しいものとして把握されます。その影響下にある平安浄土教も同様です。人々はまず極楽浄土を美しき国として捉えそこに逃避しようとします。臨終での体験を重視し、往生の証として臨終を美化します。かぐわしい香りがした、霊妙な音楽が聞こえた、この世のものならざる光がさした等の事態を重視します。往生へのチャンスを臨終の一点に集約し、それを荘厳な儀式に盛り上げます。日常の生は臨終のための準備段階以上の意味を持ちません。観仏は美しい弥陀のイメージへの没入であり、口称念仏も同様です。平安浄土教は美的陶酔状態を集団で保証します。この世での自分の存在を美しいものにすることにより、美しい極楽浄土と等しくし、往生を実感しようとします。密教と浄土教を一括して捉えた時、平安仏教の特徴の一つは美的宗教であることです。

神仏習合と天台本覚《ほんがく》思想に関して少し触れます。神仏習合は日本古来の神々と仏教の天神菩薩如来を本来同一の存在とする考え方です。はじめ仏教は厳格な教理を適用して日本古来の神々を排斥しました。神々は未だ修行が不充分だから仏による救済を待たねばならない存在か、それとも邪悪なものとして追放されるべきものとされました。しかし古来の信仰はそう簡単に放棄できません。神様や仏様の世界でも妥協は行われます。神社の中に建てられた仏寺、神宮寺が出現します。神仏習合が始まります。仏教には菩薩ということに便利な境地があります。古来の神々をこの境地に当てはめればたいてい無理なく説明できます。菩薩は如来予備軍ですから。神々と如来は至近距離に近づきます。大乗仏教には垂迹《すいじゃく》という考え方もあります。法華経では始成正覚の釈迦は久遠実成の本仏の垂迹であると説明されます。釈迦のみならずすべての如来菩薩にこの公式は適用可能です。こうして仏教の菩薩如来と日本古来の神々は親戚縁者になります。大日如来・ビルシャナ仏と天照大神、住吉神社の主神と勢至菩薩、宇佐の八幡神と文殊菩薩という風に。始めは仏教の菩薩如来が本家で日本の神々が分家でした。本地垂迹説です。鎌倉時代以後になるとナショナリズムが亢進して、逆に日本の神々があちらに行って仏菩薩になったと主張しだします。逆本地垂迹説です。

天台智顗《ちぎ》の思想の骨格は十界互具・一念三千です。衆生はその可能性において既に救われている、成道していることになります。天台本覚思想はこの考え方を土台とし、さらに密教の即身成仏等の考えをも加味して成立します。結果として衆生は現実に既に救われ成道していると理論は単純化されます。救われているのはいいとして、では修行を宗教的情操をどうするのかとなると答えに詰ります。現世の欲望の徹底的追求をもって成道への道とすることも可能です。救いの可能性を神秘的暗号解読に求めようともします。天台の教理そのものはいいのですが、理論を実現する方法論を欠くと、神秘への逃避か現実との妥協かのどちらかに傾き、信仰における緊張感を喪失します。天台本覚思想がよい例です。しかしこの考え方は日本の宗教的情操の基礎に留まり続けます。

密教と浄土教そして神仏習合と天台本覚思想には共通点があります。成道も俗世もごたまぜです。密教は聖なる世界の価値をこちらの世界に呼び込みます。念仏往生は逆にこちらの存在を向こうに投げ込みます。方向は違いますがいずれにせよ彼岸と此岸はイコールです。両者の間に緊張はありません。日本古来の神々は現世的欲望の体現者か禁圧者ですから俗世間そのものです。この神々が仏と同一となるというのが神仏習合思想です。天台本覚思想はすでに説明した通りです。こう考えると平安仏教の最大の特徴は雑然とした総合性混交性にあります。聖と俗がひとからげに括られるので、教理や修行法の区別も曖昧になります。平安仏教は個人救済への志向から出発し、個人が置かれた現実を肯定する過程で、信仰のるつぼともいうべき性格を帯びるようになります。平安仏教を踏まえそれを克服する形で鎌倉仏教が出現します。単純明快な修行法と、強固な教団統制と、カリスマ的指導者をもって出現します。鎌倉仏教のこの特徴は武士社会の特徴そのものです。

6

平安仏教は基本的に民間布教者により形成されます。正規の僧侶の活動も無視できませんが、この時代を特徴づけるものは民間布教者の活動です。平安仏教の創始者といわれる最澄や空海も出自は山林修行者です。この伝統はさらに一〇〇年以上遡れます。日本で一番古い山林修行者は役小角《えんのおづの》です。彼が仏教に関係があるかどうかは解りません。彼はいろいろの呪法をし人心を惑わしたとして伊豆に流されました。僧尼令が出る二年前です。役小角に遅れること二十年して行基が出ます。彼の民間での活動、説法と社会事業は、当時の法律に公然と反抗するものでしたが、政府は結局彼と妥協しました。彼の活動は当時進行しつつあった土地私有を促進します。道鏡も山林修行者の出身です。そして最澄と空海。また密教の加持祈禱は民間でも盛行しますが、この作業を荷う修験者という人達は正規の僧侶とは言えません。浄土教流行の原点になった空也の出自も、修験者らしく正規の僧侶出身ではありません。平安時代後半になるとこの種の修行者は続出します。

当時叡山や興福寺を始めとして有力寺院は権力と接近し富を貯え俗化します。こんな所では落ち着いて修行できないと思った、真摯な僧侶修行者達は、寺院を出てその周辺でグループを作り独自の修行を行います。この場所を別所《べっしょ》と言い、修行が念仏であれば彼らは聖《ひじり》と呼ばれ、法華経の護持読誦であれば持経者《じきょうしゃ》と言われます。往生要集の著者源信も、晩年は叡山の奥深い横川の一隅に引退して弟子達と、念仏三昧に励みました。鎌倉新仏教の代表である親鸞や日蓮は聖・持経者の性格を強く持ちます。彼らは正規の僧侶出身であることもそうでないこともあります。彼らの周囲にさらに一般の俗人が集まります。平安時代後半の宗教活動は彼らにより荷われたと言っても過言ではないでしょう。

平安仏教において民間布教者と正規の寺院は共存します。二者はなだらかな勾配を描いて連なります。前者は後者を忌避しますが全面否定はしません。後者は自らが適当に腐敗する中で前者を輩出しつつも、決して腐敗しきることもありません。民間布教者は正規の寺院と一定の関係を保って活動しつつ、また自らの寺院を作ります。このような寺院と民間布教者との関係を俗界に置き直しますと、中央の権力者と地方で実質的に土地を所有し支配する有力者田《た》堵《と》・名主《みょうしゅ》・武士の関係に似ています。どちらの関係においても相互に対立しつつ相互にもたれあいます。

　奈良時代の有力寺院は国家財政により維持されていました。平安時代に入ると公地公民制が崩れ国家財政は縮小し政府は寺院を維持する力を失います。寺院はその経済的基礎あるいは保護者を新たに台頭してきた地方の有力者や、彼らに支えられた中央の権門の後援に期待します。単に寺院が世俗の有力者の保護を受けるだけでなく、逆に宗教施設そのものが土地経営者や開発領主を産みます。延暦寺にせよ興福寺にせよ僧侶俗人が寺院の保護下に私有地を拡大します。彼らは僧侶であることもあり、僧侶の格好をすることもあり、あるいはもう少し特殊な身分に属することもあります。中央の大寺院で行われていることは地方の寺院でも同様です。行基は、宗教活動を介して墾田を拡大しましたが、このやり方はずっと後の世でも有効です。聖界と俗界の、中央と地方の、比較的ルーズな関係の中で民間布教者は存在を許されることになります。それはあたかもこの状況から武士という特殊職能者が出現したのと似ています。

7

　僧侶であって武装した兵士を僧兵と言います。一〇三九年に延暦寺の僧徒が関白頼道邸に強訴《ごうそ》したという記録がありますが、この辺から彼らの活動は目立ってきます。十一世紀後半には専制君主白河法皇をして、朕の意にならぬ者はと、言わせるほどの実力を発揮します。寺院は寄進された荘園を抱え込み裕福です。平安末の時点で日本の荘園の半分以上が寺院か神社の所有と推定されます。寺院は裕福ですので自らの財産は自ら護らなければなりません。政府の力はあてになりません。寺院が自らを護るための武力が僧兵です。彼らの活動はそれに留まりません。他の寺院との抗争に際しても活躍します。三井寺と延暦寺、延暦寺と興福寺の喧嘩は年中行事です。なによりも僧兵が活躍するのは朝廷への強訴です。寺院も荘園領主ですからいろいろと政府に注文をつけます。正規の交渉が決裂すると寺院は僧兵を動員し朝廷へ押し掛けます。寺院は宗教的権威のシンボルを正面に立て、僧兵の武力で政治的要求を通そうとします。

僧侶のくせに武装しているからでしょうか僧兵は歴史上人気はよくありません。僧兵の存在は寺院の腐敗の象徴のように言われました。しかし当時の社会で一番民主的に運営されていた社会は、僧兵集団を抱えた寺院です。僧兵は寺院の雑事に使われ形だけ僧形をした連中のみでなく、れっきとした正規の僧侶、学問専一に活動する学侶と呼ばれる階層も、いざとなると武装して抗争に参加しました。叡山の悪僧といわれる人達の中には上級僧侶も多かったのです。彼らは寺院の重要事項を決定する時大衆僉議《せんぎ》を行います。皆一堂に会して頭巾で顔を隠し、演説し討論し最後には決議を行います。寺院の僧侶全体による直接民主制です。集会の決議を無視しては寺院の執行部上級僧侶といえども何もできません。寺院は学問修行の場ですから世俗的権威の影響には限界があります。それに武力の必要性が加わるので平等性はさらに加速されます。寺院の僧侶は原則としては皆武装です。古代ギリシャの Hoplitendemokratie（市民皆武装を前提とする直接民主制）を連想させます。

僧兵による武力の保持は寺院の独立を保証します。比叡山延暦寺は度々武家勢力と抗争しましたが本拠が攻め落とされたのは織田信長による一回のみで、それまで叡山は難攻不落の砦でした。興福寺他の寺院にしても同様です。だから日本では中国におけるような廃仏は起こりえません。政府の武力と同等あるいは時によってはそれ以上の武力を持っているのですから。源平の争乱に際してはちゃっかりとキャスティングボートを握ります。国家権力から独立していますから、修行や学問の方向をどう選ぼうと寺院の勝手です。

寺院は結構という以上に世俗化していますのでその中からいろいろなものが出てきます。寺院は世俗文化の培養器です。本来宗教的営為であったものが、寺院で発酵醸成されて世俗化され娑婆《しゃば》に放出されます。例えば説教浄瑠璃です。これから浄瑠璃や歌舞伎等の大衆芸能が派生しました。立花茶道は言うに及ばず、連歌俳句に作庭も僧侶の仕事が始りです。金融運輸等の経済行為においても寺院は先駆者です。室町時代に有名になる馬借車借《ばしゃくしゃしゃく》という運送業者、酒屋土倉《どそう》等金融業者はすべて寺院がらみです。能楽と狂言は奈良の寺院が母胎です。鍛冶工芸等の工業技術も寺院起源のものが多いのです。饅頭・羊羹・外郎・豆腐・納豆・茶等も寺院経由で民間に普及します。寺院が世俗文化の培養器であり得たのは国家権力から独立していたからです。それを保証する僧兵の存在は重要です。

院政の主はほとんど頭を丸めています。形だけの僧侶です。平清盛も北条氏代々の執権もみな僧形です。日本の為政者には僧形が多い。特に実力者ほど。なぜでしょうか？ 通説では表の世界から一度身を引いた気楽な立場で親権を行使して政治を内側から操作するのに都合がよいからと言われます。しかしそれだけではありますまい。俗形と僧形に分化することで権力が分有され分業され易くなるからではないでしょうか？ そもそも日本の政治は卑弥呼時代の姫彦制以来、権威と権力を何らかの形で分業するシステムが伝統です。出家して別の形で政治に関与する行為は権力を分散させ安定させます。僧形の戦闘集団である僧兵の役割にも似たところがあります。僧兵は乱暴と言われますが、本物の武士に比べたらたかが知れています。本来武士は一所懸命です。しかし僧兵にとっては利害は集団で共有されるべきものですから利害に距離を置けます。僧兵の武力で敵対集団を抹殺したという話は聞いたことがありません。ですから僧兵華やかなりし時、彼らは権力の安定装置にもなりました。源氏と平氏、公卿と武家相互の間でキャスティングボートを取ってこの役割を果たします。いかなる権力武力といえども僧兵という畿内近辺の武力装置を無視して勝手に行動できません。寺院は寺院なりの論理、武士でも公卿でもない立場の論理で動きますから、その態度は柔軟です。

寺院が僧兵を持ったことは結果として暴力の抑制に著しく寄与したのではないでしょうか？ 僧兵とは半聖半俗の存在です。むしろその典型です。直接民主主義、国家権力からの独立と自治、世俗文化の培養器、暴力の抑制、等々社会と文化への大変な寄与です。それも寺院が武力を持てたからです。ですから私の論理で行きますと僧兵は菩薩です。僧兵という立場が存在し得たのは多分、菩薩道という自由闊達な境地論法が存在したからでしょう。寺院に集中した武力集団であるから僧兵となるのであって、これが地方の菩提寺を中心としてもう少し広く結集すれば武士団になります。以上のように考えると僧兵という存在も、民間布教者とルーツは同じで時代や社会への貢献もよく似ています。

8

信仰のるつぼ、そして半聖半俗の民間布教者の活躍という平安仏教の特徴は仏教の教理そのものにも起因します。中観派は、因縁和合して仮名《けみょう》のみ、と言います。反面仮名を大事にします。天台は十界互具・一念三千、華厳は一即一切・一切即一と主張し、唯識は識の無限の連なりの中に真実を見ようとします。総じて仏教のあらゆる教理は、これが絶対に正しいという固定した教説を認めません。あれでもあり・これでもあり・あれでもなく・これでもないと、円転滑脱、鰻のようにぬるぬるしてつかみ所のない考え方をするのが仏教です。だから各宗派はそれぞれの視点から自らが真理と思うところを主張します。もちろん各々自分が一番正しいと思っているのですが、かといって他の考えを絶対的に否定し、抹殺してしまおうなどとはゆめ思いません。仏教思想の基本は無我であり空ですので、仏教諸派はどこかで他の宗派といえども身内という寛容な意識を持ちあいます。ここから仏教思想の展開における二つの特徴が出てきます。国教が成立しないことと、異端がありえないことです。固定した教説がないために仏教は国教になりえません。異端は国家によって公認されない教説ですから、国教無き所に異端もありません。歴史を振り返りますと、仏教はインドにおいてはそれ自体がバラモン教・ヒンドゥー教に対して異端でした。漢民族の世界では国家が正統としたのは儒教であり、仏教は道教に比べてさえ低い立場に置かれました。日本においても宮廷の儀式の最も秘奥な部分は大嘗祭《だいじょうさい》に見られるように神道です。日本では神道の影響力が小さいので目立たなかっただけです。天皇はあくまで日本古来の神々に仕える祭司です。儒教思想は礼教や人倫の道とか言って、人間の目に見える外面的行為を規制するので、思想が容易に形になり国家権力も統制し易くなります。キリスト教はイエスの贖罪死と復活というものすごい逆説を教理の中核に持ちます。矛盾に満ちたこの逆説を他の者が勝手に主張して弄ばないよう、火薬庫の番人であるカトリック教会は正統性を強調します。教皇勅書とか公会議の決議で決まったことは絶対無謬で無条件に服従を強制します。不服従即この世から追放です。仏教にはどちらの傾向もありません。

仏教は国家統制に服しにくい性格を持ちます。仏教界自体が各宗派の寄せ集めです。各宗派は本末関係でもって地方寺院を統制しますが、統制はカトリック教会に比べれば緩いものです。言うことを聴かなくても火刑になる心配はありません。だから各寺院はその地方の実状に即した自由な行動を取れます。必要とあれば宗旨替など簡単です。少なくとも全国的規模の内戦など無しに可能です。半聖半俗の民間布教者は活躍し易くなります。なによりも大乗仏教には菩薩道という立派で便利な考え方があります。弥陀・如来・仏といえども俗界に化現してそこで頑張らなければ、彼らが超越的存在である資格を失います。従ってこの世でもお寺と信者の区別が曖昧になります。だから両者の間に介在する民間布教者は菩薩ということになります。理論的にそうなるだけではありません。実際彼らは菩薩僧と呼ばれます。行基は行基菩薩と尊称されました。このように仏教寺院の末端周辺には膨大な半聖半俗の菩薩が存在するのですから、民衆特に殖産活動や土地開発に励む有力農民は国家により強制された良心に対してあまりうしろめたさを感じることなくおのれの所行に専心できます。のみならずそこを根拠に自らの良心を形成することも可能です。

総じて仏教の考え方は寛容で多様性に富みます。仏教を受容することにより日本の政治は分権的になりました。日本自体が仏教の受容に適しています。日本の政治社会の風土は、姫彦制に見られるように分権的であり、家父長制が強固でなくある種のルーズさを持っています。この大地へ仏教がやってきます。日本の風土を生化学反応の基質とすると、仏教は酵素です。日本という基質と仏教という酵素は反応しつつ、風土全体を柔らかく解体し、そこから新しい何かを発酵醸成します。醸成し発酵して出来上がった美酒が武士という階層です。武士が武士であるためには、彼らが依って立つ一定の社会的基盤と倫理意識を必要とします。厳密な意味での武士が出現したのは日本と西欧の歴史においてのみです。

9

平将門の乱から遡ること二〇〇年前から律令政府は蝦夷を盛んに討伐します。結果として蝦夷は征服されましたが、個々の戦闘では政府軍は散々でした。我が国の武士の戦闘技術は、彼らの技量を模倣し修得することにより形成されます。最も重要な技術は騎射、馬乗して弓を射ることです。戦闘技術の修得進歩は、必要とする武器の変化を伴います。馬上戦闘に適した細身で反りのある太刀、さねを連ねて作られた運動性能に富む大鎧《おおよろい》、強靭な重藤《しげとう》の弓等が出現します。馬や鎧太刀等の武器は高価です。調達できる場所は都以外にありません。武芸の修得も都の方が有利です。最近の学説では武士は地方から直接出現したのではなく、地方に下った都の軍事技術者の技術が伝播する中で発生したのだと言われます。地方は実力社会ですから、田堵名主という半合法的土地占有者達は、力でおのれの土地を護ります。軍事技術は速やかに拡がります。開発領主達は中央や地方の下級官職に就き、相互の間で縦横のネットワークを形成し次第に大きな集団になります。武士団が出現します。

武士団の最初の反乱が平将門の乱です。藤原純友の乱もほぼ同時期。さらに平忠常の乱。この段階では武士はまだばらばらに活動しています。上下の主従関係が確立するのは前九年後三年の役です。源頼義・義家父子の活躍により従軍した地方の武士達は彼らに臣従し始めます。義家達はまず官軍の権威を大いに利用します。彼らは戦上手で部下には充分な恩賞を与え人心を収攬します。彼らはカリスマになります。同時に彼らは中央の権力者の家人になって従属し、前者に対して武力を提供する役割を荷います。既に律令制の軍事機構は有名無実ですから、政府を主宰する者にとって彼らの存在は無視できません。義家は当時の権力者である摂関家と結びます。少し遅れて桓武平氏の平正盛・忠盛は、西海の海賊討伐で功を挙げ院政と結びます。源平二氏の武家の棟梁が出現します。武家の棟梁には多くの性格があります。彼ら自身荘園を寄進された荘園領主です。彼らは軍事貴族であり軍隊の指揮者としてカリスマです。武力を権力者に提供する傭兵隊長でもあります。見返りに彼らは官職を与えられ、その権威により配下の武士達ににらみをきかせ支配し保護します。だから律令政府の役人でもあります。彼らの組織は準戦時体制ですから主君への忠誠は強調されます。同様に棟梁の指導力も厳しく吟味されます。

当時の土地支配制度は荘園と公領の二本立です。荘園という私有地は中央の権門貴族の保護下に入ります。しかし権門の力は律令政府の高級官僚であることにより保証されますから、権門貴族は政府の直接統治下にある公領にも強い利害関係を持ちます。彼らは自らの政府に対して両義的な立場にあります。私富の源泉である荘園も必要だが、公領が無くなっても困ります。権門貴族のみならず武士や耕作農民に到るまで、この両義的な関係に曝されます。この矛盾が増大するに従い摂関政治は院政になり、矛盾は保元平治の乱となって爆発します。内乱以後武士は自分達の力量に目覚め政治に積極的に介入します。武士階層内部での支配権の争奪をめぐって争乱があり、平氏政権を経て十二世紀末に、源頼朝が鎌倉幕府を開き武家政権が誕生します。

武士という人間のあり方は歴史的には二つの契機から成り立ちます。戦闘技術者と開発領主です。二つの契機は相互補完的関係にあります。地方の治安はルーズですから、開発領主は自己の土地を自力で護らねばなりません。自助があってこそ権門の保護も可能です。武装は不可欠です。戦闘技術者であることも、その行為が自己完結してこそアイデンティティは確立します。他人のためでなく自らの生活を護るための戦闘技術でなければなりません。土地の開発管理と戦闘は実質的に似ています。体力を必要とし体を使う作業です。戦闘技術と土地経営という二つの行為が結びつくことにより土地私有の自覚は深まります。自らの力と自らの技能で土地の所有を確保しますから、身体の代償変容としての所有という自覚は尖鋭になります。この事実を一番うまく表現する言葉が「一所懸命」です。

ここから出てくる武士のメンタリティはリアリズム、現実の尊重です。武士の基本的な関心事は土地所有の確保と戦闘技術ですから当然その関心は現実社会に向けられます。リアリズムの成果が契約という人間関係です。契約は本来世俗的行為です。武士・開発領主が委託するものは自己の所有である、自己の所有という意識を強烈に持つ、土地です。一所懸命の対象である土地を、彼らは上位者に一部譲渡し委託し、その見返りに土地の所有の確認と保護を求めます。この関係が確立したのが鎌倉時代の「御恩と奉公」です。御恩は主君（将軍・執権）から所領の安堵《あんど》（所有の正当性の確認と保護の約束）を与えられることであり、奉公は土地とそこから得られる富で養成された戦闘技術の提供です。

契約は世俗的行為です。契約の両当事者は基本的に平等です。このことは人格の一定程度の自由独立を意味します。契約という行為から政治運営上の重大な特徴が顕れます。合議制です。武士の家も運営は一族と家臣の主な者の合議により決められます。この事実の確認が鎌倉幕府の評定衆設置です。武家政治は以後この伝統を保持し続けます。契約で結ばれた関係ですから、家臣にも一定の発言権はあります。もし主君が頼りないか暴悪であり、家臣の生活を護り得ない時には、家臣はその主君を去るか換えるか追放するか引退を強制するか、稀には殺害することもありました。主君の保護者としての力量が不充分であるとみなされた時、臣下は下位の立場にある実力者と実質的関係を結びます。かといって本来の主君は形式的権威として尊重します。だからわが国においては簒奪という行為は非常に少ないのです。天皇家も摂関家も足利氏も徳川氏も、実権の喪失と共にその物理的存在まで抹殺されたわけではありません。彼らの子孫は現代でもちゃんと生存し、かなりな程度の権威を持って活動しておられます。

契約の成立即合議制の出現です。以上の事態は貞永式目により成文化されます。貞永式目では道理が強調されます。それは律令制度に対しての自己主張であり、つまるところ時代の変化の中で武家政治が一番自然であるという、現実の承認が基本的なトーンです。比較して律令制度には古事記や日本書紀のような、形而上学的あるいは神話的な粉飾や合理化が盛んに行われています。言わんとするところは、神の子孫としての天皇の統治の正当性の確認と保証です。王権神授説です。武家政治においては王権神授説は不可能であり不必要です。世俗の次元での人間同志の契約が関係のすべてですから。契約と合議制と言えばすぐ思い浮かぶのは西欧社会のモラルです。民主主義の基礎となるモラルです。このモラル確立の記念碑がマグナカルタです。マグナカルタは一二一五年に、貞永式目は一二三一年に成立します。奇しき一致と言うべきでしょう。西欧社会の契約精神はユダヤキリスト教に由来します。日本ではどうでしょうか？　私はそれを大乗仏教に求めます。以上の概説を背景として武士社会の社会的特質をまとめると、技能・所有の肯定・世俗性・契約・合議制となります。これを前提として、自己放棄・死の承認・忠誠と服従という内面性、道徳性が出現します。

11

菩薩は三つのキャラクターを持ちます。逆説を生きる者、悩み闘う者、変身変化する者、の三つです。逆説を生きる者については説明不要、菩薩の定義本質です。聖なる世界から俗なる世界に入って聖性を失わず、法身の顕現として衆生を救済するのが菩薩の菩薩たる由縁です。彼ら菩薩衆は、聖と俗あるいは、涅槃と煩悩の間で、自己を失うと無く生き抜かなければなりません。まさしく逆説を生きぬく存在です。だから菩薩はこの世では常に悩みます。般若経の常啼《じょうたい》菩薩は、法を求めて我が身を犠牲にし常に泣いています。華厳経の善財童子は、法を求めて無限の世界を彷徨します。無量寿経の法蔵菩薩は、自ら進んで無限の時間をかけて修行をします。修行の目的は、衆生が気楽に成仏するためです。地蔵菩薩は、地獄に堕ちた罪人達のために一日一度は地獄に下り、彼らに代り懲罰を身に引き受けます。観世音菩薩は、三十三に変身して衆生を救います。遊女になったり乞食になったりもしますので、これまた自己犠牲の典型です。法華経の菩薩になると自己犠牲は当然のことで、それを通り越して戦士戦闘者です。悩む者は闘わざるを得ません。悩める状況をなんとかするのが菩薩なのですから。このように菩薩は自己犠牲を省みず現実の矛盾とあくまで闘う者、悩み闘う者です。悩み闘う菩薩は常にその存在の仮現を変容させます。常啼菩薩はその身体を毀損し他者に与えることにより自己を変容させます。善財童子は彼の求法の遍歴において自らの内界を変化させます。法蔵比丘は阿弥陀如来となります。法華経の菩薩は大地から突然出現します。変化変身自己変容の極致は観音菩薩です。菩薩は法身の化身として娑婆に仮現しますから、状況状況により変身し適応しないとやって行けません。煩悩の塊のような衆生の立場に立つのが菩薩なのですから。菩薩は専門職でもあります。今まで述べてきた菩薩もそれぞれ異なることをして衆生を救済します。もっと専門化した菩薩もいます。法身の世界は真如だから均一です。現実に我々が生きる娑婆世間の様相は極めて多様です。だからそこに仮現する菩薩も現実に適応し、また分担して業務を遂行します。法身は諸々の菩薩を介して真理を分有させます。

ところでわが国の歴史に特有な存在である武士のあり方は菩薩に酷似します。彼らが戦う者であることには異存はありますまい。彼らは戦います。戦うことが彼らの存在意義ですから。何のために？　自らの土地財産を護るために、自己の労働の結果得た富は神聖であることを、この世で実現するために戦います。私有されるべき土地財産への執着は仏教的に言えば煩悩妄執の極みです。彼らは執着します。煩悩執着の対象を神聖なる財産とするために彼らは戦います。彼らが所有している土地は常に非合法くさい何物かです。現実に彼らは国家権力とか荘園領主の恣意と戦い悩まざるを得ません。承久の乱の時、上皇方につきかねない武士達に対して、開幕以前の武士達が置かれた惨めな境遇を、思い出させ翻意させたのは、尼将軍政子の名演説でした。武士はその発生期において非合法な存在です。開発領主であることも、それに伴う武力も、律令制度の外に位置づけられます。彼らが身分と財産を維持するためには常に、国家の機構とそれを否定する機構（荘園制度等の）の間に介在する両義的存在でなければなりません。彼らは法と非法という二つの世界に生きる逆説的存在です。しかし彼らはいつまでも曖昧な立場に留まりません。彼らは武を磨き、財を貯え、主従関係という新たな契約に基づく倫理を構築し、自分達が寄生していた制度そのものを、自分達の力で消滅させ、武士による武士のための武士の政権である新たな法秩序を創出します。現実の中で現実を変えつつ、自己の存在形態を変化させて行きます。その結果出現した政治形態は、彼らの在地における支配権、を容認する極めて分権的な制度です。これが封建制度です。彼らはそれまでの非法から、新たな法と道徳を創出します。私は菩薩の特質を挙げ、ついで武士という人間存在のあり方について説明しました。両者、菩薩と武士は似ていないでしょうか？

12

菩薩道は大乗仏教が提示する最も根本的な概念です。仏教はその原則において固定した絶対者という存在を認めません。価値も存在も常に流動するというのが仏教が説く基本的な主題です。それを釈迦は無我と表現します。存在の根拠である我（アートマン）はありえないと言います。大乗仏教のイデオローグである竜樹はそれを空と捉え直します。無我と言い空と言い、これらの概念は存在の否定を意味します。しかし現象世界は否定しきれません。この論理の間隙を埋めるべく実在の仮現としての菩薩が登場します。菩薩は行為する者です。行為することによってそのあり方を常に変容させます。菩薩は涅槃と煩悩、恒常と変化という二つの世界の境界を跨ぎどちらかに偏在することはありません。菩薩を介して煩悩世界に生きることは成道への前提、成道そのものになります。

菩薩・菩薩道が現実の政治社会に適用されたらどうなるでしょうか？　結論から言うとその結果は神の解体です。固定された絶対者としての神の解体です。またこの絶対者を根拠とする制度の否定です。その意味では仏教は変革を意図する恐ろしい方法論です。だから仏教はインドの部族社会を解体して古代帝国の出現に寄与し、漢民族の世界では五胡乱華の中から漢胡両族が共存し得る政治体制誕生の媒体となりました。そしてインドでも漢民族の世界でもその歴史的役割が終わった時放逐されます。仏教を追放したのはインド及び中国の民族宗教であるヒンドゥー教であり儒教道教です。仏教がその論理を極限まで駆使する時、標的となる民族固有の絶対者、主権者が依って立つ絶対者の解体を恐れたからです。インドや漢民族の社会には、仏教の論理と倫理の究極の荷い手である、菩薩に擬される社会的階層は出現していません。菩薩に擬される社会的存在を欠く時、仏教の浸透力は未だ中途半端であり、それ故影響力は破壊的にのみ留まります。

翻ってわが国では仏教が招来された時の国の状況故に、神話作製（制度の由来を弁証する形而上学）、政治の展望（聖徳太子の憲法や大仏建立に際しての方針等）、為政者個人の内面への関与、そして民族固有の宗教的情操の再編成等々社会と文化全体が仏教により丸抱えされます。仏教により作られた国家が矛盾に逢着した時、今度は仏教も国家も同時に併行して変化します。ここで仏教は大乗仏教固有の論理に従って大量の半聖半俗の修行者を輩出させ、聖と俗の二つの境界を移動する者達を出現させます。これを強権によって阻止し弾圧する力は国家にはありません。逆に日本固有の非集権性はその進行を促進します。この状況下で多くの人々は自らにあった宗教的情操を涵養します。少なくとも世界の他の歴史に比しこの点では自由に振る舞えます。この時大乗仏教の根本的教理である菩薩道なる概念はその建設的側面をいかんなく発揮します。仏教の教理により、中央集権制への体制硬化を阻止された、国家社会は柔らかく解体し始め、国家の統制からより自由な武士階層が出現します。武士階層の出現により中央の権力はさらに解体し、この事態は新しい仏教の荷い手である半聖半俗の信仰者の出現を促進します。変革の荷い手である菩薩に内在する契機をもう一度列挙すると、逆説を生きる者・悩み闘う者・変容変化する者です。菩薩のこの基本的属性は平安時代に出現した武士という人間のあり方と一致します。

13

日本という国はその地理的位置故に独自の文化風土を形成しました。それは調和のとれた分権制であり、それと表裏一体を為す没自覚的なフェミニズムです。この風土に仏教が到来します。両者は相互に反応しつつお互いを醸成させて行きます。仏教は古代人の心を取り込むことにより律令国家を形成します。あるいは律令国家形成の重要な契機の一つに成ります。仏教に帰依することにより為政者は権力に必然的に伴う罪悪感から解放され、同時に自己を如来と同一化して自らを超越化させ、権力者たり得ます。仏教の慈悲と和合の精神は、人民を赤子《せきし》衆生とみなす一視同仁の扱いを可能にします。また仏教は古代国家形成に不可欠の技術であり科学知識であり論理の集積でもあります。

律令国家の限界は同時にそれを支えている仏教の限界です。律令国家が解体し王朝国家を経て武家政治が出現するのに併行し、この過程と相互に反応しつつ仏教も鎮護国家を旨とする学解仏教から、個人救済を目的とする実践仏教へ変容します。仏教が内包する最も重要な概念でありエトスである菩薩道故に仏教は常に現実に浸透し、そこで自らを実現し現実を変革します。寛容なる多様性という論理の運動に従って現実の社会政治も多元化し分権化します。あるいは日本の政治社会が持つ多元性の中で仏教は日本独自の菩薩道の荷い手を輩出します。相互の運動の中から新たな時代の荷い手として武士という人間のあり方が誕生します。対応して鎌倉仏教が出現します。最終の二章で鎌倉仏教を最も端的に代表する宗教者、親鸞と日蓮を考察します。

第七章　親鸞、我は仏なり

第一節　源信と法然――観仏から称名へ

1

九三八年空也が口称念仏を唱導し念仏が爆発的に盛行します。平安浄土教のイデオローグ、往生要集の著者源信はその四年後大和国当麻《たいま》郷に生れます。現在の奈良県当麻町、中将姫の伝説を持つ当麻寺という古いお寺がある町です。源信、俗姓は占部氏、十歳、延暦寺の良源に師事し出家得度《とくど》、修行に励みます。

源信の師の良源は面白い人です。清濁併せ呑む豪傑です。彼は法華天台の教学に秀れ応和の宗論で法相宗の法蔵を論破して名声を上げます。それまで天台宗は教学においても興福寺を中心とする法相宗に遅れを取っていたようです。良源の教学上の業績として無視できないのは彼の著作、九品往生義です。浄土教・念仏往生について体系的に説明された日本で最初の本です。良源はもう一つの顔を持ちます。彼は天台中興の祖と言われます。教学の面もさる事ながら彼は政治的にも辣腕家でした。時の政界の実力者である右大臣藤原師輔《もろすけ》と提携し、師輔一家の菩提と繁栄を祈る見返りに師輔から荘園等の多大な寄進を得、その財力を背景に延暦寺の実力者にのし上がります。源信二十五歳、良源は天台座主になりさらに僧綱の最高位である大僧正になります。菩提と繁栄とは具体的には、師輔の娘である村上天皇の女御安子が無事皇子を産むことです。皇子出産のための加持祈禱、この任務を良源は引き受けます。

変成男子法《へんじょうなんしのほう》（胎内の女を男に変化せしめる法）とかいう方法を用います。もっともこんなことは良源だけでなく当時の密教の僧侶は誰でもしていました。確率は五〇パーセントですから悪い賭けではありません。失敗しても首が飛ぶ心配もありません。安子は冷泉・円融の二帝を産みます。こうして政界の主導権は師輔の子孫の手に帰し、以後兼家・道隆・道長と続く摂関家は良源を徳とします。

良源は師輔の子を叡山に入れ自分の弟子として育てます。良源はこの弟子尋禅に特別の待遇を与え、自分の後継者として天台座主の地位に据えます。良源の強引なやり方に憤慨した反良源派は彼と対立し抗争に敗れて下山し叡山の麓にある三井寺を本拠として活動します。以後延暦寺と三井寺は犬猿の仲になります。政界と結んだ延暦寺は寄進される荘園を基礎として経済的実力を背景に聖界の雄にのし上ります。彼が摂関家の子弟を叡山に入れた伝統は続き、低い身分から勉強して僧侶として台頭するという道は阻害されます。平安末鎌倉初期、親鸞や日蓮がぶつかった壁はこの頃でき始めました。しかし良源は教育者としても優れた人です。弟子には二つの系統があります。一つは実務派で叡山の執行部を形成する静安・聖救・暹賀《さいが》等、他方は隠棲派の源信・覚超・雑賀・性空等です。いずれも後代の叡山信仰の展開に大きな影響を与えます。師匠の紹介が長くなりました。この時代この師匠に源信は育てられます。

源信二十三歳、慶滋保胤等により勧学会《かんがくえ》が設立されます。九七二年、源信三十一歳、空也が没します。空也の死を悼み彼の生前をしのんで源為憲が空也誄《こうやるい》を著わします。九八四年、源信四十三歳、往生要集を起筆し翌年完成。九八六年、勧学会は発展的に解散され新たな組織である二十五三昧会《にじゅうござんまいえ》が発足。源信は発願文を起草します。会は浄土往生願望者の結社で、相互に病気の看病や臨終の看取り等の行為を中心として、生活を共にしつつ浄土往生を確信しあおうという組織です。源信は浄土教信者のブレインになります。四十七歳、横川に新築された首楞厳院《しゅりょうごんいん》に隠棲し、念仏と勉学に明け暮れる生活を送ります。六十三歳権少僧都。一〇一七年、七十六歳で死去。この間に一乗要決等を著述。源信は多作家です。往生要集は浄土思想の解説書ですが、一乗要決は天台法華思想の注釈書です。源信の思想的位置を判断するのに無視できない本です。源信は横川隠棲後も藤原道長によく招請されています。有徳の僧として有名でした。源氏物語宇治十帖の最後に出てきて悲運のヒロイン浮舟を救う、横川の僧頭は源信がモデルです。源信の母親も妹も出家し模範的な宗教者としての生活を送ります。以下彼の名を不朽ならしめた往生要集の内容を検討します。

2

往生要集は、極楽及び念仏のありがたさの強調、その実在の弁証、そしてどうすれば極楽浄土の実在を確信できるかの方法の叙述、の三つの主題から成ります。冒頭は厭離穢土《おんりえど》、汚らわしいこの娑婆を厭って離れよう、という意図のもとに六道の有様が詳しく描写されます。まず地獄です。八種あります。軽い方から等活・黒縄・衆合・叫喚・大叫喚・焦熱・大焦熱そして最後は無間地獄です。インドが地獄像の原点だと思いますが、想像の限りを尽して責め苦の恐ろしさを強調します。次いで餓鬼・畜生・修羅の世界が解説されます。餓鬼とは食わんと欲して食うを得ず永遠に飢渇の責めに苦しむ者、畜生は人間以外のアニマル、修羅は闘争を好み永久に争い続ける連中です。人間界に関しては不浄と苦と無常が強調されます。これは仏教における人間観の基本的立場です。苦と無常はともかく不浄の方はえらい詳しく描写されます。人間の皮膚の内側を剥いでみるといかに汚いかとか、死体の腐乱する過程を観察すれば人間の身体は糞と膿と血の袋だ等と書かれています。天界では人間が持つあらゆる欲望が満足されます。しかしそれにも限りがありやがてはこの悦楽も終わります。天人五衰、歓楽極哀情多です。それだけに悦楽の喪失は天人にとって地獄の責め苦より苦しいのだそうです。地獄・餓鬼・畜生・修羅・人間・天界と六つの世俗的あり方、六道の描写がされました。ちゃんとした仏道の修行をしないとこの六道を永遠に廻り続けることになる、六道輪廻の業を免れない、というのが仏教の教え誡めであり脅しです。源信もそれに倣います。特に冒頭の地獄描写がやけに詳しい。平安時代の貴顕士庶はこれでショックを受けました。源信僧都もやり口がうまい。

衝撃を与え脅しておいてから次に極楽のありがたさの叙述に移ります。欣求浄土《ごんぐじょうど》の章です。極楽を念じ望みましょう、良い所ですよ、という内容です。いかに良い所であるか以下にまとめます。

浄土の菩薩衆が臨終には迎えに来てくれる。

浄土で蓮華の華が初めて開く時、極楽の荘厳華麗な環境の中でそれを充分楽しめる。

秀れた容貌と神通力が得られ、見るものは美しく食べる物はおいしく香気が漂う。

清らかな快楽が尽きず、縁ある人を極楽浄土に導き寄せる楽しみがある。

浄土の菩薩衆に会えて、阿弥陀如来の説法を聴ける。

心のままに仏を供養でき、おのずから仏道修行は進む。

源信はこんな素晴らしい所だから往生を願望しようと言います。

次の章、極楽証拠は極楽の実在を論証する試みです。しかしすべては文証、経典に書いてあるから正しい、という論法です。

第四章が正修念仏です。極楽往生のための方法 How-to です。世親の浄土論の記載に従い礼拝・讃嘆・作願・観察・回向の五つの作業を説明します。第四の観察門が往生要集の目玉です。正直言いますと我国初の浄土往生の方法の著述なので有名ですが、方法自体は観無量寿経と浄土論のそれを出ません。

観察門に移ります。別相観、総相観、雑略観の三つがあります。別相観は極楽浄土で阿弥陀如来の坐っておられる華の台座の一つ一つをつぶさに観察し、やがて肝心要の如来の身体の立派な様相を個々別々に、例えば毛髪・頭・眉間・顔・項・胸・肩・腕・手足・陰部と観察想念して行きます。総相観は別相観で得られた個々のイメージを総合して如来の像を憶念する作業です。この作業はなかなかにと言う以上に難しい。そこでもっと簡便な方法が提唱されます。雑略観です。それに従えば弥陀の眉間にある白毫《びゃくごう》に注目し、そこから出る光明とその光明に照らされて出現する多くの仏の像を、観察し憶念することが要請されます。そこから弥陀の像を自分で想像しなさいというわけです。

第五の回向門は自己の信心あるいは浄土往生への願いを自らと他人のために振り向け、そして自らは極楽に往生することを目指す作業です。問題になるのは菩提心です。菩提心あるいは発菩提心とは往生なり成道なりを求める心、衆生の側での信仰への主体性ですが、弥陀への願との関係でこの菩提心が必要なのか否かが議論の焦点になります。結論から言うと後に浄土信仰の主流となる法然流の考えでは、菩提心は不要になります。すべてが弥陀の本願に依るのであり、下品下生《げほんげしょう》の者も救われます。法然の立場から見ますと、源信のように菩提心を前提としての信仰は論理が不徹底ということになります。

源信は極楽の素晴らしさを語り、その実在を経験乃至予感するための方法を述べました。しかし問題は極楽が実在するか否かです。文証だけでは心もとなくてか、源信は大乗仏教の理論を総動員してそれを証明しようとします。

一切は空であるから罪障は空、すなわち罪障は実在しない。

魔界と仏界は同じ、総じて無相、これが仏の真体。

四弘誓願の援用。四弘誓願は菩薩が為す衆生救済のための誓い、即ち衆生を無限に救い無限の煩悩を断滅し無限の法門を知り知らしめ無上の菩提を証明するという誓いです。

一切衆生悉有仏性、つまり如来蔵思想の援用。

「一仏を礼拝するのは一切仏を礼拝するのと同じ　一仏を思惟するのは一切仏を思惟するのと同じ　接足して礼拝する仏は我が身体と同じ」という観仏三昧経の文言を引用し、それに華厳経の「仏の身体は我が心　我が心は仏なり」なる論理を加えて、仏あるいは弥陀の実在を論証。

等です。しかし私が見る限りその試みは成功していません。華厳にせよ法華にせよその論理は般若空を踏まえます。この論理は実在と見える仮現を破壊しようとはしますが、仮に現れたとしか思われない名相の実在の論証は苦手です。浄土思想は弥陀と浄土の実在を頭から断定的に決めてかかります。だから源信の努力は空しいものになります。いたるところでこの種の努力が見られますが、常に論証が中途半端で煮え切らない印象しか与えません。法然のやり方と比べて見て下さい。

源信の浄土思想が後続の、特に法然や親鸞のそれに比べて違う点が三つあります。まず源信では称名と念仏は同じ比重で捉えられます。念仏という言葉の意味は現在使用されているように称名（口唱念仏）に留まりません。仏あるいは弥陀の像を想念すること一般を念仏と言います。源信の念仏往生の考えでは称名はより広い念仏という作業の中の一つに過ぎないのです。併行して懺悔・持戒・経典読誦さらに聞法等の作業も往生のためには必要とされます。法然はこれらの作業一切を雑行余行とみなし、往生の邪魔と切って捨てます。さらに源信の考えでは往生のためには発菩提心、成道を求めようとする起動力主体性が要求されます。この点でも法然と異なります。大乗仏教は小乗仏教と違い煩瑣な理論や難しい修行のコースは求めませんが、それだけに発菩提心という主体性は強く要求します。法然や親鸞の念仏往生思想はこの主体性をミニマムにします。源信はそこまで徹底できません。ところで仏教あるいは宗教一般において自ら救済への可能性を閉ざした人間、つまり主体性ゼロの人間にいかにして救いへの門戸を開いて行くかという問題が、鎌倉新仏教の課題になりました。この課題に理論と実践の両面で解答を与えたのが親鸞であり日蓮です。

　源信の念仏往生思想を突き詰め、その理論的外皮を剥ぎ取りますと、なぜ彼が弥陀と極楽の実在を確信したのかが解かります。つまるところ名号と光明です。弥陀の名号には、あらゆる因縁と功徳と能力性情が集約され包含されている、と源信は言います。彼が念仏において一番重要視するのは弥陀の眉間の白毫から出る光です。この光に照らされた一切の世界に無限の如来と菩薩が顕現し、また弥陀の身体のあらゆる部位は同時に化仏の源泉であるとされます。この考えは世親の浄土論を注釈した曇鸞の描出するところでもあり、従って背後には唯識的な想念の世界があります。あるいは唯識思想の源流である華厳経典の世界そのものです。同じ浄土思想でも善導や法然のそれに比べれば明るくて軽いのです。罪悪感の突き詰め方が不充分であり、従ってなぜ念仏でないといけないのかという問題意識も深刻ではありません。極端に言えばただ簡便だからということになります。そして五逆謗法《ごぎゃくほうぼう》への対処という最大の問題に源信は全くと言ってよいほど答えていません。

　総じて源信の念仏は観仏（仏の観想）であり三昧、禅定です。弥陀の実在の確信は結局如来の智慧の獲得と言ってもいいでしょう。換言すると観仏は六波羅蜜乃至六波羅蜜的構造を持つ何かです。そして六波羅蜜には、閉鎖された社会に対して開ききれない何かが残り、その分呪術的です。この閉鎖された籠ともいえる構造を打破する者は誰か？この構造が打破される時五逆と謗法への解答が開けます。源信が懸命の努力にもかかわらずこの構造を打ち破れなかったのはやはり時代の影響です。平安浄土教は集団的夢幻的でした。時代の大勢下に源信はこの雰囲気を弁証する論理を作り、逆に彼の影響のもとに時代の宗教的情操は展開します。

3

法然になると信仰への態度はがらりと変わります。源信が「あれもこれも」という態度で総合的折衷的な論法に終始するのに対して、法然は「あれかこれか」の態度に徹し断定的です。従って法然の言うことは極めて単純です。私も彼に習って断定的に彼の所説を要約します。主題は二つ、選択念仏《せんちゃくねんぶつ》と偏依善導《へんねぜんどう》です。快刀は乱麻を断ちます。選択念仏は、ただひたすら念仏のみを往生の方法として選ぶ、ことです。ここで念仏は称名・弥陀の称号を口唱する作業です。偏依善導とは善導の教えにのみ依拠する態度です。

法然は一一三三年美作国久米南条稲岡荘に生まれました。現在の岡山県久米町です。岡山から津山に至るJRの途中に法然にちなんだ誕生寺駅という駅があります。父親は漆間《うるま》時国と言いその地の押領使《おうりょうし》でしたからかなりの勢力を持つ地方豪族です。法然が生れた頃は鳥羽法皇の院政期、当時の地方は相当にアナーキーでした。自分の安全は自分で護るのが原則です。法然が生れた頃は紫式部や源信の時代より治安は悪化しています。武士という暴力のプロが出現しまた出現せざるをえない時代でした。法然が生きた時代は乱世、日本人が初めて経験した乱世という変革期です。彼の生涯にこの状況は如実に反映されます。法然が九歳の時、父時国は近隣の豪族明石定明に夜襲され殺されます。父親は深手を負い、法然に復讐を断念するよう命じて死にます。父親の死の前後母親も亡くなります。九歳にして孤児となった法然は菩提寺に預けられます。法然の利発さに驚いた寺僧は、彼を中央の寺院で勉学させるべく、比叡山延暦寺の源光のもとに預けます。彼十三歳の時です。十五歳、出家得度、さらに受戒を受け正式な僧侶としての人生に入ります。この間皇円等の高僧から天台三部等の講義を受けたと伝えられます。十八歳、西塔黒谷の別所の指導者叡空のもとに赴き、念仏者としての修行に入ります。西塔黒谷と言えば、叡山の俗風を嫌った求道者達が集まって、念仏往生を目指す修行の地として有名でした。かの二十五三昧会もここに設けられ法然の時代になっても活動は続けられていました。円仁が唐から持ち帰った不断念仏も行われていました。暫くして法然は奈良南都に留学したようです。南都の諸大寺で学ばれていた浄土思想と交渉を持ち、この時彼は善導の考えに接したと言われます。以後約十五年の間法然個人についての情報は全くありません。彼の歴史への登場は一一七五年、東山大谷に入って専修念仏を宣言する時です。法然二十四歳から四十三歳までの二十年の間に歴史は激変します。以後も激変し続けます。

一一五六年、保元の乱が勃発。天皇家と摂関家の跡目相続をめぐり当事者同志が対立し、もはや談合や陰謀では処理できなくなり武力を用いて衝突します。後白河天皇・藤原忠通対崇徳上皇・藤原頼長という図式です。両陣営に源平二氏の武士がついて都の内で戦闘が行われました。双方併せてせいぜい千名くらいの兵力ですが、都の中での武力衝突は日本の歴史始まって以来のことです。さらにその戦後処理は当時の人にとって驚天動地の出来事でした。九世紀初頭の薬子の変以来、絶えて無かった死刑が復活され敗者は切られます。乱の張本人である崇徳上皇は讃岐国に流され憤死します。三年後には勝者の間で内訌が生じます。後白河上皇の側近同志の争いに源氏と平氏が荷担して平治の乱が起こります。藤原信西・平清盛と藤原信頼・源義朝が対立しました。乱の勝者は平清盛です。以後自らの武力に自信を持った清盛は位階を駆け登り、太政大臣となり娘を高倉天皇の中宮に入れます。建礼門院徳子は安徳天皇を産み、清盛は念願の外戚の地位に就きます。法然が東山大谷で専修念仏を宣言したのはこの頃です。しかもその間寺院の横暴は以前より甚だしくなり、叡山や興福寺の僧兵は毎年と言っていいほど都に乱入し強訴します。朝廷や院、そして肝心の武力の元締めである平氏にしても、寺院僧兵には手を焼き続けます。僧兵の乱暴にはいろいろ原因がありますが、基本的な問題の一つは当時の土地制度つまり荘園制度の持つ矛盾にあります。本所領家《ほんじょりょうけ》という権門領主対下司預所《げすあずかりどころ》という在地領主、荘園対公領、さらに荘園相互間に対立抗争があります。法然の父親もこの対立の犠牲者です。寺院も領主です。内部も一枚岩ではなく、世俗の世界と同様上下の関係があり、利害の対立があります。この基本的矛盾の上に、当時の主権者である院政と、新たに台頭してきた武士である平氏の対立が、のっかかります。院政対天皇摂関家という対立要因も無視できません。源平二氏の覇権争いも絡みます。この時平氏が全国の武士を自前の政権にまとめてしまえば事態は単純になりますが、初めての武士としての政治勢力である平氏にそこまでの力はありません。むしろ平氏は旧来の王朝貴族社会・律令制の中に入って力を発揮しようとします。法然が大谷に移った二年後の一一七七年、鹿ケ谷の陰謀が発覚します。後白河法皇が側近の藤原成親等を用いて平氏打倒を目指した陰謀です。首謀者の一人俊寛僧都は鬼界ヶ島に流され哀話を残します。法皇を信頼できなくなった平氏の棟梁清盛は、法皇を鳥羽離宮に幽閉し、さらに僧兵の武力を避けるためもあり都を福原に遷します。福原は現在の神戸市内にあります。福原遷都は一年弱で中止となり都は再び京都になります。この間都では大火台風大地震さらに飢餓など天災人災が盛んに起こります。鴨長明の方丈記には状況がよく描かれています。「行く川の水は絶えずしてもとの水にあらず」で始まるこのエッセイの主題無常観は、こういう世情を背景として作者の価値観となります。

これくらいで驚くのはまだまだ早い。後白河法皇は院政維持のために画策します。法皇は自分の皇子である以仁王《もちひとおう》に命じ平氏追討の狼煙を上げさせます。平氏政権に飽き足りない全国の武士は、保元平治の敗者ではあるが未だ影響力を残していたもう一方の武家の棟梁である源氏に、自らの将来を託して反乱します。四年にわたる治承寿永の内乱が始まります。平重衡により興福寺、東大寺や大仏殿は焼かれます。平氏は富士川で敗れ総帥清盛を病気で失い、倶梨伽羅《くりから》谷で敗れ都を守護する力を失い、天皇と三種の神器を奉じて西国へ落ちます。代わりに入京してきたのが木曽義仲の軍隊です。これがまたものすごい乱暴者。略奪放火婦女暴行で都は無政府状態になります。都の中では法皇側の軍隊と木曽勢が武力衝突します。やがて上洛してきた東国鎌倉に本拠を置く源頼朝の軍隊により義仲は敗死します。猛き者もついには亡びん、ひとえに風の前の塵に同じ、です。都は頼朝の代官義経の武力により治安がやっと保たれます。さらに勢いを盛り返してきた平氏と義経は一谷《いちのたに》・屋島・壇ノ浦と三度戦いを交え、平氏は激戦の末滅びます。おごる平氏は久しからず、です。この時平氏の主立った将領と共に、九歳の安徳天皇は海に沈み、三種の神器も失われます。都では安徳天皇を廃して後鳥羽天皇が立ちますが、三種の神器無しに即位するという異常事態になります。三種の神器は天皇家が日本の正統な支配者であることの象徴です。神器喪失は当時の貴族に深刻な挫折感を与えます。我々がこの国を統治する資格を神々は奪われたのではないか、の感懐が彼らを襲います。慈円の愚管抄は「いやそうではないのだ、統治する根拠は神器ではなく、時代のニーズに答える政治的合理性にあるのだ」という立場から書かれた本です。平氏が亡び源氏が勝ちます。法皇や朝廷はやっとの思いで目の上のたんこぶ平氏を打倒しましたが、真の敗者は彼ら自身です。四年に及ぶ内乱で荘園からの年貢は都に入らず、土地は在地勢力に蹂躙されるに任せざるをえず、朝廷や院は平氏を打倒した武士の総帥源頼朝の言うことを聞かざるをえません。内乱の際東国は事実上頼朝の支配下にありましたから。かくして守護地頭制の要求を院も朝廷も呑まねばならなくなります。言うことを聞かないと米一粒たりとも都へ送りませんよ、という頼朝の言外の脅しに屈します。守護地頭の設置は、全国の土地の管理と治安は武士の総帥たる源頼朝が責任を持ちます、という宣言です。この延長上に一一九二年頼朝は征夷大将軍に任ぜられ幕府を開きます。幕府とは、政府高官が職務遂行上の必要から私的に作ることを公認された管理組織です。鎌倉開幕をもって武家政治あるいは封建制度の開始とします。平氏との戦いの戦闘指揮官であり最大の功労者である義経と頼朝の対立が表面化します。敗れた義経は奥州藤原氏のもとに逃げ込み保護を仰ぎますが、藤原氏は頼朝の要求に屈して義経を殺します。その藤原氏もやがて頼朝の軍勢により討伐されて亡びます。夏草や兵どもが夢の跡、です。

内乱の勝者源頼朝の運命も安穏ではありません。右大将征夷大将軍源氏の長者鎌倉殿として政治の実権を握った頼朝は権力者の方程式ともいうべきパターンに従い、藤原道長や平清盛のひそみに習って娘を入内させようとし、宮廷の策士源通親の謀略に載せられ失意の内に死去します。一説によれば他殺とも言われます。これを機に幕府内部での実権は、頼朝の妻政子の実家北条氏に移り、二代将軍頼家は失脚し殺害されます。幕府創業以来の功臣は次々に粛清され、血で血を洗う権力闘争が繰り広げられます。

院・朝廷は幕府から政治の実権を奪い返そうとします。後鳥羽上皇を中心に陰謀が画策され一二一九年三代将軍実朝が甥の公暁《くぎょう》に暗殺されたのを機に、幕府追討の戦を始めます。しかし全国の武士の賛同を得られず上皇側は敗れ、主犯の後鳥羽上皇以下順徳・土御門上皇は流罪になります。時の天皇は北条氏の意向により廃されます。承久の変です。これを機に幕府は政治の実権を握り、天皇の即位にも干渉する力を獲得します。逆に朝廷の方は政治的影響力を自分の家政くらいにしか及ぼすことができなくなります。承久の乱が一二二一年、そしてこの勝利に自信をつけた幕府は十一年後の一二三二年に、初めての武家の成文法である貞永式目を作製し幕府統治の基礎を確立します。

法然が奈良の諸大寺に遊学している頃勃発した、保元の乱（一一五六年）から承久の変（一二二一年）までの六十五年の間に時代は激変します。なによりも多くの人が死にます。ここで「死ぬ」とは自然死のことではありません。戦死・刑死・敗死・憤死等いわゆる非業の死です。高い地位にある権力者も次々に滅びます。保元の乱の首謀者藤原頼長は流れ矢に当たって死にます。讃岐国に流された崇徳上皇は都へ帰りたいという願いが聞き届けられず憤死します。源為義は自分のみならず殆どの子供を処刑されます。平治の乱の敗者源義朝は家臣に裏切られ風呂場で暗殺され、保元の乱の戦後処理で辣腕を振るった藤原信西は、逃亡して土中に潜んでいるところを引きずり出されて首を刎ねられます。治承・寿永の内乱では平氏一族は全滅します。平氏を都から追った木曽義仲は粟津松原で敗死し、彼を打ち取り平氏を壇ノ浦に破った義経も、半年後には兄頼朝の追捕を受け奥州衣川で自害します。勝者といえどもその栄光と繁栄は永続しません。平氏一族の多くは大臣納言として堂上で公卿の地位を占め教養と栄華を競いました。彼らの首が晒されます。あるいは生け捕られて都大路を引き回されます。義仲にしても義経にしてもそのデヴュウは颯爽として鮮やかなものでした。彼らの栄光は須臾《しゅゆ》にして過ぎ去ります。朝の紅顔夕べの白骨です。内乱と政争に巻き込まれた公家達も家や所領を失い処刑され流されます。源氏一族も例外ではありません。頼朝の長男頼家は母親と祖父叔父の手で殺害されます。次男実朝は頼家の子公暁により暗殺され、公暁も殺され頼朝の直系は断絶します。北条氏が政権を握る過程で比企義員・梶原景時・和田義盛・畠山重忠という平家物語でもおなじみの功臣武将も亡ぼされます。北条氏内部にも内訌の兆しはあり、時政はその子義時と政子により追放されます。以仁王は敗死し、安徳天皇は海に沈み、後鳥羽上皇以下の三上皇は僻遠の地に流されます。

権力者の盛衰を見てきますとまさしく栄枯盛衰常ならずです。いくら高い地位にいても明日の身は知れません。のみならずそれまでは考えられなかったことを経験せざるを得なくなります。堂上貴族の首が晒されることは、平安時代の大部分の時期を通じて都人は見聞しません。まして現役の天皇が敗死するとか上皇が流罪の憂き目に遭うとか等々は想像だにつかなかったことです。

戦乱自体が不幸です。当時の不幸はそれに留まりません。火事台風地震洪水もよく起こります。しっかりした統治機関が無いので災害に対しては自力救済しかありません。一村全滅などざらです。特に一一八一年の養和の飢饉は凄まじく都には餓死者が充満しました。その上に疫病が加わります。仁和寺の隆尭という僧が、放置してある死者を見かね弔うために、死者の額に梵の字を書いて廻りました。京都の一条から九条、京極から朱雀までの間だけで四二三〇〇有余あったと言います。ちなみに平氏が内乱で負けたこともこの飢饉が一因です。以仁王の令旨を掲げて頼朝が兵を挙げます。関東の地が源氏の勢力圏に固まりきらない内に平氏軍は出発したかったのですが、西日本は干害で食料がありません。対して源氏の根拠地東国は旱害を免れて食うものは充分でした。やっと出発しても食料がろくに無いために軍隊の統制が取れず自然解散になったというのが真相です。飢饉の惨状は凄まじいものでした。農業は山近くの湧き水に依存しており、充分な灌漑が為されていないので、雨が降らねばそれでおしまいです。現在のアフリカ諸国の耕作と同じく、天水農業つまり天から降る水に頼るだけの農業でした。一般の庶民にとって生存はお天気次第。加えて飢饉になると盗賊が横行します。彼らも食わんがためです。当時の庶民にとって人生とは槿花《きんか》一朝一日の夢・朝咲いた朝顔が夕べにはしぼむ如く、はかないものでした。

保元・平治から治承・寿永を経て承久に至る時代、人々は単なる戦乱あるいは飢饉天災という物理的な不幸を蒙っただけではありません。なによりも社会と政治の構造が一変します。律令制に基づく王朝貴族の世界は崩壊し、代わって在地領主である武士を基盤とする新しい政権が誕生します。保元の乱の時院政の主である法皇は、治天の君と呼ばれ自他共に認める主権者でした。承久の変以後法皇上皇は天皇家という家の家長に過ぎなくなります。院政に代わって政治の実権を握ったのは、まず平氏の清盛であり次いで源氏の頼朝です。彼らは権門勢家の用心棒のボスとはいえ武家の棟梁として貴顕士庶の尊敬を集めていました。源氏の将軍に代わって台頭してきた北条氏は、伊豆国の在庁官人、一介の土豪に過ぎません。中央の貴族から見れば、人間の内に入れてもらえるかもらえないかとも言うべき、卑賤な身分の者が、執権として幕府の実権を握ります。王朝貴族にとっては天地がひっくり返る思いであったろうと推察します。

保元の乱に際して後白河天皇方の武力の中心となった源義朝に、公卿が「戦勝の暁には昇殿を許すであろう」と恩賞を約束します。義朝は「武士が戦場に出れば明日の命も解かりません。頂けるものなら今ここで頂戴したく思います」と言いそのまま殿上に駆け上がります。この非礼を止める力は既に貴族にはありません。武士の自信と将来を示唆する逸話です。昇殿とは天皇の私室である清涼殿朝餉《あさがれい》の間に直接出入りできることです。昇殿を許されることが特権階級の仲間に入ることでした。義朝が取った態度は実質的な形で北条氏により実現されます。保元の乱の敗者崇徳上皇は赦免入京が許されないと知るや、自らの血でもって経文を記し、最期に臨んで「王をとって下民と為し、下民をとって王と為す」と予言して死去したと伝えられます。安徳天皇は帝王の身にありながら西海に沈み、後鳥羽上皇は絶海の孤島に配流の身になります。まさしく下民が受ける運命を彼らは蒙ります。一方下民である北条氏は実質的な主権者として帝王の上に君臨します。崇徳上皇の呪いは文字通り実現します。八〇〇年後の今日私は客観的に事態を叙述していますが、当時の特に貴族階級の人々にとって、これらの事件は驚天動地のおどろおどろしい世の転変であったろうと思います。彼らにはまさしく宇宙崩壊と映ったことでしょう。こういう時将来を期待する人にとっては事態は変革の時となります。また逆に過去を憧れる人にとっては時代は末法末世になります。

このような時代このような社会に法然は生き説法します。一一七五年、東山大谷に居を構えて専修念仏を宣言し、説法を開始したのが法然四十三歳の時。彼の説く教えはその解かり易さ簡便さ故に多くの人々に受容されます。関白九条兼実や娘の宜秋門院はじめ貴族も法然の教えに帰依します。

専修念仏の盛行は、南都北嶺と言われる旧来の寺院つまり延暦寺や興福寺の激しい反発を呼び起こします。彼らの反発と憎悪を惹起せしめるだけの理由は法然の教えの中にあるのです。旧来の僧侶も単に私利私欲のみで行動しているのではありません。一一九八年、法然は彼の主著 選択本願念仏集《せんちゃくほんがんねんぶつしゅう》を著わします。この本はさらに周囲の憤激の的になります。一二〇四年には延暦寺の僧徒が、その翌年には興福寺の衆徒が専修念仏禁止を求めて、時の主権者である後鳥羽上皇のもとへ直訴します。法然はこの状勢にあって弟子達に自制すべく七ヶ条の制戒を与えます。しかし事態はさらに悪化します。法然の弟子行空と遵西が後鳥羽上皇の留守中に、後宮の女房と密通した嫌疑で逮捕されます。果たして密通があったのかでっち上げなのかは解かりませんが、こういう疑いをかけられても仕方が無い事情は法然の教えにもあります。問題は浄土教の中心に触れるので法然の思想を考察検討した後もう一度考えて見ましょう。事件を聞いて激怒した上皇により、専修念仏は禁止、行空と遵西は死罪、法然は土佐、親鸞は越後へ流罪、法然七十五歳の時のことです。七十九歳入京を許され、一二一二年、法然は八十歳の長い人生を閉じ大谷の墓所に葬られます。法然への迫害は死後も続きます。以後十三世紀中葉までに数回の念仏禁止の法令が出されます。特に激しかったのは一二二七年の迫害で、延暦寺の衆徒が大谷にある法然の墓所を襲撃し破却する事件が起きます。法然の高弟数名は流罪になります。翌年洛西粟生野で彼の遺骸は荼毘に付されます。現在の浄土宗西山派の本山光明寺が彼の遺骨の眠る所です。

私は法然の所説は偏依《へんね》善導《ぜんどう》・徹底して善導に依ると言いました。法然自身このことを断言します。選択本願念仏集を読んでも善導の著書、観経疏《かんきょうそ》・法事讃・観念法門・往生礼讃や般舟讃の引用が圧倒的です。善導の著書は引用文献の少なくとも半数を超えます。肝要な所は善導の引用に、自分の意見を付属させる手法を法然は取ります。だからどこまでが善導の考えで、どこからが法然のそれなのか解からないとも言えます。私は、選択本願念仏集の内容の殆どは、法然自身が言うように善導の所説だと思います。ただ一点だけ違います。この一点故に法然は善導を超えます。はるかに超えます。法然の教えは単純明快です。シンプルと言っても過言ではありません。では法然は何を教えるのか？　何をもって救済の方法として迷える衆生に教示するのでしょうか？　一言で言いますと、

口称念仏のみを救いの手段として選択し、後はすべて捨てよ、

です。法然は善導に従い従来の修行法を正行と雑行に二分します。

正行《しょうぎょう》―浄土三部経典の読誦、弥陀の観察、弥陀の礼拝、弥陀の称号の口唱、弥陀の讃嘆供養。これらは浄土門といわれる作業に相当します。

雑行《ぞうぎょう》—正行以外の他のすべて。従って布施から禅定を経て般若に到る六波羅蜜も、経典の勉学研究も、戒律護持も、すべて雑行です。浄土門に対して聖道門と言われます。努力を要する作業という意味です。

善導はさらに正行を正業と助業に分けます。

正業《しょうごう》—五つの正行の中の口称念仏のみ。

助業《じょごう》—口称念仏以外の読誦・観察・礼拝・讃嘆供養。

善導は正行中でも正業を強く勧めます。では何故に正行・正業なのかと言うとそれは、釈迦が現在しないから、仏理は甚深微妙で理解が難しいから、衆生の性情は起悪造罪《きあくぞうざい》で暗愚であるから、と言います。善導は衆生の性情を、煩悩具足《ぼんのうぐそく》（煩悩と葛藤だらけ）、善根薄少《ぜんこんはくしょう》（資質性情においていい所無し）、罪悪深重《ざいあくじんじゅう》（常に罪を作ろうとする性向は深くて重く簡単には変化しない）、三界流転（六道輪廻を繰り返しそこから脱却できない）、火宅を出られない（自ら悩みを作り悩み惑う）、生死の海に没在《もつざい》（生き死にという卑近な現象に囚われて救済のための広い視野を持てない）、と描写します。人間なんてどうせろくでなしなんだから難しい理屈や修行はできっこない、だから簡単な称名念仏しかない、と善導は言います。法然はこの考えを全面的に採用します。理屈ではありません。ただ善導の考えを正しいと直感したからです。法然は善導に惚れたのです。

善導は法蔵菩薩が建てた（無量寿経の中の）四十八願のうち第十八願を、弥陀が称名を往生救済の唯一の手段として選択し衆生に提示した、と解釈します。本当にそう解釈されるべきなのでしょうか、第十八願を読み返しますと、そこから念仏の第一義性は出てきますが、称名つまり口で弥陀の名前を唱えることの第一義性は出てきません。ですから、第十八願が称名を往生の唯一の手段としている、というのは善導のペテン独断です。この断定にも法然は無条件に従い、それを受け入れます。

ですから善導が説き法然が受け入れた考え方を要約すると次のようになります。

往生のための方法は称名しかない。

なぜなら衆生の性情資質は劣悪であるから。

称名の第一義性は経文にちゃんと書かれている。

また善導は観無量寿経で釈迦が説く「三福、定禅十三観、それがダメなら九品」という順序を崩して、これらの修行法の最後にくる下品下生のやからのための称名を救済方法のすべてとしてしまいました。極めて強引な論旨です。法然はこの独断にも従います。

6

では法然と善導を隔てるものは何でしょうか？　法然が回向の必要性を否定したことです。回向は「自らが救われるために為されたことを他者に振り向け与えること」です。救済を信じる者・求める者は信仰の対象に自己を預け、自己を曝し、その前で自己を裸にします。救済への願望は他者と共有されざるを得ません。回向心があるから発願心・発菩提心があり得ます。前者が無ければ後者もあり得ません。従って、不回向《ふえこう》・回向心の否定は往生への主体性の否定です。法然は救済のために回向は必要ないと明言します。救われるための主体性は要らないのです。選択本願念仏集で彼は善導の正雑二行を、親疎・近遠・有間無間・不回向回向・純雑と五つの対立軸で比較検討し、第四番目の不回向回向対で、

第四に不回向回向対といふは、正助二業を修するものは、たとひ回向を用いざれども自然に往生の業となる。

と言い切ります。善導はここまで言いません。この点で法然の言うところが著作を通して首尾一貫しているわけでもありません。後の所で、至上心《しじょうしん》・深心《じんしん》・回向発願心《えこうほつがんしん》の必要を言いもしますから前後相矛盾します。しかし回向従って菩提心を不要と明言したのは事実です。ここから出てくる救済論は、どんな心がけでもよい、信じても信じなくてもよい、ただ弥陀の名号を無理にでも唱えればそれでよい、という結論です。信仰あるいは救済における主体性の否定、それが法然の教えの最大の特徴です。信仰という行為における逆説です。彼法然はこの逆説をぎりぎりのところまで煮詰めました。ここに彼の仏教思想上の偉大な達成があります。同時にそこから種々の問題も出て参ります。

選択本願念仏集を読むとその語りの口調に淡々として割り切ったさっぱりしたものを感じます。道綽《どうしゃく》や善導

のように罪悪感をむやみと強調するわけでもなく、曇鸞《どんらん》や源信の如く光明への憧れといった態度も見られません。法然の所説から言いますと、もっと語りの印象は陰鬱でもいいのですが、それも感じられません。ただ淡々としかも一徹に自らの信じるところを述べる、そして無駄な解説理屈を一切切除するといった態度が鮮明です。法然は徹底的に善導に師事します。師事というより帰依です。善導が言っていることだから正しい、というのが法然の取る態度です。言われている内容よりも言ったその人を信じます。この態度は親鸞にも日蓮にも見られる態度です。なぜ法然が善導に帰依するかと言いますと、善導は人の師となり得る人物であり、また奇蹟あるいは神秘的体験の所有者であるからと、法然は言います。善導は念力でいつでも花を七日間以上生かしておくことができたと言われます。だから、こんな奇蹟を起こす力を持っているから善導に帰依するのだ、と法然は言います。選択本願念仏集の最後のところで、法然は観経疏の中で善導が述べる自らの夢を引用しそれを根拠として、善導は弥陀の化身なり、と言い切ります。

法然は末法の世に生れ生きて自らの信仰を突き詰め、救済のための主体性を否定することにより極悪最下のやからつまり五逆の罪を犯した連中をも救い得る論理を開拓しました。この論理は一切の制度と信仰への機縁そのものを破壊する論法に転化し得ます。浄土思想についてまわらざるをえない「一念多念《いちねんたねん》」の問題です。一念義は、一念つまり一回弥陀の名を唱えれば救われる、という救済論です。厳密に言えば、一回きりの称名でよいのです。この考え方は法然の思想を極限まで突き詰めた時出て来るものです。救済されるための一切の主体性を否定して、なおそれでも称名に往生への可能性を全面的に認めるとすれば、称名という作業は絶対的な意味を持ちます。この作業を何回も何回もしなくてはならないとなりますと、先に言ったことすなわち、信仰に主体性は不要、という考えに矛盾します。では本当に一念・一回きりの称名で往生できるのかと問えば、多くの人にとっては疑問が残ります。一回だけ称名を唱えれば往生したのだから、つまりこの世で既に如来になったのだから後は何をしてもいいことになりかねません。この態度を、造悪無碍《ぞうあくむげ》、悪を造り放題、と言います。こういう心配をする人は一念義を否定して多念義、往生のためには何回も何回も称名をしなければならない、という考え方に傾きます。そうなると果たしてどこまで、何回唱えなければならないのかとなり、称名の絶対性、ありがたみは薄れます。一度この種の意味、ありがたさが薄れると、その傷口からどんどん旧来の聖道門的考え方が侵入してきて、やれ菩提心は必要だ、そのためには布施持戒は必要だ、禅定も聞法も必要だ、教えを合理的に理解することも必要だ、智慧を磨かなくてはならない等々と論理が進行し、念仏往生思想は骨抜きにされます。こうして法然の門弟の間で一念多念を廻って論争が繰り返されました。前者は過激派、後者は穏健派です。いつの時代でも過激派は体制による攻撃の標的になり易く、現在浄土宗の主流として残っているのは多念義を掲げる宗派の由です。親鸞はこの論争を著書では避けています。しかし彼はれっきとした一念義《いちねんぎ》の信奉者です。だから彼は当局ににらまれ越後に流されました。この体験をばねとして親鸞は法然の考えをもう一回転させて自己の所説を作り上げます。なお一念多念義の問題は決着がついたわけではありません。つくはずもありません。信仰とか宗教が持つ永遠の課題矛盾です。問題を別の角度からみますと、信仰を主観から捉えるかそれとも客観から見るかの問題になります。これは西欧においてカトリック教会が異端と、あるいはプロテスタント諸派と対決した時の問題と同じです。行空と遵西が後宮の風儀を乱したという理由で処刑されました。行空は一念義の最も過激な主唱者です。造悪無碍に走る可能性は大いにあります。遵西は六時礼讃の演出者として聞こえ非常な美男でした。六時礼讃は室内を荘厳に飾り弥陀を讃える文句を音楽にあわせて唱和する行為です。念仏の情緒的な演出です。この種の行為は一つ間違うと風紀を乱します。それに一念義が加わると、往生への特急券をもらったのだから後はこの世で浄土を讃嘆享楽しようと言うことになりかねませんから、いよいよ風紀は乱れ易くなります。逸脱はこの時のみならず、浄土教ではしょっちゅうどこかで起こります。

8

法然は十八歳で西塔黒谷に入り、四十三歳の時東山大谷で専修念仏、もっぱら念仏のみを唱えれば宜しい、それ以外の修行は要りません、口唱念仏だけで往生できます、と唱え教えました。彼は延暦寺の正規の僧侶ですが、彼の行為は延暦寺の公的な活動には属しません。従来の寺院を離れた場所に住んで自由な宗教活動をする人々を、別所の聖《ひじり》と言います。彼らは正式に受戒した僧であることもありまた私度僧であることもあります。日本はこのような聖的な宗教活動をする人が多くまたその余地も大きいのです。彼らを歴史的に総括して菩薩僧と言います。古くは役小角、行基、空也等皆そうです。最澄と空海あるいは道鏡にもこの傾向は濃厚です。法然のみならず後続する親鸞も日蓮も一遍も同様です。道元は一見貴族然としていますが、彼の禅一途の生涯に、体制から自由でそれを超脱した態度が強く見られます。革聖《かわひじり》の行願、融通念仏の良忍、書写山の性空、西大寺派律宗の叡尊・忍性も皆菩薩僧の範疇に入ります。もっと広く取りますと、修験者《しゅげんじゃ》、山伏、熊野比丘尼《びくに》に歩き巫女も同様の活動をしていることになります。法然の法然たる由縁は菩薩僧であって、初めて自らの宗教活動を理論化し、かつ後に教団を残したことです。時代の波です。鎌倉時代とはそういう時代でした。

日本の浄土教は法然によりその強固な基盤が整備されました。彼の弟子である親鸞がよりラディカルな理論を形成したこともありますが、浄土思想が今日に到るまで日本の仏教の中で一番人気があるのは、法然の活動によるところが大きいのです。なによりも法然はその四十年にわたる布教活動において多くの人々と接し教化しました。これらの人達の中には歴史的に有名な人が多いのです。関白九条兼実は最高の名門貴族です。彼は法然の戒を何度も受けています。彼の娘で後鳥羽上皇の女御宜秋門院も同様です。兼実は玉葉という現在の歴史学会においても第一級の資料といえる日記を残しました。彼の子孫は五摂家の一つとして現在でも健在です。熊谷直実は、一谷《いちのたに》の戦で平家の公達敦盛を討ち取り世の無常に目覚め、法然の門に入って蓮聖房と名乗ります。彼が仏門に入ったのはこの理由だけではありませんが、直実と敦盛の逸話は日本史上最大の叙事詩である平家物語の名場面になります。宣伝媒体としては最高です。二人の悲劇の救済者として法然が登場します。同じく平家物語に登場する平重衡《しげひら》も法然の説戒を受けます。重衡は内乱に際し東大寺と興福寺を焼亡させてしまいました。重衡は奈良の諸大寺から仇敵視されます。一谷《いちのたに》で捕らわれた彼は鎌倉から奈良に護送され僧侶の手で木津川で斬られます。仏敵とされていますから当時の人間としては後生が不安でたまりません。歴史の犠牲者であり悩める貴公子敗残の武将重衡に戒を授けたのは法然です。処刑を待つ重衡と千手の前の哀話は物語に彩りを添えます。一説によると後白河法皇も法然の戒を受けたと言われています。東大寺を再興した重源《ちょうげん》という菩薩僧と法然は親友でした。もともと法然が東大寺再建の勧進役であったのを重源に譲ったとかいう話です。また室の津の遊女往生の話も有名です。室の津は平安から鎌倉時代には瀬戸内海航路の港町として栄えました。にぎあう港町ですから遊女が沢山います。法然がここに立ち寄った時一人の遊女が舟に乗って近づき「私のような者でも往生できますでしょうか?」と尋ねます。法然により彼女は往生を約束されます。最後の有名人が式子内親王、百人一首の「玉の緒よ――」で有名な新古今集を代表する歌人です。彼女も法然の説法の坐に参加した一人です。法然と式子内親王との間に恋に近い感情があったとも言われます。二人を主人公にした小説もあります。一方は僧侶もう一方は内親王という共に禁忌の壁に隔てられた両者に恋愛感情があったとしたらこれはつらいものであったでしょう。時代のせいか人柄のせいか法然には歴史上の有名人との交際が多い。有名人達はそれぞれ強力な宣伝媒体を持っています。浄土思想が普及した理由の一つはこのことにもあるのでしょう。

法然は武士らしい生き方をします。彼自身武士の家に生れました。九歳で父親を失いますが、それまでに武士の子としての躾はされていたと思われます。偏依善導と言い善導に帰依する姿は、武士が主君に無条件の忠誠を誓う様を彷彿させます。男心に男が惚れるのです。法然の生き様にはある種の逆説があります。彼は専修念仏を唱えて一切の戒律を否定します。しかし彼個人の人生においては生涯戒律を護り続けます。この生き方も武士的です。武士とは殺しのプロという実生活を基盤としつつ、その上に強固な倫理を生き抜く存在であるからです。式子内親王との関係において法然の側にも彼女への恋愛感情があったとすれば、それをおくびにも外に漏らさず説法と教化に生き抜く生涯は忍ぶの恋であり、まさしく武士的な生き方です。法然は回向・菩提心を否定して五逆十悪を救済する論理を開拓しました。彼法然は一刀両断にゴルギアスの結び目を切断します。

第二節　弥陀一向——教行信証

1

親鸞という人は、日本仏教史上最も評価の高いキャラクターであるにもかかわらず、その事跡と思想は判然としません。特に主著教行信証《きょうぎょうしんしょう》完成以前の彼の思想に関しては、法然の弟子であるという以上のことは解かりません。教行信証自体が曖昧な内容です。親鸞という人物は歴史上実在したのか否かという論争もあったほどです。この節では親鸞の思想の大意を示し、生涯の略歴を語り、彼の主著である教行信証の内容を解説します。親鸞の思想は六段階の発展に要約されます。

弥陀一向　称名念仏　不回向　悪人正機　如来等同　自然法爾

親鸞は一一七三年、日野有範の子として生れました。日野氏は藤原北家の三代目内麿の長男真夏を祖とする家系です。北家の主流は内麿の次男冬嗣の流れですから、親鸞の家系は傍流になります。平安中期には参議等の公卿を出しますが、やがて儒者の家系として中下級の貴族の家柄に固定されました。大学頭という学者として最高の官職に就いた人も沢山出ています。親鸞が儒家の出ということは念頭に置いていても宜しいでしょう。鎌倉新仏教の開祖五人のうち法然・日蓮・一遍は地方の土豪クラスの武士出身、道元は村上源氏という上級貴族の出自です。親鸞の父親有範は皇太后宮権大進という閑職で生涯を終わりました。日野氏は親鸞の頃はぱっとしない存在でしたが、室町時代に入ると足利将軍家の正室を出す家柄となり当時の政界に隠然たる影響力を行使するようになります。八代将軍義政の奥方で応仁の乱の黒幕となった日野富子がその代表です。

親鸞はそういう家に生れました。父親の官職があれでは中央の政界で立身出世することはできません。当時公家は政治の実権を失い、併行して公家社会の家格が固定されて行きます。こういう時子供をどうするかと考えますと一番安易な方法は僧侶にすることです。親鸞伝記絵巻によると親鸞は九歳の時延暦寺の慈円のもとに入り得度を受けます。

源平合戦の真っ最中です。この少し前既に法然は専修念仏を宣言し東山大谷で活動を開始します。以後二十九歳まで親鸞が何をしていたのか詳しいことは解かりません。後に妻となる恵信尼の手紙によると、親鸞は延暦寺で堂僧をしていたとなっています。堂僧は延暦寺の常行三昧堂で不断念仏の行に従事する僧侶です。不断念仏は円仁が唐から持ち帰った法照流の常行三昧の変形であり、弥陀を中心に弥陀の名号を口唱しつつぐるぐる廻る行です。九十日あるいは二十一日間続けます。三昧において精神の集中をはかり弥陀を心に念じます。親鸞がこの作業に従事していたということは、彼は延暦寺での出世コースからは外れていたことを意味します。不断念仏は音楽性と舞踏性に富みます。このことは後の彼の思想形成にも関係します。さらに赤松俊秀氏によりますと親鸞は清僧つまり女犯の戒を護っていた僧侶だったそうです。彼の思想発展の原動力となるのは、押え難き性衝動との角逐ですから、このことも後年の彼を知る上で重要です。

親鸞二十九歳、京都市中の六角堂に一〇〇日籠もり、聖徳太子のお告げを聴き、それを機縁として法然の門に入って専修念仏の修行者に徹します。ところでこのお告げの内容を廻っていろいろ議論がありました。当時聖徳太子は救《く》世《ぜ》観音の垂迹と信じられ、太子の母親間人皇女《はしひとのひめみこ》が弥陀、妻橘朗女《たちばなのいらつめ》が勢至菩薩とされていました。太子が自宅の夢殿に救世観音を造り礼拝し、時々そこに籠った話は有名です。親鸞夢記という本があります。それによると、親鸞が六角堂に籠っていた時救世観音が夢に現れ、修行者がどうしても女犯の罪を犯さざるを得ないのなら私が代って修行者の相手になりましょう、と告げます。親鸞の事跡ははっきりしないのでこの事実の可否については論争がありました。現在では事実とする説の方が有力です。

以後親鸞は法然のもとで勉学に励みます。一二〇四年、法然が南都北嶺の寺院の非難に答えて七ヶ条の起請文を出した時、親鸞も弟子の一人として署名します。翌年三十三歳、法然に選択本願念仏集を附属され法然の真影を図画することを許されます。高弟の一人として認知されました。前後して結婚します。ここから苦難の人生が始まります。一二〇七年親鸞三十五歳、専修念仏停止《ちょうじ》の勅令が下り、彼は越後に流罪となります。四年後赦免。親鸞は越後に留まります。翌年法然死去。四十歳過ぎ常陸国笠間郷稲田に移住します。この間上野国佐貫《さぬき》に滞在中信仰上の重大な転機を体験します。

以後親鸞は専修念仏に徹しきります。彼の主著である教行信証は稲田に滞在中の四十歳台後半から起筆されます。五十二歳前後に本の初稿ができたと言われます。この本は次々に親鸞が自己の思想を支えてくれる経典からの引用を追加するのでいつごろ完成されたかはっきりしません。専修念仏は関東でも盛んになります。そうなるとどうしても本願誇り・造悪無碍《ぞうあくむげ》の行為が出現します。このことについては後に説明しますが、浄土思想は突き詰めればどうしてもこの問題と接触せざるを得ません。造悪無碍は浄土思想にとってその本質です。これを単純に否定すると思想自体が骨抜きにされます。事態に対し鎌倉幕府は社会の風紀を乱すものとして、念仏停止の命令を出します。京都では数年前に既に同様の命令で法然の弟子数人が配流されます。親鸞はやむなく関東の地を去り京都に帰ります。一二三五年、彼六十三歳の時のことです。親鸞の態度は日蓮とは対照的です。日蓮には騒動屋のようなところがありますが、親鸞には逃げの姿勢があります。京都で念仏と著述に専念します。七十九歳の時から関東の門人との消息のやりとりが見られます。八十歳を超えて、長男の慈信坊善鸞を、信仰上の問題で義絶します。一二六〇年、九十歳死去、鳥辺野で荼毘に付されます。その前年日蓮は伊豆に流されています。

2

教行信証は専修念仏という作業の依ってくる教理の典拠、なぜこの修行法は往生に通じるのかという疑問、信じる理由、そして往生できるという証拠等を考察し証明しようとします。成立事情の故か、内容にはまとまりがありません。著者の意図は解かりますが、主題が首尾一貫して論理的に取り扱われているとは言えません。親鸞の主著という期待が大きかった分いささかの幻滅は感じました。私にとって一番困るのは、経証つまり経典を根拠とする証明という方法を取ることです。これは親鸞に限ったことではありません。また経典による根拠が盛り沢山で不統一です。親鸞の思想は歎異抄や弟子への手紙の方がずっと面白く意味深いのです。しかしそこに展開されている思想が主著である教行信証とどう関係するのか判然としません。その点日蓮は対照的で、彼の書いたものはその時点時点での意味がはっきりしています。弟子との書簡に頼らなくても言いたいことは読み取れます。以上のような疑問を背景として教行信証の解説に入る前に、この書物に盛り込まれた思想信仰に対する親鸞の態度をまとめてみます。

なぜこんなに膨大な経典を証明のために動員しなければならないのか？　その反面論旨は判然としない。現在の学問の世界で引用文献が多すぎるというのは自己の主張に自信がないからなのですが、親鸞においてもこのことはあてはまらないでしょうか？

結論が大胆すぎるから経証に頼ったとも考えられます。大胆な結論は為政者の弾圧を招きますから、慎重に誤解されないよう、旧来の思想と折り合いを付けるため、経典を引用したのでしょうか？　韜晦のためとも考えられます。

歎異抄や書簡の内容との懸隔が大き過ぎる。そこにはっきり表現されている内容が主著では全然と言っていいほど出てこない。歎異抄がいつ成立したのか、この本は親鸞の考えだけによって成り立っているのか、等の事情により判断は変わります。教行信証は親鸞の思想の試行錯誤遅疑逡巡を表しているように思えてなりません。

親鸞は晩成の人です。悪人正機説を含めて彼の主要な思想内容は六十歳以後確立します。思想の鋭さ、性愛の問題、彼に終生ついて廻る家族間葛藤、さらに親鸞にある独特の冷たさ、距離、そして教行信証における引用文献の多さ等を考えると、親鸞のパーソナリティというべきものが浮かんできます。

教行信証の引用経典の量への依拠は親鸞における権威への依存、言ってみれば乳離れの悪さのようなものを想像させます。師匠への依存と言ってもいい。浄土思想の理論家にはこの風があります。世親・曇鸞・道綽・善導・源信・法然・親鸞と読み進んできて振り返りますと、彼らの言うことは変化しますが、前後の差を鮮明にさせません。師匠先達を露骨には批判しません。それでいて結果としては相当という以上に変化しているのです。対して法華の理論家達は喧嘩好きです。自分の言いたいことをはっきり言います。法華の連中が独学独歩の態度を取るのと対照的に浄土思想家は師匠に抱っこされたがります。

教行信証の引用文献のことで私が不思議に思うのは、法然の選択念仏集からの引用が極めて少ないことです。親鸞は法然に、だまされて地獄に堕ちてもかまわない、とまで言い切るだけに不審を感じます。

3

教行信証は正式には「顕浄土真実教行証文類《けんじょうどしんじつきょうぎょうしょうもんるい》」と呼ばれます。直訳すると、浄土が真実であることを顕す教えと行法と証拠に関する文献、です。教文類・行文類・信文類・証文類・真仏土文類・化身仏土文類の六項目から成ります。まず本文に即して要点を取り上げ、それを踏まえて内容を要約します。

冒頭で釈迦の顔がいつになく輝き素晴らしいものに見える奇瑞を讃嘆する弟子アーナンダの観察が典拠になります。これは私にとっては親鸞の信仰告白でしかありません。

阿弥陀如来の名号を称えることは、弥陀の衆生救済のための大悲の願であることが強調されます。具体的には浄土往生のためには、ひたすら弥陀の名を称えなさいと弥陀が要請した願により、称名念仏は往生への真実の道であるとされます。

初果の菩薩はそこに到達できたことを歓喜する、歓喜するが故に往生可能となる、歓喜できるのは諸仏を念ずる無量の功徳故に信力が転増する。竜樹の十住毘婆沙論の一節を親鸞は弥陀の願力に転用します。衆生の努力は初果に達するくらいでよい、後は弥陀がなんとかして下さるというのです。衆生の努力をミニマムにするべく努め易行を強調します。

第十八願が引用され典拠とされます。「たとい、われ仏となるをえんとき、十方の衆生至心に信楽《しんぎょう》して、わが国に生れんと欲して、乃至十念せん。もし生れずんば、正覚を取らじ。ただ五逆と正法を誹謗するものを除かん」です。無量寿経でこう阿弥陀如来が誓願されたからという論法です。衆生の信が強調されそれに弥陀の側が必ず答えて下さるとあります。

「王まさに念仏すべし。あに離念に同じて無念を求めんや。生を離れて無生を求めんや。相好《そうごう》を離れて法身を求めんや。文を離れて解脱を求めんや」という浄土五会念仏略法事儀讃の一節を引用します。有念より無念、有生より無生、法身より相好、解脱より経文という価値基準を示しています。常に有形なものを追求する態度は浄土教において著明です。

しかるに末代の道俗、近世の宗師、自性唯心に沈みて浄土の真証を貶す、定散の自心に惑いて金剛の真心に暗し、

と宣言します。論証はともかく直感が鋭いのは親鸞の特徴でしょう。従来の大乗仏教の弱点をよく突いています。華厳にも如来蔵にも唯識にも自己内省を強調する傾向があります。この傾向は過度になると信仰の人間化を結果し信仰を破壊しかねません。だから親鸞は客観的に依拠できる信仰の証を求めます。ではどのようにして?

至誠心《しじょうしん》と深心《じんしん》。至誠心は真実の心、深心は自己を罪悪深重の凡夫と自覚し、弥陀の願を信じるほかには救われないと徹しきる心です。深心でもって自己の罪悪を直視し、それ故に弥陀の至誠心を信じる、そうすれば衆生の側でも至誠心を持つことができるとなります。罪悪感を媒介とする弥陀への衆生の同一化です。

弥陀の呼びかけに応じて、専修念仏に努め浄土に生れるべく、十方の諸仏は褒め勧めてくれる。なぜ? 親鸞は善導の言葉を引用して「同体の大悲なるがゆえに、一仏の所化《しょけ》は一切仏の化なり、一切仏の化は一仏の所化なり」と答えます。善導は「一門を出るは一煩悩の門を出るなり、一門に入るは一解脱門《げだつもん》に入るなり」「我が所愛《しょあい》は我が有縁の行、汝の所求《しょぐ》にあらず、汝が所愛は汝の有縁の行、我が所求にあらず」「もし行を学ばんと欲せば必ず有縁の法に依れ」とも言います。つまり「解脱成仏にはどの行法からでも入れる、煩悩から出る道もいろいろある、貴方にとって可能で好む方法を取りなさい、あらゆる個別的なものは普遍的なものに通じているのだからね」と善導は言います。華厳経の世界観を踏まえた考え方です。善導はこうして易行である称名念仏の正当性を論証しようとしました。親鸞もこの考えに従います。

欲生《よくしょう》というは、すなわち如来、諸有の群生を招喚したまうの勅命なり。すなわち真実の信楽《しんぎょう》をもって欲生の体とするなり。まことにこれ大小・凡聖・定散自力の回向にあらず。ゆえに不回向《ふえこう》と名づくるなり。しかるに微塵界の有情、煩悩海に流転し、生死海に漂没して、真実の回向心なし、清浄の回向心なし。このゆえに如来、一切苦悩の群生界を矜哀《こうあい》して、菩薩の行を行じたまいしとき、三業の所修、乃至一念一刹那も、回向心を首として大悲心を成就したまえるがゆえに、利他真実の欲生心をもって諸有海に回施したまえり。欲生これ回向心なり。これすなわち大悲心なるがゆえに、疑蓋雑わることなし。と、親鸞は言います。衆生の救済を欲し信じまごころを尽すのは弥陀の側のみに

なります。衆生の側からの回向心は不要です。衆生は信じる努力すら不要なのです。親鸞は法然の不回向論を受け継ぎます。さらに言います。まことに知らんぬ、悲しきかな愚禿《ぐとく》親鸞、愛欲の広海に沈没し名利の大山に迷惑して、定聚の数に入ることを喜ばず、真証のさとりに近づくことをたのしまざることを、恥ずべし傷むべし、と。彼の告白です。親鸞自身も回向心がなかなか出て来ないのです。

浄土論注の中の、煩悩を断ぜずして涅槃を得る、正道の大慈悲は出世の善根より生ず、を論拠とします。二文は相互に関連し会います。後者の文章を親鸞は諸法平等・発心平等・道平等・大慈悲平等と連ねて行きます。要は平等ということです。平等でなければ、つまり衆生の次元まで如来が至れなければ如来の如来たる由縁はありません。それなら、衆生＝如来、ですから煩悩のまま涅槃の境地に至ることも可能でしょう。親鸞はなんとかして煩悩のまま成仏したいのです。

顕彰隠密《けんしょうおんみつ》。顕彰は顕かなもの、表に現れているもの、具体的には善導の「定散諸善および三輩三福を開く」です。隠密は隠されているもの・裏に潜んでいるもののことで「ダッタ・アジャセの悪逆によりて　釈迦微笑《みしょう》の素懐を彰す　イダイ別選の正意によりて　弥陀の本懐を開闡《かいせん》す」です。定散諸善・三輩三福は無量寿経や観無量寿経に述べられている禅定・善行・持戒等の修行です。始め釈迦はこの修行法を述べました。しかしイダイケとアジャセの物語によって人間の根源的性向ともいうべき五逆と謗法が明らかにされた以上、定散諸善はもはや修行法として通じず、ただ念仏のみが有効でしかないことが明白になります。善導はそう言います。親鸞もそれに従います。親鸞はこうして口称念仏を唯一の救済方法として受け入れます。

善導や彼を引用する親鸞は、如来と衆生の意向が一致すること、の必要性を力説します。機教相応です。機は衆生の機根すなわち性情資質、教は如来の教えです。ところでどちらがどちらに一致すべきかと言えば、如来が衆生の方に譲歩しなければなりません。善導はそこのところを「如来方便して三福を顕開してもって散動の根機に応じたまう」と表現します。通常の善行を衆生はできないので彼らの資質にあったやり方を開発して下さる、わけです。この方向を突き詰めた結果が称名念仏です。浄土思想は人間の基準を最低限にまで引き下げて、そこに修行を適合させようと執拗なまでに努力します。

親鸞は言います。願とはすなわち臨終現前の願なり、行とはすなわち修諸功徳の善なり、信とはすなわちこれ至《し》心《しん》・発願《ほつがん》・欲生《よくしょう》なり、この願の行信によりて、浄土の要門・方便権仮を顕開す、この要門より正助雑の三行を出せり、と。人間は救済を願います。この願いは特に死に望んで強烈です。これが願の本質です。我々人間にできることはいろいろな修行です。それに努めます。その機根に応じて。そして最後は救済されることへの信頼のみです。人間にできることは、これだけつまり願い努め信じることです。かくする時それぞれの機根に応じた救済方法が開示される、あるいは弥陀によって与えられるのだと、親鸞は言います。

如来はるかに末代罪濁《ざいじょく》の凡夫を知ろしめして、相を立て心を住すとも、なお得ることあたわじと。いかにいわんや、相を離れてことを求めば、術通なき人の空にいて舎を立てんが如きなり。親鸞が引用する観経疏の一節です。信仰するためには取相、眼に見える何らかの姿形を手がかりにしなくてはならないと言います。その何かが称名です。明確に解かる行法としての称名念仏の意義を善導や親鸞は強調します。

大智度論の「法に依りて人に依らざるべし、義に依りて語に依らざるべし、智に依りて識に依らざるべし、了義経に依りて不了義経に依らざるべし」を引用します。親鸞としては無量寿経や観無量寿経は釈迦の完全な直説だと言いたいのです。同じ文章を日蓮は法華経を絶対化するために引用します。

機と教と時を考慮することが必要と親鸞は強調します。教機時は道綽により強調されました。ここから末法の重要性が出てきます。教えが廃れるから人間の資質がだめになるのか？　人間があかんから教えが省みられないのか？　末法だから教えが廃れるのか？　教えが廃れるから末法なのか？　人間が堕落するから末法なのか？　末法だから人間がだめになるのか？　このように教機時は相互に関連し合います。この考えは人間の堕落を承認すると同時に、その変革をも可能にします。末世は裏を返せば変革期です。末法故にそれに応じた教法を是認することは、その教法でもって人間を変えて行くことをも意味します。人間のあり方と、人間の範型と、それを取り巻く状況は、相互に関連し相互に反応し合うと、考えます。如是ゆえに機教相応、と善導は言います。これは如来と教法を人間の側に引き摺り下ろすことを含意します。引き摺り下ろして培養醸成する媒体が時です。如来も時間の中で変化変容します。仏と人は時間の中で相互に変化します。

名字《みょうじ》の比丘《びく》は末法故に真宝、と親鸞は謎のようなことを言います。文意は二重です。名字の比丘は名前だけの僧侶のこと。戒律も護れない、禅定もできない、智慧もない、剃髪しただけの、形だけの比丘僧侶も末法の世だから、いやだからこそ宝なのだ、と親鸞は強調します。名字の比丘、と、形だけの信仰である称名、は相応します。両者に共通するのは、名あるいは形、です。イメージ、表象、形式です。親鸞はこのイメージ、浄土論の中で強調され描写され想念される浄土の様相そのものを、親鸞は実在と考えます。

教行信証最後の記述は後鳥羽上皇による専修念仏の弾圧に関する感懐です。師の法然と共に親鸞は流刑に処されました。だから今では僧侶でもなく俗人でもないので、単なる禿頭《はげあたま》であると自ら名乗ります。すこし執拗な感じもしますが、禿《とく》（はげ）とは親鸞の心の瘢痕を示唆しているようにも見えます。彼が人間というものを突き詰めて破戒・暗愚・無慚無愧《むざんむぎ》な存在とみなして行ったことにはこの弾圧が深く関わっているようです。最後にもう一つ「建仁元年つまり一二〇一年に雑行を捨てて本願に帰したこと」を書き留めています。本願への帰依は師の法然によるものです。さらに最後のところで親鸞は法然により蒙った恩を語り、感謝の念と共に彼の信仰告白を述べてこの大著を終ります。

以上が親鸞の文章に沿って抽出した教行信証の骨旨です。親鸞が言いたいこと、証明あるいは説得したいことは単純です。彼自身が行文類の最後で要約しています。

救済は弥陀の他力に頼るほかに無い
救われるためにはただ信じるのみ
煩悩を断ぜずに涅槃に入ることは可能
横超《おうちょう》（横様）にすべての悪趣を切り払うことは可能
極悪人といえども弥陀の称名で往生できる

4

教行信証の五つの要約をさらに整序すると、弥陀一向と専修念仏の二項になります。だから教行信証では少なくとも表面的には親鸞の教説は法然のそれを超えていません。しかしよく読むと随所に親鸞らしいと言うべきでしょうか、それとも将来の彼の思想の発展を示唆する言説が見られます。次にこの視点に立って親鸞の教説を検討します。まず示唆する言説を提示します。

初果の菩薩の歓喜　歓喜するがゆえに往生可能
至誠心《しじょうしん》と深心《じんしん》
同体の大悲　一仏の所化は一切仏の化
不回向
煩悩を断ぜずして涅槃に入る
顕彰隠密
如是機教相応
願の行信によりて浄土の要門を開示
名字の比丘は真宝
愚禿《ぐとく》親鸞

・初果の菩薩の歓喜

初果の菩薩はそこで歓喜し歓喜するが故に往生可能、修行者である菩薩の努力はミニマムで構わないのだと、親鸞は言います。後は弥陀の願力でなんとかなります。大乗仏教では法身として釈迦は超越化されますが、法身は不可視故にその分菩薩の役割は大きく菩薩と仏は連続します。浄土思想では一切の努力は弥陀（法蔵菩薩）に集約され、弥陀と菩薩の懸隔は無限大になります。弥陀の超越化は同時に法身としての弥陀を姿形があって眼に見える如来にします。

・至誠心《しじょうしん》と深心《じんしん》

至誠心は真実の心ですが、深心とセットで考えると含意するところが現れます。深心は、自らを罪悪深重の凡夫と自覚して、弥陀の慈悲にすがるよりほかは無いと悟り決定する心です。これを機として至誠心が現れます。深心故に弥陀の至誠心を信じる以外に救いは無いのです。弥陀の至誠心を信じることは同時に衆生の側の至誠心でもあります。深心と至誠心の強調は、弥陀を見習うこと、弥陀との同一化です。第四章で述べたように浄土往生は、光明を介しての弥陀との直接的一体化と、罪悪感を介しての逆説的一体化の二つにより成立します。至誠心は前者を深心は後者を表します。至誠心と深心の関係あたりから親鸞らしさが出現します。親鸞の善導法然からの思想的脱皮が始まります。

・同体の大悲

同体の大悲なるが故に一仏の所化《しょけ》は一切仏の化、一切仏の化は一仏の所化、の意味はすでに説明しました。原点は華厳経です。この考え方に従えば、弥陀は、すべての如来あるいはその予備軍としての衆生一般の集合集約であり、だから個々別々の如来でもあります。そうであれば個仏としての如来は普遍仏としての如来と同等であり、普遍仏を個仏としての可視的形態で表してもよい。個仏は衆生に直面している存在、普遍仏は個仏をも含めてその奥に広がる存在です。我々に直面している限り仏を形にしてもいいし、それはどこまでも許されます。個と普遍の相互性を前提として、弥陀あるいは如来を眼に見える形で把握できます。浄土思想は華厳思想に基礎づけられます。この考えを踏まえて善導は、煩悩の解決も解脱の獲得もどこから入ってもよい、どこから入ろうと常に核心に到達できる、おのおの自分が登れる道を登りなさい、と言います。

・不回向

親鸞は不回向の考え方を法然より受け継ぎます。回向心は菩提心と同意です。ですから不回向の強調は信仰における主体性の否定を意味します。ここから悪人正機説までの距離はそう大きくはありません。

・煩悩を断ぜず

煩悩を断ぜずして涅槃に入る、は親鸞の強い要望です。彼はこの要望（自己と弥陀への）をどうすれば納得させせ論理化できるかと努力しました。そのために彼は衆生の側の努力をミニマムにすることにより、弥陀を可視的存在にするべく要求し、さらに華厳における普遍と個の相互性の論理に基づき弥陀が姿形を持ってもよい・そうでしか有り得ないことを導出します。また至誠心と深心の関係の中に潜む二重の同一化の過程をクローズアップします。そして最後に曇鸞の浄土論注により、正道の大慈悲は出世の善根より生ず、で締めくくります。

・顕彰隠密

顕彰隠密《けんしょうおんみつ》の重点は隠密の方にあります。ダイバダッタやアジャセ王の悪逆によって、それまで釈迦が説いてきた定散諸善《じょうさんしょぜん》や三輩三福等の修行法の意義は無くなり、釈迦が説かなかった（密かに隠されていた）非常の法が出現した、と善導は言います。人間の根源的性向としての悪が二人の行為によって露呈され、それに相応する形で念仏という行法が開示されました。ここから教と機の問題がまた行法としての念仏の意味が明らかになります。なお顕彰隠密という考え方は本迹二門のそれとよく似ています。

・如是機教相応

如是そして機教相応《ききょうそうおう》と、教機時三者の関係の問題は道綽に遡ります。ダイバダッタとアジャセの悪逆により、如来の教えも衆生の機根も再検討を迫られます。再検討せざるを得ない由縁を道綽や善導は末法に求めます。ここで新たな契機として時が出現します。教つまり人間の範型と、機すなわち人間の現実の資質と、それら二つを入れる状況としての時、の三者は相互に関連し影響し合います。三者の相互関係を率直に考察した時、変革の媒体としての時という意識が生じます。末法と変革期は同義です。またダッタ・アジャセの悪逆は、時間の起動力としての人間の悪つまり現実を意味します。教機相応云々は、凡夫衆生のみならず、如来の側でも変容せざるを得ない事態を含意します。同様のことが法華経に関しても言われました。信仰とは、神仏と凡夫衆生の間の相互交渉であり戦い駆け引きでもあります。人間って結構しぶといんです。旧約聖書の世界を彷彿させます。

・願の行信

願の行信により浄土の要門を開示。凡夫は願い努め信じるしかない、そうすれば弥陀の方でなんとかしてくれる、ということです。ただしここまでなら親鸞は法然を越えません。

・名字の比丘

名字の比丘は末法故に真宝。名前だけの修行者は形だけの信心である称名に一致します。共通するものは名相すなわち形・イメージです。親鸞の思想の中にはこの意味での名相を重視し、想念あるいは想念することを実在と同等視する態度があります。

・愚禿親鸞

愚禿《ぐとく》親鸞という言葉がよく使用されます。言葉は三つの意味を含みます。自己を劣悪視する、善根薄少にして罪悪深重の凡夫と自己認識すること、この気持ちに基づく信仰告白、そして執拗な復讐心。最後の項目はあまり注目されませんが、私は親鸞の気持ちの奥底に潜む隠された攻撃感情は大きいと思います。

この時点での親鸞の思想をまとめます。彼が自覚し得ている範囲では

罪悪感　眼に見える仏　不回向　末法意識　称名念仏

が挙げられます。また彼が判然とは自覚していないが、彼の言説に含意されるべき意味としては、

イメージの重視　弥陀との同一化　人と仏と時の相互性　個別と普遍の重畳　復讐心

が看取されます。

第三節　悪人正機——歎異抄

1

この節では歎異抄を中心とし、加えて親鸞が弟子にあてた書簡および和讃の内容を検討しつつ親鸞の後期の思想を考察します。歎異抄は親鸞の説法を、弟子である唯円が親鸞の校閲を得て書写しまとめたものと言われています。僅

か三〇頁くらいの小冊子ですが内容は非常によくまとまっています。教行信証が膨大な大著の割には内容が判然としないのと対照的です。もっとも親鸞の生涯のいつごろ作製されたのかよく解かりません。親鸞死後のことかもしれません。親鸞の思想のどの時期がこの本に反映されているのかも解かりにくいのです。また書かれている内容は、悪人正機を始めとして、過激で反体制的な傾向が強いので、長く本願寺の内部に留め置かれて門外不出となっていたという話です。私が参考にしているのは浄土真宗聖典（本願寺出版社）ですが、そこでは親鸞の著作の項ではなく、後世の蓮如が書き写したものとして彼の項に載せられています。歎異抄は親鸞の思想傾向を代表する至って人気の高い本ですが、幻の本とでも言うべき性格を持ちます。歎異抄の思想内容は親鸞の書簡や和讃のそれと似るところが大きいので、ここでは彼が六十三歳で京都に在住した時以後の作品として考察します。

和讃《わさん》は、当時の歌謡曲ともいえる今様《いまよう》の形式で、親鸞が浄土や阿弥陀仏や念仏の功徳を、誉め湛えた讃歌です。親鸞は延暦寺で長く堂僧を勤めていたと、恵信尼の手紙にあります。堂は常行三昧堂、常行三昧は光・音声（称名）・仏像・緩慢な運動の相乗作用により、陶酔的な境地をもたらす行です。私はかつて非宗教的な形でこの種の儀式に参加したことがありますが、確かにこの世のものならざる妙な気持ちになります。浄土教は簡便簡潔に見えて結構この種の行法を使用します。善導は難しいことを多々言いましたし、彼の言説によれば称名のみで他の行法等とんでもないことになるはずですが、彼は法事讃・般舟讃・往生礼讃等という行法の本を残しています。それによると彼は音楽運動照明を使って、称名に集団催眠効果を与えています。法然の弟子が後鳥羽上皇の後宮で問題を起こした、六時礼讃も善導の影響下にあったと考えられます。親鸞はこの行法の専門家でした。その彼が、自らの説法の内容を大衆に解からせるために、今様に託して作詞したものが、和讃です。和讃の持つ音楽性と文学性が、親鸞の説法の普及を容易にしました。親鸞はイメージを重視します。和讃には種々ありますがその内、浄土和讃、高僧和讃、正像末和讃の三つが代表的です。それぞれ一一八首、一一七首、五八首あります。三つの和讃を総じて三帖和讃と言います。和讃は親鸞七十六歳の頃から書き始められます。

親鸞の弟子への書簡は記録に残る限りでは七十九歳の時から書かれています。彼の死の直前までの書簡総計四三通が現在発見されています。内容は弟子達の信仰の逸脱特に本願ぼこりの問題、善鸞義絶のこと、幕府による念仏禁圧への対処等、親鸞晩年に起こった事件が中心です。これらの問題に対処する中で、親鸞の後期思想の核心が表明されます。教行信証が漢文で書かれたのに対し、歎異抄・和讃・書簡はすべて和文です。

2

歎異抄の内容を検討します。本文の流れに即して個々の内容を解説し要約します。

「念仏して弥陀に助けて頂くのみ、と師匠である法然から教わった。念仏によって浄土に行けるのかそれとも地獄に墜ちるのか私には解からない。ただ師匠にだまされて地獄に墜ちてもかまわないと私は思っている。所詮私にとって地獄は住処《すみか》だから。どこへ行こうと地獄だけ。弥陀の本願が真実なら釈迦の説教も真実、それなら善導や法然のいうことも真実であるはず。では親鸞の言うことも真実のはず。聴く人よ、以上のことを信じるのも信じないのも、あなたがたの勝手だよ」—弥陀の本願を信じる以外に救いはないと、浄土思想の根本的態度が表明されます。同時に弥陀の本願を信じるのは、師匠の言うことを信じるからだと、師匠への絶対服従・帰命が、信不信の選択を信者に委任する態度と共に述べられます。

「善人でも往生する。なんで悪人が往生しないなんてことがあろうか、そんなことは絶対無い。煩悩具足の我ら衆生を憐れみ給うての故に弥陀の本願がある。それは第一に悪人のためにあるのだ。悪人は往生するためには自分の力ではなくて、他力を頼まなければならないから。聖道の慈悲とは他人を憐れみ悲しみ育むことである。しかし所詮そんなことはできっこないのだ。このできっこない自力を頼る善人よりは、悪人の方がはるかに救いに近いのだよ。浄土が与えてくれる慈悲は、念仏して急ぎ仏になることなのだよ」—悪人正機説です。善導は五逆を犯したような悪人でも、称名念仏で救われると言います。法然はそれを一歩進めて、往生のためには、主体性は不要と言い切ります。親鸞はそれをもう一回転させ、悪人こそ真先に救われると主張します。善悪の価値は顚倒します。価値顚倒を介して親鸞は弥陀を自らの方へ引き寄せます。

「父母への孝養のための念仏はしない。一切の有情はすべて父母兄弟」―念仏をするのはすべて自分のため。親鸞の徹底した個人主義です。絶対的な個と同じ存在としてすべての有情・生あるものは同胞になります。理論としてはそうなります。しかし私はここに親鸞の冷たさを感じます。人間関係における親疎の差が無いが故に、こんなことが言えるのでしょう。逆に言えばいざという時彼は助けてくれるのでしょうか？　また父母への孝養の否定は、彼の生い立ち、父母との関係の不自然さを推測させます。

「親鸞は弟子は持たない。私は弥陀の慈悲で、生きているのであって自分の力によるのではない。だから弟子など と言えるわけがない」―弥陀と親鸞の一対一の関係がすべてです。その間に一切の介在物を認めません。父母に対する態度といい、弟子に対する態度といい同様です。弥陀と各個人の間に制度としての一切の介在物を容認しません。ここに親鸞の思想の革命性があります。逆に幕府や朝廷という制度の側から見ると、危険この上ない考え方です。また親鸞のこの考えは、彼の思想信仰を後世に伝えるための制度である、教団制度を否定します。弟子を持たないことは、信仰の後輩であり彼に随順する者も、彼と等しい同朋と見なすことです。弟子の間に差のつきようがないのですから、ヒエラルヒーとしての教団は成立しません。彼の死後教団はできますが、それは親鸞の血脈を引く子孫の系譜によるか、そうでないかの二つの系統に分かれます。後者は何らかの形で知識帰命《ちしききみょう》、すなわち親鸞と平信者との間に信仰の指導者である専門家の存在を容認し、彼らに服従することを、求めることになります。彼らは何らかの意味で親鸞の思想を歪曲します。

「信仰も人生も無碍《むげ》の一道である。だから魔も神も恐くはない。罪悪も業報も感じることはできない。なぜなら諸々の善行が彼らに及ぶこともないからだ」―善行とは取り引きです。相手はこの世のものであったりこの世を超えたものであったりします。善行の意味を否定することにより報酬への期待も遮断します。となるとプラス・マイナス両面の報酬への未練はないのですから、それらを与えてくれるであろうと思われる魔や神を買収したり、機嫌を取ったり恐れたりする必要もなくなります。罪悪といい業報といいこれらのものも何らかの意味で、善行つまり取り引きを前提として出現する感情です。だから善行を否定し、弥陀の本願を無碍に（さまたげるものなく）信じれば、罪悪や業報をも恐れる必要はありません。私は思います、その通り、ここに親鸞の独創性革命性があるのだと。

「念仏は行者にとって非行非善である。行者が為すことではない。すべては自らのはからいでなく、弥陀のはからいなのだから」―徹底して他力を強調します。

「念仏して勇躍歓喜の心が起こらないこともある。急いで浄土に行きたいと思わないこともある。しかしそれでよいのだ。所詮は煩悩がそうさせるのだから。娑婆《しゃば》（この世）も縁尽きて力なくして終わる時に浄土に行くのだから」―すべてを弥陀にお任せするということになりますが、それを通り越して自己をも弥陀をも浮かべて流れる法そのものへの自己委託、自然法爾《じねんほうに》の気分がうかがえます。同時に親鸞の心の疲れも看取できます。

「念仏について学問的に云々するやからは法の魔障にして仏の怨敵である」―親鸞の境地からすればそういうことになるのでしょう。

「本願ぼこりについて。すべては業縁に依る。業縁がもよおしてくればどんな振舞いでも人間はしてしまう。ただ本願を信じるしかない。本願を誇るということは本願を頼みまいらせることではない。本願を誇ることは自力であって他力ではない」―本願ぼこりは本願を誇ること、本願を信じた、弥陀の他力に自らを任せた、だからもう自力作善は必要ない、と思い込み、自らを既に救済された者と見て奢り昂ぶり、一切の努力を放棄してもよいとし、他人の修行を非難軽蔑し、あるいは自らを如来と等しいとするが故に何をしても許されるとして、放逸無道の行いを為すこと（造悪無碍《ぞうあくむげ》）、です。浄土思想における信仰への主体性の否定を逆用して、俗世の倫理秩序を破壊することが真の信仰であるとする態度です。あらゆる宗教の根底にはこの種の傾向がありますが、浄土信仰では特に顕著です。法然の時から親鸞の時代まで、本願ぼこりは起こり続けます。法然の思想においても、親鸞の思想においても、必然として本願ぼこりは出現します。親鸞自身が信仰とその否定のぎりぎりの境界を歩きます。本願ぼこりは親鸞の思想のいわば生理です。同時にこの現象は秩序維持を任務とする体制の側からの弾圧を呼び起こします。親鸞晩年の悩みの第一はこの本願ぼこりにどう対処するかでした。単に幕府の弾圧にどう対処するかというだけの問題ではない。自己の思想への対処に彼は悩みます。親鸞は本願を誇ることは既に自力である、弥陀の他力に真に任せているのではない、としてこの態度をまず否定し、返す刀で次のように切返します。原文に従います。「本願ぼこりをいましめらるるひとびとも、煩悩不浄具足せられてこそそうろうげなれ。それは願をほこるるにあらずや。いかなる悪を本願ぼこりとは言う、いかなる悪かほこらぬにてそうろうべきぞや。かえりて、こころおさなきことか。」親鸞は本願ぼこりを非難する人をも自力作善でしかないと言います。本願ぼこりも、それを非難することも、共に自力でしかない。この二者択一から人間は逃れられないのだと自覚します。そして「どんな悪を本願ぼこりというのでしょうか？　誇りとしない悪なんかあるのでしょうか?」と問い掛けます。人間は自らを誇らずには生きられない、それは悪であるということです。自ら為し自ら意識することはすべて悪であるが、人間はこの自力性という罠から、自らの力で逃れることはできません。いかなる悪を本願ぼこりといふ、いかなる悪かほこらぬにてそうろうべきぞや、という文、特に末尾の「ぞや」という反語の強調に、親鸞の怒りと苛立ちが伺われます。「そんなことぐらい解からんのかいな、あほ」と私には聞こえます。これは信仰、さらにより広く人間の生存における、主体性の完全な否定です。ここに親鸞のすごさがあります。同時に彼は本願ぼこりを否定し阻止する論拠を失います。ではこの主体性の否定からいかにして人間は娑婆世間に復帰できるのでしょうか？

「罪を滅せんと思うのは自力の心。臨終正念を祈るのは人の本意。だからそういう態度は他力の信心ではない」—本意は作意です。罪業消滅して臨終に極楽往生を願う必要はない、と親鸞は言います。平安時代の浄土信仰とえらい違いです。臨終往生を否定することにより、親鸞は現実世界に投げ返されます。

「本願を頼みまいらせることが回心、我がはからいにあらずが自然《じねん》」—弥陀への信即、自然への自己委託です。

「信心を疑って辺地往生したからと言って地獄に墜ちる心配はない」—疑ってもよい、疑って行け、あとは私親鸞が保証するよと聞こえます。

「布施の多少によって、成り得る仏の大小は決まらない。法性に極み無し。かつて私親鸞は師匠の法然にこう言った。信心に差はないはず、と。弥陀のはからいはすべて親鸞一人のためにある。親鸞には世の善悪は解からない」—歎異抄の最後の文のアクセントは、弥陀のはからいは親鸞一人のため、にあります。親鸞は自己と弥陀を一対一で対峙させます。この瞬間両者の間にある一切の媒介物、すなわち信心の差や布施の多少、それに基づく教団階層性、世俗社会の是非善悪等の意味は消滅します。親鸞は弥陀との対峙において自己を徹底的に卑小なものとし、同時に自己を弥陀と同等な者にします。この絶対的な個は親鸞以外の衆生にも適用されます。弥陀と同等なる衆生の海、それは自然法爾《じねんほうに》なる言葉によってしか表されません。

3

親鸞の書簡四三通のうち彼の思想が鮮明に表出されているものを選んで検討します。

（第一通　七十九歳）臨終往生の特別性の否定。

（第二通　八十歳）本願ぼこりへの対処。親鸞はまず「はじめて仏の誓願を聞き始めた人々が、自分の身を悪いこととまた自分の心も悪いことと思い知り、こんな自分ではとても往生はできないと思う人こそ、煩悩具足《ぼんのうぐそく》した身であるからこそ、弥陀はその善悪を秤量すること無く、浄土に迎えられるであろうと私親鸞は言いました」と信仰の原点を示します。そして次に「師匠をそしり、信仰の先輩を軽んじ、同輩をあなどる等の行為があると聞いています。かかる行為はあさましいことであり、すべて謗法《ほうぼう》であり五逆です」と厳しく本願ぼこりを非難します。理由として「浄土にまず行かれて衆生の利益という観点に立って、弥陀の誓いにより助けられてから、思うように振舞いなさい」と言います。まだ浄土に行ってもいないのに勝手なまねをするなというわけです。

（第六通　八十三歳）「自分の身持ちが悪いからと言って、弥陀が迎えてくれないだろうと思ってはならない。（中略）また逆に自分の心がけが良いから、往生できるであろうと思ってもならない。（中略）善人悪人を選択されることなく、往生は必ずできると思うべきである。（中略）弥陀の本願を信じる人を、弥陀は親しき友として喜ばれる。（中略）そして諸仏の教えをそしってはいけない。他の善行にはげむ人をそしってもいけない。念仏する人を憎みそしる人をも、憎みそしってはいけない。」弥陀の親友という言い方に興味を覚えます。親鸞は弥陀と対等になりつつあります。念仏迫害者をも慈愛の心で包摂しようとします。無抵抗主義です。迫害者特に現地の領主への顧慮も伺われます。この手紙から推察すると親鸞の布教対象は主として農民のようですが、異見もあり彼の信者門弟には武士階級も多かったと言われます。

（第八通　八十五歳）善鸞義絶（後述）。

（第十二通　八十五歳）華厳経の「信心歓喜者与諸如来等」を「信心よろこぶひとはもろもろのにょらいとひとし」と読み、さらに無量寿経の「見敬得大慶則我善親友」と「十方世界　無量諸仏　不悉咨嗟《ふしつししゃ》　称我名者　不取正覚」をも援用します。弥陀の本願を信じる者はすでに弥陀と等しい、つまり如来等同《にょらいとうどう》であると親鸞は言います。

（第十三通　八十六歳）「如来と等しいというのは、煩悩成就の凡夫が仏の心光に照らされて信心歓喜するからである。信心とは智である。この智が他力の光明に摂取されることに、よって得られる智である。仏の光明も智である。だから如来と等しいというのだ」——信心して歓喜することは心の光を出現させること、光明と智慧を介して衆生と弥陀の感応、光明＝智、衆生＝弥陀、と親鸞の論理は展開します。世親曇鸞の世界に近似します。衆生と弥陀の差は因位（潜在的可能性）と果位（現実性）の差だけでしかありません。差は本願とそれに応じる衆生の歓喜智慧により埋められると親鸞は言います。如来等同です。

（第十四通　八十六歳）

「自《じ》」は「おのずから」「行者のはからいではない」、「然《ねん》」は「しからしむ」「如来の誓いにてしからしむ」であり「如来の誓いなるがゆえに、この法のゆえに」だから「法爾《ほうに》」となる、信心も往生もすべて、おのずからそうなるだけ、と親鸞は教えます。ここで「おのずから」とは衆生のみならず弥陀をも含めた「おのずから」です。自然法爾《じねんほうに》の説明です。ここで親鸞は如来という人格的存在を、法という非人格的存在と接合させます。如来と自己との関係を本願と信に還元し、信＝智、とすると、結局両者は等しくなり、両者渾然一体として捉えると、それは自然の流れとしての法になります。第十三通の内容で既に結論が出ています。如来等同にせよ、自然法爾にせよ、親鸞晩年の思想ですが、いずれも長男善鸞の義絶事件以後表面に現れます。親鸞はまず人間の自己を悪・罪として捉え、それをばねとして弥陀への他力信仰を発展させます。晩年になると悪と罪の契機は後退し、光と智慧が前面に出ます。親鸞は善導的な世界から、曇鸞的世界へ回帰します。自然法爾は、光と智慧にくるまれて共在する、弥陀と自己の渾然一体となった姿です。私はここに親鸞の悟りと同時に疲れのようなものも感じます。そしてここから「無上涅槃は無上仏、これは無形、無形なるが故に自然、それが有形になる時阿弥陀仏となる」「阿弥陀仏は自然の様を知らせん料なり」という重大な言葉が出てきます。様は様相・あり方、料は手段です。阿弥陀仏は無上涅槃の境地・あり方を衆生に知らせるために出現した手段です。

(第十七通) 善鸞が勧めた地元有力者の助力に頼っての布教方法を親鸞は否定します。

(第二十三通) 誓願と名号は同等と断言します。理由は書いてありません。

(第二十五通)「朝廷のため国民のために念仏をしましょう。往生することに確たる自信のない人は、まず自分自身の往生を願って念仏しましょう。自分の往生を確信する人は、仏の御恩を自覚し、御恩へのお返しとして念仏し、社会が安全であって仏法が広まることを願いましょう。」この辺から親鸞の眼は外の社会に向き始めるのでしょうか? 如来等同・自然法爾と悟って、自己＝弥陀、と置いた時初めて視界は外に向き得るのでしょうか? この時点近くで親鸞はそれまでの棘のようなものを失うか捨て始めています。妥協とも言えます。それは次の第二十七通にも示されます。

(第二十七通)「念仏を停止しようとする領主達の意図にも理由あってのことです。念仏を妨害する人達を憐れみ不憫に思って、念仏をねんごろにして彼らを助けてあげなさい。」文意がはっきりしない部分もありますが、妨げる人を、極楽往生できるように助けてあげなさい、と読むべきでしょう。同時にこの書簡で親鸞は、諸仏諸神を軽視する造悪無碍の行動を誡め、諸仏諸菩薩の勧めで弥陀の誓願に出会えたのだから御恩を感じなさい、と言います。領主階級への譲歩妥協でもありますが、親鸞の棘が柔らかくなっているようにも思います。同時に彼の諦念も伺われます。

(第三十九通)「信心が本当の人は臨終来迎を期待する必要はない。信心が定まらない人だけが臨終の来迎を期待しなさい。」

(第四十二通)「本願は弥陀の約束であるから本願の名号は善や行の次元を超える。本願の名号は能生の因すなわち父であり、大悲の光明は所生の縁すなわち母である。」解かりにくい文章ですが名号と光明を強調します。実在としてのイメージと理解すべきでしょう。

4

和讃の内容は歎異抄と書簡に尽されています。和讃が讃嘆する対象は、浄土そのもの、浄土三部経の内容、末法意識と称名の利益、竜樹・世親・曇鸞・道綽・善導・源信・法然等浄土七祖と言われる人達であり、聖徳太子であったりします。高僧和讃では曇鸞が三十六首と一番多いことが目立ちます。代表的な和讃を二首挙げます。

自力聖道《じりきしょうどう》の菩提心　心も言葉も及ばれず　常没流転《じょうもつるてん》の凡愚は　いかでか発起せしむべき

真実信心の称名は　弥陀回向《みだえこう》の法なれば　不回向《ふえこう》となづけてぞ　自力の称念きらはるる

5

歎異抄を中心とする親鸞の後期の著作に見られる思想の中核は悪人正機です。親鸞は教行信証で弥陀一向、称名念仏、不回向と法然の思想の展開を確認します。この延長上に親鸞独自の考えとして悪人正機を押し出します。法然の段階ではまだ弥陀と衆生の関係は上下の関係にありました。衆生がいくら弥陀の本願を信じると言っても救済するか否かの決定権は弥陀が握っていました。衆生はただ信じるしかなかったと言えます。親鸞は、善人でも往生できるのだ、悪人ならなおさらそうではないか、という悪人正機の発想で悪人が救済に与《あずか》る権利を第一に置くことにより、弥陀と衆生の関係を相互に対等なものにします。善悪の価値の顚倒を介して弥陀は親鸞個人の方に強く引き寄せられます。悪人正機と併行して彼が説くのは非行非善です。行とか善、仏道修行でもあり俗世での善行でもありますが、この行と善の価値を、少なくとも救済に与るという点において親鸞は否定します。完全に否定します。この徹底した論理は本願ぼこりに対する親鸞の考察に現れます。本願を誇る人もそれを非難する人も、共に自力に頼っていると親鸞は批判します。ならどうすればいいのかという解答はありません。多分親鸞にも答えられないでしょう。同時に彼は内心では「答えられないのが人間というもんだ。そのことくらいわからんのか」とつぶやくでしょう。ここから出てくる結論は誇ること、自ら為したと自覚すること、つまるところ人間の生存における主体性の完全な否定です。ここまで行くから親鸞は凄いのです。悪人正機と非行非善は同義です。主体性を否定することは、自己がこの世で依って立つ媒介物あるいは立脚点としての、一切の制度の否定を意味します。通常主体性というものは真空の中では発揮されえません。この世の中の何かに足場を置かない主体は幻影でしかありません。親鸞は父母への孝養を否定し、教団形成も否定し、臨終往生の特別性も否定し、財の布施の意味も認めません。父母孝養は家制度の従って社会制度の根幹です。教団を形成することにより、宗教は俗権と妥協し容認され認知され利用されます。同時に教団を通じて、宗教は俗世俗権に影響力を発揮し生き残れます。俗権と聖権は相互に補完し合い依存し合っているのですから、後者は社会という制度の不可欠の前提です。臨終往生への期待は、自分の救済への特権意識の発露であり、その儀式的演出です。彼岸の世界の買収でもあります。財産の布施はなおさらです。このような、つまり俗世と個人の繋がりの意味を、親鸞は徹底的に否定します。だから彼は魔も神も罪悪も業報も恐くないと言います。主体性の完全な否定を彼は、無義をもって義とする、と表現します。

悪人正機と非行非善の主題でもって、親鸞は善悪の価値を顚倒させ、弥陀を自己の側に引き寄せ、自己と弥陀を対等なものにしました。結果が如来等同と自然法爾です。彼は救済はすべて弥陀のはからいであり我がはからいではない、と強調し自己を弥陀に完全に委譲します。一切の主体性を否定すると両者の間に媒介物がなくなり、完全な自己委託しか残りません。同時に弥陀と自己は一対一の関係に置かれます。だから親鸞は、弥陀のはからいは親鸞一人のためにあると言い切ります。親鸞はまず自己を卑小なものとし、ついでそれを逆手にとって自己を弥陀と対等な関係に置きます。親鸞の態度は、共産党宣言で、失う物は鉄鎖以外に無い、と言ったマルクスの言葉を想起させます。また女が男を逆に男が女を、彼らが愛を希求するが故に脅す時のせりふにも似ています。親鸞は弥陀の眼前で悪女となりその精神の奥底というよりはらわたを曝け出し、「私ってこうよ。こんな女なのよ。だけど私はあんたが好きなのよ。ならあんた私をどうしてくれるのさ」と開き直ります。喩えて言えばそうなります。喩えて言わなくても私には親鸞は弥陀に恋しているとしか見えません。それは邪恋かも知れません。親鸞は弥陀の女に成ります。

親鸞はこうして弥陀と同等の立場に達し、それを如来等同、自然法爾と称します。弥陀の本願を信じる人は弥陀の親友、とか、信心を喜ぶ人は弥陀と等しい、と言い続けます。この同等あるいは対等となった弥陀と衆生をひっくるめて溶かし込む、いわば溶媒の如きものが光明と智慧です。ここで衆生も弥陀もその個体性を解消して、光明と智慧の海の中に溶融されます。弥陀と衆生は本願と歓喜でもって肯定的に結ばれ、光明と智慧の海の中で一体化します。親鸞が晩年に到達した境地です。

親鸞の意識を占拠する主題は、長い経過の中で悪と罪から、光明と智慧へ推移します。華厳経の世界に近い境地です。親鸞はこの境地に達してから社会体制に対し態度を微妙に軟化させて行きます。書簡第二十五通で、往生に自信のない人はまず自分のために念仏しましょう、自信のある人は御恩返しのために念仏しましょう、と言います。初めて御恩という言葉が出ます。信心の二段階方式は親鸞の弟子への態度に余裕が出てきたということではないでしょうか？　書簡第二十七通で親鸞は、迫害する領主のためにも念仏しましょう、と言います。迫害に対処する方便でもありますが、一面領主階級に対する妥協和解です。如来等同・自然法爾と言い出してから親鸞は外つまり社会に向かいあい、社会と和解できたように思われます。

親鸞が如来等同・自然法爾の境地に到達したことは、必ずしも彼の思想の進歩発展を意味するとは言えません。むしろ後退です。華厳経の世界は絵に描いた餅です。観念世界における理想境の観照想像でしかありません。親鸞がこの境地に至ることにより、悪人正機説が持つあくどいまでに鋭い棘は影を潜め、親鸞の情念は観念の中にいわば揮発し蒸散します。なぜでしょうか？　浄土思想は、道綽と善導により強調された機教時の相関を方法論とし、救済の対象としての現実を追求しました。それをとことん問い詰めた時、親鸞の悪人としての人間という主題が開示されます。悪人である人間は同時に変革の主体です。しかし浄土思想はこの変革の主体を現実に対処させる方法論を自らの内に見出しえません。この方法は衆生が生きるべき共同体としての「国」です。親鸞が最後に自然法爾という華厳的な立場にしか立ちえなかったことは、浄土思想の限界を示します。浄土思想は人間の悪を提示しましたが、対処する方法を開発するには到りません。

歎異抄は名著です。僅々三〇頁足らずの文章に、実に豊富な思想内容が整然と叙述されています。親鸞の主著である教行信証の内容が雑然としているだけに歎異抄は目立ちます。多くの親鸞びいきの人が引っ張り出してくる典拠はたいていこの本です。私もそのひそみに習ってこの本を解説しつつ私の意見を述べましたが、同時に不安のようなものに襲われます。歎異抄には結論しか書いてありません。親鸞が到達した境涯が端的に断定的に書いてあるだけです。そこに至る過程とか論拠は触れられだにされません。宗教とか信仰とかいうものは所詮体験であり境地であり、それを合理的に解説する必要はないと言えばそれまでですが。日蓮も幾多の精神の遍歴をしてそれを叙述します。彼は必ずそこに至る過程と論拠を明示します。親鸞の歎異抄にあっては事態は逆です。ということになりますとこの本に書いてあることは、親鸞の単なる思い付きであり、観念の遊戯ではないのかとも問えます。親鸞はここに書いてある境地を本当に体験したのか、ともいうべき疑問も私の心の中に湧いてきます。歎異抄はいつ書かれたのか、誰が書いたのか、本当に親鸞の真意なのか、未だに判然としないのですから。

第四節　人生の転機

1

親鸞の生涯には不明な点が多く、青年期など全くの空白です。越後から関東へそして京都へ移住する間の事情もよく解かりません。彼の著作等から類推するしかありません。とはいうものの親鸞の生涯にははっきりとした転機があります。他の人に比べてはっきりし過ぎているとも言えます。第四節ではこの転機を中心に彼の思想と生涯の関係を考えてみます。彼の思想には彼の生涯に起こった事件が強く反映しています。転機は八つ。

生　誕　　一一七三年

常行三昧堂の堂僧		?
六角堂での夢告	一二〇一年	二十九歳
法然との出会い	夢告の直後か少し後か?	
越後流罪	一二一四年	三十五歳
三部経の千部読誦の発願とその中止	一二一四年	四十二歳
京都移住	一二三五年	六十三歳
善鸞義絶	一二五六年	八十四歳
親鸞以後		

生　誕

生誕については二つのことに注目します。親鸞は現在では藤原北家の一流、日野氏の出身であることが確認されていますが、一時期このことは疑われました。親鸞の父祖の系図に不自然な点があったからです。彼の祖父は経尹という人です。長い間この人物は系図から外されていました。経尹の行状には問題があったらしく放逸の人と言われ、公家社会で評判が悪く公的資格に不適当と烙印を押されました。公家社会は体面と評判を非常に気にします。競争が激しく、さほどの名門でもない日野氏の子孫はいよいよ日の当たらない地位に置かれます。親鸞の父親の有範は皇太后宮大進という閑職で一生を終えました。親鸞は自分の家をハンデイを背負った家と自覚せざるを得なかったでしょう。有範の弟宗業は以仁王の学問の師匠でした。以仁王は平家追討の令旨を全国に発して治承寿永の内乱のきっかけを作った人です。事ならず以仁王は敗死します。そのために宮の縁者係累は長く宮廷社会から疎外されます。親鸞の叔父も同様の憂目に会い、影響は親鸞の父親にも及びました。以仁王の挙兵は一一八〇年、親鸞七歳の時です。彼は九歳で延暦寺に入ります。祖父と叔父にまつわる二つの事件は、親鸞に自己の属する社会の日陰者という意識、を育てたものと想像されます。宮廷社会はねちっこくてしつこい。体面を過度に気にし、マイナスの風評は当人にとりいつまでも外傷として残ります。かといって欝屈した心情を外には出せません。だからすぐ祟りだ怨霊だ呪詛だとなります。武家のように一刀両断にばっさりやってしまうことはできません。

法然と親鸞を比較すると、師弟とはいいながら性格は著しく異なります。法然は一度悟り結論を出すと、後はためらうことなくそれを外に外に発散して行きます。選択本願念仏集の論旨も直線的です。末法世界の凡夫である我々には称名念仏しかない、善導はそう言っている、私はそれを信じるだけ、と言い切ります。以後の彼の人生にもためらいはありません。ですから法然の人生自身が平家物語の素材にまでなります。彼はピープルスヒーローたりえます。親鸞の場合視線は常に内向きで悩んでばかりです。性愛に悩み、女に悩み、信心に悩み、浄土の信仰に入っても疑義を抱き続け、子供に悩み云々です。悩むが怒りは外に出ません。だから親鸞の人生は外から見る限り幻のようなもので、彼の歴史上の実在さえ疑われました。教行信証の膨大な典拠の収集、それを生涯に渡って続けたこと、さらに内容の雑然たること等は、親鸞の迷いと悩みそして執拗さを顕していないでしょうか？　法然の選択本願念仏集とは大違いです。このことは親鸞の生い立ちと関係するのでしょうか？

常行三昧堂の堂僧

常行三昧は、誦唱と運動と照明の効果を利用して、集団催眠を惹起し、念仏へ精神を集中させる作業です。作業は身体像の変化を介して精神の集中をもたらすヨガの変形です。ヨガを中核として成り立つ六波羅蜜の変法です。常行三昧をお山の念仏と言います。ここから念仏踊りや盆踊りが出現します。結構以上にエロティックです。法然や親鸞が処罰されるきっかけとなった一つは遵西の六時礼讃ですが、宮廷社会の女房相手にこんなことをしているうちに、この行に本来内包されていた性愛的要素が強くなったのでしょう。

親鸞が常行三昧堂の堂僧であったことは多くのことを推測させます。彼が延暦寺のエリートではなかったこと、そして、あまり勉強しなかったこと等。彼が後年布教の手段とした和讃はこの作業の延長にあります。和讃は当時の歌謡曲とも言える今様の節を用います。親鸞はこの世界に詳しかったとしか思われません。今様と言えば梁塵秘抄《りょうじんひしょう》ですがエロティックなものが非常に多いのです。今様のプロの歌い手は遊女です。「仏は常にいませども、うつつならぬぞ哀れなる、人の音せぬ暁に、秘かに夢に見えたまう」は代表的な歌詞です。この歌謡は如来との出会いを男女の交歓に喩えています。この世界に詳しかったとすれば親鸞の意識の中にはもっと俗な意味で、エロティシズムへの憧憬と羨望が強かったと想像されます。彼は常行三昧の専門家・タレント、いわば芸人として多くの家それも貴族の家に出入りしていたでしょう。親鸞が性的に刺激されることは日常茶飯事であったことになります。肉食妻帯をする煩悩具足の凡夫云々が、親鸞の性への理論面での対応であるなら、和讃の実演は、彼の性的願望の代償的行為であったかも知れません。エロティシズムの高揚は浄土教には常についてまわります。代表が一遍の念仏踊です。法然や親鸞の後継者の中にも問題を起こした例は沢山あります。

親鸞は比叡山延暦寺で修行しました。彼は天台本覚思想にも接したと思います。この思想には現実を即涅槃の境地として、現実を理想化神秘化します。世俗的願望の最たるものである性衝動などは真先に洗礼を受けます。私が言いたいことは親鸞の自覚の中では、性衝動にどう対処するかという問題は極めて大きかったということです。単に大きかっただけではなく、親鸞はそれを自覚の中で半ばは肯定していたように思います。言ってみれば思春期の少年です。彼らは性の問題に悩み迷いつつも、根底ではそれを肯定していますから。だから親鸞が常行三昧を専門にしていたことは、彼が僧侶として落ちこぼれ意識を持ち勉学に身が入らず、性感情の昂ぶりに曝され続けていたことを示唆します。

六角堂の夢告

親鸞二十九歳の時、自己の人生と修行に行き詰り思い悩んで、京都市中の六角堂に一〇〇日参籠して夢のお告げを受け、法然のもとに赴いたと伝えられます。六角堂には聖徳太子の像が安置されています。聖徳太子死後六〇〇年経た当時太子信仰は盛んでした。以下赤松俊秀氏に従って記述しますと、太子と彼の母と妻は観音菩薩・阿弥陀如来・勢至菩薩であること、この三者は本来一体であること、日本での縁が尽きたので本国に帰ること、しかし末世の衆生を救うために肉親の身を磯長に留め置くこと、そこに参詣するものは悪道から離れて必ず往生することが信じられていました。磯長は聖徳太子の墓所の地です。無量寿経では観音菩薩と勢至菩薩は阿弥陀如来の脇仏です。こういう内容の夢告を親鸞は見たらしいと言われています。弥陀との出会いと浄土信仰による救済の約束を、夢で保証して頂いたことになります。もう一つの夢告は親鸞夢記という本に記載されている内容です。こちらの方は今迄あまり相手にされていなかったようですが、最近では有力になっています。

六角堂の救世観音が顔形端然として美しい聖僧の姿で現れます。白い袈裟を着て大きな白蓮華に端座し、親鸞に向かって「行者宿法設女犯　我成玉女身被犯　一生之間能荘厳　臨終引導生極楽」と告げます。口語訳すると、「修行者が前世の宿縁により女犯の罪を犯さざるを得ないのなら、私、救世観音が美女となって犯されてあげましょう。そして一生の間修行者の身を荘厳なものにして、臨終に際しては必ず極楽へ往生できるようにしてあげましょう」となります。

こういう夢を親鸞は見たようです。夢は親鸞の中の性感情の存在と容認を表現します。聖徳太子による浄土往生の約束にせよ、救世観音による性衝動の受容にせよ、このような夢のお告げをもって親鸞は信仰上の転機を迎えます。夢は深層意識の産物、常日頃心のどこかで漠然と予感していることの表現です。

法然との出会い

六角堂での夢告後暫くして、親鸞は法然の門下になります。以後彼は勉学に励みます。教行信証の土台ができたのはこの頃でしょう。法然から選択本願念仏集の書写と、法然の真影を図画することも許されます。法然の高弟として認められました。本の書写を許可されたのは親鸞以外では五名のみとか伝えられます。一二〇四年、比叡山の僧侶が念仏停止の訴えを起こし、それに答えて法然一門が、今後誤解を招くような振舞いはいたしません、という起請文、七ヶ条の起請文を書いた時、親鸞も署名します。この頃親鸞は綽空と名乗っています。法然門下になる以前は善信と言い、越後流罪の少し前彼は再び改名し、今日歴史に伝わる名、親鸞を名乗ります。この前後彼は結婚します。後に恵信尼の名で親鸞に終生付き添う十歳下の女性です。

当時の僧の大部分は犯僧、すなわち女犯の戒律を犯した僧侶でした。僧侶の性交渉などはありふれたことです。公然と妻帯する僧も多かったのです。形だけ僧侶になって受戒を受ける手合いも沢山います。健康上の理由とか、家事政務の煩雑を逃れて実権を掌握するためとか、いろいろな動機があります。代表は後白河法皇や平清盛です。だから剃髪即戒律厳守などということはありません。私が諸家の意見を参考にして確実に清僧と言える人物は法然と慈円、それに法然の論敵となる妙恵くらいです。親鸞が妻帯したからといって特別そのことが瞠目すべき斬新なことでもなかったのです。親鸞の偉大さ・新しさは、僧侶が肉食妻帯せざるをえないことを突き詰めて、そこから新たな人間観を樹立した点にあります。

法然と親鸞の関係は見方によってはなかなか複雑です。二人は性格が違います。法然は男性的で、親鸞は女性的です。親鸞は、師匠の法然によって騙されて地獄に墜ちることになっても構わない、私は師匠を信じる、とまで言い切りました。しかし教行信証の中での選択本願念仏集からの引用は非常に少ない。本の末尾には法然への謝辞が記載されてはいますが。なによりも私が不審に思うことは、親鸞が法然の不回向論を参考にしていないことです。不回向論、すなわち信仰における菩提心・主体性の否定は、親鸞の悪人正機説に極めて近いところにあります。善導は称名念仏の救済方法としての唯一性は言いましたが、不回向とまでは言いません。法然の不回向論に日本浄土思想の原点があります。だが親鸞はこの不回向論を無視します。そして一気に善導へさらに曇鸞へ遡ります。なにか理屈を求めているような感じがします。こう考えると親鸞の法然への帰依は多分に情的なもので、知的にはむしろ漢土の思想家に傾倒していたのではないでしょうか？　私は、親鸞は法然にカリスマ、父親像を求めたように思います。親鸞は自分が生れた家に社会的疎外感、落ちこぼれ・犯罪者とでも言うべき印象を持たざるをえず、加えて父親はうだつの上がらないままその生涯を終えます。本来父親やその他の家の関係者によって与えられるべきアイデンティティは親鸞には希薄であったと推測されます。法然は親鸞のこの空白を埋める存在でした。六角堂での夢告の後に親鸞は法然を訪れて弟子になりますが、それも自己の性感情を法然というカリスマによって承認して欲しかったからでもあるのでしょう。親鸞にとっては法然との出会いと性の葛藤の解決は相互に関連します。

しかしやはり親鸞は親鸞です。法然との師弟関係は二十九歳から流罪による離別までの六年間です。二人にとってはこれくらいの期間が一番適当だったでしょう。それ以上関係が続くと喧嘩になりかねません。親鸞という人は結構ねちっこくてしつこいようです。密かに心の中に叛逆の刃を研ぎかねないところがあります。また親鸞は法然との関係に示されるように、人を求める衝動が非常に強いのです。彼が執拗なまでに妻帯にこだわり、それへの解決を彼の人間観・救済論の主軸にするというのも、社会的存在として容認された女性、つまり妻を得たかったからです。単に愛人情婦もしくは性的欲求処理の対象の類では困るのです。ただ性欲が処理されるだけでは親鸞の人あるいは人間への欲求は充たされません。あくまで社会的に認知された人を得て、初めて親鸞自身も認知されます。親鸞の心に内在する人への衝迫を理解しないと、親鸞の思想は理解できません。法然により妻帯を承認されることで、親鸞は人を得、同時に人に成ります。

越後流罪

承元元年（一二〇七）、朝廷から念仏停止の命令が下り、法然門下の遵西他二名が死罪、法然親鸞他四名が流罪になります。法然は土佐へ親鸞は越後に流されます。以前から延暦寺や興福寺は法然門下の行為を強く非難していました。この種の告発文で一番有名なのが、法相宗の貞慶《じょうけい》起草による興福寺奏状です。それによると法然門下の行状で非難されるべき点は、他宗派の非難排撃、弥陀のみを拝して仏教の創始者である釈迦を軽視する、称名念仏以外の修行法は有害無意味と言いまわる、念仏を称えれば即往生し如来になったとして社会的規範を無視した行動をとる、等々です。非難は当たっています。法然自身が、聖道門《しょうどうもん》などをするやからは群賊、聖道門を励んでも往生できる可能性は千の内一か二くらいのもの、とか過激なことを言っています。それに後鳥羽院での例の密通事件が絡んで上皇の怒りに触れ処断が下ります。

親鸞が四名の流罪の中に入れらたのはなぜでしょうか？　一つは彼が公然と妻帯をしていたからだと言われます。しかしこれだけで流罪というのは納得できません。妻帯女犯は当時の宗教界ではありふれた事実でした。それよりも流罪となった法然・行空・幸西そして親鸞の四名はすべて一念義の主唱者です。親鸞は後年一念多念義の論争を避けますが、これは誤解を恐れまた不毛な空理空論に立ち入らないための韜晦であって、彼の真意は一念義にあります。でないと悪人正機などという考えが出てくるはずがありません。一念義、つまりどんな罪悪深重の者でも救われるほど称名は絶対という前提を踏まえ、罪悪深重と称名成仏の主語と述語を入替えた時、悪人正機説が誕生するのですから。法然も不回向と断言しますからその点では同罪です。こう見てくると処罰の標的になったのは遵西のようなスキャンダルがらみの者か、一念義の主唱者かということになります。一念義が信仰の本質に深く絡む半面、いかに体制にとって危険なものであるかについては既に述べました。親鸞はこの一念義の仲間でした。当局に眼を付けられても仕方がありません。加えて彼は公然たる妻帯者です。事の発端が遵西のスキャンダルにあります。ですから親鸞はスキャンダルの日常的実行者ともみなされたわけです。一念義はその論旨からして容易に造悪無碍、社会的規範の無視破壊に至ります。それにスキャンダルが結びついたら落花狼藉酒池肉林の極み、おしまいです。親鸞には気の毒ですが当局にも理はあります。

一念義はいわば如来との合一体験・合一願望です。この確信を抱ける人のみが一念義を主張できます。親鸞は人への渇望が強いと言いました。それが如来への渇望・弥陀一向となり、一念義、悪人正機、如来等同と発展します。また人への渇望は女人への渇望になります。如来と女人、対象が違うようですが内実は似ています。親鸞は彼がそれ迄の生涯をかけて求めていたもの、すなわち人との出会い、それによる自己のアイデンティティを承元の弾圧で奪われます。以後の親鸞の人生は奪われ失ったものを彼の想念と思想の中でいかに回復して行くかにあります。彼は処罰され僧籍を失います。正式の僧侶でなくなります。もっとも当時の社会にはこんな連中はゴマンといました。親鸞は以後僧でもなく俗でもない自分のあり方を、愚禿《ぐとく》親鸞と表現します。禿とははげという意味です。「愚かな」とその前に付けます。良い趣味ではありません。「はげ」は制度により与えられた傷痕です。それをわざわざ見せつけます。傷痕を見せて、自己の弱点を顕示して自己を主張します。なにかやくざが刺青を見せびらかすような感じがします。俺はむしょ帰りなんだぞ、と言っているようなものです。従って親鸞の愚禿は過去の傷への執着であり同時に復讐です。私が親鸞の執拗さ云々というのはこの点にもあります。人への渇望、性的衝動等を含めて親鸞が自己の拠り所あるいは核心として築いてきたものが、承元の弾圧で失われます。彼ははるか以前、まだ叡山に入る以前に蒙った喪失体験を反復します。彼が彼であるためにはこの再度の喪失を回復しなければなりません。それを彼は自己の中の悪徳と衝動を突き詰める形で行います。愚禿という言葉に示されるおろかさ・みじめさ・かっこわるさ・なさけなさ・はずかしさを掘り下げ、人間とは所詮そういうものだと割り切った時、今迄彼を疎外してきた制度の意味は消滅します。その時親鸞にとって弥陀は自己と等しいものになります。親鸞は弥陀を自己の方に引き寄せ弥陀と一体になります。傷は癒され親鸞は失ったものを回復します。同時に復讐も達成されます。まっこと親鸞にとっては、地獄は一定住処《すみか》ぞかしです。もっとも彼はこの地獄を結構楽しんでいるようにも私には見えるのですが。

他力の念仏者へ

親鸞は四年後赦免されます。暫く越後に滞在していましたが、やがて関東に移住し常陸国稲田に落ちつきます。その間上野国佐貫《さぬき》で親鸞はある体験をします。彼は衆生救済のために無量寿経千部を読誦しようと発願します。しかし四、五日で中止します。なぜなら経典読誦はまだ自力に頼ろうとしているからであり、真実弥陀の他力を信じていないからだと反省します。こうして親鸞は他力の念仏者になりますが、なかなかそうも徹しきれません。佐貫での体験が彼四十二歳の時、そして十七年後の五十九歳、もう一つの転機を迎えます。彼は風邪かなにかで臥せっていました。微熱の中で彼は無量寿経の文字が一字残らずきらきら輝くのを見ます。瞬間彼は、いったい私は何をしているのだろう、と思います。確かに私は以前浄土三部経を千回読もうと誓いを立てた。しかし、その誓いは所詮私個人の自力に頼ることではないのか、このような行為はひたすら弥陀に助けてもらおうという他力の心に反するのではないのか、なら経典の読誦は止めようと思った。しかし今熱にうなされている中で経文の文字がはっきりと見える。まだまだ弥陀の他力を信じきれていないのだなあ。他人には他力他力と説きながら、自力への執着はなおしぶとく残っているこ とよ、と思います。二つの出来事から親鸞は関東在住中他力の信仰に徹しようと必死になって努力していた様子が伺われます。裏を返せば他力信仰にまだ徹しきれていません。私は別の論拠から同様の結論に達します。教行信証の内容、特に膨大な引用への依拠、それを終生といっていいほど続けること、不統一な内容等から推して、親鸞の迷いはこの時期に至ってもなお吹っ切れていなかったと推察します。他力信仰とは大いなる逆説です。簡単そうに見えて、決して簡単であるはずがありません。迷う親鸞こそ正しくて親鸞らしいのです。人生五十歳台は一つの危機です。それまでの思想価値観の総決算をしなければならない時です。日蓮も五十歳で佐渡へ流され転機を迎えます。日蓮も人、親鸞も人であります。

都への帰還

親鸞は約二十年間関東で布教活動を行います。信徒の数は十万名を超えたと推測されます。しかし親鸞は六十歳前後のある時関東を去って京都に帰ります。一二三五年、親鸞六十三歳の時としておきます。この年鎌倉幕府は初めて積極的に念仏停止の命令を出しました。念仏の禁令弾圧は京都ではもっと早くから出されています。最初が親鸞達が流罪になった承元の弾圧です。これが一二〇七年。以後も叡山や奈良の寺院による妨害はしょっちゅうです。次に大きい弾圧が一二二四年に起こったもので、親鸞の兄弟弟子である隆寛他三名が流罪になります。幕府は初めは朝廷に協力するくらいの姿勢でしたが、一二三五年には幕府自ら積極的に禁令を出します。幕府が強硬な姿勢に転じたのは、前年にある上級貴族が遊女を集めて声明念仏を行ったのがきっかけとも言われます。朝廷や幕府が念仏を禁止する最大の理由は風紀紊乱です。本願ぼこり・造悪無碍《ぞうあくむげ》のような行動がともすれば出現します。酒宴の席で男女相乱れての乱痴気騒ぎ、まじめに戒律を護り修行に励む者を非難する等の行為です。こういう行状は浄土信仰ではどうしても出現します。いわばこの信仰の生理です。親鸞はこの種の邪義と闘わねばなりません。しかし親鸞自身本願ぼこりを全面的に否定する論拠を持ちません。法然にせよ彼にせよ信仰への主体性を否定し、信仰と無信仰とのぎりぎりの境界を歩んでいるのですから。

もう一つ親鸞を腐らせ困らせる問題があります。布教が広まり信者が増加すると、おのずから親鸞と弟子達の中間に、道場主と言われる介在者が出現します。彼らは親鸞の教えを平信徒に取り次ぎます。同時に彼らの行為が職業化します。営利が先行し、信徒の奪い合いが始まります。親鸞の思想は、弟子は持たない、弥陀の前では皆平等、です。教団制度は否定されます。親鸞と道場主達の利害は対立します。道場主とすれば彼らの立場も認めて、彼らに権威の一部を分けて欲しいのです。この態度を知識帰命《ちしききみょう》と言います。知識帰命は、信心の先輩である知識の指導命令への服従です。浄土真宗では一応邪義とされます。道場主の立場を認めれば、営利職業としての宗教組織を容認するのですから、この世の制度とそれに依拠する善行を認めなければなりません。それは親鸞の思想信条に反します。かくのごとく親鸞の信仰は至って理想的空想的で超越的です。既にお解かりと思いますが、親鸞がてこずった二つの邪義異端、造悪無碍と知識帰命は相対立する関係にあります。造悪無碍がいやなら、モラルの番兵としての知識つまり道場主に権限を一部委譲すれば宜しい。逆に道場主の力を抑えて教団階層制の進展を阻止するためには、平信徒の存在を重視し彼らの単純素朴な信仰心を煽ればよいのです。このジレンマは宗教に必然のもので、それをうまく解決できた例は史上ありません。親鸞も同様です。彼はこの難題を当地に任せて京都へ帰ります。彼は逃走します。しかし彼の対応は正解であったと私は思います。するべき事をして後は成り行きに任せる。横着と言おうか、気楽というべきか、無責任というべきか、楽観的なのか、やむをえないのかなんとでも言えます。しかし正解です。親鸞は多分弥陀の力につまり成り行きに任せてしまったのでしょう。この点だけでも親鸞は天才の名に値します。

善鸞の義絶

慈信坊善鸞は親鸞の長男です。親鸞八十四歳の時、善鸞を義絶するはめになります。善鸞は恵信尼とは義理の関係であると思われてきましたが、最近の研究では実際の母子のようです。なぜ善鸞が義絶の憂目にあったのか詳しいことは解かりません。私の理解によれば善鸞は布教活動の犠牲者のように思われます。次のことだけは確実です。

善鸞は父親の命を受けて関東に下向し、そこで再び盛んになりつつあった本願ぼこり・造悪無碍の異端に対処しようとした。

活動の結果善鸞は当地の道場主達と対立関係に陥った。

善鸞は窮したためか幕府当局の力に頼ろうとしたり、また父親から特別の秘伝の教義を授かったと、弟子達に触れ回った。

親鸞は特にこの秘伝云々でもって、善鸞に不信感を持った。

道場主と善鸞の対立において親鸞は前者を取った。

発端は親鸞も対処に苦しんだ造悪無碍の異端です。一二五一年頃からこの活動は再び盛んになり、幕府の神経を刺激します。道場主は、この種の活動に対処するためにも、自分達に親鸞の権威の一部を委譲してくれと、暗に要求します。造悪無碍の異端は親鸞の教団における矛盾を一気に顕在化しかねません。この状況下に善鸞は投げ込まれます。道場主と異端は対立しつつまた繋がっているかも知れない。事態を解決するために善鸞は自分を超えた力に頼るほかないでしょう。その力は善鸞にとっては教団のカリスマである父親鸞か、そうでなければ公権力である幕府です。親鸞が遠く京都で見ていて事態が解からない以上に、善鸞は火中に栗を拾うような事態のまん中できりきり舞いさせられました。紛争というものは当事者の思惑とは別に進行し、当事者自身を想像だにできなかったところへ連れて行きます。親鸞自身解決できずに投げ出した問題に、長男である善鸞をぶっつけること自体がおかしいのです。そしてどうにもならなくなった時親鸞は息子を犠牲にします。彼は道場主・教団と教義を護りました。高齢の親鸞には東下りするだけの体力はなかったと思います。だから親鸞が意図してそうしたとは思えません。しかし結果としては息子を犠牲にして、自分と教団は生き残ります。事態が紛糾した時自分に次ぐ立場のものに対処させ、結果が悪ければ「あいつのせいだ」としてその人物をスケープゴートに仕立て上げ、自分と組織を護るのは権力者がよく使う手段です。これが権力の摂理です。親鸞はこの摂理を知っていてそうしたのかそうでなかったのか、と私は考えます。六十三歳の時彼は実に鮮やかに事態から離脱しています。こういう冷たいところもこの人物にはあります。善鸞の義絶という事件に対して、親鸞に同情するかそれとも彼を酷薄と思うかは、読者の自由です。私の意見は親鸞に冷たすぎるかも知れませんが、こういう点をも含めて私は彼を天才と思います。弥陀の願力に任せきり、自然法爾に徹する故でしょうか？　こういうところにも信仰と世俗的行為との鮮やかな逆説的関係を私は看取します。ぎりぎりまで頑張って土壇場で転身することは、政治行為における最高の処方です。換言すれば信仰とはある意味で最高の政治行為であるようにも思われます。親鸞がこのことを心得ていたかどうかは解かりません。この種の転身の例は史上数多あります。その中で一番鮮やかで著明な事件の一つが、親鸞十代の子孫である本願寺門主蓮如です。蓮如は越前吉崎で布教します。成果は大きく門徒の数は著増します。彼ら門徒が勢いを頼んで一揆を起こそうとした時、蓮如は必死に企てを止めます。どうしても阻止できないと知って、彼は突然布教の地吉崎を捨てます。鮮やかすぎるほどの転身です。しかしそれで吉崎の門徒が特にひどい目にあったということも聞きませんし、畿内で布教を続ける蓮如の教勢はますます盛んになりました。親鸞の行動と蓮如のそれは驚くほど似ています。血の故でしょうか？　いずれにせよ親鸞を始祖とする本願寺教団が、日本の歴史上最も政治的に訓練された宗教団体であることに間違いはありません。

善鸞義絶事件以後親鸞の態度はどこか軟化します。領主のために念仏せよとか、朝廷のために祈れとか、神仏を無視するなとか、等の言葉が手紙にはっきりと出てくるのは、善鸞義絶を宣言した書簡第八通以後です。同様に如来等同・自然法爾と言い出します。善鸞の義絶は親鸞が初めて外に出した攻撃感情ではないでしょうか？　単に一善鸞に対してではなく、その背後にあって親鸞をそれまで苦しめ悩ましてきた、諸々のものに対する怒りの感情がここで始めて爆発したのではないでしょうか？　親鸞はそれまでひたすら弥陀の本願を信じて自分というものを抑えてきました。あるいは親鸞の分身である善鸞を義絶することにより自己の内なる悪を抉摘したのかも知れません。言ってみれば自らに代わる人身御供です。事件の後親鸞は如来と等しい立場にいる自分を自覚するようになります。私は善鸞義絶事件を考えるたびに旧約聖書の逸話を思い出します。アブラハムが、唯一の子供であるイサクを、神の犠牲に差し出すよう神に命じられ、逡巡しつつもやむなくその命令に従おうとするくだりです。この逸話がさらに発展して壮大なドラマとなったのがキリストの贖罪死です。また古代教会最大の教父であり、カトリシズムを理論的に基礎づけた、アウグスティヌスの人生もよく似た主題で貫かれています。彼アウグスティヌスは若い時相当な放蕩者でした。ある女性を愛し男児を設けます。彼が母親の勧めにより、回心してキリスト教徒になり、さらに聖職者の道を歩み始める時、アウグスティヌスは、やはり母親の意向に従い、愛人と我が子を捨てます。信仰と虚無放逸とは深層で絡み合っているものなのでしょうか？

親鸞以後

親鸞の死後も跡目相続のごたごたが続きます。親鸞の後継者の地位は、娘の覚信尼と日野広綱との間にできた覚恵、そしてその子覚如《かくにょ》へと引き継がれます。親鸞は寺一つ残さずに死にました。彼を追慕する者達が彼の遺骨を祀る廟堂を作ります。親鸞の子孫はこの廟堂の留守居役になります。ところで覚信尼は夫広綱の死後再婚し、唯善という子供を産みます。唯善と覚如との間で留守居役をめぐって争いが持ち上がります。紛争に勝つために覚如は門徒の力を借りために、以後彼は門徒に頭が上がらなくなります。留守居役はあくまで親鸞の血統を受け継ぐ者に限られますが、その範囲内で誰を後継者にするかは、門徒の代表つまり道場主達の合議で決められることになりました。以後の本願寺門主の努力は親鸞の子孫の指導力を門徒達から取り返すことに注がれます。企てが成功するのは蓮如の代になってからです。覚如は長男である存如《そんにょ》と対立し存如を義絶します。両者の対立の原因は留守居役の地位と教説に関しての意見の相違にあります。覚如は門徒に奪われた地位を取り戻そうと必死になります。現在本願寺と言われている寺院のあり方は彼により作られました。門徒を統制するための制度として作られました。その結果全国の道場主からそうすかんを食らい、本願寺は長い逼塞の時期を送ります。本願寺中興の祖である蓮如《れんにょ》にしても、異母弟との争いの果てに門主の地位を手に入れます。時代が下って江戸時代初期に本願寺は東西に分裂しますが、これも門主父子の争いが原因です。本願寺の相続には紛争が多いのです。通常の政治の世界ではありふれたことです。どういうわけか本願寺は血統による相続を旨とするので、大名や将軍の家のような跡目相続に絡む事件が目につきます。なぜ本願寺だけ血統相続になるのでしょうか？　日本の他の宗派で血統による相続をしている所はありません。しかし真宗では親鸞の教義故に僧は妻帯してもよいことになっています。しかしそれでも別に親鸞の子孫でなくてもいいじゃないかと思いますが。ここで親鸞の教義がまた関与してきます。親鸞は教団形成を拒否しました。弥陀と信徒の間に一切の媒介物を許しません。弥陀の本願と信徒の歓喜以外のものは必要ないのです。換言すれば信仰において主体性は不要です。これが悪人正機の教えです。この観点から見た時いかなる人も、つまりいかに優秀な弟子であろうと、他人を指導するなどとんでもないことになります。だから信徒と弥陀の中間に位置すべき、寺院や伽藍の意義は認められません。しかしなんらかの意味では信徒の集団を維持しなければなりません。そうなると結果として始祖である親鸞の遺骨や直筆等彼の肉体を想起させる物、従って血統を継ぐ子孫等が集団維持の最も真正で強力な手段になります。釈迦を想起させるための仏舎利、キリスト教の聖遺物崇拝のようなものです。むしろ活き神様である子孫が頑張っている方がより露骨です。悪人正機の矛盾逆説でしょう。精緻にして崇高な論理の展開の果ての平凡な結論です。なら本願寺なんていらないじゃないかと言えばそうも言えない。親鸞の血統を自負する本願寺の教説の方が他の系譜よりずっと親鸞の教えに忠実らしいのです。本願寺以外に浄土真宗の宗派はたくさんあります。高田専修寺派とか仏光寺派等です。これらの宗派は蓮如以前には本願寺以上に栄えましたが、彼らが布教するためにはどうしても知識帰命、信徒と弥陀の仲介者である道場主坊主の権威の容認を必要とします。そのために親鸞の教えから逸脱する方法をいろいろ考案することになります。

覚如以後本願寺は細々と命脈を保ちます。親鸞の血統を引くという正統意識を保持しつつも、実勢力と生活は貧弱なものでした。比べて本願寺以外の教派はめざましく教線を拡張します。彼ら諸派が知識帰命にのっとり、道場主坊主即親鸞弥陀の代理、つまり活き神様として信者達に極楽往生を保証するという戦術を取ったからです。本願寺が当時どの程度親鸞の教説に忠実であったのか私には解かりませんが、少なくとも諸派よりは親鸞本来の教えに近かったようです。しかし親鸞に近くなるほど教えは一般受けしません。親鸞が最終的に言えたことは、あなたは浄土に往生できるということであり、あなたの居るところは既に浄土だということであり、またあなたは弥陀だということだけです。しかしこれらの言説はあくまで親鸞が体得した彼自身の体験であって、みだりに信者に言えることではありません。彼自身の境地を他者が感情移入して悟るしかないのです。自然法爾とか如来等同という境地はそういうものです。親鸞だけが如来なのではなくてみんな同じ如来なのです。なら各自自分で体験するほかないではないかということになります。同等だから親鸞が積極的に教示できないのです。親鸞と接して共感しえた者のみが親鸞を師匠とすることができます。こんなことはなかなかできません。まして教線が拡大し信者の数が増えると益々不可能になります。それより信心の指導者である知識達が積極的に自己をカリスマとして演出し、極楽往生を保証し、お布施をたっぷり持って来させて信者の功名心と自己満足を煽り、適当にランクづけしてやり、豪華な設備の中で儀式を施行して、暗示効果を高める方がはるかに効果的です。信者さんは何かに服従し繋がれ乗せられたいという欲求を持っています。真宗諸派がやったことはこういうことです。

覚如から約一〇〇年後、蓮如が現われます。彼が長い部屋住み生活の末、第八代の本願寺門主の地位に就いたのは既に五十歳になろうとする時でした。彼は親鸞の文献を徹底的に研究し、親鸞の思想の核心である「弥陀の前では人間はすべて平等」という主題を強調して、真宗諸派の寺院の信者達を煽ります。本願寺の教線は爆発的に拡大します。真宗諸派のみならず、当時相当な勢いを持っていた時宗の信者達も、本願寺の教えに帰属するようになります。蓮如は苦労人です。また彼は生涯で四人の妻を持ち十二男十一女を産ませて、七十歳を超えてなお子供を作ったというほどの精力家です。天性の政治家でもあります。だから教線拡大の戦術は巧妙で強烈だったのでしょうが、なによりも時代の動向が蓮如の説法に適していました。当時十五世紀中葉以後は、荘園制が最終的に崩壊し、その古代的秩序の中に束縛されていた農民が脱却し自立しようとする運動の真最中でした。後世江戸時代に本百姓と呼ばれる自作農が出現してくる過程にあります。結局社会は本百姓とそれを掌握支配する武家領主へと二極分解します。蓮如の教えは自作農を目指す農民の心情にぴったり適合します。個々人が体制の束縛を打ち破ろうとする時、階層性を強調する教団より同信者の平等を説く信仰の方が好まれるのは当然です。こうして浄土教系の信者達は続々本願寺に帰属します。だけではない。彼らは単に信仰上の欲求のみで本願寺門徒になったのではありません。信仰に支えられて日々の生活を向上させるために新たな信仰に入ったのです。信仰により鼓舞され自覚された彼らの勢いは、自己主張は、不満と反発は領主階級に向けられます。十五世紀末の加賀国一揆を始めとし十六世紀の後半にかけて、一向一揆が暴れ出します。最大のものが石山本願寺と織田信長の十年にわたる戦争です。引き分けに終わります。独裁者信長にしても本願寺門徒の戦闘精神には一目置きました。

第五節　親鸞の思想

1

親鸞の思想を色々な角度から考察して来ました。最終節でそれを浄土教の発展史に遡りつつ総括します。章の冒頭で親鸞の教えを、弥陀一向・称名念仏・不回向・悪人正機・如来等同・自然法爾の六項目に要約しました。少なくとも竜樹や世親の段階では弥陀一向という考えは出てきません。彼ら二人の貢献は、こういう便利な方法もあると言って、浄土の観想の方法を教えてくれたくらいのところです。弥陀一向・阿弥陀様だけが救ってくださる、という発想は曇鸞から始まります。曇鸞《どんらん》も徹しきれません。彼は浄土と阿弥陀如来の素晴らしさを褒め讃え、この素晴らしい世界を観想し直接参入する方法を模索します。しかし讃嘆するだけでは「それだけ」という論理は出ません。浄土観想の方法と弥陀一向の不徹底さは相応します。

曇鸞が浄土の素晴らしさをつまり浄土意識の光の部分を強調したのに対し、逆に衆生の愚かさ・ダメさを強調したのが、道綽《どうしゃく》と善導です。彼らは浄土教の闇の部分を引っ張り出します。末法という時代意識を語り、その時代に生きる善根薄少にして、罪悪深重なる、煩悩具足の凡夫の、機根資質を強調します。こんな時代のこんな連中には弥陀の本願を頼む他ないのだと言います。この教機時なる考え方を導入したのが道綽であり、それを観無量寿経のアジャセとイダイケの物語でより鮮明に描出したのが善導です。善導でもって弥陀一向という考え方は確立します。同時に往生の手段としての称名念仏の意義も確定されます。弥陀しかない、弥陀の本願を頼むしかない、とここまで衆生の能力を貶価してしまえば、考えられる中で一番簡便な方法は弥陀の名を称えること、称名しかありません。善導の説く衆生はいわば開き直って浄土への参入を強要します。しかし善導の理論と彼の実際の行動は違います。善導は称名を唯一の方法として絶対的に推挙しつつ、一方では雑行的な演出も行います。

2

わが国の浄土信仰の推進者として代表的な人物は源信と法然です。彼らはそれぞれの時代に生き、その時代にあった念仏の方法を考案しました。平安時代中期に生きた源信は、当時の美的雰囲気に相応した観仏の方法を考案し勧めます。平安末期から鎌倉初期に生きた法然は、時代のエトスである信と断を、自らの思想に取り入れます。彼は善導に依りつつ、善導の実践における曖昧さを払拭し、妥協なく称名念仏のみを取り上げます。善導にあっては称名以外の修行法は価値ゼロでしかありませんでしたが、法然ではむしろマイナスになります。法然は、余行は群賊、と断言します。さらに法然は本願の意義を強調して、同時に不回向つまり救済のための主体性は不要、と言い切ります。善導そして法然と見て参りますと、弥陀の絶対化と衆生の資質の劣悪視が併行します。ところで、人間はダメだから救済には手が届かないというのが俗世の論理です。大学入試などいい例です。しかしこの世を超えて救済を求める場合には事態は違ってきます。人間はダメだがあるいはダメだから、弥陀に依る救済は可能であるとなります。ここでは人間と弥陀の間にある懸隔と同時に連続性同一性が併存します。善導の浄土思想は前者つまり隔たりのみを強調しました。法然に至って後者の契機が注目されます。だから不回向、すなわち信心への主体性不要ということになります。親鸞はこの態度を判然と自覚的に推し進めます。弥陀と人間との間に潜在する同一性に着目しそれを引っ張り出します。そのためにはこの世の中で通用している価値を一度根本的に否定しなければなりません。親鸞は法然の不回向論をさらに掘り下げます。「不回向でもいいんだ」から「不回向であるからこそ救われるのだ」とします。悪人正機説の誕生です。ここで親鸞は浄土思想における二つの流れ、世親曇鸞により描かれる光の部分と道綽善導に代表される闇の部分を統合します。

悪人正機の帰結は、親鸞の自己と弥陀が同等、であることです。この帰結をもたらすための作業が価値の転倒です。善悪の価値をひっくり返すことによってのみ、親鸞より一般的には人間は弥陀と等しくなります。価値の顚倒という作業を親鸞は、自己の内省を介しての自己の復権、でもって行います。彼親鸞の自己はその生誕以来、対象喪失を蒙り、性衝動に悩み、アイデンティティの毀損を経験してきました。自らに負わされた外傷を見つめ内省し掘り下げます。同時に親鸞はかく露呈された自己毀損の傷を外に曝し出すことにより、それを正当化します。この作業の結論が悪人正機です。自己の悪を徹底的に自覚し投企し正当化することにより、親鸞と弥陀の間に横たわる障壁懸隔は消滅します。その意味は事実において無くなります。この時親鸞と弥陀は全く対等たりえます。悪人正機の自覚はその必然として如来等同を結果します。自己と如来が等しければ、如来も自己も形を失います。如来と自己を包摂してしまうより大きいなにものかを親鸞は自然《じねん》な法と言いました。自然法爾の境地です。如来等同あるいは自然法爾という境地は換言すれば自己神化です。親鸞が最終的に到達したのはここではないでしょうか？

親鸞が最終的な立場に至るための最大最後の衝撃が、長男善鸞の義絶です。親鸞は子を犠牲にすることにより、それまで親鸞を苦しめてきた自力性を葬り去ります。子供は彼にとって、外から彼に作用する影響力であると共にまたそれに抗う彼自身の力であり主体性です。親鸞は子を犠牲にし葬ることにより、初めて完全に内なる自力を克服します。これが親鸞が最後に至りえた境涯です。

では親鸞はその九十年に渡る長い人生の戦いを経て、我々に何をもたらし何を残したのでしょうか？　答えは普遍としての人間の発見です。普遍であるが故にその可能性は無限であり、何人にも限局されることなく、だから誰によっても荷える普遍としての人間です。そしてその実体としての悪とエロスと無を親鸞は肯定します。要約すると、以上の意味において、人間の発見、が親鸞のもたらしたものであります。

第八章　日蓮、我は仏なり

第一節　生涯と時代

1

日蓮の思想の主題は、

法華一乗、国家諫暁、二乗作仏、久遠実成、専唱題目、折伏逆化

です。日蓮の考えは複雑です。彼の思想は法華思想の総合ですから、彼を理解するためにはそれ以前の仏教史全体を視野に入れなければなりません。親鸞の場合彼の思想だけを切り離して単独で考察することも可能と言えば可能です。しかし日蓮において彼の思想を単独で分離することは危険です。加えて日蓮には法華思想の総合者である以上に、それを超克する動向も著明です。だから日蓮の考えは今まで誤解されてきました。

日蓮は承久四年（一二二二）、安房国長狭郡東条郷小湊に漁夫の子として生れました。彼は自らを漁夫の子・センダラの子、つまりインドのカースト制度における最下級の不可触賤民に擬しています。彼の生誕についてそれ以上の確実なことは解かりませんので、以後の歴史ではそういうことになっているようです。私はこの点に疑問を抱きます。結論から言うと、日蓮の生家は漁業に従事していたにせよそうでないにせよ、かなり富裕な社会階層に属していたと思います。彼は多分荘園の地元管理者である荘官クラス、武士階級の出身のようです。荘園と言っても必ずしも農業

や稲作に従事する必要はありません。漁業を専門とする荘園もあります。日蓮が生れ育った当時関東地方も貨幣経済の進展に巻き込まれていました。漁業が専門職業として成立する余地は大きかった。なにより学問をするにはお金が要ります。日蓮は二十歳台の十年間は鎌倉と京都で学問をしています。そのための資金は普通の庶民では負担できません。また日蓮は訴訟への対処が実に上手いと言いますか手慣れています。特に自分が世話になった領家の尼の所領に関する訴訟事務を彼は若い時からてきぱき裁いています。こんなことはやはりこの種の事務に接する機会の多い地頭荘官クラスの連中でないとできません。日蓮が自分の出自を語らずセンダラの子と自称するには彼なりの計算があるのでしょう。そうする方が自らをカリスマ化できますから。比較の事例を挙げます。西欧近代史の大事件である宗教改革の立役者ルッターは自らを坑夫の子と称していました。最初は皆その言葉を信じて彼の父親は暗い坑道の中でえんやこらと銅か何かを掘っている者と思っていました。しかし歴史家がよく調べると、彼の父親は相当のブルジョアであったことが解かりました。ルッターの父親はルッターを大学それも法学部に入れて、当時台頭しつつあった近代国民国家の新進官僚の道を彼に取らせたかったのですが、肝心のルッターがそれを拒否して坊さんになってしまったのでがっくりきたとかいう話です。坑夫つまり鉱山関係者の仕事と言ってもいろいろです。同様に漁夫と言ってもいろいろあります。

日蓮の幼名を薬王丸というそうです。後世の付会でしょう。法華経の薬王菩薩本事品を思い起こさせる名前でできすぎています。十二歳で地元の清澄寺に入ります。動機は解かりません。ただ世の中を儚んだり無常を感じてというようなものではなかったと思います。どう考えても日蓮という人にはこのような儚い無常感は縁がありません。俗人が子弟を僧侶にするにはいろいろな動機があります。一人出家すれば九族天に昇ると言われ、一族の菩提を弔ったり家の守護をするためでもあります。相続のゴタゴタを避けるためということもあります。地方の有力者は子弟を寺に一時預けて、学問を学ばせることもありました。日蓮にまつわる逸話に、彼幼少のころ虚空蔵菩薩に「日本国第一の智者になし給え」と祈ったということですが、彼の後年の活動と性格から推してこの辺が案外正解ではないでしょうか？　清澄寺では道善房という師匠につきます。主として浄土教系の教えを習います。十六歳で出家、法名は蓮長。

向学心は強烈で安房の田舎寺では満足できず、十八歳鎌倉へ、二十一歳比叡山延暦寺に登ります。三十二歳叡山を下りて故郷に帰ります。この間奈良の諸大寺を遊学し見聞を広めます。日蓮はひたすら勉学に励みました。

故郷の清澄寺で日蓮は将来日蓮宗として一つの宗派となる所説を開陳します。内容を簡潔に言いますと、念仏はダメ、ということです。法然により広まった念仏往生やその基礎となる浄土教の考え方では、救済はできないと日蓮は言います。それに代わるものは法華経の考えに忠実になることであると彼は宣言します。彼の言い方は実に激しいのです。念仏がダメ、というだけでは留まらず、念仏をすれば無間地獄に墜ちるとまで言います。この激しさは法華経という経典の内容プラス日蓮の性格によるものです。彼はこの激しい他宗批判を終生妥協すること無く続けます。そこで当地の地頭である東条景信は怒りました。この人は熱心な念仏信者です。日蓮は清澄寺におれなくなり鎌倉に移住します。当時の浄土教の動向に少し触れてみます。日蓮が叡山を下りたのは三十二歳、一二五三年です。この頃になると法然系の浄土教、特に多念義を説く諸派は幾多の弾圧を経験してかなり体制内化していました。鎌倉などでは庶民のみならず上層階級にも多くの信者を獲得します。浄土教は信仰の上澄みだけを取ると易行、容易な修行で、南無阿弥陀仏南無阿弥陀仏と唱えて極楽往生を待っていればいいのです。言って見れば羊の群れのようにおとなしい信仰です。少なくともそう見えます。しかしその信仰の本質を突き詰め、不回向だとか悪人正機だとか言い出しますと体制にとって危険でやばいものになります。処女変じて夜叉になります。宗教とは一般にそういうものなのですが、浄土教にはこの二面性、逆説性を極端に先鋭化して持っているところがあります。日蓮が鎌倉に出てきた時の浄土教は二面性の前者すなわち、温順な羊群の方を出していたようです。

三十九歳、日蓮は最初の主著、立正安国論を書き、時の幕府の実力者北条時頼に上呈します。内容は、念仏を禁止して法華経本来の教えを信奉しないと政治は大変なことになる、というものです。具体的には、他国による侵略（他《た》国侵逼難《こくしんぴつなん》）と幕府政権内部からの叛逆（自界叛逆難）を日蓮は予言します。ここに日蓮の思想の特徴である政治、さらにそれを荷う主体である国家の役割を重視する、姿勢が鮮明に打ち出されています。立正安国論上呈の動機はいろいろありますが、その一つに数年前からうち続く天災があります。日蓮は天災が続くのは政治に問題がある、為政者が正しい信仰である法華経に帰依していないからだ、と考えました。唯一の正しい信仰である法華経に帰依することを法華一乗と言い、政治の責任者に法華経帰依を説いて、政治を信仰の面から正して行うべく勧める行為を国家諫暁《かんぎょう》と言います。日蓮の非難は激しく他宗派の反発を買います。彼の住居である松葉谷の庵室は暴徒に襲撃されます。日蓮は危ういところを逃げて助かりますが、市内で騒動を起こしたという理由で伊豆国に流されます。騒動の火種は日蓮の説法にあったかも知れませんが、直接暴力をふるった方は処罰無しですからこれは当時の憲法といってもいい貞永式目に照らしても不公平です。伊豆流罪中に教機時国抄を著わします。四十二歳、赦免され故郷の清澄寺に帰ります。そこでも激しい説法をするので東条景信に襲撃されます。衆寡敵せずあわやというところを献身的な弟子の死戦によって危機を逃れます。日蓮も頭に傷を負います。

四十七歳、蒙古から使者が来て国交という名の朝貢を求めます。蒙古の諜状には、言うことを聞かねば即戦争だぞという脅しの文句があります。日蓮はこの時、それ見たことか俺の言った通りじゃないか、と思い自分の信念は受け入れられると信じて、諸宗との公開討論を要求します。しかし当時の幕府上層部に影響力のあった律宗や浄土宗の僧侶達の陰謀に近い画策により、日蓮は佐渡へ流罪となります。本当は死刑と決まっていました。幕府の侍所所司であり実力者である平頼綱が、やはり念仏者で日蓮を憎んでいました。それに幕府の大奥の女性達からの圧力もあり執権北条時宗は日蓮逮捕に踏み切ります。時宗は日蓮を憎んではいなかったようで、日蓮をどうするかについては幕府内部でも統一した見解はなかったようです。そういう事情もあり日蓮は佐渡へ島送りとなりました。しかし幕府内部の力のバランスいかんによっては、彼の首は鎌倉竜の口で飛んでいたかも知れません。事実佐渡以後の日蓮は、自分は一度死んだ者、という自覚の上で行動します。佐渡流罪は彼五十歳の時のことです。最初放りこまれたのは塚原、塚とは墓、日蓮は墓場に捨てられました。後に日蓮は塚原から一《いち》の谷《さわ》に移されます。佐渡滞在中に彼の主著中の主著といえる開目抄《かいもくしょう》と観心本尊抄《かんじんほんぞんしょう》を著わします。この間に六波羅探題北条時輔の乱が勃発します。時輔は時宗の庶兄です。日蓮が予言した自界叛逆難は的中しました。五十二歳、赦免され鎌倉に帰りかつての迫害者である平頼綱の諮問を受けます。日蓮が言うことは変わりません。念仏・律宗・禅宗の禁止、そして法華経への帰依です。彼の言は幕府の容れるところとならず、日蓮は身延山に隠棲します。半年後の一二七四年十月、蒙古の軍船が九州博多を襲います。日蓮のもう一つの予言、他国侵逼難も的中しました。身延での生活は八年間に及びます。この間彼は選時抄、報恩抄、勧暁八幡抄《かんぎょうはちまんしょう》等を著わし、弟子を育成します。この時期弟子や檀家と取り交わした書簡は多数にのぼります。幕府の弾圧も陰に陽に行われます。最大の事件が熱原《あたはら》の法難です。一二八二年死去、享年六十一。

2

日蓮は一二二二年から一二八二年の六十年に渡り生きました。この時代は明確に特徴づけられます。評定衆中心の合議体制から得宗専制《とくそうせんせい》体制への変遷という幕府政治制度の問題があります。次に貨幣経済の発展、最後にモンゴル民族による世界制覇です。日蓮が生れる前年の一二二一年、承久の乱が勃発し上皇方は敗北します。それまで命脈を保ってきた律令制度・院政は崩壊します。朝廷や院は京都周辺と彼らの家政に対してのみ影響を与える組織でしかなくなり、代わって鎌倉幕府、それも執権職である北条氏を中心とする武家政治の時代が始まります。一二三二年に制定された貞永式目は武家政治の憲法となり、新しい政治を行うための基本的原則である道理が強調されます。貞永式目に体現される政治の理想は、執権を中心として評定衆という幕府幹部からなる合議政治です。執権職は北条氏に独占され北条氏の指導性と特殊性は否定できませんが、評定衆には北条一門のほか法曹官僚や有力御家人が参加し、決定は評定衆の合議に任されました。北条義時・泰時の頃はそうでした。しかし北条氏も五代目の時頼になりますと伝統の重さも加わり次第に専制的になります。北条氏の中でも義時・泰時の嫡流である得宗家に権力が集中します。本来北条氏とは同格である御家人とは違い、権力を握った北条氏に直接忠誠を誓う集団、得宗被官《とくそうひかん》と言われる勢力が台頭します。時頼は執権職を辞めましたが、かと言って彼が政治の実権を手放したわけではありません。彼は得宗家の家長として実権を握ります。むしろ彼の意向を代弁しそれを実現する機関として一族の中から適当な人物を執権に任命したというのが実態です。そうなると頼朝以来の御家人対得宗被官、得宗家対他の北条一族及び有力御家人といった対立が生じます。北条氏以外で最大の豪族である三浦一族が亡ぼされた宝治合戦、時宗の庶兄時輔《ときすけ》の叛逆、文永の役の後に御家人に人望があった安達景盛が得宗被官の代表平頼綱に攻め殺される霜月騒動等の政治上の動乱が起こります。頼綱自身も後に執権貞時により専横の理由で粛清されます。すべては得宗家に権力が集中するに伴う矛盾の結果です。日蓮の人生にもこれらの政治状況は影響を及ぼします。日蓮は貞永式目を高く評価します。同時に承久の乱の幕府の当事者である義時の行動を道理に適ったものと見ます。彼三十歳までの、従って思想の原基を形成する時代は式目による合議制がうまく機能していました。日蓮の政治の理想はこの時代のこの政治形態にあります。彼が宗教家として活動する頃から政治は得宗専制へ急速に移行します。

日蓮が自界叛逆難を予言する背景には、自分が理想とする制度が崩壊して行くことへの非難と危機感がありました。日蓮は経典の文句からなんとかの難という風に引っ張り出しますが、それはあくまで参考であって、本来の判断はこの時代の動向への鋭い自覚と批判精神にあります。人間は自分が理想とするものをはっきり自覚した時自分を取り巻く状況への批判も可能であり、批判精神があって初めて客観的状況を把握できます。日蓮を直接逮捕し極刑を主張し、熱原《あたはら》事件を蔭で指揮した、平頼綱は得宗被官の代表でした。個人的好悪や信仰の違いを度外視しても頼綱と日蓮の相性がいいはずがありません。

3

貨幣経済は鎌倉時代に入って急速に広まります。平安時代中期から既に宋銭はわが国に入っており貨幣は珍しいものではありません。年貢等も貨幣やある種の為替で取り引きされていたようです。日宋貿易に熱心な平清盛は盛んに宋銭を輸入して貨幣経済の進展は加速されます。武家政権になると、武士はもともと開発領主という性格を持ちますので土地経営には熱心です。それやこれやで貨幣経済は進展します。貨幣経済には必ずリスクが伴います。貨幣経済で得する部分とその割を食って損する部分が出てきます。得をしたのは商業に従事しやすい分子、損をするのはひたすら耕作農業に従事してそこから上がる年貢のみに頼る連中、古典的なタイプの武士御家人です。日蓮が活躍し出す十三世紀後半の時代はこの動向が激しくなり始める頃でした。こうなると武士や御家人の階層内部が混乱してきます。

農業経営のみに経済の基礎を置く古典的な御家人が、貨幣経済そしてそれに伴う消費生活の負担に耐えかねて没落する一方、彼らの土地を買収して勢力をつけ、その力を頼んで幕府の命令を無視して他人の土地を実力で略取するやからが跳梁します。この連中を歴史用語では悪党《あくとう》と言います。言葉の意味は現在と違います。日蓮が活躍し出す頃から悪党の活動も目立ち幕府も手を焼きます。結局鎌倉幕府は悪党という新しい歴史的勢力を自己の権力に包摂できず亡びます。日蓮自身も幕府から悪党とにらまれていたようです。日蓮は叡山の出身で長らく天台沙門と称しました。比叡山延暦寺は僧兵の総本山ですが、彼ら天台僧は単に武闘のみならず、琵琶湖の水運を管理し、都にも近いために経済活動に進出します。後の酒屋土倉という金融業者の大半は叡山関係でした。こういうことさえも幕府は不快なのに、源平合戦の時から鎌倉幕府と延暦寺は不仲です。だから天台僧は幕府からは潜在的治安攪乱者とみなされる傾向にありました。日蓮が幕府からにらまれ易かったのはこの事情故でもあります。日蓮自身にも結構悪党的なところはあります。平頼綱が踏み込んで日蓮を逮捕した時、日蓮は武器の所持隠匿を認めたのですから。そしてかかる悪党が活躍跳梁できる不安定ではあるが開放的な時代であるからこそ、日蓮のような破天荒な生き方も可能でした。街で辻説法をし、公開討論を挑み、既製宗派の権威をものともせず、自己の所信を大声で述べまくる等の行為には悪党的な臭いがプンプンします。彼が一民間僧侶でしかないのに時の権力者に政治上の意見を具申するという行為も、悪党的行動の延長上に理解できます。

4

日蓮の生涯とモンゴル帝国の形成はほぼ併行します。モンゴル高原がチンギスカンにより統一されるのが一二〇七年、日蓮が生れる十五年前です。日蓮が生れて暫く経った一二三四年には、華北を領有していた女真族の金王朝が亡ぼされます。以後モンゴルの鋭鋒は西方に向いロシアを征服しポーランドに侵入して一二四一年にヨーロッパの封建騎士団の軍を破り、一二五八年には中東に進出してアッバース王朝を倒します。モンゴルの動向は外国商人達を通じて逐一日本にその情報がもたらされます。アッバース朝の版図の征服をもってモンゴルの西方進出は限界に達し、残るは江南に本拠を置く宋そして高麗と日本です。日蓮が立正安国論を書いたのは一二六〇年です。だからといって先のモンゴルの動向と関係があるとまでは申しませんが、問題意識の成立としては符合が合います。

日蓮は比叡山延暦寺で十年修行し京都や奈良にも滞在しています。叡山という場所の性格、僧兵を抱えてその政治的感性は敏感、経済活動にも熱心ということを考えれば、日蓮が受けた影響は想像できます。日蓮という人は結構しゃばっけのある人です。同じ叡山育ちでも親鸞や法然と日蓮ではそこから受ける影響が違います。もともと天台法華の考え方自身が、智顗の「一切の世間の治生産業もあい違背せず、あらゆる思想籌量《ちゅうりょう》もこれはみな先仏の経のなかに説くところなり」という言葉に示されるように現実重視の傾向を強く持ちます。こういう次第ですから日蓮は叡山や畿内の各地を見聞する内に、世界の情勢について相当な知識を貯め込んだでしょう。弟子達からの情報の影響もあります。

モンゴルの諜状が最初に日本に来たのは一二六八年、二回目が一二六九年です。五年後の一二七四年モンゴルの来襲、文永の役。そして日蓮が死去する一年前の一二八一年にモンゴルは再度来襲します。弘安の役です。以後モンゴルの来襲はありません。日蓮の予言を実証するためにモンゴルは存在した観さえあります。

モンゴル来襲に対して幕府の態度は極めて保守的です。初めは問題にせず、次にはモンゴルの使者を処刑します。来襲以後はただ戦の一字のみ。直線的で単純です。対して日蓮はモンゴルが西方征服をほぼ完了しその矛先が南宋に向かい始める頃から、異国による侵略の警鐘をならし続けます。この感覚の差はどこから来るのでしょうか？　私はそれを日蓮における悪党的メンタリティーに求めます。鎌倉時代から南北朝時代にかけて登場する一群の社会集団、単純な農業経営のみにその経済力を求めず、より広く商業活動に従事して富と武力を培養し、幕府の存立そのものを脅かす勢力、良く言えば智慧と才覚と実力で悪く言えばペテンと不法と暴力によって、所領を拡大する新興勢力を歴史学者は悪党と呼びます。私は日蓮という男の中に悪党の体臭を強く感じます。この悪党的精神故に日蓮は世界史の動向に敏感になれたのではないでしょうか？

第二節　国家諫暁——守護国家論・立正安国論

1

日蓮は多くの著作を残しています。親鸞が教行信証以外はたいした著作をしなかったのと対照的です。このことは二人の生き方に関係します。親鸞が極力世俗世界との摩擦を避けたのに対し、日蓮の生涯は世俗世界への挑戦の連続でした。そのためには常に論敵に対して自己の主張を体系化し尖鋭化しなければなりません。また弟子は持たないと明言した親鸞と異なり、日蓮一党とでもいうべき強固な師弟関係のボス日蓮としては、弟子達への教育薫陶のためにも多くのことを書かねばなりません。大は開目抄から小は簡単な手紙まで含めると彼の手になる文献は総数二九〇点近くに登ります。それらをすべて網羅して一つ一つ点検して論述することはできません。また日蓮は多くのものを書いていますが案外同じことを書いていることが多いのです。私は日蓮の思想を大きく佐渡流罪以前と以後に分け、前者を守護国家論と立正安国論で代表させ、後者を開目抄と観心本尊抄でもって代表させたいと思います。他の著作で特に私が着目したものは教機時国抄、選時抄、報恩抄、勧暁八幡抄です。これらの著作の内容も参考にしつつ事情により他の文献も検討して日蓮の思想を考察します。この節では守護国家論と立正安国論の内容を考察します。

守護国家論は日蓮が三十八歳の時に書かれました。立正安国論は三十九歳ですから二つの著作の内容には大した差はありません。後者は極めて有名な本ですが、前者の内容の方が懇切で詳細です。立正安国論は北条時頼宛に書かれたものなので、どうしても相手に意が通ずることに重点を置いたのでしょう。二つの本を一括して考察します。主題は明快です。誤解のしようがないほど明快です。両書ともその目的は、法然の選択本願念仏集の内容を批判非難否定すること、にあります。非難なんて生易しいものではありません。破折《はしゃく》です。念仏の徒を絶滅せよとまで極言します。理由も簡単です。選択本願念仏集が、法華経の内容なんか往生にとって無意味、と言ったからです。法然は善導の意見に従って、修行法を正行と雑行に分け、正行のみを救済論として取り上げました。雑行の中に法華経の護持読誦も含まれます。法然以前の浄土教の人達は雑行に意味が無いとは言いませんでした。しかし法然は不回向とまで断言することにより称名念仏以外の修行法をすべて否定します。雑行あるいは聖道門的行為は「千に一つの成果もない」とか「聖道門は群賊」とか他の修行を「捨てよ、閉じよ、閣《さしお》け、抛《なげす》てよ」等と物騒なことを言ったとか。日蓮は法然のこの断言に猛然と噛み付きます。

日蓮が自分の主張を証明せんとする論拠は、これも法然や親鸞に劣らず単純です。経証・文証に全面的に依拠します。彼らの立場としてはやむをえないでしょう。それが信心ですから。しかし後に残された我々としては大変です。日蓮自身の陳述を聞きそれを、我々の知性で消化できるように組み直して考察してみましょう。

2

日蓮は論拠を全面的に法華経によります。なぜ法華経が正しいのかと言うと法華経には、十界互具《じゅっかいごぐ》と二乗作仏《にじょうさぶつ》と久遠実成《くおんじつじょう》の仏の三つの事項が明確に書かれているからです。二乗は声聞《しょうもん》と縁覚《えんがく》です。声聞は釈迦や如来の説法を聞いて悟ろうとする者、縁覚は独力で悟りの境地に到達を試みる者です。釈迦在世当時の修行者はだいたいこの二種類の内のどちらかでした。大乗仏教の興隆と共に声聞と縁学は非難されます。彼らは自分の解脱しか考えない自己中心的精神の持ち主・偽善者とか、人間の血肉の温かさを喪失し灰身滅知《けしんめっち》を目指すもの、と言われて非難されます。基本的に万人救済を志向する大乗仏教の立場に立つ限り、二乗は否定され拒否されねばなりません。二乗は決して成道することがありえない存在とされます。救済に一番遠い所にいる存在であり、二乗が成道できれば五逆や謗法《ほうぼう》という行為を為す連中も充分救済可能になります。大乗仏教でいう二乗作仏（二乗も仏と成る）は重大な意味を持ちます。二乗作仏を説くことによって法華経はすべての人間衆生を救済できると宣言したのです。五逆も謗法も女性もすべて救われます。

二乗作仏の論拠を提供したのが天台智顗《ちぎ》が説く十界互具の思想です。十界は、地獄・餓鬼・畜生・修羅・人間・天界・縁覚・声聞・菩薩・仏界の十の世界・境涯・心の状態であり、人が置かれた状況です。十個の境涯は相互に通じ合い重なり合うと智顗は言いました。だから人間はそのままの姿・生活において、既に救われる可能性を持ち、救われます。

二乗作仏を実際行い十界互具を実証する存在が久遠実成の仏である釈迦です。釈迦は紀元前五〇〇年頃にインドに生れそこで修行して成道した歴史的存在ではなく、無限に遠い過去世に既に修行を終えて仏如来として衆生を教化し続けてきた存在である、というのが久遠実成の仏の意味するところです。換言すると釈迦は歴史的な過程において「成る」ものではなく、初めから「在る」ものであることになります。しかしよく考えて見ると十界互具と久遠実成の仏とは結局同じことを言っているに過ぎません。人間や修羅や地獄にも仏界があり仏性が備わっているとすれば、可能性としては一切の衆生は如来様になれるのですから、まあ生れた時からというより生れる以前から、ずっと以前から仏に成れるあるいは成っていることになります。久遠実成の仏は結局凡夫の理想形に過ぎず、我々だって素質を不充分ながらも持っていると言っても宜しいのです。

二乗作仏も十界互具も久遠実成の仏も一致して目指すところは万人救済、厳密に言えば、万人救済は可能だ、ということです。それを明言しているのが法華経であり、かかる境涯に至る修行方法を理論化し体系化したのが天台智顗です。ですからここまでの日蓮の言説は智顗の祖述を超えません。繰り返しますが、法華経には二乗作仏と久遠実成と十界互具という三つの主題が、鮮明に主張されているが故に法華経に書かれていることは絶対正しいのである、が日蓮の基本的立場です。万人救済を説く法華経を根底に据えて、法華経絶対主義を日蓮は主張します。

だから日蓮は法華経に書かれていることはすべて間違いないと言います。法華経の中に真実であることが証明されているではないかと主張します。その証明は、已今当《きこんとう》の三説超過、と、釈迦と多宝仏と十方の諸仏による証言です。これに無量義経の、四十余年未顕真実、が加わります。

已今当の三説超過とは法華経法師品の中の、

わが所説の経典は無量千万億にして、已《すで》に説き、今説き、当《まさ》に説かん、しかもその中においてこの法華経最も難《なん》信難解《しんなんげ》なり。

という文章の意味です。釈迦はいろいろ多くの経典を説いてきたが、法華経の内容が一番信じにくく理解しづらいのだ、と言っているのです。ここで難信難解とは、それほど真実で正しいのだと解釈しておいて下さい。ところで難信難解と簡単に言いますが、この四字に含まれる一見したところ意味不明な言葉は法華経理解の重要な鍵になります。日蓮はこの難信難解という主題を生涯追い続けます。

釈迦・多宝仏及び十方の諸仏による証明は、法華経如来神力品でこれらの仏達が釈迦がそれまでに述べたこと、特に久遠実成の仏であることが絶対に正しいことを証明するために、三者がそれぞれ自分達の舌を出して天まで届かせるくだりです。舌を見せて二枚舌ではありません、嘘偽りはありませんというのです。日蓮はこの二つの経証でもって法華経の内容には嘘はないと確信します。

無量義経は天台智顗がその内容から推して、法華経の開経つまり序論と位置づけた経典です。だからそこに書かれていることは法華経のそれと同様とされます。この無量義経に、四十余年未顕真実、釈迦がこれまで四十余年に渡って説法してきたことには未だ真実は顕かにされていない、と書かれています。「これまで」とは「法華経が説かれるまで」です。だから、これから説くであろう法華経にこそ真実のすべてが説かれるのだよ、となります。

以上が日蓮が主張する法華経の正しさの論拠です。なおこの段階では日蓮は法華信仰のために何をすべきかということについて特に積極的な主張はしていません。せいぜい法華経の記憶・解説《げせつ》・護持・読誦《どくじゅ》・書写等、法華経の中で称揚され勧奨されていることを日蓮も同様に推奨しているに留まります。むしろ日蓮の関心は他宗排撃、特に念仏往生の非難否定にあります。明確に法華経の存在意義を否定する、法然の念仏思想を、謗法《ほうぼう》と言って日蓮は激しく拒否排斥します。

3

日蓮の謗法排撃の姿勢は彼の国家思想と結びつきます。彼は正しい信仰つまり法華経信仰の護持の義務を国王に求めます。国王治下の国において邪法つまり法華経信仰以外の信仰が盛んであれば、国王はそれを阻止是正しなければいけません。国王による信仰への干渉を日蓮は治罰《ちばつ》と言います。もし国王がこの責務を果たさず国内に悪法が蔓延すると、その国と国王を守護していた善神は国を捨て去ります（善神捨国《ぜんしんしゃこく》）。結果としては守護してくれる神々がいないのですから災難がその国に出現します（災難興起《さいなんこうき》）。つまり国王が逆に治罰を受けなければなりません。だから法華経信仰者は国王にこの自覚を促すべく意見具申する義務があります（国家諫暁《こっかかんぎょう》）。

国に正しい法つまり法華経信仰が興隆しなければその国はどうなるでしょうか？　国家そのものが治罰を受けます。諸々の災難がその国に起こります。このような内容を日蓮は、大集経・仁王経・金光明経最勝王経・涅槃経・薬師経等の多くの経典から引き出します。特に有名なのが薬師経に書かれてある七難、人衆疾疫難・他国侵逼難《たこくしんぴつなん》・自界叛逆難・星宿変怪難・日月薄蝕難・非時風雨難・過時不雨難です。内五つは安国論上奏までには実際に出現しました。残るは他国侵逼難と自界叛逆難です。日蓮が佐渡へ流されて後暫くしてこの二つの難が出現します。

さらに日蓮は涅槃《ねはん》経の文章を典拠に、法華経護持弘布のためには武力行使もやむを得ない、事情によっては積極的に行使すべきだと主張します。最後に国を失い家を亡ぼせばいずれのところにか世を遁れんと断言します。民衆の生活にとって国家は必要なのです。以上の如く日蓮は国家の重要性、国家は世俗生活においても信仰の維持においても重要であることを力説します。守護国家論と立正安国論の段階でこの主張は鮮やかに語られます。

なぜ日蓮は仏法布教の責務を国家に求めたのでしょうか？　法華経自体の論理そのものに第一の原因が求められます。法華経が信仰流布という課題遂行において期待するのは俗人素人の集団です。彼らに要求されることは法華経の護持・読誦・解説・記憶・書写だけですから、これは専門の修行者に求められる六波羅蜜的作業とは異なります。信仰の素人つまり衆生個々人が、六波羅蜜の壁の中から娑婆世間に出て、そこで法華経の意義を宣揚することが法華経の要求する最大の作業です。素人ですから機根資質は各自大きく異なります。資質の異なる者達が足並みを揃えて世間で活動するためには共同体を必要とします。法華経の論理は必然として活動の場であり手段である俗人共同体を要請します。修行者の任務が万人救済を説く法華経の護持宣布であるなら、彼らの活動の対象は最終的には国家共同体になります。ここで万人は法の前で平等になります。仏法の前だけでなく世法の前でも平等です。だから一介の民間僧侶である日蓮が時の権力者に対して堂々と意見を具申し得ました。日蓮にとって法華経は絶対です。だから法華経は国王に護ってもらうのではなくて護らせるものなのです。

日蓮が国家の存在を重視する第二の理由は彼を取り巻く歴史的状況にあります。鎌倉幕府の創立です。鎌倉開幕は単に武家政治が開始されたというに留まらず、東国国家・新生国家の創設という意味を持ちます。この意味を日蓮は鋭く予感し自覚します。この点については彼の政治思想を語る所で説明します。

第三の理由は日蓮個人の性格資質です。彼は現実主義者です。日常生活での快楽を否定しませんし必要なら手練手管も使います。なにより彼のリアリストぶりは、彼がなぜ法華経を尊重し浄土思想を拒否するかの理由の一端に現れています。釈迦は娑婆国土つまり我々人間が現に住んでいるこの世界の当主であり責任者であるが、浄土経典の主催者阿弥陀如来はこの世を捨ててあちらに行った方だから云々と彼は言います。自分達を今そしてここで面倒見てくれないのになんで尊重せなあかんのやと言います。ここから日蓮の日本主義が出てきます。

第四の理由は日蓮の行動と思考が当時台頭してきた新興勢力である悪党のそれに極めて近いことです。この問題も節を改めて詳述する予定です。

日蓮自身あまり専門の僧侶をあてにしません。下手に勉強して法華経の理解から逸脱されるよりは、ただひたすら法華経の説くことを信じてくれる方がずっとよいと言います。彼にとってはたいていの専門僧侶は悪師で法華信仰から逸脱しているように見えました。だから法華経自身を善師と為せと言います。彼は妙楽大師の言葉、散乱の心で法華経を読んでもよい、禅定三昧に入って精神を集中しなくてもよい、坐るにも立つにも歩くにも、ただ一心に法華の文字を念じていればよい、を引用して愚かで劣った機根の衆生のための即成成仏の方法としても、法華信仰を説きます。素人の信仰者に期待をかけます。易行の念仏を推奨した法然と同じです。南無妙法蓮華経と南無阿弥陀仏は結構同じ土俵で喧嘩をしています。

日蓮が法華経信仰に内在する国家共同体の意義を鋭く予感し、自己の教説と行動に繰り込んだことは当然国家の側からの反撃を招き、彼の生命と思想は危機に曝されます。

第三節　法華経の行者——開目抄・観心本尊抄

1

日蓮は一二七一年五十歳の時佐渡に流されます。翌年開目抄《かいもくしょう》、その翌年観心本尊抄《かんじんほんぞんしょう》が著わされます。二つの著作は日蓮がそれまでの生涯の事跡と活動を振り返り、なぜ正しいと思う法華経弘通の行為が流罪という刑罰でしか報われないのか、自分の考え方が間違っていたのか、法華経は本当に正しいのか、衆生に受け入れられるに値するのか、等等と自問自答し反省しつつ書かれました。彼の信仰と思想は転機を迎えます。どんな転機なのでしょうか？　答えを先に言います。日蓮は自分が受難を蒙ったこと自体、法華経の経文の証明であると自覚します。それもただ受動的に結果として受難するのではなく、受難をこちらから積極的に迎え入れることにより、自らの肉体で経典の内容を立証しようと決意します。もう一つの答えが専唱題目の提唱です。彼は法華経の内容を煮詰め突詰めた果てに妙法蓮華経の五字の題目を唱えることに成道のすべてがあるとします。受難の救済論的価値の肯定は開目抄、専唱題目の提唱は観心本尊抄で叙述されます。以下彼がこの帰結に至るまでにどのように考えたか私達も考えてみましょう。

開目抄の始めでは従来の主張が繰り返されます。法華経はなぜ真実の教えなのかが問われます。二乗作仏と久遠実成の主張があるから、それを釈迦や多宝仏や十方分身諸仏が証言しているからと述べられます。逆に言えばこのようなことが書いてないから他の経典は不了義経（釈迦の教えを充分に反映していないお経）とされます。ここまでは日蓮の従来の主張と同じです。開目抄で新たに展開される主題は「難信難解《なんしんなんげ》」です。日蓮はそれを何か何かと問い詰めます。法華経に書いてあることは他の経典のそれとは違う、違うから法華経は正しいのだが、日蓮はそう思うのだが、世間には受け入れられない、なぜか、と彼は自問します。信じ理解するに（あるいは信じさせ理解させるに）難しいその答えは何なのか、なぜ難しいのか、と日蓮は質問を積み重ねます。答えはある、あるはず、日蓮には解かっている、解かっているはず、しかしその答えは何なのかと問い続けます。こう設問し得るだけでも彼は天才でしょう。日蓮が法華経の内容で難信難解と言ったのは何を意味するのでしょうか？

　まず二乗作仏つまり万人救済の絶対的可能性の主張です。二乗が成道できるなどとは他の大乗経典のどこにも明言されていません。二乗は炒られた種の如く、成道成仏への可能性はゼロとされました。しかし法華経では二乗は成仏できる、誰でも救済されると書かれています。法華経迹門の記述の大半はそのために費やされます。法華経以前の陳述と法華経の主張はこの点では全く違うやないか、それなら釈迦は嘘をついているのか、という深刻な疑問を日蓮は抱きます。さらに本門の如来寿量品では釈迦が久遠実成の仏であることが明かされます。これも法華経以前の経典及び法華経迹門《じゃくもん》の内容と違います。これも釈迦の嘘と違うんやないんやろか？　なら法華経を信じなさいという方が無理やないか、と思わざるを得ません。ここで日蓮ははっと気づきます。日蓮は今まで法華経弘布のために活動し多くの法難を蒙ってきた、この受難こそ法華経に書かれていることが真実である明確な証拠ではないのか、と気づきます。日蓮だけが法華経の正しさを知っている、しかしそれを言い出せば必ず日蓮とその周囲の者に迫害が及ぶだろう、しかし言わなければ日蓮は釈迦や衆生を裏切る嘘つきになってしまう。日蓮が迷うことは法華経の中で釈迦が、末法の世に法華経の教えを信じ説くことがいかに難しいか、と六回も言っていたことと同じではないのか、それなら今現在日蓮は釈迦と同じ立場にあることになる、と考えを進めて行きます。ここで日蓮は自己を法華経の中の釈迦と重ね合わせ、法華経で語られる受難を想起します。


　しかもこの経は如来の現在すら怨嫉多し、いわんや滅度の後おや（法華経法師品）。

　経を読誦書持することあらん者を見て、軽賤憎嫉して結恨を懐かん（譬喩品）。

　一切世間に怨多くして信じがたし（安楽行品）。

　諸々の無知の人悪口罵言等あらん（勧持品）。

　国王大臣バラモン居士に向かって誹謗して我が悪を説いて、これ邪見の人なりと言わん（勧持品）。

　杖木瓦石でもって打たれん（常不軽菩薩品《じょうふきょうぼさつほん》）。


等々と。このように法華経には法華経弘布者が蒙る難のことが既に書いてあったではないか、と日蓮は思います。さらに日蓮は自分自身の法難を思い起します。鎌倉松葉谷、安房松原大路、伊豆流罪、鎌倉竜の口そして佐渡流罪と数え上げ、法華経の受難伝説の主人公達と自分を重ね合わせます。日蓮はさらに考察します。もしここで日蓮がへばってしまったら、法華経勧持品で釈迦の要請に答えて誓った菩薩達の経典護持の誓い、悪世末法の世においてもあえて法華経護持を誓ったあの誓いは嘘偽りになってしまうではないのか、ここで日蓮が頑張らねば、男にならねば法華経全体が嘘になってしまう、と日蓮は思います。瞬間状況は逆転します。法華経が正しいから日蓮の行為が正しいのではなく、日蓮の行為が正しいから法華経が正しくなるのである、と日蓮は洞察します。問題の対象は個人が抱く観念から、個人をとり巻く状況と行動へ拡がります。

2

日蓮の考えは一変します。末法の時代、辺域の小国日本の貧道《ひんどう》である日蓮が万人救済のために法華一乗を説き、迫害法難に会うことそれ自体が法華経の予言の証明であると自覚します。日蓮が迫害法難に会えば会うほど法華経の真実性は証明されるではないか、なら受難は決して無意味ではない、そうだ日蓮のこれまでの生涯は無意味どころでなかったんだ、日蓮の行為そのものでもって法華経が唯一真なる経典であることを証明し続けてきたんだ、日蓮は地湧《じゆ》の菩薩なのだ、法華経の行者なのだ、法華経護持が国家の基盤であるなら日蓮は日本国の柱なのだ、日蓮は日本国の柱にならなくてはならないんだ、では日蓮は一切衆生の苦悩を代わって引き受けているのか、日蓮は衆生の代苦をしているのか、法華経は単に観念でもって読むべきものではない、日蓮の肉体と生活を賭けて読まなければならないものなのだ、色読《しきどく》すべきものなのだ、と日蓮は考え悟り自覚を深めます。

日蓮が最初に抱いた疑問、法華経はなぜ難信難解なのかという疑問への解答が発見されます。答えは、日蓮が法華経の行者として、法難を進んで引き受けること、釈迦と一切衆生に代わる者として菩薩行を実践することです。法華経は具体的な実践方針を直接には与えません。そこはゼロ表記です。ゼロ表記から来る矛盾が難信難解です。日蓮は自らの体験の結果を考察した末に解答を発見します。法華経のゼロ表記は日蓮の肉体でもって埋められます。彼は日本国の柱になります。日蓮が自らを法華経を荷う行者として自覚し得た背後には、天台智顗の観心と教判の相互性に基づく自己作仏《じこさぶつ》の思想があります。

貧道日蓮が法華一乗つまり万人救済のために闘うという主題は、日蓮の自覚を越えて深刻な意味を内包します。貧道と万人救済という術語の組み合わせは二重三重に矛盾し合う逆説です。万人救済自体が矛盾です。果たしてそんなことが可能なのかと問わざるを得ません。常識的には無理です。貧道は貧しい一介の民間僧侶、貧道が万人救済のために努力するとはある種の戯画です。しかし日蓮の体験と論理によると、貧道だから万人救済が可能になります。貧道が万人救済を叫ぶから迫害法難が起こり、受難を通して法華経の万人救済の教えの正しさが立証され弘布されます。帰結は二つ。一つは日蓮のみならず誰でも同様のことができること。さらに救済は貧道と万人救済の関係の中のみにありますから、すべての人は救済されるし、またそうでなければ救済の名に値しません。人は救済されることにおいて平等です。さらに法華経が内包し日蓮が開示して行く論理に従うと、人は政治的行為においてもまた平等でなくてはなりません。同様のことが親鸞の考えに関しても言えます。親鸞は人間というものの外被をとことん剥奪し去ったその極点において、存在悪＝往生、という論理に到達しました。この公式が適用される限り特権的例外者は存在しえません。

3

以上述べ解説した論理を要約して、法華経の行者日蓮、といたします。開目抄の最大の主題です。同時にこの主題と微妙に交錯しつつ開目抄はもう一つの論理を用意します。日蓮は自分がなぜかくも迫害法難に会わなければならないのかと考え、過去の罪悪が今ここで発現しているからだ、と結論します。考察はさらに発展します。法華経を弘布する、しようとする時相手の側から抵抗が起こります。迫害法難の原点です。日蓮はそこで相手の側においてもまた過去世の罪悪が発現しているのではないのか、と推察します。とすると法華経弘布を通じて相対する両者、勧める者と勧められる者の出会いはいかなることになろうとも、それは過去世の罪悪業が発現し解消される場であり縁ではないのか、なら迫害する敵対者の出現は歓迎すべきことであり、その人は友ではないのか、行者と悪人は同じであり形影相沿う関係にあるのではないのか、となります。行者の論理と贖罪の論理を組み合わせると、人と人の出合いにおいて常に、法華経の体現という契機と過去世の贖罪という契機が交錯します。この交錯において出現するものは攻撃的敵対的なものでありその克服をもって人間は真に成長し成道へ向かいます。信仰におけるこのような出会いを逆縁あるいは逆化と言います。ですから法華経の広宣流布は攻撃的に激しく行わなければなりません。お互いの逆縁が出現するためには生易しいことを言っていたのではことは成就しません。相手の抵抗を破壊し折り曲げてしまわなければなりません。この宣教態度を折伏と言います。開目抄について述べてきたことを一言で要約すると折伏逆化《しゃくぶくぎゃっか》になります。親鸞の思想は悪人正機《あくにんしょうき》で表されました。日蓮のそれは折伏逆化です。共に激しくぶっそうな論理です。同時に人間が社会的存在であり得るぎりぎりのところに触れる論理です。一方は人間を存在の原点まで解体し純化し、他方は人間を行動の全空間に投企し放擲します。

日蓮の問題意識の発端は二乗作仏《にじょうさぶつ》です。ここから出発して日蓮は先に述べた体験と論理に到達しました。ところで日蓮はどうも二乗つまり声聞と縁覚に同情している様子が見られます。彼は元来義侠心に富む親分肌の男ですが、そういう気持ちが悪口言われ放題の二乗への気持ちに反映されるのでしょうか？ また法華経の受持者として日蓮は自らを釈迦に擬している節がありますので、そういう目で彼らを見ているのでしょうか？ 既に述べたように二乗が成道することは他のあらゆる衆生、五逆も謗法も女性も、すべて成道することを意味します。また二乗が非難される由縁は日蓮の情念を憶測すれば、彼らが自己の解脱に専念して彼らの父母の成道という足元を省みないからです。父母の成道故に日蓮は二乗作仏に強く引かれたのでしょうか？ 日蓮の家族観の一端を示すお話です。

開目抄は日蓮の遺言です。彼は一二七一年九月十二日に平頼綱により逮捕され十月二十八日佐渡到着、十一月一日に本間重連の邸裏の塚原に捨てられます。雪の降る絶海の孤島、佐渡の墓地のあばら屋に捨てられました。その生活風景は彼が弟子達に宛てた手紙に詳しく書かれています。頑健な日蓮であるからこそ生き延びられたようなもので、普通の人なら死んでしまいます。翌年の二月この本が書かれました。その前後の事情からして日蓮が開目抄を遺言と言ったことは充分うなずけます。

日蓮といいし者は、こぞ九月十二日子丑の時に頸はねられぬ。これは魂魄佐渡の国にいたりて、かえる年の二月雪中にしるして、有縁の弟子へおくれば、おそろしくておそろしからず。みん人いかにおじずらむ。これは釈迦・多宝・十方の諸仏の未来日本国の当世をうつしたまう明鏡なり。かたみともみるべし。

（日蓮という法華経の行者は、去年の九月十二日の深夜頸をはねられた。この開目抄は日蓮の魂魄が佐渡の国に到着して、その翌年の二月雪の中で著わし、親しい縁で結ばれている弟子達に送るのであるから、恐ろしいことと思うであろうが、少しも恐ろしいことではないのだ。開目抄を眼にする人はどんなにか恐怖心に襲われることであろう。開目抄は釈迦牟尼仏・多宝如来・十方分身諸仏がうち揃って、未来の日本国、末法の世を映し出す曇りのない鏡なのだ。日蓮の形見であると理解しなさい。）

と弟子達に書を送ります。一方、二処三会《にしょさんね》に会わずとも一代の勝劣はこれをしれるなるべし、と意気盛んなところも見せます。二処三会とは法華経の中で釈迦が説法の場を二つの場所を使って三度変更した由来によるものです。日蓮は霊鷲山での釈迦の説法には直接参加していないが釈迦が言わんとするところはよく解かる、というのです。開目抄全体に自己作仏の傾向が見られますが、この文章等を見るとなかなかに人間くさく意気軒昂たるものがあります。私は私流にこう訳します。読めば論理の筋からして解かるはず、自分の頭で考えてみろ、おれはそうしたよ。読むのはもちろん法華経です。

ところで日蓮はなぜ法華経に書かれていることが正しいと直感できたのでしょうか？　万人救済と書かれているから絶対正しいとは限りません。書かれていることが絵に描いた餅であることもあります。いくら当時の人でも経文の文句だからと単純に信じることはありません。信じるには信じるだけの背景があります。背景の一つが法華経の要請は信仰の俗人素人の活動であり、活動の場である国家共同体の存在です。法華経は素人集団が俗世間で活動することを要請します。もう一つは法華経が教相と観心の相補相即のモデルになっていることです。法華経の主人公釈迦は法華経全体の流れの中でその中央極点に座して、自己の洞察を深めつつ自らの教説と自らの存在を変容させて行きます。

この時間の流れの中で如来である釈迦は自らを法華経護持のための修行者に変身させます。この法華経の中の釈迦の行為は原則的には誰にも可能な行為です。換言すれば法華経の中に万人成仏が画然と描かれています。成道への道は万人に開かれていること、それは国家共同体の中でのみ可能であること、凡夫即釈尊、という明瞭にまた暗黙裡に描かれるこの可能性を日蓮は法華経の中に直感し予感しました。この鋭くて強靭な直感があるからこそ日蓮は法華経を唯一の正しい経典と信じることができました。従って彼の教説は必然的に政治行為を含みます。しかも最重要な契機として。だから二度の流罪という懲罰は日蓮の信仰にとって衝撃でした。政治を視野に置く以上、その次元での挫折は単なる政治上の挫折ではなく彼の信仰自体の危機です。法然や親鸞なら流罪という政治上の懲罰は彼らの生活の危機ではあっても思想とは一線を画しえます。日蓮にとってはそうは行きません。佐渡流罪は彼の思想信条の危機です。

4

観心本尊抄は、開目抄著作の翌年一二七三年の四月に書かれました。開目抄が二〇〇ページ近い大部であるのに比べてこの本は比較的小さい著作です。開目抄の主題が、法華経の行者日蓮であるのに対応し、観心本尊抄のそれは、専唱題目、妙法蓮華経という五字の題目に法華経の総意と成道への功徳のすべてが具わっていることです。この主題を立証し納得しようとして日蓮は努力します。日蓮の努力にもかかわらずこの試みが成功しているとは言えません。立証のための論理の展開が不充分であり整合性に欠けます。言うところは解かりますが、帰結に至る過程は物足りません。この懸隔は中世人と現代人の違いから来るのかもしれませんが、私も伊達酔狂で本を書いているのではありません。現代人である私にもそれなりの宗教的欲求はあります。現代人の立場で納得できないと困るのです。まず日蓮の言説を聴いてみて、足らない部分は私自身の考察と判断で補います。

日蓮は開目抄におけるのと同じ問題意識である難信難解を持ち出します。信じ理解するのに難しい主題としてはやはり同様に十界互具や久遠実成がありますが、ここではさらに、仏が凡夫の心に住むこと、仏の修行とその結果が凡夫のものとなること、という問題が加わります。後二者の疑問は本質的には十界互具のそれと同様ですが、問題意識はより尖鋭なものになります。簡潔に言えば、どうすれば凡夫は仏になれるのか、法華経や天台智顗の所説ではそう言われるが現実にはどうなのか、という疑問です。法華経の中の釈迦や摩訶止観《まかしかん》を講義している智顗のように日蓮は悠長なことを言える立場にはいません。佐渡流罪という人生の危機に日蓮は自分をも弟子達をも納得させる行法を提示しなければならない。この問題に答えるための考察が観心本尊抄の目的です。凡夫の中に常住する仏を具体的にどう実現するのか、の問題に対し日蓮が試みた解答は次の通りです。

地湧の菩薩は自己の内なる釈迦による教化の結果であること

私はこの言い分には全然感心しません。心の中に釈迦的なものがあると言っているだけではないですか。大乗仏教の一般論から一歩も出ない。

釈迦は娑婆世界の責任者であること

我々が住む現実のこの世に釈迦が現れ、衆生を教化してこの世を浄土としたから、我々は釈迦と一体なのだと日蓮は言います。しかし釈迦がこの世の責任者であるとは経典に書いてありますが、彼がこの世を浄土にしたとは書いてありません。この世を浄土にするためにはたいそうな努力がいるよと言っただけです。

序分・正宗《しょうしゅう》分・流通《るつう》分という経典内容の整序法の援用

序分とは序論入門、その経典に何が書かれているかを簡単に概説したくだり、正宗分は経典の本論、論理とそれを支える証明がじっくりと書かれた部分、流通分は経典を要約して特にその功徳を強調した世間向け宣伝の部分です。この三分類法を日蓮はあらゆる次元で試みます。大乗経典全体を通じて、無量義経と法華経と観普賢経という三つの経典のみを視野に入れて（無量義経は法華経の開経、観普賢経は結経という位置づけをされます）、法華経全体で、迹門の中だけで、本門の中だけでという具合にこの三分類法を適用します。問題は経典の本質的内容が書かれているとされる正宗分がどれかということですが、三分類法の適用の仕方で、まず法華経全体、次に法華経本門、さらに本門のうち「従地湧出品の後半分＋如来寿量品＋分別功徳品の前半分」通称一品二半《いっぽんにはん》、と正宗分をどんどん絞って行きます。日蓮は一品二半をさらに煮詰めてその本質は「妙法蓮華経」の五字にあるとします。あるいはこの五字に南無を附加して南無妙法蓮華経としこれを題目と呼びます。この題目に法華経の総意と成道への特急券が含まれていると言います。言いたいことは解かりますが、説明は断定的で納得できません。

要は、法華経全体―法華経本門―一品二半―妙法蓮華経と正宗分を絞り込むことです。一品二半を構成する三つの品についてもう一度簡単に説明します。従地湧出品は、大地から湧き出た菩薩軍団が、自分達が無限に遠い過去世から釈迦の教えを受けていたことを明かし、同時に将来法華経の護持を誓うくだりです。次の如来寿量品で釈迦自身が、無量億の過去からずっと法華経を説法して来た、久遠実成の仏であることを自己開示します。分別功徳品では法華経を受持する者に与えられる功徳が述べられます。従ってこの三品は法華経全体のエキスのようなものでその最もありがたい部分が集約されていることになります。日蓮はそれをさらに妙法蓮華経という五字の題目に煮詰めます。

種・熟・脱の論理

種は下種《げしゅ》・種を蒔くこと、熟は成熟《じょうじゅく》・種が成長すること、脱は脱益《だっちゃく》・利益や成果を取り入れることです。例えば釈迦が三千塵点劫という大昔衆生に教えたことが種、それ以来霊鷲山で法華経を説くまでが熟（迹門も入ります）、そして本門の説法が脱というように説明されます。この考え方によると仏種すなわち解脱の可能性が釈迦とのいろいろな出会いの中で、また彼が説く経典との接触において、成長して行くことになります。大乗仏教における諸々の経典の存在意義と役どころを定めて全体の展望を維持するための思考法です。同時にこの作業に依り各経典の意義比重の差も明確になります。経典の発達史あるいは進化論的考察です。通常はこの三つのジャンルの中で一番重要視されるのは脱です。それにより解脱成道ができる決め手が与えられるのですから。日蓮はここで若干の操作を施します。本門を二種に分けしかもそれを本来同一なものとします。一品二半を釈迦が霊鷲山で説いた本門とし、他方末法の世に広がるべき本門は一品二半をさらに突き詰めた妙法蓮華経なる五字の題目とします。前者を脱、後者を種とみなし、しかも両者は本来同じとします。つまり本来の本門の脱益の効果を保持したまま、しかも種としてより長い生命力をも持つものとして、題目を捉えます。あるいは日蓮がそう考案します。私はこう理解します。しかしこの論理操作は魅力的ですが不充分です。

地湧の菩薩への法華経弘布という使命の委嘱

このことは法華経に書いてあることですが日蓮はそれを殊のほか重視します。委嘱したからといってそれが日蓮の言う題目とはなりません。私なりに推測するとこの委嘱されるものは長く伝えられるためには、簡便なものでなければならないのかもしれません。幸いなことに法華経にはただ「大事」というだけで「何が大事」なのかは書いてありません。だから五字の題目でも意味伝達の役に立つのでしょう。この考えの背後には末法意識があります。末法濁悪の世の中だから通常のやり方では間に合わない、ともかく肝心な部分だけでも保存し伝達しようという考えです。この種の考えに法華経という経典は案外適合します。

良医の喩

良医の喩は如来寿量品にあります。腕の良い医者の子供達が誤って毒を飲み、精神状態に変調をきたします。父親である医者は子供が薬を飲まないのでそれを置いて旅に出かけます。旅の途中で、父は死んだ、と虚報を流しそのショックで子供達は薬を飲んで回復するというお話です。法華経の功徳が誰にも簡単には解からない真実として薬で比喩されます。日蓮はこの喩を引用するだけです。それ以上の説明はありません。

末法意識

法然や親鸞と同様に日蓮も末法の時代を強く意識していました。末法だから法華経弘布の使命を負う者は地湧の菩薩しかいないとか、末法だから法の維持伝達の手段は簡便であるべきだという発想が日蓮にもあります。

5

日蓮が題目の救済論的価値を絶対化するために使用した論理はこういうところです。論理構成がもうひとつぴしっとしません。私は四つの契機を中心に考察します。

教観双美　行者の肉体　現実重視　末法意識

教観双美《きょうかんそうび》は天台智顗の思想が教相判釈と観心の双方において秀れていることを讃えた言葉です。教相判釈《きょうそうはんじゃく》は（当時の人の立場から見て）釈迦が説いた順序に従って経典を整理統合する作業です。中国にはインド・西域から無秩序に経典が流入したので、何らかの整序の必要がありました。釈迦がすべて説いたということや結果としての時間的順序は間違っていても、教相判釈という作業自身の意味は重大です。経典とそこに表現される仏教思想を発達論的歴史的に把握する態度が教相判釈です。特定の考えや経典を絶対視せず時間の流れの中でそれなりの相対的意義を見出して行く態度です。これに観心が加わります。観心《かんじん》と教判《きょうはん》は偶然くっついたのではありません。一方は他方を必要とします。観心は自らの心の観察です。観察の対象は別に心の中だけではありません。心とそれを取り巻く環境すべてを観察します。観察で得た視点や価値観や立場により経典の意義づけが変わります。この意義づけは価値の流出変容として時間の流れの中で配列整序されます。逆に過去の価値の変化発展として現在のそれがあります。ですから過去は現在により照射されて自らの像を形成し、逆に現在は過去の積重・延長・反映であるという関係になります。現在と過去は交錯します。観心と教相の相互関係は対象が宗教であり信心である故に尖鋭になります。この作業をまともにできれば師匠は要りません。師匠が必要な人は原則的には可能であるはずのこの作業ができない人です。といってもできない人の方が圧倒的に多いのです。逆に言えばこの種の作業のできる人は自己をカリスマ化します。というよりこれができること自体がカリスマである証明です。自分という現在が過去を引き受け構成し、また過去によって刺し貫かれます。彼らカリスマは過去への供犠でありまた現在における創造者です。彼らは常に創造します。過去に囚われず創造します。その意味では彼らは肉体です。自由な肉体です。一方彼らは常に過去に規定され過去を反映せざるを得ません。その意味でも彼らは肉体です。囚われた肉体です。だから彼らが叫ぶ観念は過去の反復でありまた、過去への決別です。彼らカリスマは未来に向かって自由に叫ぶと同時に、過去を我が身に刻印します。未来への咆哮と過去による刻印という二つの契機の総合が彼らが唱える観念です。創造者は時間の中で育成されつつ、時間を賦活し、時間との葛藤を観念として表出します。教相と観心の相補的関係はこのような意味を内包します。そして法華経自体が教相と観心の関係の典型的な範例です。法華経の中で釈迦は自らの所説を変化させ、同時にその身体の像も変化させます。久遠実成の本仏として現在という時点で説法する釈迦の前後に、無限の時間と釈迦の諸像が展開します。釈迦は過去の因縁を開示し未来の使命を指示します。法華経の釈迦は教と観を同時に見据えて双方を掘り下げ展開せしめる修行者です。

教相と観心の相互作用を最も誠実苛烈に生き抜いたのが日蓮です。彼は法華経における大いなる空白、なぜこの経典は素晴らしいのか、いかなる行動を法華経が尊重する娑婆世界に対して為さねばならないのかに関する空白、彼の言葉を使えば難信難解の由縁、を突詰めそれを自己の肉体でもって埋めて解答を発見しました。法華経の行者の肉体で受難を引き受け、法華経の真実性を立証します。彼にとって法華経とは悠久の昔から現在に向かって流れる価値の体系であり、最も厳密な意味での歴史です。日蓮は時間の中で自己の肉体を育成しまた肉体でもって時間を支えます。この肉体と時間の交錯するところに生じるものが、彼が最終的に到達した妙法蓮華経なる題目に込められた、絶対的な救済論です。題目は日蓮が引き受け日蓮の肉体に刻印され日蓮が投企する価値観念です。

日蓮は現実主義者です。彼が釈迦を敬愛するのは釈迦が我々が現に住むこの娑婆《しゃば》世界の当主として我々自身を責任をもって面倒を見てくれるからです。逆の意味で阿弥陀如来は彼の関心の外に置かれます。日蓮が二乗作仏を追求するのは、そのままでは声聞や縁覚達が彼らの父母兄弟を救済できないからでもあります。彼が後に強調する主師親の恩徳も家族という現実的な関係を尊重しそれに愛着するからです。なぜ衆生は釈迦と一体化しうるのかという問いに日蓮は、釈迦が娑婆世界の方だからという答にならない答をしています。彼にとっては自分達人間が住む娑婆世界はいとおしいものでした。自分が属す状況、住む環境をこよなく愛するという意味で、日蓮は現実主義者です。彼が現実を尊重する態度は彼の政治への関心に如実に示されます。彼ほど政治に正攻法で関心を示した宗教家はいません。政治が民衆の幸福に資することへの関心もさることながら、政治という人間の利害と感情の入り組んだ複雑で時として危険なメカニズムにもたじろぎません。たじろかないどころか返って興味を示している節さえ伺われます。通常宗教家が政治に関心を示す場合もっと密やかに隠秘に偽善的に振る舞います。日蓮の政治への態度は正攻法一本槍です。正直日蓮の人生を見ていると、なんでこの人は頭を丸めて僧侶になったのかなとさえ思わされます。訴訟指揮もてきぱきしています。熱原《あたはら》事件がいい例です。生活態度も禁欲主義者のそれではありません。酒は好きですし、弟子檀家からの贈り物には心のこもった返事をしたためます。リアリストである日蓮にとってはまず行動です。不必要なまで考えるのでなく、何を為すべきかに関心を集中させます。だから日蓮は法華経に登場するキャラクターの中で地涌《じゅ》の菩薩特に筆頭指導者である上行《じょうぎょう》菩薩に自己を同一化させます。彼にとって常に疑問に悩み、出現する現象に右往左往する文殊や弥勒等は関心外です。地涌の菩薩への同化は戦士としての同化です。戦士行動者としての日蓮にはすぐ使える鋭利な道具が必要になります。この鋭利な道具が題目です。

最後に末法意識が加わります。末法という時代認識は衰退とそれへの超克という二つの契機が絡み合って成り立ちます。後者の契機を欠いては末法意識は成立しません。人間が歴史の中で生きる限り、日々あるいは時々刻々この種の体験を程度の差こそあれ蒙ります。末法意識は歴史に生きる人間の葛藤を増幅し自覚した時生じる体験です。時間はただそれが過ぎ行くだけのものではなくて、人間により常に賦活され維持されなければなりません。我々人間は常に時間崩壊という危機の挑戦を受けています。だから末法を意識する人間は、それが危機であるが故に、時代を変換するための強烈で簡便なてこを求めます。それまでのいきさつやしがらみというごちゃごちゃしたものをすべて捨象した必要不可欠な本質的機能のみを求めます。換言すれば時間は人間社会の危機において常に本質のみを機能させ保持させるべく働きます。日蓮は時間が持つこの固有の機能に着目します。法華経の一品二半《いっぽんにはん》に集約される脱益《だっちゃく》（つまり修行と利益の成果総体）を集約したものが種としての題目です。行者日蓮の肉体はこの種を脱へと成熟させる媒体です。日蓮は題目を唱え続け題目という種を撒きその成長を促し続けます。その結果として開示されるのが法華経の意味です。私はここであえて日蓮が設定した種熟脱《しゅじゅくだつ》の順序を転倒します。法華経の一品二半を種、行者日蓮の肉体を熟、題目を脱と設定します。成道への可能性として法華経を種と捉え、それを日蓮の肉体と行動の中で成熟せしめた時得られる成果が脱である題目です。妙法蓮華経という五字、単なる字でしかない題目も、法華経を背景とし、日蓮の解釈と行動により賦活された時、成道への現実性を獲得します。日蓮の肉体を介して思想の内容と形式は結ばれます。法華経と護持者である日蓮の肉体と題目は重なります。題目は法華経の象徴、行者日蓮の肉体の延長、過去の刻印であり、日蓮自身の存在証明、日蓮と世界を結びつける道具、日蓮の武器呪法であり、未来への投企です。この題目をもって切り開かれた前方に現れる世界は、新たな活動の場としての法華経の世界です。法華経を荷い、了解し、賦活し、法華経により貫かれる、日蓮の肉体により、経典と題目は統合されます。

智顗は十界互具の論理で観不思議、つまりある名辞、様相の観察あるいはその呼称は、単なる名辞に留まらず感情さらには環境との相互作用を含む聖俗のあらゆる現象に連なり進展する、と主張しました。この考えに従うといかなる現象・名辞といえども森羅万象を表示できることになります。題目はすべてを表現します。

日蓮は開目抄を著わすことにより自らを仏法相承流通の主体である法華経の行者と自覚します。観心本尊抄において彼は行者であることと不可分の関係にある機能としての、五字の題目の意味を把握します。

第四節　自己作仏

1

守護国家論と立正安国論、さらに開目抄と観心本尊抄を中心に日蓮の教説を考察しました。第四節ではこれまでの論述を補足する形で彼の思想を形成する重要な諸契機すなわち、ナショナリズム・儒教の影響・政治思想・教機時国・事の観法・予言・自己作仏、の七項目に分けて説明します。

ナショナリズム

日蓮はナショナリストです。彼はナショナリスト故に評価され、ナショナリスト故に批判されました。一人の人間がナショナリストになるかコスモポリタンになるかは、突詰めればその人の生来の素質により決定されるのかもしれません。その人の生い立ちも関係するでしょう。日蓮の場合彼をナショナリストにし易い環境はありました。彼は安房国東条郷小湊で生れます。東条郷は源頼朝が一谷の戦勝のお礼として伊勢神宮に寄進した荘園です。東条の御厨《みくりや》と呼ばれます。御厨は台所です。伊勢神宮の主神である天照大神が食される供犠の食料を献上するための荘園が御厨です。ここで二つのことが日蓮を感激させます。伊勢神宮と源頼朝です。伊勢神宮の直轄領の民という自覚を日蓮は強く持ちます。また日蓮の頼朝への傾倒は相当なものです。彼が尊敬する人物は政治家としては頼朝と北条義時です。鎌倉幕府は彼ら二人により作られました。日蓮が国家を論じる時の国家は決して律令国家ではありません。彼の国家は鎌倉幕府です。鎌倉幕府は関東武士団の武力により作られた関東じばえの政権です。その幕府の創業者である頼朝に関係のある故郷が東条の御厨です。日蓮という人は郷土意識の強い人です。彼の弟子が京都の公家の家に招かれたことを自慢した時、郷土の方言を使えと叱りました。こんな日蓮ですから、自分が住んでいる故郷が頼朝により伊勢神宮に寄進された土地である、という事実は彼に強い影響を与えます。関東で初めてできたじばえの政権、ひょっとしたら我々が作った政権と日蓮は思っていたかもしれません。事実幕府の御家人にはこんな気持ちを持つ連中も多かったのです。その我々の代表である源頼朝＋伊勢神宮＝東条郷、という公式が成り立つと、そこから一気に、故郷小湊—東条御厨—源頼朝—政権誕生—伊勢神宮—日本の中心、という連想系列が成立します。日蓮はこういうかなり自己肥大的な想念が成り立ち易い人ではあります。

日蓮がナショナリストであることは自明すぎるくらい自明です。彼の人生前半の主著が国家守護論と立正安国論、後者は北条時頼に上呈されます。立正安国論の主意は、法華経信仰以外の信仰をすれば国は滅びるの一言。為政者の宗教政策に干渉して流罪を蒙ること二度。開目抄と観心本尊抄の結論が、我は日本国の柱なりです。日蓮は日本国という意識を持った最初の人物かも知れません？　日蓮以前には日本という名称は殆ど使われていません。例外は私が知る限り聖徳太子だけです。

法華経とナショナリズムがどう結びつくのでしょうか？　法華経自体に国家主義的傾向は直接には認められません。日蓮が国家に関係することを述べる時の典拠はたいてい仁王経や最勝王経や金光明経などです。法華経の最大の特徴は本迹《ほんじゃく》二門の構造です。迹門が我々が日常直接触れ得る現実を語り本門が真理を語ります。本迹二門の相互乗り入れがこの経典の最大の特徴です。方便と真如、現実と真理の、二つの契機が相補相即の関係で捉えられます。しかし、二つの契機は別の形で顕れているが根底においては同一、とは具体的に明示されません。その開示はあくまで時間の展開と法華経の行者の行動に任されます。行者は基本的には俗人です。俗人の共同体は機根資質の異なる複数のメンバーで成立しますから、そこには頓悟《とんご》（一瞬にして悟る）の如き離れ業はありえません。成道への道は、共同体を作り、共同体を介して、国家共同体に働きかけ、時間をかけて、熟成して行くものとなります。共同体を介してのみ時間（意識）は成立しますし、共同体の変化の中でのみ自己の変化も認識できます。かくのごとく法華経はその論理の中に、本迹二門の構造、方便と真如の相補相即性、時間の展開と行者の行動、国家共同体の要請、という一連の契機を内包します。国家共同体と時間（意識）は相互補完的関係にあります。

鎌倉幕府は単に武士の政権という意味だけに留まりません。畿内西国を中心とする律令政府がその版図を東に向けた極限が奥州でした。以後律令政府と現地の蝦夷人は五〇〇年以上に渡って争闘し続けます。その間律令政府は完全に奥州を支配下に置いたとは言えません。この戦役と支配の余波は隣接する同質の地域である関東に及び、そこに半合法的土地占有者の共同体である武士団を成立させます。鎌倉幕府はこの関東武士団の上に成立した叛乱政権です。見方を変えると西国政権に対して叛乱した東国人の政権が幕府です。鎌倉開幕は支配階層のみならず支配民族の交代という性格すら持ちます。お国意識の強い日蓮がこのことを意識しないとは思えません。日蓮のナショナリズムの背景には、法華経に内在する国家共同体の要請と、新生東国国家の誕生、という二つの契機が存在します。

儒教の影響

日蓮の思想形成に対する儒教の影響は無視できません。彼の著書には三皇五帝とか孔子や周公旦あるいは伯夷叔斉《はくいしゅくせい》にまつわる故事逸話がよく出てきます。開目抄でも冒頭儒教への評価が述べられます。特に日蓮が終生通じて強調した主師親の三徳の大切さは儒教倫理そのものです。儒教の内容を簡単に俯瞰してみましょう。儒教の考え方は案外簡単で仁義礼楽、五倫五常くらいに要約されます。仁は他者への思いやり、配慮、義はそれを当為の形で表現した心情、仁義の具体的発現の形が礼楽です。礼は礼儀作法、つまり、他人の立場を思いやって他人が快く思えるようにこちらから先に振る舞うこと、言ってみればある種のパーフォーマンスです。儒教は仁の思いを極力礼という外面的行動で表せと言います。礼は仁の外在化されたものですからこの種の礼の内容はどんどん肥大します。特に葬送と食事のマナーは瑣末なまでに詳しく規定されました。また礼は外在化されたものですからその具体的内容は漢民族の生活習慣の反映であり、従って他民族に対する普遍性を欠きます。楽は音楽、人と人の間は詩や音楽を通じて柔らかく関係づけられねばなりません。五倫は君臣・親子・夫婦・兄弟・朋友の関係の理想を義・孝・恭・悌・信の徳目で規定します。加えて人生の目的は修身・斉家・治国・平天下、簡単に言えば健康を維持し家政を整え出世することです。

儒教は人間主義と言われることがあります。そして人間の素朴な欲求を肯定します。人間としてのあるべき感情、関係のあり方を仁とか五倫と言い、その演出を礼と言います。そして人間の素朴な欲求を肯定します。生きる目標は福禄寿—子孫の多いこと・富裕になること・長生きすることです。逆に言えば儒教には人間否定という側面が全くと言っていいほど欠如します。キリスト教にせよ、仏教にせよまず一度は人間少なくとも、無反省に日常を生きる人間のあり方を否定します。キリスト教はそのために原罪を仏教は無我を主張します。現実を素朴に肯定する儒教のモラルはすべて外面的になるので、生存の価値を為政者が独占し易くなります。偽善的な繁文縟礼、皇帝独裁体制、そして自文化中心主義は必然の結果です。

空海は十住心論の中で思想を十段階に等級を付け解説しました。彼のランク付けによると、儒教は下から二番目で倫理道徳としては一番低い発達段階になります。親鸞は儒教に対しては全面否定です。日蓮は儒教に対してまず肯定、次に否定です。儒教は現在世を云々するのみで過去世・未来世に対しては関心を示さないから否定します。私の言葉で言えば、人間否定という契機が無い、となります。しかし日蓮に対する儒教の影響は他の仏教思想家と比べると非常に大きいのです。彼が終生日本の政治に熱い関心を示したこと、弟子や親族等周辺の者に示す素朴な親愛の情、主師親の三徳の強調には儒教思想の影響があります。当時のインテリである僧侶が儒書を読む機会はいくらでもありました。影響を受けるか否かは読む者の資質の問題です。日蓮は、日本一の大学者になる、と誓ったそうですから、儒教の影響を受けやすい傾向は充分にあったと思います。大学者になって政治に影響力を発揮したいとしか受け取れません。儒教の良いところは政治行為の重視です。始祖の孔子以来儒教はいかに良い政治を行うべきかということに思想の焦点を置き、すべての人間のあり方をそこに集約してきました。ですから儒教は現実主義です。現実を素朴に肯定しすぎるのが限界なのですが。

日蓮ほど政治に関心を示した宗教家はいません。彼の政治への関心を助長した重要な契機の一つに儒教があることは否定できません。しかし彼は政治という現実をそのまま受け入れたのではありません。彼の政治に対する姿勢はプロテストし抗議する態度です。抗議の根拠が法華経です。政治は集団の営為です。通常それは国家を最終的単位として行われます。集団・国家・共同体の重視と法華経の尊重とは相互に関連し影響しあいつつ日蓮の思想に刻印を押しそれをより深みのあるものにします。国家共同体を考慮するから、法華経の行者に活動の場が与えられます。また法華経の論理構造の中に入れられるから、政治行為はその主体を法華経の行者という形で純化させます。智顗と日蓮を比較すると面白いことに気づかされます。智顗は外典つまり儒教の文献を日蓮ほど引用しません。しかし蓋を開けて見ると彼の思想体系は良く言えば体系的、悪く言えば観念と文字の羅列になります。彼の貢献は偉大で鋭いのですが、過剰な文飾の傾向は否定できません。摩訶止観や法華玄義を読むと律令の法典でも読まされている気分になります。それに比べて日蓮はあれほど儒教の影響を受けつつも、彼の思想が語らんとするところは簡潔です。少なくとも彼自身が何を為すべきかに関しては常に単純明快です。日蓮は法華経でなければ国は救えないとします。そのために諫暁を非妥協的に実行します。それが失敗したら、自らを法華経の行者として位置づけます。智顗と日蓮のこの差はどこから来るのでしょうか？　漢民族と大和民族の気質の差故なのでしょうか？　科挙官僚と鎌倉武士の違いでしょうか？　それとも法華経の読みの深さの相違故なのでしょうか？

政治思想

日蓮はどんな政治形態を理想としたのか明言しません。佐渡流罪の直後、身延隠棲の直前に、彼は平頼綱から政治に関して諮問を受けます。日蓮の答えはただ政治家が法華経を信仰すべきということだけですから、現実の為政者である頼綱にとっては答になりません。しかし日蓮が好意を抱いた政治体制は見当がつきます。北条泰時によって作製された貞永式目による政治です。日蓮は式目を運営する主体である鎌倉幕府に対してはすごく愛着を示します。彼が評価する政治家は、鎌倉幕府の創業者源頼朝と承久の乱の勝利者北条義時の二人です。さらに評定治承寿永の内乱や承久の乱を経て鎌倉幕府は基盤を固め、政治運営の憲法として貞永式目を作ります。

衆が設置されます。式目に体現される理に基づき執権・評定衆を中心として運営される合議制が始まります。一種の共和政治です。理想は武士による武士のための武士の政治です。日蓮の出自は武士的階層であると推測されますし、お国意識の強い彼は関東じばえの政権である幕府には理屈を超えた愛着を持ちます。なによりも貞永式目と評定衆の存在は理法を重んじる彼の気質に合致します。彼は立正安国論の中で他国侵逼難《たこくしんぴつなん》と自界叛逆難を予言します。私は自界叛逆難の予言は幕府内部の矛盾、詳しく言えば式目の理想である御家人共同体と、北条氏の嫡流である得宗《とくそう》家の独裁体制の対立を日蓮は見抜いていたことにより可能だったと思います。得宗家に直属する武士を得宗被官と言います。彼らは得宗家の専制化と共に力をつけます。代表が侍所の所司平頼綱です。立正安国論は一二六〇年に上呈されます。時の実力者は時頼で彼の頃から専制化は進みました。一二六〇年と言うと矛盾が顕著になり始める頃です。以後幕府の内部では得宗家の権力相続を廻っての対立、得宗家と北条氏庶流の対立、伝統的な御家人と得宗被官の対立、力を付けすぎた被官の粛清等々の事件が相継ぎます。日蓮にはこの辺の事情がある程度想像がついたのでしょう。彼は自界叛逆難を不幸なこととして非難しているのですから、そのような事件が置きやすい得宗専制体制には批判的です。逆に言えば彼が理想とした政治体制は貞永式目と評定衆が健全に機能した政治ということになります。彼が育ち多感な青春を送ったのはそういう時代でした。法然や親鸞は古い政権の末期を見て育ちました。その政権が最終的に崩壊した承久の乱が勃発した時、法然は既にこの世になく、親鸞は五十歳でした。逆に日蓮は新しい政治体制が建設される途上において成長しその変質過程をつぶさに観察する人生を送ります。法然親鸞と日蓮は彼らの資質の違いもありますが、彼らが遭遇した政治現象も異なります。

日蓮が叡山出身であることは彼の政治への関心を語る場合念頭に置く必要があります。比叡山延暦寺では（だけでもないのですが）大衆僉議《せんぎ》という形の民主主義が行われていました。また叡山のその世俗性は政治への関心を刺激します。日蓮がこの雰囲気の影響を受けていないはずがありません。

教機時国

教と機と時については私が知る限り浄土教の道綽が初めて言及しています。論理の表現は単純です。末法の時には衆生の機（機根資質）は衰えるから教は簡単なものでなければならない、と道綽は言います。さらに善導が時の展開の契機として機を強調します。彼の言う起化《きけ》の時です。この考え方は重要です。時間の展開の契機としての人間の悪を善導は強調します。こうして人間の資質とその範型は相互に反応しつつ時間の中で変化することになります。しかし浄土思想家は以後この問題を突き詰めません。ではなぜ日蓮は国という概念を持ち出すのでしょうか？　日蓮はただ末法の時代の日本という国には法華経が弘布されるはずとのみ言います。釈然としません。

教というとまず想起されるのは教相判釈です。教相判釈と末法意識では時間の意味が逆転します。後者がただ衆生の機根の劣化を述べるのに対して、前者では機根の成長発展が前面に押し出されます。なるほど釈迦が成道の直後に華厳経を説いたのは時機尚早ではあったが、阿含経を説いて衆生の機根が上がりその上に方等経を説いて云々という風に、説かれる経典と聴く衆生の関係は相互向上のポジティヴな関係にあります。しかし法華経は一見したところ末法思想を説いているようにも見えます。しかし法華経は同時に末法時代の変革をも要請します。どうしようもないだけではなくて、だからなんとかしなくてはならないというのが法華経の主張です。

ポジティヴであれネガティヴであれ教と機は相互に反応しあいつつ変化します。そこに時間が出現します。浄土思想は一面的に機の劣化を強調するため、時間はいわばどんづまりになります。時間は止まります。法華経、特に教相判釈思想により論理的に補強された法華経は、自らの意図と内容を未来に向かって実現することを使命とします。未来に自己の実現を求める以上時間が止まっては困ります。ところでこの時間なるものですがそれを受け止める媒体は何でしょうか？　教とは如来の教えです。はじめから万人を対象とします。つまり教は個々人に対してでなく本来共同体に対して説かれます。法華経受持者のような信仰の素人に対してこのことは特に妥当します。共同体とは国家です。この教えが万人に均等平等に広まれば信仰の上では理想でしょうが決してそうはなりません。衆生の機根従って受け取り方は種々様々です。この種々なる受け取り方と、それにより触発されるやはり種々なる行為行動、ここから生じる懸隔と矛盾そして対立、という諸々の契機は調整整序されなければなりません。そのための場が国家共同体であり時間の経過です。国も時もその意味では機関であり媒体です。だから共同体・国家は時間の存在を要請し、また時間は共同体・国家の中でのみ自己を実現します。時と国は相互に相手の存在を要請し合います。この枠の中でのみ如来の教えも衆生の機根の変化も可能です。日蓮が最後に到達した立場は成道のための場、機関としての時と国の意義の把握です。

事の観法

智顗は摩訶止観の第七章正修止観の冒頭を、観不思議でもって解説し、そこから十界互具さらに一念三千という主題を導き出しました。主題の意味は、一つの想念の中には他のすべての想念が反映され影響し重畳している、です。だから人間は如何なる状態にあろうとその中に仏性を持っている、救われ成道し得る、となります。この考え方を理の観法あるいは理の一念三千と言います。ここで理とは理屈理論の段階、想念主観の中でしかないもの、従って各人の内面的境地という意味を持ちます。確かに智顗は法華経の内容に十界互具という考え方を当てはめそれを論理的、現実的なものにしましたが、同時にそれを再び観念の中に押し戻してしまった観があります。

日蓮はここから出発します。十界互具・一念三千の理想をいかに実現するかと考えます。確かに智顗の考え方では一念三千は観念の中だけに存在する絵に描いた餅になりかねません。さらに本来万人救済ということ自体が破天荒かつ革命的な考えです。法華経はあえてそれを説き、他の経典の内容と矛盾し対立します。日蓮はこの矛盾を難信難解と捉え解決を試みます。解答は、法華経の行者日蓮、です。日蓮が法華経に書いてあること、受難を体験することにより法華経の正しさが立証される、法華経が正しいから日蓮が正しいのではなく、日蓮が正しいから法華経が正しくなるのだ、と考えます。法華経の内容である万人救済の理想は法華の行者日蓮の肉体と行為に体現されます。これは原則的には誰にもできるはずのことです。日蓮が自己の体験として開発したどり着くこの境地を、事の一念三千と言います。

智顗の体系は、智顗という偉大な観察者が禅定を行い、その一点からすべてを見て描出する図式です。印象は静的であり、体験される内容は智顗個人の内面でしか理解可能なものになりかねません。この状況全体は六波羅蜜を想起させます。同時に法華経に内包されている時間という契機が後退します。日蓮の行法では、日蓮個人が前方に突進し迫害を身に受けることにより開かれる体験と状況が、法華経の内容の実現になります。ここには修行者を保護してくれる六波羅蜜という母胎はありません。解脱・成道・洞察・認識・体験はすべて六波羅蜜的構造から脱離し、時間軸に沿って生起する行為を通してのみ獲得されます。六波羅蜜の生産的破壊をもって仏教は初めて大衆化大乗化します。

予言

日蓮ほど政治に正面から取り組んだ宗教家も珍しい。最大の事跡は予言とその的中です。彼は薬師経の七難の中の五難は既に実現されているとして、残りの二難、自界叛逆難と他国侵逼難、の二つを強調します。前者は一二七二年、佐渡流罪中に、後者は一二七四年、身延入山の半年後に実現します。

わが国あるいは仏教一般において予言者は多くいません。多くの仏教宗派が個人主義的でその分非政治的だからです。外国の例を見ても予言者はたいてい政治的主題に関して予言をします。代表的なのがユダヤ教です。開祖と言ってもいいモーゼがそうです。普遍的宗教としてのユダヤ教はイザヤやエレミヤといった予言者により作られました。ユダヤ教は地上における神の国の実現という名の政治的行為に徹頭徹尾熱心です。彼ら予言者は俗人であって聖職者ではありません。ユダヤ教では聖職者の存在する余地は極めて少ないのです。イスラム教の開祖ムハンマッドは政治家であり予言者でした。ギリシャ神話や悲劇の中で予言と言えばまず王国とか王家という政治的単位について行われます。個人的次元での予言など予言とは言いません。占いあるいは呪術と言います。キリスト教になりますとユダヤ教ほど予言者の活躍する余地が無くなります。キリスト教がより個人主義的だからでしょう。

予言が政治がらみであるとするとなぜ政治的主題に関してのみ予言が成立するのかという疑問への答えが出て来ます。政治に関して宗教の側が意見を言うことが予言ですからこれは政治と宗教の双方にとって危機です。宗教が個人に関して忠告警告処罰することは日常的営為です。マニュアル通りの作業です。この次元での宗教の対応に関しては政治は黙して一任しておけばよく、宗教は政治の下部機構として安定した地位に甘んじえます。逆に言えば宗教の側から政治に物申す時この日常の機構は機能しません。この時通常の機構の外側から天の声を民の口を通して語る者としての予言者が出現します。予言者は宗教共同体の機構と、それが捧持する神仏を破壊し尽くしてしまわないために自ら身代わりとなって神仏や共同体を代弁する存在です。だから彼らは神仏の代理であり犠牲です。正規軍を使用するのはさしさわりがあるから外人部隊か傭兵に頼るようなものです。

政治的な現象に関しては一義的なことは言えません。個人が何を為すべきかという課題より政治が如何にあるべきかという設問の方が、答えるにははるかに複雑です。複数の人間の利害が交錯しますし、教団自体もこの利害の中に既に絡み込まれています。神仏もうかつなことは言えません。しかし宗教はその本質・成り立ちからして政治的共同体つまり国家に対して責任を持ちます。政治上の悪しき予兆に対して宗教はそれを放置できません。この時宗教は自らの信仰上の原点に帰り、それを厳しく主張すること（逆に言えば政治との日常的馴れ合いを否定すること）により、政治に警告を与えます。あくまで信仰の原点を強調することが肝要です。後は、てめえで考えろ、です。この作業は激しい感情と信念無くしては為しえませんので、任務は日常の機構の外にいる多くの場合俗人が担当します。非日常的な人格・カリスマの出現が要請されます。予言者というカリスマは、政治と宗教の危機に当たって、共同体全体を叱咤し激励する役割を荷います。神仏の代理であり、また神仏に代わって民の非難攻撃を一身に荷う者でもあります。予言者は、神仏に代わり、その苦悩を引き受ける、神仏の代苦の実践者です。予言者が政治行為の末端にまで入り込まず、あくまで信仰の原点を単純に強調するからいいのです。そのことにより政治はそれまで入り込んでいた末端の個別的事態の泥沼から抜け出し、事態をより客観的に俯瞰できます。予言者は為政者のみならず民衆にも警告しますから事態はより単純になります。民に直接反省を求めること自体は通常の政治のよく為し得ることではありません。予言者とは、共同体の危機に際して、神仏・宗教機構・為政者・民衆すべてに代わって彼らに信仰の原点を指し示す存在です。

予言者は国家存亡の時神仏に代わってその意志を代弁します。あるいは代弁していると思います。日蓮も同様です。彼が生きた時代は新しい武家政権の揺籃期です。彼はこの新政権の成長に強い関心を抱きます。そういう彼から見ると得宗専制は武家政権の滅亡あるいは後退です。浄土思想は彼には共同体倫理の破壊でした。そしてその背後には蒙古襲来への恐れがあります。当時日本は鎖国状態にあったのではありません。宋船の往来は頻繁で貿易も盛んでした。

大陸における蒙古の動向は日本に伝えられていました。日蓮が十二歳の時に華北を領有していた金王朝は滅亡します。政治家も貿易商業関係者もこういう事情を知らなかったとは考えられません。日蓮は叡山出身の天台僧です。叡山は商業行為に深く関係します。彼らの交易上のネットワークは海外まで延びています。商業を営むためにはまず宋銭を手に入れることが必要だったのですから。だから日蓮が蒙古の動向に為政者並の情報を持っていたと推測することは可能です。後は国家への責任感の問題だけです。一定の情報を持ってしかも当時の国情に危惧の念を抱いていれば蒙古襲来を予感できます。私は日蓮が経文の中から機械的に予言したとはとても思えません。

自界叛逆難と他国侵逼難、北条時輔の謀反と蒙古襲来、は今から見れば起きるべくして起きたと言えます。しかしそれは後世から見た結果論で、当時日蓮の予言を信じる人は少なかったのです。日蓮は一回だけ予言したのではありません。繰り返し警告しています。このように信念を持って予言するにはそれなりの勉強と洞察力が必要です。この洞察力はまず日蓮の政治や歴史という人間が生きる現実への強い関心によって醸成されます。そして最後は法華経です。法華経はそれ自身が歴史と国家への関心を内包します。また法華経は自らが実現されるための受難を前提とします。日蓮が武家政権の成長を望めば望むほどその前提として、国難の克服が必至であったのではないでしょうか?

自己作仏

日蓮は観心本尊抄以後、自分は法華の行者であるという自覚を深め、釈迦仏より法華経という法を上位に置き、救済される衆生に自分と同等の地位を与えることにより、日蓮自身を徐々に仏如来の地位に引き上げて行きます。彼の到達した立場の革命性と逆説性を強調するために私はあえて自己作仏《じこさぶつ》、キリスト教的な表現を用いれば自己神化（キリスト教では最大の罪悪とされる）という術語を用います。日蓮が自分を如来に擬した言葉は多数ありますが、本質的な内容を言い表す言葉を六つ選びます。

我は世界一の法華の行者である、日蓮ほど法華経を弘めようとして迫害を受けたものがいるかどうかという自意識。この自意識を前提として、一つの戒をも持たない末代悪世の凡夫も、極悪不信の者も、一介の智慧が無い者も、法華経以外に仏道はないと信じれば、弥勒菩薩や普賢菩薩、あるいは竜樹世親という偉大な論師たちにも優

る。ダニと言えども法華経という駿馬のしっぽについていればより遠くまで行けるのだ。(選時抄　五十四歳)

悟りの最高位である妙覚の位にある仏を供養するよりも、心ざしなくとも末代の法華経の行者を讃め供養する功徳の方がずっと優る。(法蓮鈔　五十四歳)

法華経は産むもの、仏は生れるもの。(本尊問答抄　五十七歳)

仏はいみじしといえども、法華経に対しまいらせ候えば、蛍火と日月との勝劣。天と地ほどの高下なり。(上野殿御返事　五十七歳)

無戒邪見の我日蓮が、法華経を受持しているのは、大蛇が宝珠をくわえているようなもの。(法衣書　五十九歳)

法華経の行者日蓮を護らないし、謗法者を罰しないから、八幡大菩薩も罰せられるべきである。まさに知るべし瞋恚は善にも悪にも通ずるものなり(諫暁八幡抄　五十九歳)

このように日蓮は自己を釈迦と同等の地位にまで引き挙げて行きます。日蓮の自己神化は次のような論理でもって進みます。まず法華経の行者という自覚です。法華経の行者であることはだれでもできることです。少なくとも原則的には。万人に可能であるこのことは折伏逆化の論理により支えられます。折伏により相互の罪過が出現しそれを自覚することは相互の課題になります。その時師匠も弟子も同格です。日蓮はかくして自らを一方では衆生と同一化し返す刀で自らを釈迦如来と同等視します。日蓮は、折伏逆化を中核の論理とする法華経という法を、仏如来より上位に置きます。あるいは法の海の中の点景として仏如来を捉えます。日蓮の法華経観は、法華経の行者なる今ここでの存在と、折伏逆化の論理を主軸とします。この事と理により、日蓮は自己をまず大衆一般と同一化し、それをばねとして自らを釈迦と同等の立場に引き上げます。法華経の行者日蓮の肉体は、折伏逆化という理の展開する状況へと溶解します。

第五節　悪党日蓮

親鸞が歴史上実在したのかと疑われるほど生活の具体像が希薄であるのに対し、日蓮は実に逸話の多い人です。日本の宗教人の中でエピソードに富む人物は空海と一休と日蓮でしょう。空海の事跡は神秘化伝説化されていますし、一休の場合も逸話それ自体が一人歩きしているきらいがあります。日蓮に関する逸話には事実とその意味が豊富です。日蓮の生涯の転機となる主な事件は、伊豆流罪、小松原襲撃事件、佐渡流罪、熱原《あたはら》事件、弟子達の受難があります。加えて悪党《あくとう》日蓮を語り最後に日蓮以後の法華宗の推移に触れます。

伊豆流罪

一二六〇年七月十六日、上呈された立正安国論の主張は念仏の排撃禁止です。当時法然の浄土宗は幾多の弾圧を乗り越え、自らを体制内化させて鎌倉で多くの信者を得ていました。日蓮に非難された浄土宗の連中は怒ります。論争では適わないと見て八月二十七日、彼らは大挙して日蓮の松葉谷の住居を襲い放火します。日蓮他弟子達は手傷を負います。日蓮は裏山に逃げます。逃げなければ殺されていたでしょう。襲撃事件には裏があります。黒幕は執権北条長時の父親、重時です。重時は熱心な念仏信者です。彼は法然の高弟証空の門人修観に帰依して出家していました。彼は日蓮を憎みます。なお北条時頼は執権ではありません。ありませんが時頼は得宗家の当主として幕政の実権を握っていました。この事実を知っていたから日蓮は安国論を時頼に提出したのです。時頼は安国論を無視しますが彼自身は日蓮に悪意を抱くことはなかったようです。好意的無視です。日蓮は下総国の門人富木常忍の領地へ逃げます。

日蓮は鎌倉に戻ります。自己の所信を辻説法で声高に述べ始めます。びっくりしたのは念仏宗徒です。あの襲撃事件でくたばっていたとばかり思っていたのにまだ生きていやがったかと。彼らは日蓮を幕府に訴えます。幕府は日蓮を逮捕して伊豆流罪の判決を下します。判決理由は、悪口を言って放火や闘殺事件の原因となった、ということです。貞永式目の条文に違反したのが理由です。しかし悪口を言ったのは日蓮かもしれませんが、放火したり武器を持って乱入したのは念仏宗徒の方ですから、日蓮だけ処罰されて、他方はお咎め無しとなると片手落ちの判決です。このこと自体が式目への違反です。裏で北条重時を中心とする一派が動いていたようです。日蓮は伊豆の漁師弥三郎夫妻に親切にされ、また土地の地頭伊東朝高の祈禱を引き受けています。この間教機時国抄を著わし法華経を色読（自己の体験に即して読むこと）するようになります。法華経の行者という自覚もこの頃から出現します。

日蓮が流されて二十日と経たないうちに日蓮配流の張本人である重時が心神錯乱に陥り死去します。重時の一周忌が済んで後、日蓮は赦免されます。時頼のはからいであったと日蓮は推測しています。日蓮は時頼を尊敬し彼の政治に期待していました。しかしその北条時頼も日蓮赦免の同年、一二六三年十一月に死去します。破良観御書で日蓮は、さりし程に最妙寺入道殿隠れさせ給ひしかば　いかにもこのことあしくなりなんず、と時頼の死後自分に対して幕府はいよいよ迫害を強めてくるであろうと予想しています。

立正安国論は一二六〇年に上呈されました。日蓮がこの本を書くに至った動機の一つは一二五七年頃から盛んに起こる天変地異です。以下まとめますと、

一二五六年　夏雷雨霧雨　冷害　秋暴風雨　田畑の流失多し
　秋京都から鎌倉に疫病赤もがさが大流行　政界上層部も多く罹患
　時頼と彼の幼女も患い幼女は死去　時頼はこれを機に出家し執権職を退く

一二五七年　二月京都に大地震　四月月食　五月日食　京都に洪水　鎌倉に地震
　六・七月旱魃　八月鎌倉に地震　八月二十三日鎌倉に大地震　十一月鎌倉に大地震

一二五八年　二月　鎌倉に暴風　夏旱魃　八月暴風　十月豪雨洪水　月食

一二五九年　飢饉そして疫病

ざっとこんな調子です。朝廷は盛んに改元します。建長から康元、さらに正嘉・正元、そして文応と。この時代日食月食は災害同然と見なされました。一二五七年正嘉元年八月二十三日の、鎌倉の大地震の様子を記載した吾妻鏡の文は以下の通りです。

大地震音あり　神社仏閣一宇として全きはなし　山岳は類崩し人屋は顚倒す　築地皆悉く破損す　所々に地裂け
水湧き出ず　中の下馬橋辺の地は裂け破れ　その中より火炎燃え出ず　色青しと云々

天変地異の激増と民衆生活の窮乏に対して日蓮はその原因と対処の方策を考え、それは政治が良くない、政治が良くないのは為政者の信仰が良くないからだ、と判断し立正安国論を書き国家諫暁をします。親鸞は当時京都で存命していました。東国の弟子がこの災害の惨状を書き送ったのに対して親鸞は次のように答えています。

ただし生死無常のことわり　くはしく如来のときをかせおはしましてさふらふうえは　おどろきおぼしめすべか
らずさふらふ

小松原襲撃事件

日蓮の生涯における二人の悪役が東条景信と平頼綱です。日蓮が景信と衝突したのは信仰上の理由からだけではありません。日蓮は東条郷の出身です。当時の郷村荘園の所有関係は複雑です。本来荘園には上級領主である本所領家《ほんじょりょうけ》と、現地管理者下級領主である下司預所《げすあずかりどころ》　荘官《しょうかん》の二組の領主がいました。幕府は成立と同時に地頭を置きます。地頭設置の最大の理由は下司預所クラスの領主の地位権益を本所領家から護ってやることにあります。そうなると今度は地頭が本所領家に年貢を納めなくなります。地頭の非法です。東条の御厨《みくりや》は源頼朝により伊勢神宮に寄進されました。頼朝の地位からして彼はその荘園の本所職を持っていたのでしょう。この本所職を伊勢神宮に委譲したわけです。同時に幕府は公的措置としてこの荘園に地頭を配置します。地頭は日蓮の敵役である東条景信です。日蓮の主筋の人らしい領家の尼という人物がいます。この人物は領家職を世襲していたようです。領家と地頭の間にトラブルが起こります。こんなことは当時日常茶飯でした。争いに日蓮が加わります。むしろ東条景信に対して日蓮が喧嘩を買って出たというのが正しいようです。日蓮は領家の尼の代理人となって東条景信と訴訟します。彼は荘官のような立場で振る舞いました。当時は一所懸命と言って土地の争奪にお互い命を懸ける時代です。東条景信にとって日蓮は憎さも憎い仇敵です。

景信は北条重時の家人であったらしく彼も念仏者でした。彼は主人の意向を受けて日蓮が最初に入山した清澄寺他二寺を、浄土系に改宗させようと圧力をかけます。日蓮は三十二歳の時叡山を下りて関東に帰り故郷の清澄寺で立宗宣言を行います。浄土念仏の教えは真先に日蓮により非難攻撃されます。荘園の訴訟事件も同時進行です。日蓮と景信の間の対立は二重三重です。喧嘩するなという方が無理です。この間日蓮は清澄寺等の僧侶を指揮して景信に対して合戦を起こさせます。やり口は比叡山延暦寺の僧兵のそれとよく似ています。日蓮は景信に殺されかけます。東条郷への立ち入りは禁止されます。

伊豆から帰った日蓮は老母の看病のため故郷の小湊に帰ります。以前の師匠である道善と会い彼に法華信仰を勧めます。日蓮の檀家である工藤吉隆が日蓮を館に招待します。館に向かう途中の小松原で待ち伏せしていた東条景信の手勢に襲撃されます。襲撃方は数百人、日蓮の方は十人内外という人数。あわやというところ急を聞いて駆けつけた工藤吉隆他の奮戦により九死に一生を得ます。工藤他二名が討死し日蓮も頭に傷を負います。まさに合戦です。後年日蓮が書いた報恩抄によると、景信は事件の後暫くして変死したと言われます。

佐渡流罪

一二六八年、第一回目の蒙古牒状。蒙古は通交を提案します。最後は「武器を用いるのは嫌だからおとなしく言うことを聞け」とあります。幕府は黙殺。日蓮は、それみたことか俺が言っていた予言が当たったではないか、と幕府に安国論の主張を採用するよう迫ります。さらに執権時宗以下平頼綱他幕府要人、諸大寺、特に忍性《にんしょう》や蘭渓道隆《らんけいどうりゅう》達に書状を送って法論を挑みます。内容は激烈です。当時幕府中枢にあって実権を握っていた平頼綱は熱心な念仏者でした。他にも彼のような念仏者はたくさんいました。また忍性は特に幕府上層部の婦人達の尊敬を集めていました。筆頭が日蓮を伊豆に流した黒幕北条重時の娘であり時頼の正室である後家尼です。蘭渓道隆は幕府が宋から招聘した禅僧で、時頼時宗を始めとして上級武士へ大きな影響力を持っていました。日蓮は彼らから強い反感を買います。一二六九年、二度目の蒙古牒状。この間日蓮の弟子富木常忍・大田乗明・四条頼基の三名が幕府から召喚されます。日蓮と幕府の間には緊張関係が続きます。予言が当たっているだけに日蓮は強気になり必死ですし、幕府も（予言的中による不気味さ故に）焦ちます。

一二七一年の旱魃に対処するために幕府は忍性に雨乞いの祈禱を命じます。雨は降りません。日蓮はここぞとばかり悪口を浴びせます。忍性に同情したのが浄土宗の道教と良忠です。彼らは一策を廻らして良忠の弟子行敏をして日蓮に質問状を送ります。日蓮は公開討論を要求し質問状を無視します。忍性良忠道教は相談して日蓮を幕府に告訴します。理由の一つは、日蓮は是一非諸《ぜいっひしょ》、法華経のみを正しいとして他宗を排撃すること、さらに、彼は自宅に武器を貯え弟子達に武装させていること、です。平頼綱は日蓮捕縛に向かいます。頼綱の質問に答えて日蓮は、自宅に武器を置いてなぜ悪い、と抗弁します。当時幕府は僧侶の武器携行には敏感になっていました。

幕府の判決は佐渡流罪と決まります。実際は護送中に斬首の予定でした。ちょうどその時北条時宗の正室が懐妊していたので、死一等を許されたと言われています。時宗自身は日蓮を憎んではいないし幕府内部には同情派もいました。一二七一年九月十二日に捕縛され、同年十一月一日に佐渡の本間重連の邸裏にある塚原の三昧堂に着きます。塚原とは捨て墓、死人を捨てるための墓地です。ひどいあばら屋でそれでなくとも寒い佐渡の気候の中で隙間風はぴゅーぴゅーといった具合の住居でした。翌年二月に開目抄完成。その間土地の念仏信者と討論します。二月京都で北条時輔《ときすけ》の乱が発覚し自界叛逆難が的中します。そのせいかどうか四月一の谷《いちさわ》に移住させられ待遇はぐっとよくなります。佐渡にも信者が現れます。一二七三年四月観心本尊抄完成。一二七四年二月赦免。四月鎌倉の評定所へ招かれ平頼綱から蒙古襲来への対策を尋ねられます。日蓮はこれまでの主張を繰り返します。最後の諫暁です。意見を三度述べ三度受け入れられないと知って、日蓮は鎌倉を去り五月身延に隠棲します。同年十月蒙古来襲、文永の役です。

行者の弟子達

弟子達もいろいろな形で迫害されます。佐渡流罪の時大多数の檀家は日蓮を捨てます。残った弟子達の中には牢に入れられた者もいます。日蓮の檀家の一人に池上宗仲という武士がいます。彼の父親は律宗の忍性に帰依しており、子の宗仲に改宗を強要します。言うことを聴かないなら勘当して家督を弟に譲ると。武士社会で所領を失うのは大変なことですから宗仲は日蓮に相談します。日蓮の答えの主旨は三つ。まず絶対に法華経信仰を捨てないこと、次にそれ以外の点ではとことん父親に孝養を尽すことです。そして第三の最後の決め手が、現在こんな災難不幸に会うのは過去世において法華経誹謗の罪過を犯したからだ、という論旨です。この論旨は、だからここで頑張って過去の償いをしなさい、という値難忍受《ちなんにんじゅ》の考えに展開します。このような論旨を組み合わせながら日蓮は繰り返し宗仲を激励します。彼に対してだけではありません。彼の妻にも、彼の弟にも宗仲の法華経信仰を支えまた実践するべく励まします。日蓮が弟子の受難に対して取る態度はだいたいこのパターンです。決して信仰を捨てない、それ以外の点では浮世の仁義を護れ、に尽きます。もう一つ、日蓮の指示する方針に逆らうな、があります。必要なら日蓮が陳弁書を代筆します。

北条一族江馬氏の家臣に四条頼基という日蓮の熱心な弟子がいました。日蓮が佐渡に流されるべく護送された時、裸足で日蓮の後を追いすがったという逸話の持ち主で、日蓮が一番可愛がっていた弟子でしょう。主君の江馬氏は忍性に心服していたので頼基の信心を快く思いません。ある時頼基は念仏僧と法論を戦わし論難します。この行為が主君の機嫌に触れます。武器を携行して強引に押し入り論争を吹っかけたとかと話は誇張され誤解されます。江馬氏は頼基に日蓮と手を切れと強要します。知らせを受けた日蓮は池上宗仲に対するのとほぼ同様の指示を与え、さらに、日蓮御房は釈迦如来のお使いで上行菩薩であるから信心している、と言うべく指示します。

日蓮晩年の最大の迫害は一二七九年の熱原《あたはら》事件です。駿河国熱原郷の滝泉寺《ろうせんじ》の僧侶三名が日蓮の説法を聴いて改宗します。寺の実力者行智という人物は浄土念仏の信奉者でしたので、この改宗に反対し法華経から阿弥陀経に転向するべく強要します。改宗した日秀以下三名は拒否します。行智は彼ら三名が徒党を率いて乱入し刈田狼藉を働いたとして幕府に告訴します。受理したのは平頼綱です。郷士神四郎等は捉えられ拷問の上殺されます。死罪三名、入牢十七名です。事件に対して日蓮は直接訴訟指揮を執ります。幕府への陳情書を日蓮自身が当事者の名前で作製します。その中で日蓮はまず法華一乗の主張をします。さらに日蓮の受難を数え上げ日蓮が聖人であることを強調します。より具体的な内容としては無実の罪過を絶対に認めるなと言い、相手の嘘を徹底的に追及せよと作戦をさずけます。不必要なことは言うな、当局に揚げ足を取られるような悪口は言うな、等々詳細な注意も忘れません。そして最後はこの件で日蓮の指導方針に逆らうやからは即破門だと宣言します。日蓮及びその一党の強固な戦闘精神を見た平頼綱はそれ以上の迫害を断念します。熱原郷は北条氏の大奥の所領らしく、彼女達の日蓮一門への悪意もこの事件に影響しています。熱原事件への日蓮の関与を見ていると、革命政党の党中央委員会が末端の闘争を指導しているのではないかと錯覚させられます。

親鸞が、弟子は持たない、と宣言したのに対して日蓮の場合は逆です。迫害弾圧に耐えて行くために日蓮を中心とする団結は強固です。日蓮は弟子達に対して厳しく時には独裁的でもありましたが、一方すこぶる弟子思いです。日蓮と弟子の心の交流を示す逸話が崇峻天皇御書にあります。四条頼基が主君から改宗を迫られた時、日蓮は頼基に法華経の正しさを説いた後、告白します。

返す返す今に忘れぬことは、頸《くび》切られんとせし時、殿は供して馬の口に付きて、なきかなしみ給ひしをば、いかなる世にか忘れなん。たとひ殿の罪ふかくして地獄に入り給はば、日蓮をいかに仏になれと釈迦仏こしら（誘う）へさせ給ふにも、用ひまいらせ候べからず。日蓮と殿と共に地獄に入るならば、釈迦仏・法華経も地獄にこそをはしまさずらめ。

達意に口語訳しますと、「あの時貴方から受けた恩は忘れません。もし貴方が地獄に墜ちるのなら釈迦がなんと言おうと私も貴方と共に地獄へ参ります。釈迦も法華経も地獄にひきずりこんでやります」となります。ここまで言われますと地獄も恐くありません。日蓮と全く同じことを親鸞も言います。歎異抄の一節です。

念仏はまことに浄土にむまるるたねにてはんべるらん、また地獄におつべき業にてやはんべるらん、そうじても て存知せざるなり。たとひ法然聖人にすかせ（だまされ）まいらせて、念仏して地獄におちたりとも、さらに後悔すべからず。

師匠である法然に騙されて地獄に墜ちても後悔はしませんと、親鸞は断言します。地獄にアヴェックで行く相手が弟子か師匠かの違いはありますが意味するところは同じです。信じきったらただ一筋、無間地獄もなんのその宇宙の果てまでついて行くと断言します。これが鎌倉新仏教の境地です。

案外知られていませんが日蓮には女性の信徒が非常に多いのです。日女御前、妙法尼御前、千日尼御前、太田殿女房、上野殿母尼御前、以下三十名弱の女性に日蓮は書簡を送っています。女性あての書簡数は概算して五〇通弱、男性にあてた私信の類は贈り物への簡単な礼状を除くと七〇―八〇通というところです。男女比が六対四。当時の風習から推しますと日蓮の書簡における女性の比率は非常に高いと言うべきです。手紙の雰囲気がまことに優しい。四箇の格言で他宗を非難攻撃したり、三類の強敵をボロチョンに罵る日蓮と、これが同じ人物かと思われるほどに優しい文面です。

手紙の内容はまず法華経の正しさを丁寧に解説し、当の女性とその夫の信心をほめ、後生つまり成仏を約束します。日蓮の女性信者には後家さんが多い。夫亡き後の心の空白不安を法華経信仰で満たすべく日蓮が了導します。特に法華経のダイバダッタ品の中の竜女成道を強調して、法華経以外に女性が成道できると説いているお経はないと言います。妙荘厳王本事品の妻が夫を法華経信仰に導いた例を引いて、信心における妻の役割の重要さを述べることもあります。

日蓮における女性像はどうも母親の影響が強いようです。良き母親のイメージを女性一般に重ね合わせて見ています。女性のイメージに生臭さがありません。柔らかい思慕とでも言える情緒を感じさせます。日蓮は孝養を特に強調します。小松原で東条景信の襲撃を受けたのは老母の看病のために帰郷した時でした。また彼が領家の尼のために訴訟指揮をして景信の恨みを買ったことも、日蓮のこの女性への強い感情移入を看取させます。

一二七八年、日蓮五十八歳の時、佐渡の千日尼御前にあてた手紙の中で日蓮は、佐渡で周囲の白眼視に晒されていた頃、千日尼が夫と共に日蓮を助けてくれたこと、数々の親切な配慮等に感謝の言葉を述べ、貴女は私の母親が佐渡で生まれ変わって出現したように思える、と言います。日蓮の女性観の一端を示しています。

日女御前という女性にあてた手紙では法華経宝塔品の宝塔は、日女御前の御胸の間、八葉の心蓮華の内におはしますと日蓮は見まいらせて候、と語ります。信仰の上ではそうなんでしょうが私はうまく言ったものだなあと感心しました。女への殺し文句です。さらにこの書簡で日蓮は天照大神の例を引いて、日本は女性の国であると彼女を持ち上げます。後家殺しの日蓮という印象も受けました。

日蓮を語る時供養の品に対する彼の対応を忘れるわけには参りません。彼は身延入山以来だんだんと自らを如来の立場に置き始めます。だから自分への供養は仏への供養であると考えるようになります。反面檀家からの供養の品々に対しては率直且丁重で心のこもった感謝の気持ちを表します。特に食べ物に対しての謝辞礼状が多いようです。

一二七八年、堀の内という豪族の供養品に対して

むしもち三十。法華経の御宝前につみまいらせ候ひぬ。また炭二へい（俵）給ひ候ひ了《おわ》んぬ。恐惶謹言

供養の品に対してはすべてこの調子です。次は一二八二年、日蓮六十一歳、彼最後の年の書簡です。宛先は四条頼基。冒頭彼の供養品への感謝の念が表明されます。

満月のごとくなるもちい（餅）二十、甘露のごとくなるせいす（清酒）一つつ給《たび》候ひ了《おわ》んぬ。

私はこの文章が好きです。日蓮は身延入山以後次第に、生きていることつまり生命の発露をこよなくありがたいこと と実感するようになります。彼の最後に到達した境地は法華経の行者とは、この現世で生命のある限り生きること、そして生きるという単純な事実に感謝すること、であったのではないでしょうか？　親鸞が罪業というものを生きに生きて生き抜いて、さらにそれを剥ぎに剥いで剥ぎ取って、最後に到達した境地に似るように思えます。だから日蓮は命の糧である食べ物を限りなく尊重します。彼にとって食物は法華経の文字だったかも知れません。

既にお解かりと思いますが日蓮の弟子檀家の大部分は武士です。それも北条一門とか守護クラスといった最上層の武士ではなく、また郎従クラスでもなく、荘官・地頭・豪族等の中級の武士が多かったようです。

悪党日蓮

誤解を避けるために「悪党《あくとう》」の定義から始めます。悪党は歴史学上の術語です。決して倫理的道徳的な意味があるわけではありません。いや少しはあります。鎌倉幕府は貞永式目成立の時点では、所領である土地から上がる年貢を経済的基盤とし、幕府への軍役を果たし得る武士を、御家人として組織することにより成立しました。平安時代末期から進行する貨幣経済はこの基盤を大きく揺るがせます。貨幣経済は消費生活の増大をもたらしますから、農業経済に基盤を置くだけでは収支がつりあわなくなります。一方貨幣経済で稼いだ連中はその利得でもって窮乏化した御家

人の所領を買い取ります。幕府の軍事力が衰退するので、幕府は何度も徳政令を出して借金を帳消しにしようとしました。貨幣経済で力を得るのは純粋な商人とは限りません。この時代商人と武士そして農民の違いは曖昧です。貨幣が流通する中で、富を得しかも武力を持った勢力は、他人の土地を買い取り奪い侵入します。こう言えば彼らが特別の悪人のように聞こえますが、元来封建社会特にその初期の形態はそういうものです。所領は自分の力で護るもの、逆に言えば力が無ければ奪われても仕方がありません。幕府と言えども地方末端の事情まで管理することは不可能です。ただ全くのアナーキーでは困るので、一応の秩序の目安として幕府機構があるというのが実態に近いのです。幕府の成立基盤は農業経済でした。そこに貨幣の力が浸透してくると今まで相対的に安定していたバランスが崩れます。幕府秩序の不安定化あるいは衰退に乗じて、貨幣経済により貯えた力でもって、既存の従って幕府の秩序に挑戦しておのれの欲望を満たそうとする勢力が出現します。この連中は幕府から見ればとんでもないやからだから悪党と呼ばれます。だから悪党という言葉にはいろいろな意味が含まれます。実力中心主義、既存の権威の無視、反幕府、貨幣経済への関心、欲望の直截な主張、そして流動的境界的勢力等々の意味です。当然、既成道徳への挑戦という意味もあります。こんな連中が鎌倉時代中頃から台頭し、蒙古襲来で幕府の力が弱まると、勢いは益々盛んになります。十四世紀の前半に幕府は亡び後醍醐天皇の新政が行われますが、この企ての中心になった勢力には悪党あるいは悪党的な連中が多いのです。楠正成、名和長年、赤松則村等、太平記で活躍する面々はすべて悪党の体臭を強く持ちます。建武新政を倒した足利氏の勢力の中にも同様の連中が沢山います。

ところで日蓮という人物は悪党的な特徴を非常に多く持っています。まず彼の説法の形が独特です。辻説法及びそれに類する活動は平安時代からあります。空也・行願・良忍・重源さらに叡尊・一遍達は彼らの立場上、辻で民衆布教をしました。しかしそれが他宗排撃・民衆叱咤・政治批判とはっきり結びつくところが日蓮の辻説法の特徴です。これは明らかに煽動です。彼の辻説法は叡山の大衆僉議の光景を連想させますし、戦陣で大将が将士を叱咤激励したり武士が自らの功名を宣言する様を彷彿させます。時の権力に直接意見を具申することも破天荒です。日蓮は予言それも天変地異の類ではなく政治社会上の予言をしますが、これも独自のスタイルです。辻説法にせよ為政者への意見具申さらに公開討論の要求等、日蓮は信じたことをおのれの意に任せて率直に実行します。実力中心主義に基づく行動です。

また予言のための資料を日蓮はどこから手に入れるのでしょうか？　私は彼が当時の経済活動に相当通じていたと思います。商人の情報が一番早くて精確です。日蓮自身の生活は質素ですが、日常の物質的生活に関してさほど禁欲的ではありません。頂戴できるものは喜んで頂戴するというおおらかさがあります。これは現実生活、ひいてはその主軸である経済活動を肯定しているからです。日蓮は時として訴訟指揮もしますが、それも自信があって手慣れた感じです。彼が佐渡流罪の直接の原因となったのは、屋内に武器を隠匿して武装蜂起の嫌疑をかけられたからです。この行為は極めて悪党的です。日蓮は、武器を貯えて何が悪い、と公言します。さらに日蓮一門の団結は旧来のどの社会階層のそれとも異なります。武士社会なら地縁血縁が紐帯です。農民も同様です。公家社会のそれは全く問題になりません。商人の社会でも土地に根づいて実直に経営するタイプの人間関係ではなく、どちらかというと冒険商人の組織に似ています。徒党という言葉がふさわしい組織です。

もう一つ考えるべきことは日蓮が叡山出身であることです。叡山は僧兵の牙城です。おのれの利益のために徒党を組んで戦闘行為に及ぶなどざらです。それにこの社会は当時としては希に見る民主的な社会でした。彼らは大事な事柄は大衆討論で決めます。大衆を動員して朝廷や幕府へ押しかけ決議の結果を上呈するなどは日常茶飯です。さらに叡山は経済活動にも熱心です。後年酒屋土倉という金融業者が活躍しますがその資本の半分以上は叡山が握っていました。日蓮在世当時だけ経済活動に無関心だったとは想像できません。経済活動は金の流れを追いかける行為ですから、この流れの延長上にはいろいろな情報が接続します。叡山の僧兵、この極めて現実的なお坊さん達を悪僧と言います。これは在俗の社会では悪党です。こんな環境で日蓮は多感な二十代を過ごしました。日蓮のような人物が当時の叡山とそれを取り巻く環境の影響を受けないはずがありません。彼が幕府からマークされた理由の一つは彼が叡山の悪僧視されていたからです。叡山と幕府は昔から仲が悪く、加えて叡山出身の僧侶の経済活動で御家人達はかなりやられていましたから、幕府としては叡山出身者を警戒する理由は充分すぎるほどありました。

悪党とは新興武装勢力です。鎌倉幕府は彼らを権力機構に包摂できないまま滅びます。幕府を倒した建武新政もそれに代る足利幕府もこの悪党勢力を武力の中に取り込みます。応仁の乱以後は武士と名のつく者は皆が皆悪党になった観があります。日蓮はこの悪党勢力の勃興期に生きました。そして叡山での生活体験を経た彼の生活感覚は悪党的なものを多く持ちます。武力を持ち、欲しい物は欲しいとして欲し、商業感覚も鋭敏で、旧いモラルに囚われず、常に現実的に明日を目指す、悪党の生き方は日蓮の活動の中に充分反映されています。時代の最先端を生きるだけに自己が置かれた歴史的状況には敏感になり得ます。よくよく考えると幕府や北条氏自身、朝廷から見れば悪党です。

日蓮以後

日蓮没後身延山の彼の廟所は日蓮の遺言により、高弟である日昭・日朗・日興・日向・日頂・日持の六老僧により輪番で管理されることになりました。暫くして身延山を寄進した地元の領主であり檀家でもある波木井《はきい》実長が、日向のみに廟所を管理させるべく横車を押します。日蓮の遺志に背くとして日興は山を降り、隣国駿河国の富士山麓に大《たい》石寺《せきじ》を創建します。これを皮切りに日蓮の門弟達は関東の各地域で宣教活動を行い、事実上分裂します。主な門流は日昭の浜門流、日朗の比企門流、日興の富士門流、日向の身延門流等です。さらに日蓮の信頼厚かった檀家富木常忍は日蓮死後正式に出家して、日常と名乗り邸を寺に改築して布教の拠点とします。この流れを中山門流と言います。偉い開祖が死去すると門弟達は必ずもめます。もめて争い袂を分かちます。これは信仰共同体の宿命です。法然の門下もそうでした。親鸞の門下も同様です。日蓮の門弟達も例外ではありません。皆々別れてそれぞれの甲斐性で教線を拡大発展させて行きます。

日朗の比企門流から出た日像は、十四世紀初頭に京都に進出し何度も諫暁を行い処罰されますが、やがて京都の町衆に教説が支持されるようになります。中山門流の日親は十五世紀室町幕府の六代将軍義教に諫暁を行い、灼熱した鍋を頭にかぶせられる残酷な刑罰を受けます。彼も後に京都で教線を拡張します。このようにして関東で生れた日蓮の教えは京都に広がります。支持者は武士以外では町衆つまり商工業階層です。彼らの経済力の後援により日蓮宗は都で栄えます。後藤・本阿弥・茶屋・野本という戦国時代から江戸期にかけて活躍する大商人はみな日蓮宗の有力信者でした。最も著名な代表は本阿弥光悦です。彼ら町衆は法華信仰でもって結ばれ京都の市政は彼らの合議制で決められていました。つまり京都は一時期日蓮宗徒の自治に任されました。祇園祭は室町時代に再興され今日に至りますがそれは日蓮門徒である京の町衆の力によるところが大きいのです。

京都で日蓮宗は栄えます。応仁の乱以後京都は経済都市として再生し、商工業階層に支持された日蓮宗の勢いは他の宗派を圧倒します。この状況に嫉妬し憤慨した延暦寺・三井寺・本願寺は幕府の軍勢と連合して京都の日蓮宗徒を攻めます。日蓮宗の側も果敢に戦います。双方数万の軍勢を動員します。日蓮宗側は衆寡敵せず敗れ寺院は焼き払われます。一五三六年のこの事件を天文法華の乱と言い、一時期日蓮宗の勢いは衰えます。もっとも日蓮宗の側も少し前山科本願寺を攻めて焼いていますからどっちもどっちです。

一五七九年、織田信長が天下を略統一した頃、安土で日蓮宗と浄土宗の宗論が戦わされました。浄土宗の僧侶が説教していた時、日蓮宗の信者が法論を挑んだのがきっかけです。事件を聞いた信長は彼らを安土城内に連れてこさせて討論させます。討論の内実は解かりませんが、結果は日蓮宗徒二人が処刑され他三人が詫び証文を書かされます。信長が仕組んだ日蓮宗迫害です。信長はそれ以前京都を占領した時、課税の件で町衆と対立し京都の町を焼き払っています。

織豊時代から江戸時代にかけて日蓮宗の歴史を血で彩るのは不受不施派《ふじゅふせは》です。不受は日蓮宗に帰依しない者の寄進はたとえ君主といえどもそれを受けないこと、不施は僧侶の側から法を布施しないつまり祈念したり説法したりしないことです。豊臣氏そして徳川氏はこういう宗教の側からの反抗を許しません。本来日蓮の教えに忠実になれば不受不施になります。不受不施義を唱えたのは京都妙覚寺の日奥です。彼は二度流罪になります。一六二八年、二代将軍徳川秀忠の正室浅井氏の葬礼を機として、日蓮宗は不受不施派とそうでない派に分裂します。幕府は両派に何度も討論をさせやがて不受不施派を禁圧します。しかし彼らの行動はやまず、地下活動をするようになり、幕府も血なまぐさい弾圧を繰り返します。不受不施派は明治まで生き残り明治九年に新政府により活動を公認されます。江戸時代二七〇年の間にほとんどすべての宗派は寺請制度によって幕藩体制に組み込まれてしまいますが、例外が三つあります。

一つはキリシタン、キリスト教です。次が日蓮宗不受不施派、もう一つが薩摩藩における浄土真宗です。

第六節　日蓮の思想

1

最終節で彼の思想を総括いたします。彼が根本的に依拠する経典が法華経であるだけに浄土三部経に依拠する法然や親鸞の思想よりその構成は複雑です。後者を単線としますと前者は複線的構造を持ちます。だから日蓮の教説は理解されにくいのです。彼の弟子で師匠の教えを理解できたのは誰でしょうか？　今まで誰が彼の思想を理解できたでしょうか？　この本の冒頭第一章で私が、日蓮の思想は誤解されている、と言ったのはこの故です。

日蓮が思想形成において前提とした主題は二つあります。まず二乗作仏と十界互具、万人救済の理法です。もう一つが生きるための現実、具体的には国家国土の尊重です。二つの主題は共に法華経の内容から導出されます。前者は天台智顗により理論的に確立されました。しかしこの段階では理論というより理想と言った方がよいかも知れません。理論倒れ、現実離れの傾向も智顗の体系にはあります。後者の主題つまり国家共同体の尊重は、日蓮独自の問題意識です。智顗には日蓮ほどの国家意識はありません。万人救済と国家の尊重、この二つの主題を前提として日蓮は出発します。二つの論旨をいかに組み合わせ統合するのか、万人救済という理想をどうやって現実に実現するのか、このことが日蓮が終生追求した課題です。課題はそれ自身既に政治的課題です。現実と理想の間のこの懸隔を日蓮は法華経とそれ以前の経典の相違として感知します。彼は自らの予感を難信難解と表現します。難信難解とは、大層難しい、しかし答えはある、という意味です。日蓮の生涯を支えたものは、解答は絶対ある、という信念です。この信念の遂行が彼が何度も生命を賭けて試みた国家諫暁です。

2　得た解答が、自己の受難をもって法華経の正しさの証明とする事実の発見、すなわち法華経の行者の自覚です。ここで日蓮と法華経の関係は逆転します。法華経が正しいから日蓮が正しくなるのではなく、日蓮の行為によって法華経の内容が正しいと立証されるのです。これに日蓮の罪業意識が加わり折伏逆化という論理が誕生します。この論理に従うと、法華経の正しさを信じて宣教する中で、説く方も説かれる方も、自己の内なる罪悪業を出し合い、罪悪を相互に認識することにより信心が深まりその極点において成道するという論理になります。ここで法華経の行者と折伏逆化は意味上相互に補完し合います。法華経の行者という前提があるから、宣教において自他の矛盾を開示し暴露するほど他者にぶっつかれるし、折伏逆化という過程の出現を必至とする故に誰でも法華経の行者になりえます。この二つの論理を発見したことにより万人救済は現実に可能となります。日蓮は自らの所信を智顗の教説と比べ、理の一念三千から事の一念三千への発展と言います。

3　日蓮はさらに智顗の教観双美すなわち教説と観法の相補性を掘り下げ突き詰めます。教と観の相補的関係とは、教つまり知の歴史的発展（時間的推移）と、観すなわち心の観察認識という、二つの契機が相互に依拠し相関する事実です。ここに日蓮の法華経の行者という主題が加わると状況は一気に先鋭化します。そこに出現するのが時間の中で育成され、時間によって貫かれる行者の肉体であり、また時間を支え、時間を開示する行者の肉体です。法華経は行者の肉体により醸成され、題目「妙法蓮華経」に転じます。題目は法華経の象徴であり、行者の肉体の変容であり、彼の武器であり、存在証明です。題目をもって法華経の行者は彼の前方に自己を投企します。題目でもって行者が切り開く行動空間が新たな法華経の世界です。こうして信心の主体としての法華経の行者と、行者の唯一最大の課題である専唱題目が成立します。法華経の行者と専唱題目は同一物の異なる側面、異なる表現であり、相互に疎通し補完し合います。仏と法の関係になります。

4 日蓮はさらに「法華経の行者」を突き詰めます。法華経は本迹二門の構造を持ちます。これは真実と方便の関係を表示し、時間の中で実現されるべき真実という問題意識を内包します。ここに日蓮の「法華経の行者」が加わりますと、状況は具体化されます。行者は本来俗人です。行動する俗人です。日蓮が言うところの法華経の行者は原則的には、誰でもの行者、誰でもなりうる修行者、です。彼らの活動のためには共同体、つまり国家が必要です。ここで時間の生成は国家あるいは共同体の存在を要求します。さらに共同体の中で異なる機根資質の万人が救済されるためには、その実現が整序される主軸である時間を要求します。かくして時間と国家は相互にその存在を保証し合います。

5 日蓮の思想の前提である万人救済と国家の尊重は、法華の行者と折伏逆化に実現され、延長上に専唱題目という行為が出現します。併行して法華経の意義づけも変化します。釈迦が経を説くのではなく、法華経という法の海から釈迦が出現します。「仏より法」の方向への思考の推移を背景として、日蓮は自己を一方では衆生一般に、他方では釈迦如来に同一化します。日蓮は自らを如来の地位にまで引上げます。かくして日蓮は政治行為の主体である個人と、政治行為の場である国家と、総じて人間の営為である政治行為そのものを発見します。それが法華経に内在する万人救済の実現です。

第九章　親鸞／日蓮

1

釈迦は、すべては縁起であり無我である、と説きます。縁起無我、すべての事象は相互に関係し依拠しあい、法・我と称される自立した存在の根拠はない、と釈迦は言います。だから老・死から始まり取・愛を経て行・無明に終わる十二縁起の各項は存在しない。存在するように見えるのは幻である。老死と生存、愛執怨嫉さらに衝動的本能的行為、そして無知であること自体が存在しない。だからそれに随伴する苦も存在しない、と釈迦は宣言します。これが仏教という教えの始まりであり基礎であり核心です。釈迦はこの縁起無我という論理に従ってすべてを主知的に洞察し、一切の苦を否定することにより彼の救済論を創始します。

2

釈迦の後継者である部派仏教、アビダルマの論師達は釈迦が否定した我・法を単純に認識の次元で捉えます。彼らは法の仮現性を保証するために、過去から現在を経て未来に至る時間を客体化します。その結果、法は現在においては存在するが、瞬間瞬間に過去へと消滅するとされます。アビダルマの論師達は法・我の存在を否定しつつその機能は肯定することにより、日常的な現象を保証しました。しかしこの論理操作の結果、時間は極めて機械的なものになります。過去は単なる過去世となり未来も未来世となって、現在からは手の届かぬ世界になります。為に現在の存在は過去の行為により単に縛られているだけのものとなり、来世を待たなければ果報はなく、現在を現在において変革することは不可能になります。個人は現在にあっては過去の業の結果を甘受しつつ、善行を積み、未来での幸福を期待する、極めて受動的で厭世的な生き方をしなければなりません。修行者は現在の生活から来る悪しき業を避けるために、ひたすら煩悩を消去しようとのみ努めます。一切の人間的な感受性を消滅させることにより、救われることが修行の目的となります。この態度を後世の大乗仏教徒は灰身滅智と言って蔑視しました。またこの修行態度からは自己の救済への動機は出てきますが、他者を救おうとする意欲は出てきません。従って彼ら部派仏教徒は小乗と貶称され自己中心的であると非難されました。

3

小乗的態度を乗り越えようとする運動は般若経典成立により開始されます。その背後には入滅した釈迦の人格を恋い慕い、その出現を望んでやまない大衆の救済への願望があります。般若経の思想は、救済された聖なる世界である涅槃に、救済されるべき世俗の世界を対置させ、両者を本質的に等価なものとします。この論理操作を施された世俗世界を方便と言い、聖なる世界を背景として方便の世界を生き抜く生き方を菩薩道と言い、方便と涅槃の双方を包括する概念を空と言います。またそれまでの部派仏教の修行法に世俗生活の次元をも繰り込み、それを総括して六波羅蜜とします。六波羅蜜は世俗的次元の布施から始まり、禅定という旧来の修行法を経て、般若という空の智慧に至る修行の総称です。六波羅蜜は大乗仏教における修行法の総括集大成である同時に、その背景には小乗的なもの、さらに遡って伝統的なバラモン教的営為が潜在しています。供犠儀式です。供犠は同時に身体をも意味します。つまり六波羅蜜は世俗のものを捧げて、天界にその祈りを到達させる儀式であり、またそれに伴う自己の身体の変容体験でもあります。六波羅蜜は仏教的なものと非仏教的なものとの妥協の産物です。

4

般若経が内包する論理を整序し、そこから釈迦本来の方向を取り出したのが、中論に表された竜樹の思想です。彼は一切の現象世界の法を彼特有の論理・詭弁で破砕します。同時に返す刀でこの現象に対置されるべき、涅槃救済の世界の存在も拒否します。このようにすべてを否定することにより逆にすべてを肯定し、竜樹は結論として、仮空中三諦すなわち、世俗的現象とそれを超越した空涅槃の世界は存在するが、その存在は一義的絶対的なものではないとし、この両者双方に同時に介在する中を設定し、これら三諦つまり仮と空と中の三つの契機の相互併存相互移行において最高の真実が顕れるとします。同時に竜樹は空と仮の相互転変を真実とし、転変する一瞬一瞬への対処をもって真実なる態度と見なします。ここから要請される態度は決断です。決断の背後には、詭弁の主体、があります。また彼は世俗つまり方便の世界の現象はすべて、仮設《けせつ》されたものとして仮名《けみょう》と名づけます。

5

般若経と竜樹により提唱された空も方便も六波羅蜜も菩薩道も仮空中三諦の論理も釈迦の現在（今ここに存在すること）を保証しません。この大衆的欲求、生ける仏陀を保証する課題は、華厳経が荷うことになります。華厳経は般若経の説く世界においてさらに方便の重要さを強調します。そして涅槃（真如）と方便の二つの世界を生きる菩薩の最高の存在を、釈迦の成道した境地とします。逆に世界のすべてはこの釈迦の成道解脱した境地の顕現であると見なします。釈迦が到達した最高の境地を法身と言い、世界の他のすべては人間も物質も菩薩もすべて、この法身の顕現変容分有であるとし、だから世界のすべての存在は相互に重なり合い疎通し合い融合し合うと理解します。統一である法身とその展開である世界を結ぶものが光明と智慧です。世界のすべてには法身である釈迦の光明と智慧が行き渡り遍満していると華厳経は説きます。世界全体が生ける仏陀となります。

6

華厳経を背景とし、法身そのものを強調して如来蔵思想が現れ、一切の衆生に内在する仏性を力説します。他方華厳経が説く法身の機能である、光明と智慧の現象と作用を分析しようとする、ところに唯識思想の原点があります。この学派はそれを分析し識として把握します。一切の現象の基礎を識とし、それをより突き詰めて純化して出てくるものがアーラヤ識です。アーラヤ識に唯識派の論師達は、形式・名辞・身体さらに種という極めて多義的な意味を盛り込みます。

般若経は般若空を提唱して世俗を涅槃と結合しました。華厳経は般若空を釈迦の身体そのものとします。般若経も華厳経もまたそこから出てきた如来蔵思想も、唯識派もすべて修行における六波羅蜜の構造を保持し尊重します。一方この構造を否定解体する方向の信仰運動が出現します。それが浄土経典や法華経が説く世界です。

7

華厳経も般若経もともかく涅槃と方便を等置しました。しかしこれらの経典では二つの世界を結ぶもの、つまり修行法は六波羅蜜特にその中核であるヨガ禅定です。浄土経典や法華経が基本的に取る方向はこれらを否定して、それに代わるより具体的な何物かを追及することです。浄土教は自己に対置された、姿形があって目に見える如来を求めます。浄土教は如来を直接眼前に顕現させようとします。そのための方法が浄土観望であり教機時論です。前者に伏在する光明世界への直接参入の可能性を、教機時論は別の角度から追求します。教機時論は衆生を世俗という現実に置くための概念装置であり、衆生と如来が相互に変容し合うための媒体です。衆生は時間が展開する世界すなわち現実世界にあって機根劣悪罪悪深重であり、それ故に弥陀の本願つまり光明の世界にすがるという教え以外に成道への方途はないと浄土教は説きます。しかし善導までの段階では浄土教の論理は貫徹しません。浄土教が内包する光と罪の逆説の論理を完成させるのが親鸞です。

8

法華経は涅槃成道の世界と世俗世界を、方便としての時間でもって統合します。時間のより具体的なあり方を因縁と比喩と使命とし、三つの契機が展開する場であり時間の顕現である釈迦の人格・肉体でもって、涅槃と世俗の世界は結合されます。法華経の説くところを受けて、智顗は十界互具・教相判釈という聖俗両世界を統合する論理を開発します。しかし時間を我が身に負い、涅槃世俗の両世界に生きる実践は、日蓮を待たねばなりません。

浄土経典と法華経に共通するものはまず六波羅蜜的修行法の解体否定・脱六波羅蜜であり、その結果必然として出てくる涅槃と世俗という二つの世界の対立と和解であり、和解を媒介する具体的なものの設定です。浄土教はその媒体を罪悪とし、法華経は時間であるとします。浄土教は教機時という概念装置を設定し、現実が展開する場である時間の意味を発見しつつ、浄土教自身に内在する、下降する時間意識の故に時間の意味の把握に失敗します。法華経は経典に内在する共同体の肯定を介して時間の意味を発展させます。

9

親鸞は善導の弥陀一向、法然の不回向論を継承しつつ、それをさらに発展させ悪人正機を唱えます。悪人正機により浄土思想の基軸である光と罪の逆説は完成します。衆生は自らが罪悪深重であることをてことして、弥陀の光明の世界に参入します。如来等同・自然法爾《じねんほうに》は悪人正機から出てくる必然的帰結です。親鸞は（衆生は）悪を生きて生きて生き抜いて、一切の修行善行という人間的営為の虚飾を剥ぎに剥いだ時、弥陀の前で裸に成り切り、そこで始めて弥陀と対峙します。弥陀の国に生まれ変わり弥陀と等しい存在になります。罪悪をばねとして衆生は光の世界に転じます。罪なるが故に仏なります。親鸞は弥陀との直接的対峙において始めて、一個の人間を発見しました。親鸞が発見した裸の人間は、それが弥陀により保証された人間であるが故に、彼らは共同体を求めます。人間即弥陀である限り弥陀の理想をこの世に求めます。だから親鸞の後継者達はこの理想の共同体を追及します。親鸞の思想は暗黙の内に人間から政治の方向を目指します。同時に浄土教が救済論の試金石の一つとしてきた、五逆《ごぎゃく》は救済可能になります。

10 日蓮は智顗の十界互具をいかにこの世俗世界に実現するかという問題意識から出発します。彼にとっての世俗世界は国家です。だから彼が十界互具という法華経の理想を、国家において実現するためには、世俗国家そのものに働きかけねばなりません。国家諫暁です。日蓮は智顗の十界互具と国家共同体を統合する論理を開発します。この論理の実践者が法華経の行者です。時間を背負わされ、時間に刺し貫かれ、時間を荷って時間を賦活して行く、時間の体現者としての法華経の行者、日蓮です。題目を専唱し続けることにより時間を体現する法華経の行者です。同時にこの行者はその活動の場である国家共同体を要請します。行者が世俗世界で体験する状況が折伏逆化すなわち、自他相互の業縁煩悩が出現し対立し合う世界です。この世界を出現させそれを克服することの中に成道への道を追及する、それが日蓮の救済論です。折伏逆化はまさしく政治行為そのものです。日蓮において政治という現象が、だれでもが自覚しえまた自覚すべき行為、として発見されました。政治行為の中から成道を目指すという意味において日蓮は政治から人間の方向を追及します。彼の論理である折伏逆化により大乗仏教における救済論のもう一つの試金石である謗《ほう》法《ぼう》は解決されます。また日蓮自身はこの論理の開発以後、法華経の行者として自らの地位境涯を高めて行き「仏より法」あるいは「如来より行者」の論理に基づいて、自己を如来に擬するところまで行き着きます。自己作仏です。これは法華経に内在する論理の必然です。自己作仏という点においては日蓮と親鸞は同様です。両者が到達した最終的境地は、我は仏なり、です。

11 親鸞と日蓮の達成を要約すると、親鸞は罪悪を生きることによりこの罪悪を媒介として裸の自己、肉体を弥陀と同一化しました。日蓮は時間を生きそれを体現することにより時間の顕現としての肉体を発見し、自らを仏と為しました。彼らが為した達成を仔細に検討すると、そこには本質的な同一性があることが解かります。第一は脱六波羅蜜です。浄土経典や法華経が追及してきた六波羅蜜的構造からの脱却を彼らは完成します。親鸞において修行は称名のみになります。というより彼の論旨によれば、人間であること自体が既に弥陀です。日蓮においても事態は同様です。彼の論理に従えば、人間のあらゆる感情や利害の交錯する状況こそが成道解脱の場、となります。親鸞にあって弥陀と衆生を結びつけ媒介するものは罪悪と光明であり、日蓮にあって釈迦と衆生を媒介するものは時間と共同体です。彼らの救済論においては従来の六波羅蜜の入る余地はほとんどありません。かくして修行者信者の心情と価値観は外の社会に開かれます。この開かれた社会における衆生と救済を結び付けるものは、信であり生活そのものです。万人は救済されます。信仰における特権的例外者はその存在を否定されます。

12

親鸞と日蓮の思想の第二の共通項は境界性です。悪人正機《あくにんしょうき》も折伏逆化《しゃくぶくぎゃっか》も、それらの論理が要求する行動は信奉者を法と非法の間に投げ出します。悪人正機説はその論理を一方的に貫徹すれば本願ぼこりと造悪無碍、本能と衝動に基づく行為のし放題、すなわち社会倫理の破壊に至ります。日蓮の折伏逆化の論理に従って行動を過激に展開すれば、他者への自説強要煽動と闘争争乱は必至です。結果は社会秩序の紊乱です。親鸞にせよ日蓮にせよ彼らが流罪に処せられた背景には、為政者によるこの可能性への危惧があったことは事実です。対比すれば親鸞の思想においては性衝動が解放され易く、日蓮の思想は攻撃衝動を解放し是認し易くなります。彼ら二人が大乗仏教の論理を突き詰めて聖なる世界を世俗世界に直結しようとした時、彼らの思想、彼らが唱導する行為は同時にある種の反社会性を帯びます。行動は過激になり、もしそれを放任すれば行き突く先は信仰の破壊です。私が序章で、親鸞と日蓮は信仰の大成者であり、同時に彼らは信仰の破壊者でもありうると言ったのはこのことです。逆に言えば信仰の論理と実践をそこまで突き詰めたから彼らは偉大なのです。信仰はそれ自身の中に信仰の否定という契機を内在させるが故に信仰です。信仰は言葉の根源的な意味において逆説です。

13　脱六波羅蜜と信仰の社会化と関連して、彼ら二人の論理に共通する第三の特徴は対立と和解です。この主題は浄土教や法華思想において常に潜在します。観無量寿経の中の釈迦に対するイダイケの要求、法華経譬喩品における釈迦とサーリプッタの論争の中に、対立という契機は胚胎します。浄土思想はこれを教機時論・光と罪の逆説において表現します。法華経は本迹二門の構造で展開します。親鸞は善根薄少なる凡夫がいかにして救済されるかという形でこの対立を具体化し、悪人正機をもって解答とします。日蓮は法華経の難信難解という問題意識をばねとして対立を体験しつつ、自らを法の実践者と自覚することにより対立を止揚します。

14　親鸞と日蓮の第四の共通性は信仰という祭壇に自己あるいはそれに成り代わる者を供犠として差し出した事実です。日蓮においては二度の流罪です。彼は開目抄にあるように自己を鎌倉竜の口で一度死んだものと見なしました。親鸞は我が子善鸞を義絶しました。後継者である長男を自己の教説護持と教団の存続故にあえて犠牲にしました。正当な後継者を失ったことの影響は本願寺教団にとって第十代の蓮如に至るまで残り続けます。日蓮も親鸞もこの酷烈な自己犠牲を経て自己を作仏します。

15　自己犠牲という事実と関連して、彼ら二人に共通する五番目の点は、信仰・信仰者への傲慢尊大なまでの忠誠心です。親鸞は、師匠の法然に騙されてもよい、共に地獄に墜ちても法然の教えについて行くと言い切ります。日蓮は弟子の四条頼基が主君に迫害された時、もし頼基が地獄へ墜ちたら日蓮自身も地獄までついて行くと断言します。信仰と信仰する人への強烈な信頼あるいは忠誠心の発露です。自己犠牲を前提とした他者への信頼、そしてこの信頼故に弥陀をも釈迦をも超えようとする強い意志、これも二人に共通する態度です。彼らの強烈な自信故に地獄は消滅します。同時にこの信の実践によって彼らは如来を超えます。自己作仏は日蓮と親鸞の第六の共通点です。

16

教機時に関して親鸞は善導以上のことを言いません。教機時は仏と衆生が時間を媒介として共にその境涯を変容させ一致させて行く過程です。親鸞はここで時間の展開を放棄し、罪の逆説性をばねとして、裸の自己つまり肉体を一挙に光・弥陀の世界に飛躍させます。日蓮は時間の展開する状況としての国を設定し、法華経弘布という行為の中に成道そのものを求めます。親鸞は浄土の中に自然快楽《じねんけらく》を追及し、日蓮は娑婆を浄土として値難忍受《ちなんにんじゅ》を生きます。親鸞はあくまで人間存在の始原を求めてそこに回帰し、そこで自己を解体し純化し、日蓮は行動の中で自己を析出し未来へ投企します。親鸞が求めるものは存在そのものであり、日蓮が追及するものは行動と行動が展開する世界です。

親鸞は弟子を持たないと宣言し、父母への孝養のための念仏を否定し、加持祈祷を拒否します。彼は名前だけの聖職者の存在を容認します。日蓮は弟子を愛護し、主師親の三徳を強調し、加持祈祷を肯定します。またすべての聖職者を僭称増上慢として排斥します。親鸞はあくまで現実の社会を超越した自己の内面性に救済をもとめ、日蓮は現実そのものの中に自己をぶち当てることによって救済を貫徹しようと努めます。

17

親鸞と日蓮の思想構造を比較して参りました。こう考えますと従来言われているのとは大いに異なり、両者には相違点より共通点の方が多いことが解かります。圧倒的に多いのです。しかも本質的な点において。共通点は六つあります。脱六波羅蜜（信仰の社会化　信仰の場としての現実の肯定）、境界性、対立の止揚、自己犠牲、信頼と忠誠、自己作仏の六項目です。相違点は唯一、親鸞は世俗と救済を罪と光の逆説でもって、肉体を昇華させて架橋しようとするのに対して、日蓮は時間の中で肉体を醸成する道を選びます。

18
仏教を受け入れた日本という国は、独立性、非集権性、そしてフェミニズムという三つの特質を持ちます。ここに縁起無我・般若空・仮空中円融三諦という、独特の融通無碍な特質を持つ仏教イデオロギーが作用し反応します。仏教は日本の古代国家形成期にあっては、君主の罪悪意識を救済し、同時に君主如来論に立脚して君主の超越化に寄与します。大乗仏教は万民救済を志向するが故に、衆生＝如来＝君主、の等式に従って臣民赤子論が成立して、古代国家成立の基盤が整います。

古代国家が解体する過程において仏教と国家は相互に反応しつつ変容します。仏教の側では半聖半俗の宗教者である聖という菩薩集団が出現し、それに応じる形で世俗世界には武士階層という法と非法の間を生きる戦闘集団が現われます。国家が宗教的価値を国教という形で独占できないが故に、仏教と世俗世界の間における価値の相互浸透が生じます。かくして菩薩道に相応する形で武士道倫理が誕生します。

19
日蓮と親鸞は釈迦以来の仏教思想全体の大成者です。釈迦が縁起無我を説き、竜樹が般若空の論理を展開した時残された課題は、涅槃と方便を媒介するものは何か、でした。親鸞はそれを光と罪の逆説性に求め、日蓮は時間の熟成に求めます。罪と時間により方便の世界である娑婆世間は、涅槃成道という救済された世界へ疎通されます。我々が住む娑婆世界、俗なる世界は生きるに値する現実として認知されます。親鸞はそれを罪の担体としての人間の発見において為し、日蓮は時間が展開する場である国家共同体の発見により達成します。悪人正機、折伏逆化です。彼らにより発見された、人間と人間の行為の場である政治社会において、個々の衆生は自立し内省しうる主体であり、世俗世界を信と断によって生き抜く主体でありえます。彼らは法と世俗という境界を生きる戦士であり、罪を時間において止揚する生活者です。法は彼らの中に内在し且彼らを超越します。翻って武士とは一面身体・技能・所有・契約・合議という契機でもって表現される世俗的な存在であり、他面自己を放棄し死を肯定して忠誠と信頼に生きる倫理の主体です。武士はその発生において法と非法の間を生きる者であり、完成された生き方においても聖と俗の両義性を同時に生き抜く者です。武士という極めて両義的な生活意識を持つ階層が有り得たが故に、仏教の論理はそこに内在化し、仏教という円転滑脱な思想があったから武士階層は出現しました。世俗と信仰が激しく交錯する歴史の分水嶺において両者に最大の衝撃を与えたものが親鸞と日蓮です。

インド仏教史年表

前三〇〇〇―二〇〇〇	インダス文明
前一三〇〇	アーリヤ人インド侵入
前一〇〇〇	ヴェーダ本集成立
前　五〇〇	この頃都市成立　北部インドは一六大強国の覇権争いへ　古ウパニシャッド成立　六師等異端派盛行　釈迦活動　以後二回結集
前　三二七	アレクサンドロスインド侵入　この頃中期ウパニシャッド成立
前　二六八	アショカ王即位　マウリヤ王朝による全インド統一
	暫くして原始仏典成立
前　一八四	マウリヤ王朝滅亡　この前後からインド半島は分裂状態へ　西北からの異民族侵入が盛んになる（ギリシャ・シャカ・パルチア・クシャーナ等）
前　一〇〇	この頃までに部派仏教の分裂は終る　後一世紀末までに原始大乗成立
一〇〇	この前後約二〇〇年に渡り初期大乗経典成立（般若経・維摩経・法華経・華厳経・無量寿経等）
六七	竺法蘭仏典を洛陽へ
一二八	クシャーナ朝カニシカ王即位　仏教東伝盛んになる
一四七	安世行仏典漢訳　漢訳の始りか
二〇〇	この前後竜樹活動　アビダルマ大毘婆沙論成立
三二〇	グプタ王朝成立　南方の一部を除いてインド半島略統一
二〇〇―四〇〇	この間中期大乗経典成立（解深密教・如来蔵経・勝鬘経・涅槃経等）　無着・世親活動　サーンキヤ・ヨガ・ニヤーヤ等六派哲学盛行　ヒンズー教の基礎成立
四〇五―四一一	法顕インド滞在
五〇〇	この頃からグプタ王朝は衰退　インド半島は分裂状態へ
六三四―六四三	玄奘ナーランダ寺院に滞在
六五〇―六八〇	大日経そして金剛頂経成立　インド密教盛行
六七四―六八四	義浄インド滞在
八〇〇	この頃からイスラム教徒インドへ侵入
一二〇三	ヴィクラマシラー寺院滅亡　インド仏教滅亡

中国仏教史年表

前二二一	秦、中国を統一　戦国時代終焉　二〇年後前漢成立
前一四一	漢の武帝即位（—八七）　西域諸国前漢に服属
前　二	大月氏の使者浮屠《ふと》経（仏教）の内容を初めて漢人に口述　この頃までに原始大乗経典成立
二五	後漢成立
六五	楚王英の仏教信仰
六七	竺法蘭等経典を洛陽へ持ち来る　翌年明帝洛陽に白馬寺を建立
一四七	安世行の翻訳　仏典翻訳の始まりか　二世紀末までに初期大乗経典成立
二二〇	後漢滅亡し三国時代へ
二六〇	朱子行西域へ　漢人僧の留学の始まりか
二六五	西晋による中国統一　竺法護長安へ　「正法蓮華経」等の翻訳
三〇〇	八王の乱　遊牧民族華北に侵入開始　漢人王朝は江南へ　五胡乱華
三一〇	仏図澄洛陽へ　五世紀末までに中期大乗経典成立
三九〇	東晋の慧遠白蓮社結成　漢民族への仏教浸透始まる
四〇一	鳩摩羅什長安へ　訳業開始
四一六	法顕インドより帰国
四三九	北魏華北を統一　南北朝時代始まる
四四六	北魏の太武帝廃仏を断行　六年後文成帝仏教復興政策へ
四五四	雲崗の五大石窟開鑿始まる
四九三	北魏「僧制四十七条」を建てる　寺院僧侶の国家統制へ
五〇八	菩提流支洛陽へ　「十地経論」等翻訳
五二八	菩提達磨死去
五四二	曇鸞死去

五四八	真諦海路建康へ　「摂大乗論」「大乗起信論」等を翻訳
五七五	智顗天台山に入る
五八九	隋中国統一
六〇〇	この頃三論宗祖吉蔵活動
六〇七	聖徳太子遣隋使派遣
六〇九	道綽浄土教に帰依
六一八	煬帝殺害　唐王朝成立
六四五	玄奘インドより帰国　翻訳事業開始
六六五	日本留学僧道昭帰国　摂論宗（法相宗の前身）を招来
六七七	慧能活動　南宗禅を開く
六八一	善導死去
六九〇	武周革命　則天武后即位　諸州に大雲経寺を設置
六九五	義浄インドより帰国　この頃までに「大日経」「金剛頂経」成立
七一二	華厳宗の法蔵死去
七一六	善無畏長安へ　七二〇年金剛智ついで不空洛陽へ　密教経典の翻訳始まる
七三五	日本留学僧玄昉帰国　法相宗を伝える
七五四	唐僧鑑真日本へ律宗を伝える
七五五	安史の乱始まる（—七六三）　唐王朝衰退へ
八〇四	最澄空海入唐
八一九	韓愈「論仏骨表」を著し仏教排撃
八四五	武宗廃仏を断行　日本留学僧円仁強制的に還俗させられる
八九四	遣唐使廃止
九〇七	唐王朝滅亡　五大十国時代へ

奈良時代仏教史年表

五五二	百済仏像等を献じる
五八四	蘇我馬子、司馬達等の娘達三人を尼に度す
五八七	蘇我馬子、物部守屋を亡ぼす
五八八	蘇我馬子法興寺建立を始める
六〇七	聖徳太子遣隋使を派遣　法隆寺を建立
六三九	舒明天皇百済大寺を建立（後の大安寺）
六四五	大化の改新　蘇我本宗家滅亡
六六三	白村江の戦い　百済滅亡
六六五	道昭唐より帰国　法相宗を招来
六七二	壬申の乱
六八三	僧正僧都律師の僧綱制成立
六九三	仁王経を諸国に講ず　翌年金光明経を諸国に置き毎年正月に読ましめる
六九八	薬師寺完成
七〇一	僧尼令成立　大宝律令成立
七一〇	平城京へ遷都　藤原不比等山階寺を平城京に移し興福寺と改名
七一七	行基の布教活動を禁止
七二九	長屋王の変　藤原光明子皇后に
七三五	玄昉帰国　法相宗を伝える
七四〇	藤原広嗣の乱　翌年諸国に国分寺国分尼寺建立の詔
七四三	墾田永世私有法成立
七四五	行基大僧正に
七五二	東大寺大仏開眼供養
七五四	唐僧鑑真律宗を伝える　翌年東大寺に戒壇院を建立
七六五	藤原仲麻呂の乱
七六六	道鏡法王に
七八二	国費節約の為得度数・建立寺院数削減
七九四	平安京遷都

平安時代仏教史年表

七九四	平安京遷都
八〇四	最澄空海入唐
八一二	空海、最澄らに胎蔵灌頂を授ける
八一三	空海、最澄の「理趣釈経」借用の願いを拒否
八一八	最澄「守護国界章」を著す
八二二	最澄死去　円頓戒壇院設立勅許される
八三〇	空海「十住心論」「秘蔵宝鑰」を著す
八四七	円仁帰国
八五七	円珍帰国　叡山の密教化加速
八六六	藤原良房摂政
八八五	安然「菩提心義抄」を著し「真言密教は天台宗に比し理事倶勝」と　叡山の密教化完成
八九四	遣唐使廃止
九〇一	菅原道真失脚　大宰府へ配流
九〇七	醍醐寺御願寺になる　仁和寺と並び東密の拠点に
九三八、	空也入京し阿弥陀念仏を唱導　翌年平将門の乱
九四七	北野神社創建
九六三	空也、六波羅蜜寺で万灯会
九六六	良源天台座主に
九六九	安和の変　源高明大宰府に配流
九七四	慶滋保胤、勧学会堂建立勧進
九八五	源信「往生要集」を著す

九八六	慶滋保胤「日本極楽往生記」を著す　二十五三昧会設立へ
九九三	叡山の内部で円仁円珍両門徒が主導権争い　後者は敗れ園城寺（三井寺）へ
一〇〇四	皮聖行円、行願寺で供養
一〇一〇	この頃までに源氏物語完成か
一〇二七	藤原道長法成寺阿弥陀堂で死去
一〇三一	平忠常の乱
一〇三九	延暦寺僧徒関白藤原頼道邸へ強訴　武士をもって防がす
一〇五一	前九年の役始まる
一〇五三	藤原頼道平等院阿弥陀堂を供養
一〇六九	後三条天皇延久の荘園整理令
一〇八六	白河上皇の院政開始
一一〇八	源平二氏に命じて延暦寺僧徒を防がす
一一二二	白河法皇法勝寺に五寸塔三十万基供養
一一二四	この頃良忍融通念仏を始める
一一五六	保元の乱
一一五九	平治の乱
一一六五	二条天皇の葬儀に際し延暦寺と興福寺の闘争
一一七三	親鸞生れる
一一七五	法然専修念仏唱導
一一七九	平教盛延暦寺堂衆を討つ
一一八五	壇ノ浦の戦　平氏滅亡
一一九二	源頼朝征夷大将軍になる　鎌倉開幕

親鸞の生涯年表

一一七三	一歳	誕生
一一七五	二歳	法然専修念仏を唱導
一一八〇	三歳	以仁王平家追討の挙兵
一一八一	九歳	慈円の寺坊で得度（親鸞伝絵より）
一一八五	十三歳	平氏壇ノ浦で滅亡
一一九一	十九歳	法然宜秋門院に授戒　翌年後白河法皇に授戒
一一九二	二十歳	後白河法皇死去　源頼朝征夷大将軍になる　鎌倉開幕
一一九八	二十六歳	法然「選択本願念仏集」を著す　後鳥羽上皇の院政開始
一二〇〇	二十八歳	道元生れる
一二〇一	二十九歳	六角堂参籠　暫くして法然に入門
一二〇四	三十二歳	法然の七箇条起草文に綽空として署名
一二〇五	三十三歳	法然より「選択本願念仏集」を附属され法然の真影図画を許される この頃後の恵信尼と結婚か　興福寺念仏禁断の奏上　解脱房貞慶による九箇条の論難　「新古今和歌集」成立
一二〇七	三十五歳	承元の弾圧　専修念仏停止　越後へ流罪　法然は土佐へ
一二一一	三十九歳	赦免
一二一二	四十歳	法然死去　明恵「摧邪輪」を著し専修念仏を論難
一二一四	四十二歳	上野国佐貫において三部経千部読誦を発願　中止して常陸へ
一二二一	四十九歳	承久の乱　後鳥羽上皇隠岐へ配流
一二二二	五十歳	専修念仏禁止　日蓮生れる

一二二三	五十一歳	道元入宋
一二二四	五十二歳	覚信尼誕生　この頃「教行信証」略成立か　専修念仏禁止
一二二七	五十五歳	延暦寺僧徒法然の墳墓を破壊し「選択本願念仏集」の版木を焼く
一二三一	五十九歳	病臥　三部経読誦の内省を恵信尼に語る
一二三二	六十歳	貞永式目成立
一二三五	六十三歳	幕府専修念仏停止　この頃京都移住か
一二三九	六十七歳	一遍生れる
一二四六	七十四歳	北条時頼執権となる
一二四八	七十六歳	「浄土和讃」等成る
一二五一	七十九歳	関東の門徒に手紙を書き始める
一二五三	八十一歳	道元死去　二年後「正法眼蔵」成立
一二五六	八十四歳	長男善鸞を義絶
一二六〇	八十八歳	日蓮「立正安国論」を著し北条時頼に上呈　翌年伊豆流罪
一二六二	九十歳	死去

日蓮の生涯年表

一二二一		承久の乱
一二二二	一歳	安房国東条郷小湊に生れる
一二二三	二歳	道元入宋
一二二四	三歳	親鸞の「教行信証」ほぼ成る　北条泰時執権　翌年評定衆設置
一二三二	十一歳	貞永式目成立
一二三三	十二歳	清澄山に登り道善房に師事
一二三五	十四歳	幕府僧徒の武装禁止
一二三七	十六歳	出家して是聖房蓮長となる
一二三九	十八歳	鎌倉へ出る　一遍生れる
一二四二	二十歳	叡山へ登る　幕府鎌倉在住の僧徒の武装を禁止
一二四六	二十五歳	北条時頼執権
一二五三	三十二歳	叡山を下って清澄寺へ帰り立宗　東条景信の迫害の為鎌倉に入り松葉谷に庵居　道元死去　二年後「正法眼蔵」成る
一二五四	三十三歳	この頃から辻説法を始める
一二六〇	三十九歳	北条時頼に「立正安国論」を上呈　松葉谷の庵室を焼き討ちせられ下総の富木常忍のもとへ避難
一二六一	四十歳	伊豆流罪　極楽寺重時死去
一二六二	四十一歳	「教機時国抄」を著す　親鸞死去
一二六三	四十二歳	赦免　北条時頼死去
一二六四	四十三歳	小松原で東条景信の襲撃を受ける
一二六八	四十七歳	蒙古牒状　執権時宗以下諸大寺に公開討論を促す手紙を送る

一二六九	四十八歳	第二回蒙古牒状
一二七一	五十歳	佐渡流罪
一二七二	五十一歳	「開目抄」を著す　北条時輔の謀反発覚　塚原より一の谷に移される
一二七三	五十二歳	「観心本尊抄」を著す
一二七四	五十三歳	幕府評定所に招かれ諮問される　身延入山　蒙古来襲（文永の役）　一遍熊野に入る
一二七六	五十五歳	師道善房死去　「報恩抄」を著す
一二七九	五十八歳	熱原法難
一二八〇	五十九歳	鶴岡八幡宮炎上　「諫暁八幡抄」を著す
一二八一	六十歳	第二回蒙古来襲（弘安の役）
一二八二	六十一歳	湯治の為身延を出る　池上宗仲邸にて死去　身延に埋葬
一二八四		北条時宗死去
一二八五		霜月騒動
一二八九		一遍死去

参考文献

【親鸞の著作】
顕浄土真実教行証文類（教行信証）
歎異抄
親鸞聖人御消息
浄土和讃　高僧和讃　正像末和讃
浄土文類聚　愚禿鈔　入出二門偈　三経往生文類　尊号真像銘文
一念多念証文　唯信鈔文意　如来二種回向文　弥陀如来名号徳
　以上浄土真宗聖典（本願寺出版社、一九八八年）に所収

【日蓮の著作】
守護国家論
立正安国論
開目抄
観心本尊抄
教機時国抄
報恩抄
諫暁八幡抄
選時抄
　書簡も含め著作はすべて、日蓮聖人全集（春秋社、全七巻、一九九二年）に所収

【経典・論書】
仏陀の言葉（スッタニパータ）　中村元訳、岩波書店、一九八四年

真理の言葉（ダンマパダ）　中村元訳、岩波書店、一九七八年
感興の言葉（ウダーナヴァルガ）　中村元訳、岩波書店、一九七八年
神々との対話（サンユッタ・ニカーヤ　上）　中村元訳、岩波書店、一九八六年
悪魔との対話（サンユッタ・ニカーヤ下）　中村元訳、岩波書店、一九八六年
仏陀最後の旅（大パリニッバーナ経）　中村元訳、岩波書店、一九八六年
仏弟子の告白（テーラガータ）　中村元訳、岩波書店、一九八二年
金剛般若経　中村元訳、岩波書店、一九八三年
般若心経　中村元訳、岩波書店、一九八三年
ジャータカ物語　津田弥穂子、第三文明社、一九九四年
華厳経（全三巻　国訳一切経に所収）大東出版社、一九三一年
無量寿経
観無量寿経
阿弥陀経
　以上三経は浄土真宗聖典に所収
法華経（全三巻）坂本幸男他訳、岩波書店、一九六二年
倶舎論　桜部健訳、大蔵出版、一九八一年
中論（全三巻）三枝充悳訳、第三文明社、一九八四年
瑜伽師地論（全六巻、国訳一切経に所収）大東出版社、一九三一年
摂大乗論（上下）無着・長尾雅人訳、春秋社、一九八七年
唯識三十誦（国訳一切経に所収）大東出版社、一九三一年
成唯識論（国訳一切経に所収）世親・護法、大東出版社、一九三一年
大乗起信論　宇井伯寿訳、岩波書店、一九九四年
究竟一乗宝性論　春秋社、一九八九年
十地経論（国訳一切経に所収）　世親、大東出版社、一九三一年
観無量寿経優婆提舎願生偈（浄土論）　世親
浄土論注　曇鸞
安楽集　道綽
観教疏　善導

法事讃　観念法門　往生礼讃　般舟讃　　善導
往生要集　　　　　　　　　　　　　　　　源信
選択本願念仏集　　　　　　　　　　　　　法然
　以上十著は浄土真宗聖典七祖編に所収
法華玄義（全三巻）智顗、菅野博史訳、第三文明社、一九九五年
摩訶止観（全二巻）智顗、関口真大訳、岩波書店、一九九六年
法華文句　智顗、名著普及会、一九七三年
正法眼蔵（全四巻）道元、水野弥穂子訳、岩波書店、一九九〇年

【儒書】

四書五経・孟子・荘子・荀子・朱子（小学・近思録）・王陽明（伝習録）を参照。すべて明治書院刊行の新釈漢文体系に所収　伊藤仁斎（童子門　岩波文庫）及び伊藤東涯（古今学変）・荻生徂徠（弁名・弁道）も参照。東涯と徂徠は岩波書店刊日本思想史体系に所収

【概説書】

アジア仏教史（十二巻）　佼成出版、一九七五年
　古代インドの宗教　原始仏教と部派仏教　大乗仏教　密教　漢民族の仏教　飛鳥奈良仏教　平安仏教　鎌倉仏教　室町仏教　江戸仏教
講座大乗仏教（十巻）　春秋社、一九八二年
　唯識思想　如来蔵思想　華厳思想　般若思想　法華思想　浄土思想　中観思想
　大乗仏教とは何か　大乗仏教の周辺　認識論と論理学
講座東洋思想（六巻）　東京大学出版会、一九六七年
　①　インド思想　②③④　中国思想　⑤⑥　仏教思想
日本通史（飛鳥奈良時代から江戸時代まで　十四巻）岩波書店、一九九五年
世界宗教史（全三巻）M・エリアーデ、筑摩書房、一九九一年
世界宗教事典　M・エリアーデ他、せりか書房、一九九四年
エリアーデ著作集（十巻）M・エリアーデ、せりか書房、一九七五年
宗教とは何か　G・メンシング、法政大学出版局、一九八三年

インド思想史　J・ゴンタ、富山房、一九八一年
インド思想史　中村元、岩波書店、一九五六年
仏教（全二巻）　H・ベック、岩波書店、一九七七年
中国思想史　竹内義雄、岩波書店、一九三六年
初期仏教の思想（全三巻）三枝充悳、第三文明者、一九九五年
原始浄土思想の研究　藤田宏達、岩波書店、一九七〇年
法華経の成立と展開　金蔵円笑編、平楽寺書店、一九七〇年
大智度論の物語（全二巻）　三枝充悳訳、第三文明社、一九七七年
中世国家の宗教構造　佐々木馨、吉川弘文館、一九八八年
日本中世の社会と仏教　平雅行、塙書房、一九九二年
鎌倉仏教史研究　高木豊、岩波書店、一九八二年
日本古代の国家と宗教　井上光貞、岩波書店、一九七一年
中世真宗思想の研究　重松明久、吉川弘文館、一九七三年
中世社会の時宗の研究　今井雅春、吉川弘文館、一九八五年
日蓮宗の成立と展開　中尾尭、吉川弘文館、一九七三年
寺社勢力　黒田俊男、岩波書店、一九八〇年
日本仏教思想史　大野辰之助、吉川弘文館、一九七三年
鎌倉新仏教成立論　大野辰之助、吉川弘文館、一九八二年
上代の浄土教　大野辰之助、吉川弘文館、一九七二年
中国仏教史　鎌田茂雄、岩波書店、一九七八年
日本禅宗の成立　船岡誠、吉川弘文館、一九八七年
文人貴族の系譜　小原仁、吉川弘文館、一九八七年
鎌倉新仏教の成立　松尾剛次、吉川弘文館、一九八八年
中世律宗寺院と民衆　細川涼一、吉川弘文館、一九八七年
日本中世の国家と仏教　佐藤弘夫、吉川弘文館、一九八七年
本地垂迹　村山修一、吉川弘文館、一九七四年
神仙思想　下出積興、吉川弘文館、一九六八年
神道の成立　高取正男、平凡社、一九九三年

飛鳥奈良仏教史　田村圓澄、平凡社、一九九六年
日本浄土教成立史の研究　井上光貞、山川出版社、一九七五年
日本中世の国家と宗教　黒田俊男、岩波書店、一九七五年
中世仏教思想史研究　家永三郎、法蔵館、一九四七年
平安時代法華仏教史研究　高木豊、平楽寺書店、一九七三年
鎌倉仏教思想の研究　田村芳郎、平楽寺書店、一九六五年
行基　井上薫、吉川弘文館、一九五九年
鑑真　安藤更生、吉川弘文館、一九六七年
道鏡　横田健一、吉川弘文館、一九五九年
最澄　田村晃祐、吉川弘文館、一九八八年
円仁　佐伯有清、吉川弘文館、一九八八年
円珍　佐伯有清、吉川弘文館、一九八九年
聖宝　佐伯有清、吉川弘文館、一九九〇年
慈円　多賀宗隼、吉川弘文館、一九五九年
道元　竹内道雄、吉川弘文館、一九六二年
叡尊・忍性　和島芳男、吉川弘文館、一九五九年
明恵　田中久夫、吉川弘文館、一九六一年
一遍　大橋敏雄、吉川弘文館、一九八三年
良源　平林盛得、吉川弘文館、一九七六年
源信　速水侑、吉川弘文館、一九八八年
法然　田村圓澄、吉川弘文館、一九五九年
親鸞　赤松俊秀、吉川弘文館、一九六一年
覚如　重松明久、吉川弘文館、一九六四年
蓮如　笠原一男、吉川弘文館、一九六三年
親鸞――人と思想　古田武彦、清水書院、一九七〇年
親鸞の思想構造序説　市川浩史、吉川弘文館、一九八七年
親鸞と東国農民　笠原一男、山川出版社、一九五七年
天台大師の生涯　京戸慈光、第三文明社、一九七五年

日蓮　大野辰之助、吉川弘文館、一九五八年
日蓮と立正安国論　佐々木馨、評論社、一九七九年
日蓮とその門弟　高木豊、弘文堂、一九六五年
日蓮——その行動と思想　高木豊、評論社、一九七〇年
日蓮教学の思想史的研究　戸頃重基、富山房、一九七〇年
日蓮の思想と鎌倉仏教　戸頃重基、富山房、一九六五年
日蓮　茂田井教、佼成出版、一九八〇年
日蓮教学の根本問題　茂田井教、平楽寺書店、一九八一年
日蓮——殉教の如来使　田村芳郎、NHK出版協会、一九七五年
中世禅家の思想（日本思想体系所収）　岩波書店、一九七二年
中世神道論（日本思想大系所収）　岩波書店、一九七二年
天台本覚思想（日本思想大系所収）　岩波書店、一九七二年
中観と唯識　長尾雅人、岩波書店、一九七八年
法華玄義入門　菅野博史、第三文明社、一九九七年
踊り念仏　五来重、平凡社、一九八三年
密教の象徴世界　八田幸雄、平河出版社、一九八九年
ヒンドゥー教　N・C・チョードリー、みすず書房、一九九六年
トレルチ選集（全十巻）　E・トレルチ、ヨルダン社、一九八一年
キリスト教史（全四巻）　ヴォーカー、ヨルダン社、一九八六年
キリスト教文化史（全三巻）　J・バラクラフ、原書房、一九九三年
古代ユダヤ教（全二巻）　M・ヴェーバー、みすず書房、一九六二年
プロテスタンティズムと資本主義の精神　M・ヴェーバー、岩波書店、一九九一年
アジア宗教の基本的性格　M・ヴェーバー、勁草書房、一九七〇年
アジア宗教の救済理論　M・ヴェーバー、勁草書房、一九七四年
宗教社会学論選　M・ヴェーバー、勁草書房、一九七二年
儒教と道教　M・ヴェーバー、創文社、一九七一年
キリスト教の源流　石原謙、岩波書店、一九七二年
キリスト教の展開　石原謙、岩波書店、一九七二年

キリスト教の起源　波多野精一、岩波書店、一九七九年
イスラエル宗教文化史　関根正雄、岩波書店、一九五二年
マハーバーラタ（全三巻）　奈良毅他訳、第三文明社、一九八三年
ラーマーヤナ（全二巻）　河田清史訳、第三文明社、一九七一年
バガヴァッド・ギーター　上村勝彦訳、岩波書店、一九九二年

索　引

（本索引には人名・書名・事項が含まれる）

こ

さ

し

す

へ

ほ

る

れ

ろ

わ

著者略歴

中本征利（なかもと・まさとし）

1942年　神戸市に生れる
1966年　京都大学医学部卒業
1976年　大阪近郊尼崎にて精神分析クリニークを開業し今日に至る。その間豊岡病院・三国ヶ丘病院・北野病院神経精神科（副部長）に勤務。山村道雄氏に教育分析を受ける。1985年より1995年まで大阪精神分析ゼミナールを主催し後進の指導に当たる。現在治療分析の傍ら教育分析及び個人指導によるスーパーヴィジョンも行う。大阪市立大学非常勤講師。

［著書］
『存在と性』勁草出版サーヴィスセンター，1984
『フロイトとヘーゲル』同上，1985
『何のために心理療法を学ぶのか』同上，1986
『抑圧の構造』同上，1987
『任侠のエトス』同上，1987
『精神分析技法論』ミネルヴァ書房，1995
『男の恋の分析学』蝸牛新社，2001
『源氏物語の精神分析学』同上，2002
『精神分析療法における攻撃性の研究』同上，2002
『恋愛力』集英社，2003

［共著書］
『寂しい女』人文書院，1991
『心理臨床大辞典』培風館，1992
『カウンセリングの理論と技法』（別冊発達）ミネルヴァ書房，1993
『カウンセリング事例集』（別冊発達）同上，1994
『発達とカウンセリング』（別冊発達）同上，1994
『転移／逆転移』人文書院，1997
『共感と解釈』同上，1999

日蓮と親鸞

二〇〇四年 九 月二〇日　初版第一刷発行
二〇〇四年一〇月二五日　初版第二刷発行

著　者　中本征利

発行者　渡辺睦久
発行所　人文書院
〒六一二-八四四七　京都市伏見区竹田西内畑町九
電話〇七五(六〇三)一三四四　振替〇一〇〇〇・八・一一〇三

印刷　内外印刷株式会社
製本　坂井製本所

ISBN4-409-41077-6 C1015

http://www.jimbunshoin.co.jp/

遍路と巡礼の社会学

●西国、秩父巡礼と四国遍路

佐藤久光　著

3000円

今日の巡礼、遍路ブームの背景に先人のどのような歴史があったのか。成立、名称、順路、数の推移や巡礼者の年齢、性別、出身地、職業その他、日本を代表する三つの霊場のそれぞれに残る納札や過去帳を精査することでその歴史と実態に迫った労作研究。

空海　民衆と共に

●信仰と労働・技術

河原　宏　著

2200円

役行者、行基をその先蹤として、わが国が生んだ最高の宗教者空海を一人のエンジニアとしてとらえるユニークな視点から、衆生済度、万人の利福が二十一世紀の科学技術社会といかに関わるべきか、現代における信仰と労働・技術の問題に分け入ったかつてない空海論。

表示価格（税抜）は2004年10月現在のもの